高等学校新文科教材

数字经济系列

数字经济发展与治理

徐 翔 李 涛 赵墨非 / 主编

DEVELOPMENT AND GOVERNANCE OF DIGITAL ECONOMY

中国人民大学出版社
·北京·

图书在版编目（CIP）数据

数字经济发展与治理/ 徐翔，李涛，赵墨非主编. 北京：中国人民大学出版社，2025. 9. --（高等学校新文科教材）. -- ISBN 978-7-300-33837-8

Ⅰ. F492

中国国家版本馆 CIP 数据核字第 202592AE55 号

高等学校新文科教材·数字经济系列

数字经济发展与治理

徐 翔 李 涛 赵墨非 主编

Shuzi Jingji Fazhan yu Zhili

出版发行	中国人民大学出版社		
社　　址	北京中关村大街 31 号	**邮政编码**	100080
电　　话	010－62511242（总编室）		010－62511770（质管部）
	010－82501766（邮购部）		010－62514148（门市部）
	010－62511173（发行公司）		010－62515275（盗版举报）
网　　址	http://www.crup.com.cn		
经　　销	新华书店		
印　　刷	天津鑫丰华印务有限公司		
开　　本	787 mm×1092 mm　1/16	**版　　次**	2025 年 9 月第 1 版
印　　张	20.5　插页 1	**印　　次**	2025 年 9 月第 1 次印刷
字　　数	471 000	**定　　价**	49.00 元

前言

数字经济是引领新一轮科技革命和产业变革的关键力量。党的二十大报告强调："加快发展数字经济，促进数字经济和实体经济深度融合，打造具有国际竞争力的数字产业集群。"习近平总书记高度重视发展数字经济，强调数字经济"正在成为重组全球要素资源、重塑全球经济结构、改变全球竞争格局的关键力量"。大力发展数字经济是塑造国家竞争新优势的重要支撑，必须紧紧抓住数字技术变革机遇，充分释放数字化发展的放大、叠加、倍增效应，抢占新一轮发展制高点，牢牢把握时代主动权。

在新的起点上大力发展数字经济，加快构建和完善一个高效、有序的治理体系是基础。进入数字经济时代，企业的组织结构、经营理念与商业模式，消费者的消费模式与消费习惯，市场的运行规则与竞争策略都在经历巨大的变革。随着数据成为新的生产要素、新一代人工智能的发展，数字经济面临诸多挑战，完善数字经济治理体系成为推动数字经济发展的客观要求。从这个角度来看，构建有效的数字经济治理体系、促进数字经济健康发展，是理解和推进中国式现代化的重要课题。

为了大力发展数字经济、提高数字经济治理能力，必须培养一大批具备数字经济思维、理解数字经济治理逻辑的数字经济专业人才。数字经济专业人才需要掌握数字经济发展的基本规律，了解新兴数字技术的演化路径和应用场景，明确数字经济的治理要求与监管手段。此外，数字经济专业人才还应具备人工智能伦理意识，理解长期视角下技术对社会和文化的间接作用和潜在影响，能够在商业创新与社会责任之间找到平衡点，有效地应对数字经济时代的挑战，促进经济社会的可持续发展。

本教材的定位为适应数字经济时代数字经济发展与治理需求的专业教材和研究资源，旨在推动经济管理学科体系的发展与中国数字经济学教研水平的不断提升。本教材聚焦于数字经济发展与治理的关键问题，与前沿数字经济文献充分对话，突出理论性、高端性、前沿性和实践性，深入浅出地分析数字经济治理领域面临的焦点问题与共性问题，通过大量的理论分析、案例研究与现实问题探讨，为中国乃至全球的数字经济发展与治理提供有益借鉴，为培养数字经济专业人才提供学习资源。

本教材专为高等教育机构中数字经济专业的高年级本科生及研究生设计，亦适用于互联网经济、国民经济、产业经济、电子商务、信息管理与信息系统等相关专业方向的学生。本教材一共包括四篇十四章，在思维逻辑上呈递进关系，在内容编排上强调理论联系实际、问题联系案例、发展联系治理。

第一篇为基础理论篇。本篇尝试构建数字经济发展与治理的理论体系，为后续分析建立基础。本篇一共包括五章，分别介绍数字经济的概念与内涵，数字经济的研究范式，需求侧的免费产品与数字消费和供给侧的数字生态的构建与演化，以及数字鸿沟与数字不平等。第一篇搭建了作为分析基础的“技术-经济-治理”分析框架，为后续内容提供了理论支撑。

第二篇为数字技术篇。本篇从数字技术的发展与应用视角分析其对于数字经济的重要驱动作用，重点关注具体的应用场景与潜在的发展空间。本篇首先介绍人工智能和区块链这两种应用相对成熟、已产生较强经济社会影响力的数字技术，并对与这两种技术相关的经济学研究进行介绍。然后，结合技术特点探讨云计算、物联网和5G等重要数字技术如何在现实场景（企业运营、智能制造和智慧城市建设）中发挥越来越重要的作用。

第三篇为数据要素篇。本篇重点关注数字经济的核心要素——数据，探讨数据要素的主要特征、生产要素属性、确权、流通、市场化定价、赋能机制以及其应用场景等问题。本篇梳理了作为生产要素的数据的主要物理特征和经济特征，归纳出数据的生产要素属性。在此基础上，探讨数据要素确权与流通的理论与实践，结合新质生产力这一重要的新经济概念研究数据要素的价值释放过程。最后，探讨了数据要素在工业制造、金融市场、研发创新和治理监管中的应用。

第四篇为实践应用篇。本篇基于前面三篇的内容，从经济主体视角探索数字经济的发展现状、发展趋势与治理方式等。具体来说，本篇结合数字经济发展与治理实践探讨如下问题：中国和其他主要经济体数字经济的发展现状如何？呈现出哪些主要发展趋势？作为最主要的微观经济个体，企业如何进行数字化转型？政策如何提供相应支持？面对数字平台的迅猛发展，各国如何开展治理？有哪些关键经验和教训值得学习？

本教材具有以下五个方面的特色：

第一，跨学科知识整合。本教材不仅涵盖了数字经济的基本理论，还整合了管理学、统计学、社会学、数据科学等多个学科的相关知识，为学生提供了一个全面了解数字经济发展与治理的跨学科交叉视角。例如，在介绍各项数字技术在经济活动中的应用场景时，利用管理学中的创新生态视角进行分析。

第二，理论与实践兼具。本教材在介绍数字经济相关理论的同时，也注重数字经济的现实发展，通过丰富的案例分析和实际操作指导，让学生充分感知数字经济的发展脉络，培养学生应用理论知识解决实际问题的能力。例如，在介绍数字经济的发展方向与治理模式时，分别梳理中国和其他主要经济体（美国、欧盟、日本和英国等）采取的不同发展方式与治理逻辑，以及其背后的决策基础。

第三，前沿性和时效性。本教材紧跟数字技术和数字经济的最新发展趋势，讨论了当前数字经济领域的热点问题和前沿话题，如大语言模型等新兴技术在数字经济中的应用及其治理探索，数据要素市场建设与新质生产力形成等。

第四，政策与法规关注。考虑到数字经济的快速发展给现有治理体系带来的挑战，本教材特别关注了数字经济的法律框架、政策制定以及国际合作等方面的话题，重视培养学生在数字经济发展与治理上的国际视野与中国立场。

第五，系统性和结构性。本教材结构严谨，从数字经济的基本理论到具体应用再到治理逻辑，构建了一个完整的数字经济知识体系，便于学生进行系统学习。在每一部分的编写过程中，都重视理论逻辑的一贯性与前后内容的衔接性，基于“技术-经济-治理”分析框架对全书知识点进行系统性编排。

徐翔、李涛和赵墨非共同设计了本教材的整体框架并进行了分工编写。教材编写团队感谢李帅臻、刘硕、杨正威、李琳茹、金泽豪、王毅伟、林欣雨和黄司渝等提供的研究支持。本教材是国家社会科学基金重大项目“数字经济高质量发展的创新与治理协同互促机制研究”（22&ZD070）以及国家自然科学基金面上项目“数据要素与技术创新：理论机制与实证分析”（72473167）与“平台经济中的信息设计与消费者搜寻的交互作用机制研究”（72473007）的研究成果。感谢上述项目组织者对本教材的大力支持。

对于本教材存在的不足与问题，真诚欢迎各位读者批评、指正。

目录

第一篇

基础理论篇

第二篇

数字技术篇

第三篇

数据要素篇

第四篇

实践应用篇

PART ONE

1

| 第一篇 |

基础理论篇

第一章

数字经济的概念与内涵

2021 年 10 月，习近平总书记在十九届中共中央政治局第三十四次集体学习时强调，“近年来……数字经济发展速度之快、辐射范围之广、影响程度之深前所未有，正在成为重组全球要素资源、重塑全球经济结构、改变全球竞争格局的关键力量”。数字经济能够推动各类资源要素快捷流动、各类市场主体加速融合，打破时空限制，实现跨界融合，延伸产业链条，畅通国内外经济循环。与此同时，数字经济的有效治理也已经成为重要的全球性议题。

为了更好地构建数字经济发展与治理的知识体系，并将其运用于学术研究与实际工作，首先必须明确数字经济的基本概念与内涵，掌握数字经济的发展历程与基本规律，对数字经济包括什么、不包括什么、在国民经济发展中占据何种地位等问题具备基础性认知。

本章主要讨论如下问题：

- 我们今天熟悉的数字经济的概念是如何形成的？
- 数字经济的发展起源是什么？经历了哪些发展阶段？
- 数字经济增加值在各国国内生产总值中的占比有多大？哪些经济活动应被视为数字经济活动？

第一节　数字经济的概念演化

一、数字经济的提出

（一）从信息高速公路到数字经济

一般认为，在知名商业作家、风险投资人唐·泰普斯科特（Don Tapscott）1995 年出版的《数据时代的经济学：对网络智能时代机遇和风险的再思考》一书中，“数字经济”（Digital Economy）概念首次被提出。在这本商业著作中，泰普斯科特描述了美国在“信息高速公路”普及之后出现的一系列新的经济模式，并将这种新经济模式命名为数字经济，以“数字经济”代指以互联网、信息数字化和知识创造为基础的一系列经济活动。在三十年后回顾这一定义，能够看出该定义对于数字经济的描述是较为宽泛的，与互联网、电子商务（E-commerce）和企业信息化相关的经济活动，都被纳入了数字经济的范畴。

要想准确理解20世纪90年代的数字经济起源，首先需要了解美国的“信息高速公路”建设。“信息高速公路”是1992年美国政府提出的一项基础设施建设计划，旨在通过互联网建设连通全国的高速信息电子网络，让所有美国人都能够共享海量信息资源。“信息高速公路”建设为美国在进入21世纪后迅速在数字经济领域占据全球领先地位打下了坚实基础。在美国“信息高速公路”建设计划的启发下，中国也于1993年底正式启动了国民经济信息化的起步工程——“三金工程”。三金工程包括“金桥工程”、“金卡工程”和“金关工程”，分别致力于搭建中国的网络基础设施、电子商务与在线支付系统，是中国首次在政策层面围绕数字经济进行的系统性布局。

《数据时代的经济学：对网络智能时代机遇和风险的再思考》一书出版后，其他一些商业著作，如《数字化生存》（1996）、《信息时代三部曲：经济、社会与文化》（1997和2000）等亦对数字经济的发展前景进行了描绘与展望。在《数字化生存》中，尼古拉·尼葛洛庞帝（Nicholas Negroponte）预言，数字科技将深刻影响我们的生活、工作、教育和娱乐。他指出，“信息的DNA”正在迅速取代原子，成为人类社会的基本要素，这预示着信息将不再是被“推送给”消费者，而是人们将他们所需的信息“拿过来”并参与到创造活动中。尼葛洛庞帝还展望了个性化界面的发展，即从“直接操纵”到“授权代理”，强调了个人化在后信息时代的重要性。在《信息时代三部曲：经济、社会与文化》中，曼纽尔·卡斯特（Manuel Castells）分析了信息技术将如何重塑经济，包括生产力、竞争力以及全球经济的结构和动态。这些商业著作共同描绘了一个由信息技术推动的、高度互联的全球社会，其中数据、信息和知识成为最宝贵的资源。

（二）兴起中的数字经济：官方定义

1997年，日本通产省①在其产业研究报告《迈向数字经济时代：日本经济的快速发展与21世纪的世界经济增长》中使用了“数字经济”一词，并归纳出数字经济的四个重要特征，这是数字经济概念首次在政府报告中出现。日本通产省的这篇报告所描述的数字经济的发展前景对于自然资源相对匮乏、实体经济发展受限的日本来说，非常具有吸引力，推动日本将发展数字经济作为进入21世纪后重要的经济发展战略。日本政府为了推动数字经济的发展，专门设立了“数字厅”，旨在通过数字经济领域的行政统合，实现日本在数字经济领域的集中统一领导，提高日本社会的数字化水平。

专栏1-1

日本通产省归纳的数字经济四特征

（1）无人化：没有人员、物体和资金的物理移动的经济是可能的；
（2）电子化：合同签订、价值转移和资产积累可通过电子手段完成；
（3）信息化：作为“数字经济”基础的信息技术将高速发展；
（4）数字化：电子商务范围将广泛拓展，数字信息将渗入人类生活的各个方面。

---

① 通产省是通商产业省的简称，是承担宏观经济管理职能、负责制定产业政策并从事行业管理的日本中央政府的关键经济部门，后改组为经济产业省。

1998—2000年，美国商务部先后发布标题为《新兴的数字经济》《新兴的数字经济Ⅱ》《数字经济2000》的三份专题研究报告，提出“信息技术和互联网的发展会导致产生新的数字经济形态”这一重要观点。这三份报告中使用的数字经济概念均用于指代信息技术产业与电子商务。其中，信息技术产业为运用信息手段和技术，收集、整理、储存和传递信息，提供信息服务的行业，电子商务为通过互联网或其他非独占的、以网络为基础的系统进行业务往来的交易方式，在理论逻辑上分别对应之后出现的数字产业化和产业数字化概念。

2010年，面对数字经济的高速发展趋势，英国政府制定并通过《数字经济法》，将数字经济视为一个完整的生态系统（Ecosystem），而非独立的经济部门（Economic Sector），使英国通信管制机构的管制范围从传统媒体扩大到互联网等新媒体。2014年，经合组织（OECD）将数字经济定义为一种广义的数字技术集群，从生态系统的视角对数字经济的范围进行了界定，并提出：数字经济是一个由数字技术驱动的、在经济社会领域发生持续数字化转型的生态系统，包括大数据、物联网、人工智能和区块链等数字技术及其应用。生态视角下的数字经济不再是特定的技术行业或业务模式，而是一种以数据的流通和使用为基础、以数字技术和实体经济融合为动力、创新与治理协同共进的动态系统。

二、新时代的数字经济

（一）数字经济的新概念

在2016年9月召开的二十国集团（G20）杭州峰会上，“数字经济发展”成为核心议题之一。经过多轮讨论，会议最终对数字经济发展问题达成重要共识，通过了《二十国集团数字经济发展与合作倡议》（以下简称《倡议》）这一全球首个由多国领导人共同签署的数字经济政策文件。《倡议》对数字经济做出了全新定义，认为数字经济是“以使用数字化的知识和信息作为关键生产要素、以现代信息网络作为重要载体、以信息通信技术的有效使用作为效率提升和经济结构优化的重要推动力的一系列经济活动”。这一定义在提出之后也成为数字经济的主流概念定义。

简单来看，对于G20给出的数字经济定义的一种公式化理解是：“（数字化的知识和信息＋互联网）×数字技术＝数字经济”。与数字经济发展早期阶段更注重互联网作为信息传输渠道的基础性作用不同，这一新定义更加强调通过高速互联网传输的内容——数字化的知识与信息——的重要价值。在之后的研究与实践中，数字化的知识与信息被进一步明确为数字时代最为重要的虚拟资源，数据资源和数字技术作为数字经济的两大核心驱动力的地位得到确立。

在G20给出数字经济的新定义后，美国经济分析局（BEA）于2018年发布了名为《数字经济的定义与测度》的工作报告，对数字经济概念界定和基于美国统计实践的核算方法进行了较为详细的介绍，并在之后进行了多轮更新。更新的一版为2022年11月发布的《更新的数字经济测度》，扩展和丰富了美国数字经济活动的种类与内涵。在BEA工作报告的框架下，数字经济的定义是以信息通信技术（Information and Communications Technology，ICT）为依托、以数据为重要生产要素、以互联网为重要载体的一切经济活动。根据这一定义，数字经济的核算范围包括以下四个类别的生产活动：数字基础设施、电子商务、付费的数字服务以及非国防类政府数字服务。其具体测算方法与过程将在本章第三节中具体介绍。

2022 年 1 月，中国国务院印发《“十四五”数字经济发展规划》（以下简称《规划》），明确提出：“数字经济是继农业经济、工业经济之后的主要经济形态，是以数据资源为关键要素，以现代信息网络为主要载体，以信息通信技术融合应用、全要素数字化转型为重要推动力，促进公平与效率更加统一的新经济形态。”《规划》对于数字经济的这一定义是站在人类经济社会发展历史的视角做出的，相较于之前 G20 峰会与美国经济分析局对数字经济的定义更加强调技术融合应用与数字化转型的重要性，是第一个和目前唯一提出“公平与效率更加统一”要求的数字经济定义，反映了中国政府对于数字经济发展方向的深刻理解与对社会公平的充分重视。

进入 21 世纪的第三个十年，在全球范围内，各主要经济体、经贸联盟和国际组织也都纷纷发布以数字经济发展为主题的官方文件与规划战略，数字经济发展逐渐成为全球共识，轰轰烈烈的数字经济时代已全面到来。

专栏 1－2

《2030 数字指南针：欧洲数字十年之路》

2021 年 3 月 9 日，欧盟委员会发布《2030 数字指南针：欧洲数字十年之路》计划，为欧盟到 2030 年实现数字化转型愿景指明方向，旨在引领欧洲构筑一个以人为本、可持续发展的数字化社会。《2030 数字指南针：欧洲数字十年之路》提出了欧盟到 2030 年要实现的 11 个具体数字能力目标，涵盖数字化教育与人才建设、数字基础设施、企业数字化转型和公共服务数字化等四个方面。具体规划如下：

第一，建立拥有大量具有数字技能的民众和高度专业的数字专业人才的队伍。到 2030 年，拥有 2 000 万信息技术领域的专业工作人员，其中女性在专业工作人员中的比例要大幅提高，以实现男女比例平衡。

第二，构建安全、高性能和可持续的数字基础设施。到 2030 年，欧洲所有家庭应实现千兆网络连接，所有人口密集地区实现 5G 网络覆盖；欧洲尖端、可持续性半导体的产量至少占全球总产值的 20%，产能效率将是目前的 10 倍；建成 1 万个对环境无害且高度安全的边缘计算节点。到 2025 年，生产出第一台具有量子加速功能的欧洲量子计算机，到 2030 年，欧洲量子能力处于量子领域前沿。

第三，致力于企业数字化转型。到 2030 年，75%的欧洲企业应使用云计算服务、大数据和人工智能等先进数字技术；90%以上的中小企业应至少达到基本的数字化水平；在扩大创新规模、改善融资渠道的基础上使“独角兽”企业数量翻一番。

第四，大力推进公共服务的数字化。到 2030 年，欧洲所有关键公共服务都应提供在线服务；所有欧洲民众都将能访问自己的电子医疗记录与就诊档案；80%的欧洲民众应使用数字身份证（e-ID）解决方案，生活服务便利性得到极大提高。

（二）数字经济的经济学理解

戈德法布和塔克（Goldfarb & Tucker，2019）对于进入 21 世纪以来围绕数字经济展开的经济学研究进行了系统梳理，将数字经济的经济学概念拓展为一切受到数字技术影响的经济活动。在数字技术的作用下，存储、计算和传输信息与知识的成本大大降低，进而导致经济活动的成本迅速下降，从而改变了经济活动参与者的行为模式与组织形式。具体来说，以下五类经济成本因数字技术的应用而下降，成为数字经济发展的核心驱动力。

1. 搜寻成本

搜寻成本（Search Cost）是微观经济个体在市场中为获取信息所支付的成本。已有文献指出，数字技术通过将搜寻活动从线下转移到线上降低搜寻成本。线上搜寻成本的降低使得线上产品价格下降，这是因为更低的搜寻成本让微观个体更容易实施比价行为，进而对同质或相似的产品产生价格下行压力。除此之外，搜寻成本的降低还会导致价格离散程度的降低，即缩小了价格的变化区间，提高了消费者效用。

数字技术降低搜寻成本可能导致“长尾效应”与“超级明星效应”，进而对市场结构产生深远影响。长尾效应指的是大量非主流产品或小众产品积累相当的销售量，因为搜寻成本的降低，消费者能够通过购买非主流产品或小众产品满足自己的个性化需求。超级明星效应则是头部产品或销售者（如网红主播）因其具有高知名度而获得最多的流量和销量，是“网红经济”得以兴起的理论基础。

2. 复制成本

复制成本（Replication Cost）降低的主体主要是在居民消费中占比越来越高的数字商品，即充分数字化的商品和服务。与传统商品和服务相比，数字产品具有零边际成本和非竞争性两大特点。零边际成本指的是复制并销售一份额外的数字产品［如在网易云音乐 App 上购买泰勒·斯威夫特（Taylor Swift）发布的新歌的播放权］对于生产者来说几乎没有额外成本。非竞争性（Non-rivalry）则指一个使用者对数字产品的消费并不减少这一产品对其他使用者的供给，一个消费者对于数字产品的购买和使用并不会减少或损害其他消费者的效用，这一性质适用于绝大多数数字产品。

那么，生产者如何对具备零边际成本和非竞争性的产品进行定价？捆绑定价是一种常见的销售策略。通过捆绑销售，生产者将一种产品与其他产品组合在一起以单一价格进行销售。既可以将数字产品与传统产品进行捆绑（如销售智能手机的同时也销售该手机的操作系统和应用市场功能），也可以将大量数字产品捆绑在一起（如不同 App 的会员服务），通过会员制（Membership）或订阅（Subscription）服务进行销售。因为非竞争性的存在，数字产品提供者可以选择非排他性（Non-exclusivity）供给，使得具有非竞争性的数字产品成为公共产品，如搜索引擎和开源软件等，再通过在线广告等方式实现盈利。

3. 运输成本

数字产品和线上购买实体产品的运输成本（Transportation Cost）显著低于线下交通和运输成本，从而改变了受地理位置或距离约束的经济活动，给传统意义上的经济地理学也带来了挑战。数字产品和电子商务的出现使消费者的消费行为发生了根本性变化，在线购物成为主流消费模式，线下购物的重要性不断下降，人工智能、虚拟现实（VR）等技术的进步加快了这一模式转换。也有一些研究认为，消费者在线上购物时仍然会考虑不同地理距离带来的质量差异与不同的便利程度（如“江浙沪包邮”广受欢迎），消费活动的社会网络特征使在线购物仍然受到地理距离的深层次影响。

在中国数字经济发展过程中，运输成本的降低幅度在全球范围内都极为罕见。这得益于中国优越的交通基础设施建设、充足的运力与劳动力供给、丰富的电子商务业态与竞争激烈的电商市场，很多产品的运输成本相对于其实际价值而言都已接近 0。基于这一视角，对于中国数字经济发展的研究应重视运输成本大幅降低的直接影响与间接影响。

4. 追踪成本

追踪成本（Tracking Cost）是记录和追踪异质性个体数字足迹的成本，在数字经济中反映为数字平台和供给方通过大数据等技术对用户偏好进行持续追踪的成本。低追踪成本促成了新形式的价格歧视，如个性化定价、大数据杀熟等。在低追踪成本的背景下，数据隐私成为重要的研究和政策话题。大量研究表明，数字追踪技术有助于形成个性化市场，进而实现数字价格歧视，收集数字信息的低成本加剧了这一趋势。在市场垄断的情况下，企业可从额外信息中受益，但消费者对数据隐私更为敏感；在市场充分竞争的情况下，信息可能会加剧竞争的激烈程度，消费者对数据隐私的敏感度也会下降。

追踪成本降低的一个重要结果是大量个性化广告的出现。个性化广告是基于用户浏览痕迹与购买习惯呈现在用户 App 中的数字广告。如何为个性化广告定价成为过去二十多年里数字经济研究的重要理论问题，也是以广告为重要收入来源的数字平台特别关注的实践问题。低追踪成本进一步凸显了用户隐私保护的重要性。在这一趋势的影响下，隐私政策的福利效应，或称“隐私经济学”（Economics of Privacy），已然成为经济学界和法律界共同关注的重点。

5. 验证成本

验证成本（Verification Cost）决定了市场交易中的参与者互相信任的程度。在数字经济兴起之前，声誉（Goodwill）是反映商品质量的最重要的一个方面。然而，数字市场上存在大量非知名品牌的中小型商家，对应商业意义上的“长尾”，潜在消费者很难了解这些商家的声誉，因此需要建立一个良好的识别与信任机制。在线评分系统，也称在线声誉，是数字经济中降低验证成本的重要手段，实现了在没有重复互动的情况下的有限信任。然而，打分平台对于评分的潜在影响使得这一问题变得异常复杂。

在降低数字经济的验证成本上，实验经济学和行为经济学具有广阔的研究前景与应用空间。此外，对于能否构建不受平台操纵的在线验证系统、建立去中心化的信任机制，区块链技术的发展与应用可能会给出解答。

专栏 1-3

关于数字经济的“降成本”效应的案例

微微是一个科幻小说迷。一天下午，通过微博推送的消息，微微得知了由她非常喜欢的科幻小说《沙丘》改编的好莱坞电影已于本周开始在国内院线上映的消息。微微非常高兴，当即打开小红书查看已经看过电影的观众对这部电影的评价（验证成本）。在看到评分符合预期后，微微打开智能手机的定位服务，通过支付宝搜索距离自己五公里之内的几家电影院对于《沙丘》的排场和票价（搜寻成本），并决定在当天下班后去其中离自己最近的一家电影院的 IMAX 3D 厅看电影（运输成本）。

在去看电影的路上，微微手机中的 QQ 音乐给她推送了《沙丘》的电影原声大碟

(OST)已经可以购买并收听的消息。微微很满意地购买了数字专辑并循环播放了一下午(复制成本)。此外，微微还利用自己的QQ音乐会员权益试听了其他几个科幻电影主题的歌单(追踪成本)，将歌单中自己比较喜欢的歌曲加入了个人收藏并发了一条微信朋友圈，将其分享给自己的微信好友们。

三、数字经济的当代定义

基于数字经济出现以来的概念演变，本书尝试从发展与治理的角度对数字经济进行定义。当然，这一定义也将根据数字技术的进步与数字技术产业的持续发展做出相应的更新。

本书认为，数字经济是一种以数据等新兴要素的价值创造和协同创新为基础，由互联网、人工智能和区块链等关键数字技术融合赋能与驱动优化所产生的新经济生态。数字经济既包含一种新的数字化经济形态，也包括对传统经济发展模式的数字化升级，代表了人类经济活动从有限实体空间转向无限数字空间的发展趋势。

数字经济是一种新兴的经济形态，它依托于数据这一核心生产要素，通过价值创造和协同创新来实现经济增长。在数字经济中，数据不仅仅是信息和知识的载体，更是推动经济发展的关键引擎。互联网、人工智能、区块链等关键数字技术的发展，为数据的收集、处理、分析和应用提供了强大的技术支持。各类数字技术的相互融合，共同促进了数字经济的蓬勃发展，使信息传播更加迅速，交易成本大幅降低，创新活动更加活跃。

互联网作为数字经济的基础设施，提供了一个开放、互联的虚拟平台，使信息和资源可以在全球范围内自由流动。人工智能技术通过机器学习和深度学习等算法，赋予了机器认知和决策的能力，极大地提高了生产效率和创新速度。区块链技术凭借其去中心化、不可篡改的特性，为数字经济提供了安全、可靠的交易手段和记录手段。这些技术的融合发展不仅优化了生产和交易过程，还为新业态、新模式，如共享经济、平台经济等的产生提供了可能。

数字经济对传统经济的影响极为深远。它通过引入新的生产方式、商业模式和管理理念，推动了传统产业的数字化转型。例如，通过引入智能制造和工业互联网，制造业实现了生产过程的自动化和智能化，提高了生产效率和产品质量。通过电子商务平台，零售业拓宽了销售渠道，实现了线上线下的融合。通过区块链和大数据技术，金融业提高了金融服务的透明度和安全性，降低了风险。数字经济的发展不仅给传统产业带来了新的增长点，也为整个社会经济的可持续发展提供了新的驱动力。

第二节 发展视角下的数字经济

数字经济并非凭空出现的全新事物。在数字经济概念正式形成之前，由ICT发展与融合催生的一系列新业态、新模式和新场景已在全球经济发展进程中占据十分重要的地位。无论是从20世纪50年代开始计算机商业化从而开启的信息经济，还是20世纪70

年代至80年代兴起的知识经济，以及20世纪90年代至21世纪初备受瞩目的互联网经济，均可被视为数字经济的前身。本节介绍上述经济形态，重点探讨数字技术进步是如何促成数字经济的形成与演变的，在此基础上尝试解读“数实融合”这一数字经济当前阶段的关键机制。

一、从信息经济到数字经济

1946年2月，世界上第一台计算机诞生于美国宾夕法尼亚大学。计算机以及之后各项ICT的出现与发展，使数字化信息这一重要的虚拟资源得到充分开发与应用，也使数字化信息逐渐发展成为重要性不亚于石油与电气的经济资源。以信息为核心要素、以ICT为基础、由ICT产业主导的信息经济逐渐成形并迅速发展，成为人类历史上第一个由虚拟要素主导的经济发展模式。

伴随着ICT与数字技术的发展，强调信息内容的知识经济与重视信息传输的互联网经济先后兴起。互联网经济通过连接全球数十亿用户和企业，打破了传统市场的地理和时间限制，加速了商品、服务和资本的流动。进入21世纪后，人工智能与自动化技术的逐渐成熟与广泛应用又为智能经济的发展壮大奠定了基础。智能经济则利用人工智能、大数据、物联网等先进技术，提高了生产效率，创造了新的消费需求和市场机会，引领了经济结构的转型升级。

（一）信息经济

诺贝尔经济学奖得主肯尼斯·阿罗（Kenneth J. Arrow）在其1984年出版的论文集《信息经济学》中写道：“或许，从来没有一个经济学家会否认，大多数经济决策都是在具有相当大的不确定性的条件下做出的，但只是在最近几十年，大约从1950年开始，明确地分析不确定性下的经济行为的工具才得以运用。”除了传统意义上的数理分析工具，ICT在信息生成与传输中的广泛应用，极大地促成了信息经济的出现、信息技术产业的繁荣以及信息经济学的发展。

信息经济，是指以现代信息技术等高科技为物质基础，以信息产业为主导，以信息商品生产和信息服务为主体的经济模式。随着计算机和通信技术的快速发展，信息开始被视为一种重要的资源和生产要素。在20世纪50年代至60年代，随着计算机技术的进步，信息处理能力得到极大提升，为信息经济的早期发展奠定了基础。到了20世纪70年代，随着个人电脑（PC）的普及，信息经济开始逐渐形成规模，信息商品和信息服务的市场需求日益增长。

信息经济的发展，使人类社会从以制造技术为基础的工业社会过渡到以信息技术为基础的后工业社会，高科技产业逐渐取代传统制造业成为经济发展的主要动力。在这一新的社会形态中，信息和知识成为最重要的经济社会资源和主导型生产力，更加复杂的、网络化的新经济社会结构逐渐形成。

（二）知识经济

进入20世纪80年代，信息经济发展进入新阶段。一方面，大规模集成电路已经成为电子计算机的基础技术，计算机等设备的计算能力（简称算力）达到了一个新的水平；

另一方面，互联网技术开始在各国快速发展，并于 20 世纪 90 年代在美国开始了其商业化进程的第一步。在这样的大背景下，人们对于信息的内涵也有了更加深刻的认识，有用信息与无用信息之间的差别也日益明显。在有用信息中，以科学信息和高新技术信息为代表的知识（Knowledge）的作用日渐凸显，强调知识创造与知识传播、重视企业研发创新的知识经济在信息经济的基础上逐渐形成。

美国经济学会前会长弗里茨·马克卢普（Fritz Machlup）在其于 1962 年出版的著作《美国的知识生产与分配》一书中，极具前瞻性地提出了“知识产业”的概念，从而正式开辟了知识经济这一研究领域。马克卢普将知识生产划分为两类：创造新知识的“知识探究”，以及通过教育等手段增加已有知识存量的“知识传播”。这两类知识生产过程都会扩大知识规模，进而提高全社会的生产能力与知识水平。1990 年，联合国信息研究所正式提出“知识经济”概念，用来描述以知识生产为主要内容的经济模式。1996 年，OECD 发布《以知识为基础的经济》研究报告，将知识经济定义为建立在知识和信息的生产、分配和使用之上的经济，并预测知识经济将成为 21 世纪在全球占据主导地位的经济发展模式。

20 世纪末，知识经济的兴起推动了全球范围内的经济增长，并引发了技术进步、创新加速、产业结构转型和经济全球化等多方面变革。首先，知识经济基于创新和技术进步，推动生产力实现飞跃，加速了新产品和服务的开发，从而为经济增长注入了新的活力。其次，它促进了经济结构的优化升级，使得信息通信技术、生物技术等新兴技术产业成为经济发展的新引擎，同时也为传统产业的改造和提升提供了技术支持。此外，知识经济强化了知识产权的保护和利用，激励了创新活动，吸引了大量投资流向研发密集型行业。最后，知识经济还促进了全球化进程，加强了国际技术交流和合作，使各国能够更有效地参与全球价值链，共享经济发展的成果。

（三）互联网经济

一般认为，数字经济的发展始于 20 世纪 90 年代的互联网商业化。1991 年，美国三家新兴网络运营商联合成立了全球首个“商业互联网交易中心”（Commercial Internet Exchange，CIX），开启了互联网商业化的序幕。万维网（World Wide Web，WWW）的出现与推广加速了这一进程。通过提供一个对用户友好的界面和超文本链接，万维网使得信息的发布和检索变得容易，为电子商务的发展奠定了基础，促使互联网从美国开始在全球范围内迅速扩张。

互联网用户群体的不断扩大，催生了第一批以门户网站为主的互联网企业。网络信息浏览与电子商务成为 Web 1.0 时代的主要商业模式，同时也是互联网经济的主干框架。在经历了 21 世纪初的互联网泡沫破灭之后，以用户为核心的 Web 2.0 时代正式开启，互联网用户不再只是被动地接收信息，而是成为信息的创造者与传播者。随着线上社交的普及、在线购物的兴起，以及短视频的流行，互联网经济进入了由双边市场主导的新发展阶段。

在一定程度上，互联网经济的本质是“互联网＋经济”。相较于重视信息技术产业自身发展的信息经济与强调知识创造的知识经济，互联网经济更多地关注如何利用互联网技术赋能传统经济的发展与升级，减少市场参与者之间的信息不对称，从而优化市场资源配置，提升经济效率。当然，这也可以解释为什么数字经济在刚刚开始出现时几乎与互联网经济并无二致。

（四）智能经济

人工智能的技术概念于1956年举办的达特茅斯会议上首次被提出，在过去的半个多世纪里发生了多次重大变革。进入21世纪后，以深度学习为基础的人工智能得到了广泛应用，逐渐形成一种被称为“智能经济”的新型经济形态。

智能经济是以数据为核心资源，依托智能算法、算力和自动化技术，通过自动化生产过程与协助人类活动实现资源优化配置和生产力质的飞跃的一种经济模式。智能经济的出现，标志着经济活动从信息化向智能化转型。智能经济通过智能化手段提升生产效率，降低运营成本，创新商业模式，并催生新的产业和市场。

前文介绍的信息经济、知识经济与互联网经济这三种经济模式可以被看成由ICT主导的新经济形态的三个阶段，逐渐推动形成了我们今天所熟悉的数字经济。而智能经济则不同，它可以被视为数字经济的智能化分支，包括人工智能与自动化相关的技术产业与由人工智能赋能的经济活动。在智能经济中，人与智能机器相互依存、相辅相成。不同于过去的自动化，智能化更强调机器的柔性生产和自主适应环境变化的能力，全面提升生产效率。

综上，从计算机的出现到ICT的兴起，再到数字技术的广泛应用，代表了信息生成、处理、分析与传输这一重要的经济社会活动的持续进步与效率提升。这一历史过程孕育了从信息经济到数字经济的一系列新经济形态并推动这些新经济形态的变革，也孕育了智能经济等基于特定数字技术的发展分支。数字技术进步与新经济模式之间的协同演化，共同构成了数字经济发展的基础范式。

二、数字技术和数字经济

数字技术（Digital Technology）无疑是数字经济的基石，构成了整个数字经济的技术基础和运作逻辑。戈德法布和塔克的研究综述将数字技术简洁地定义为以比特（Bit）为单位的代表信息和数据的一种技术。更加通俗易懂的理解是，数字技术是在计算机技术出现后，将各种信息转化为计算机可以识别的数字化语言，并进行加工、储存、分析以及传递的各类技术。可以看出，这一定义强调信息与知识的数字化过程，这也是一些研究将数字技术称为“数字化技术”、将数字经济称为“数字化经济”的原因。

基于上述定义，与计算机相关的技术大多可以被视为数字技术。计算机出现后的各个时代都有各自的代表性数字技术。进入21世纪的第三个十年，分别用A、B、C、D四个字母代表的四项数字技术被广泛视为当下数字技术的主要代表，它们分别是：A——人工智能（Artificial Intelligence）；B——区块链（Blockchain）；C——云计算（Cloud Computing）；D——大数据（Big Data）。这些数字技术共同构成了数字经济的技术底座。数字技术通过提高信息处理的速度和准确性、降低交易成本、促进创新和新业务模式的出现，极大地提高了经济活动的效率和生产力。

（一）人工智能

人工智能可以被视为计算机科学的一个分支，该项技术的重要目标是让机器具备像人一样的思考能力，特别是感知与认知能力。1950 年，艾伦·图灵（Alan M. Turing）在《计算机器与智能》（Computing Machinery and Intelligence）一文中最早提出人工智能的基本概念和“图灵测试”这一探究机器能否具备与人类相似智能的思想实验。在 1956 年夏天召开的达特茅斯会议上，一批青年学者围绕人工智能的设计与开发展开了深入探讨，奠定了人工智能的理论基础。达特茅斯会议之后，人工智能技术又历经多轮发展，时至今日，以人工神经网络为基础的深度学习占据主导地位。

当前人工智能技术发展所面临的关键问题是：如何实现从感知到认知、从弱人工智能到强人工智能的关键突破？这一阶段最受关注的大语言模型与生成式人工智能似乎能在解决这一问题上实现突破，然而其对于现有技术的颠覆程度仍未可知。此外，围绕人工智能技术使用产生的一系列经济社会问题，如人工智能伦理也得到了国际社会的广泛关注。本书第六章将重点介绍与人工智能相关的经济学讨论。

（二）区块链

数字经济的健康有序发展以数字信任、信息安全与隐私保护为基础。然而，伴随着数字技术的不断进步，信息盗取、网络攻击和隐私泄露也变得更加频繁，信任与安全似乎已经成为数字经济时代的奢侈品。在这样的时代背景下，区块链应运而生，成为数字安全问题的重要解决方案之一。区块链基于去中心化思想，将交易记录、合约信息等数据信息分拆成一个一个的数据区块，分布式存储在链上的每一台节点计算机上，形成一个全员共有的分布式账本。这一去中心化过程是通过安全散列算法——哈希算法——实现的，区块链的哈希值（Hash Value）能够唯一而精准地标识一个区块，确保了这一分布式账本的不可篡改性。

区块链的出现为实现信息安全保护提供了一种新的可选技术方案。建立在区块链之上的智能合约的应用空间更是广泛，能够基于机器信任提升市场交易与关系契约的执行效率，显著降低市场成本。本书第七章将对区块链的现有应用与发展前景进行探讨。

（三）云计算

传统制造业企业可以通过资本租赁与经营租赁等方式长期使用昂贵的大型机械和厂房等固定资本。进入数字经济时代，计算资源成为企业的必要投入，然而高速算力尤其是智能算力的价格极为昂贵，在摩尔定律的作用下算力的更新换代也极为频繁。如果算力资源也可以随时按需租赁，那么不仅能即时满足企业自身的数据处理需求，还能大大降低成本。云计算就是顺应这样的需求而出现的数字技术，代表一种通过网络统一组织和灵活调用各种 ICT 资源，实现大规模计算的信息处理方式。

对于云计算技术的理解是，其利用分布式计算和虚拟资源管理等核心技术，通过高速网络将分散的 ICT 资源集中起来形成共享的资源池，并以动态按需、可度量的方式向用户提供服务。谷歌提出的分布式文件系统、并行计算框架、NoSQL 数据库管理与分布式资源管理为云计算技术的整体发展指明了前进方向。由于云算力是一种虚拟资源，因此以数字化服务供给云计算的商业模式逐渐形成。“软件即服务”（SaaS）、“平台即服务”

(PaaS)与“基础设施即服务”(IaaS),是云服务商业化的三种主要模式。本书第八章将探讨云计算在企业运营中的应用。

(四)大数据

云计算的发展激发研究者开始探讨实时并行处理海量数据的可能性,批处理和流计算技术先后被开发出来,以解决上述问题。2008 年 9 月,《自然》(*Nature*)杂志刊登了一个名为“大数据”的论文专辑,探讨海量数据处理技术的发展前景。在此之后,商业界开始重视大数据技术的前沿发展与应用场景。

大数据技术的发展建立在多项数字技术的基础之上。互联网和物联网的发展扩大或提高了数据生成的规模、种类与频率,大型数据库与云计算使得海量数据的积累和存储成为可能,移动通信技术的迅速更新换代实现了数据传输的提速降费,使越来越多的个人与企业能够接触和使用大数据。在数据的分析处理环节,人工智能中的深度学习等技术对于传统经验分析的替代与优化,有效提升了数据分析的效率与准确性。当然,不只是大数据,前文介绍的其他三类数字技术亦是如此,数字技术的整体发展表现出协同演化、互补互促等特征。

除上面介绍的四项技术外,其他的一些前沿数字技术,如物联网和边缘计算等亦有成为主导性数字技术的可能性,其技术进步方向与应用方式也应得到持续关注。

三、数字经济与实体经济深度融合

在理解数字技术与数字经济之间的关系后,数字经济发展的关键机制——数字经济与实体经济的深度融合(简称“数实融合”)——的重要性进一步凸显。数字技术进步本身并不会凭空创造出新的生产力,而通过为实体经济充分赋能、促进传统经济提质增效,其价值才能实现。

党的二十大强调:“加快发展数字经济,促进数字经济和实体经济深度融合,打造具有国际竞争力的数字产业集群。”党的二十届三中全会提出:“健全促进实体经济和数字经济深度融合制度。加快推进新型工业化,培育壮大先进制造业集群,推动制造业高端化、智能化、绿色化发展。建设一批行业共性技术平台,加快产业模式和企业组织形态变革,健全提升优势产业领先地位体制机制。优化重大产业基金运作和监管机制,确保资金投向符合国家战略要求。建立保持制造业合理比重投入机制,合理降低制造业综合成本和税费负担。”数字经济与实体经济各领域的深度融合将带来生产效率的提升以及生产模式的改变,也将充分赋能产业转型升级,是中国经济进入高质量发展阶段后的关键增长动力。

(一)数字经济与实体经济的关系

数字经济和实体经济并非对立和替代关系,而是相辅相成、相互支撑、相互促进的关系,共同构成了国民经济的重要组成部分。

实体经济是数字经济发展的客观基础。实体经济为数字经济蓬勃发展提供坚实基础和广阔空间,为数字经济发展提供价值实现的物质基础,为数字经济发展提供大量融合性应用场景,为数字经济发展提供丰富的数据要素供给。没有消费者对于非本地产品的旺盛需求，电子商务就无法实现长足发展；没有实体企业在生产与运营过程中形成的大量数据，产业互联网也不会有价值。

数字经济是实体经济高质量发展的重要引擎。数字技术全面渗透并深刻影响实体经济的生产、分配、流通、消费等各个环节，有力推动实体经济提质增效和动能转换，提高实体经济创新能力，加快实体经济的质量变革、效率变革、动力变革。数字平台的快速发展提高了市场供需双方的匹配效率，对于大数据与人工智能的使用也为企业提升生产与运营效率提供了有效帮助。

陈雨露（2023）认为，数字经济与实体经济的融合发展具有二重性：一方面表现为数字经济自身的发展，即数字产业化；另一方面则表现为数字经济对传统实体经济的赋能与改造，即产业数字化。总体而言，数字产业化为融合发展提供必要的技术和基础设施支持，产业数字化则是融合发展的重要内容，有利于引导数字经济创新发展的实体化方向。

（二）从数实融合到新质生产力

2023 年 9 月，习近平总书记在黑龙江考察调研期间指出："整合科技创新资源，引领发展战略性新兴产业和未来产业，加快形成新质生产力。"2024 年 1 月，在二十届中共中央政治局第十一次集体学习时的讲话中，习近平总书记对于新质生产力进行了高度概括，提出"新质生产力是创新起主导作用，摆脱传统经济增长方式、生产力发展路径，具有高科技、高效能、高质量特征，符合新发展理念的先进生产力质态"。

新质生产力是生产力质的跃迁，是摆脱了传统增长路径的、符合中国经济高质量发展要求的生产力。数实融合为新质生产力的形成提供了条件，通过数实融合形成的新要素、新技术和新动能本身就是新质生产力的组成部分。自工业革命以来，人类又经历了数次科技革命，生产力以前所未有的速度和规模发展，为新质生产力的形成和发展进行了量的积累。在当今世界百年未有之大变局的背景下，经济领域出现新质生产力，是符合大趋势和大逻辑的自然演进。从这个角度来说，数字经济发展的过程，本身也是数字新质生产力的形成过程。

第三节　数字经济的统计测度

数字经济的发展创造了巨大的经济财富与社会福利，给现有国民经济核算带来了巨大挑战。对于数字经济的规模测度，是正确理解数字经济的发展与影响、制定并实施数字经济政策与治理措施的前提条件。本节首先归纳数字经济的测度逻辑，然后介绍现有各国数字经济测度实践。

一、数字经济的测度逻辑

（一）早期思路

早在数字经济的统计概念形成之前，国民经济核算中的两部分内容就与之后的数字经济发展关系密切，分别是信息技术产业与电子商务。从这个角度来看，对于信息产业增加值与电子商务交易规模的测度实践可以被视为数字经济规模测度的早期尝试。

信息技术产业包含计算机软硬件生产、通信技术、互联网以及软件开发和服务等产业，是产业数字化得以实践的产业基础，也是大多数数字经济统计测度的起点。时至今日，许多未专门将数字经济单独列为一种经济类型的国家（如德国和加拿大）仍在通过测度信息技术产业规模把握本国的经济数字化水平，这一指标也可以被视为狭义口径下的数字经济发展规模。

在电子商务规模的测度上，可以通过将传统国民经济核算中的社会消费品零售总额与对外贸易指标划分为“线上”与“线下”两种，分别构建网络零售额与跨境电商交易额（含进出口）指标，用于描述一个国家的电子商务发展状况。除此之外，还可以统计在线市场的参与度，包括活跃用户数量、交易频率和平均交易额。此外，还需考虑跨境电商的交易量，因为这是全球电子商务的重要组成部分。随着数字技术的不断发展，新的商业模式和渠道不断涌现，如社交媒体购物、直播电商和增强现实（AR）体验，为电子商务规模的统计测度带来了新的挑战和机遇。

（二）官方做法

2014 年，OECD 归纳了数字交易的三大特征——数字化订购、平台促成和数字化传输，基于这些特征来识别数字经济活动，明确数字经济的测算内容。OECD 认为，数字经济的测算应该包括基础设施投资、增强社会活力、释放创新创造能力，以及促进增长带动就业等多个方面。进一步地，OECD 构建了具有国际可比性的 38 个数字经济指标，较为全面地反映了世界主要国家的数字经济发展水平。基于上述指标，OECD 测算并比较了其成员的数字经济发展水平，并按照发展水平的差异给出了有针对性的政策建议。

欧盟委员会则基于欧盟数据编制了数字经济与社会指数（Digital Economy and Society Index，DESI），其中包括宽带接入、人力资本、互联网应用、数字技术应用和数字化公共服务程度五个主要方面的具体指标，形成了刻画欧盟各国数字经济发展程度的重要指数。2018 年，美国商务部经济分析局（BEA）首先基于互联网和 ICT 对数字经济进行定义，提出数字经济应包括数字基础设施、电子商务以及数字媒体这三部分。之后，美国商务部经济分析局根据由国民经济核算得到的供给使用表和北美产业分类系统，识别数字经济产品和服务，最后再将这些产品和服务数据加总得到数字经济总产出。

2021 年 5 月，中国国家统计局以国内外相关统计分类标准为参考，制定并公布了《数字经济及其核心产业统计分类（2021）》（以下简称《分类》），为数字经济的统计监测奠定基础。按照《分类》，数字经济产业范围被确定为 01 数字产品制造业、02 数字产品服务业、03 数字技术应用业、04 数字要素驱动业、05 数字化效率提升业等 5 个大类。其中，01～04 大类为数字经济核心产业，指为产业数字化发展提供数字技术、产品、服务、基础设施和解决方案，以及完全依赖于数字技术、数据要素的各类经济活动，是数字经济的发展基础。05 大类为产业数字化部分，指应用数字技术和数据资源为传统产业带来的产出增加和效率提升，是数字技术与实体经济的融合。

（三）研究尝试

除各国统计部门与主要国际组织之外，也有许多统计学者、经济学者和研究机构在尝试制定并优化数字经济的测度方法，以更好地反映各国数字经济发展实际状况与主要趋势，为相关经济学研究与政策分析提供有益支持。

许宪春和张美慧（2020）提出，数字经济不同于传统农业经济与工业经济的是，数字化技术充当数字经济中的代表性技术角色。广义的数字经济不仅包括数字化交易，还应涵盖保障数字化交易能够顺利进行的基础设施、数字化媒体以及数字化货物与服务。这四项内容就自然地构成了数字经济的四个形成要素，也称为数字经济规模测算需要考虑的四个方面。

金星晔等根据数字经济活动的特征识别四类产业活动——数字经济基础设施及服务活动、电子商务活动、数字化信息活动以及数字化生产活动，并从数字技术及信息与这些产业活动的相关程度以及对这些产业的贡献程度两个角度入手进行测算。特别地，对于第四类产业活动——数字化生产活动，一方面可以放松希克斯中性技术进步假设，使得模型更加符合实际情况，优化增长核算账户框架；另一方面可以将数据资源作为企业的重要资产纳入ICT资本核算范围，这将进一步提高对数字技术与信息带来的传统产业效率提升的测度准确性。

专栏1-4

理论溯源：希克斯中性技术进步

从理论上来讲，希克斯中性（Hicks-neutral）技术进步指不改变资本和劳动的边际产量之比的技术进步。也就是说，技术进步带来的生产效率提升，不是通过劳动替代资本或资本替代劳动的形式发生的，生产活动中资本与劳动的新增投入比例是不变的，对应的生产函数为$Y=A(t)F(L, K)$，$A(t)$即代表了希克斯技术进步。与之相对，非中性的技术进步可能是劳动增强型（Labor-augmenting）或资本增强型（Capital-augmenting）的，在技术进步单一地提升了生产要素（劳动或资本）的生产效率或对两种生产要素的影响存在异质性时出现。

自2017年起，中国信息通信研究院（简称“信通院”）每年连续发布《中国数字经济发展白皮书》，该白皮书研究了相关产业特征及核算方法。除信通院外，中国信息化百人会将信息经济划分为生产部分和应用部分，并基于生产法、利用增长核算框架测算数字经济规模。中国社会科学院金融研究所从数字技术、数字基础设施、数字市场和数字治理四个维度构建全球数字经济发展指数，以衡量近十年来全球数字经济发展动态。在企业界研究中，腾讯研究院基于主要经济体与我国各省份的面板经济数据进行实证分析，估计出“互联网+数字经济指数”与国内生产总值（GDP）之间的回归系数，再利用合成的“互联网+数字经济指数”推算数字经济增加值。

（四）卫星账户

除了直接测度数字经济活动的总价值之外，另一个可选的统计方法是构建数字经济卫星账户（Satellite Account）。卫星账户是以国民经济核算体系中心框架为基础，对其某些概念加以修改而建立的附属核算体系，常见的卫星账户包括经常账户、资本账户、金融账户和资产负债账户等。尽管经合组织提供了数字经济卫星账户总体框架的初步指南，但各国在实际编制数字经济卫星账户时，面临如何设计一套既满足国际可比需求，又兼顾本国实际情况的数字经济卫星账户总体框架的重要挑战。

一个理想的数字经济卫星账户应包括数字经济供给表、使用表、固定资本形成表、生产信息补充表、就业信息统计表等基础表（许宪春和张美慧，2020）。通过将基础表同各行业与数字经济生产、消费、投资相关的详细的基础数据相结合，能够构建多维数字经济统计指标，对准确反映数字经济发展水平及其对整体经济的贡献度具有重要意义。卫星账户能够量化数字经济对 GDP 的贡献，包括直接贡献和间接贡献，从而为政策制定者提供更准确的经济活动评估。通过卫星账户的数据分析，政府可以更好地了解数字经济的发展状况，制定或调整相应的政策以促进数字经济发展。企业和投资者可以利用卫星账户提供的信息来指导他们的投资决策，尤其是数字化相关领域的投资决策。

二、数字经济的测度实践

（一）国际经验

腾讯研究院比较了美国、英国、加拿大、澳大利亚和俄罗斯的官方数字经济水平，发现各国数字经济增加值占 GDP 的比重大体在 6%和 10%之间。数字经济在美国是第四大行业（2021 年），在加拿大（2020 年）和澳大利亚（2021 年）均是第七大行业，而在俄罗斯规模相对较小。

从图 1-1 可以看出，已经开始测度数字经济增加值的西方工业化国家，其得到的数字经济增加值占 GDP 的比重均相对较低。这主要是因为这些测度中的数字经济主体仍然是电子信息产业或 ICT 部门。加拿大数字经济增加值中有接近 90%是 ICT 产业增加值。美国 2021 年的数字经济规模中，软件、电子商务和电信服务三个子行业增加值合计占数字经济总规模的 65.9%。这一测度方式的优点是逻辑清晰且易于获取数据，缺点则更加明显：数字经济作为新经济形态非常重要的“产业数字化”——为传统产业赋能增效的作用——并没有在上述统计数据中得到充分体现。

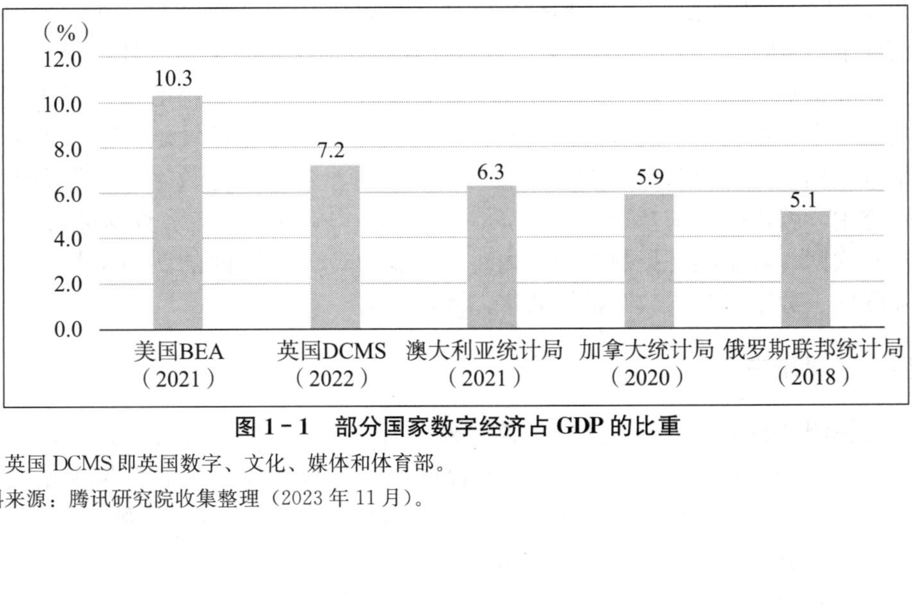

图 1-1　部分国家数字经济占 GDP 的比重

注：英国 DCMS 即英国数字、文化、媒体和体育部。

资料来源：腾讯研究院收集整理（2023 年 11 月）。

（二）中国实践

根据国家互联网信息办公室公布的数字经济统计数据，2022 年，中国数字经济规模达 50.2 万亿元，总量稳居世界第二，占 GDP 比重提升至 41.5%，数字经济成为中国经济稳增长促转型的重要引擎。

在数字产业化方面，中国数字产业规模稳步增长。2022 年，电子信息制造业实现营业收入 15.4 万亿元，同比增长 5.5%；软件业务收入达 10.81 万亿元，同比增长 11.2%；工业互联网核心产业规模超 1.2 万亿元，同比增长 15.5%；电信业务收入达 1.58 万亿元，同比增长 8%。

在产业数字化方面，数字技术和实体经济融合深入推进，三大产业数字化进程均有所突破。首先，农业数字化加快向全产业链延伸，农业生产信息化率超过 25%。其次，全国工业企业关键工序数控化率、数字化研发设计工具普及率分别增长至 58.6% 和 77.0%。最后，全国网上零售额达 13.79 万亿元，实物商品网上零售额占社会消费品零售总额的比重达 27.2%，创历史新高。线上办公、在线旅行预订、互联网医疗等数字化服务的用户规模均显著增长。

在中国数字经济发展中，数字企业创新发展动能不断增强，成为重要抓手。数字企业加大创新研发投入，2022 年中国市值排名前 100 的互联网企业总研发投入达 3 384 亿元，同比增长 9.1%。科创板、创业板已上市战略性新兴产业企业中，数字领域相关企业占比分别接近 40% 和 35%。

基于现有数据，数字经济已经成为中国经济稳增长促转型的重要引擎，主要表现在数字产业规模稳步增长、数字技术和实体经济融合深入推进、数字企业创新发展动能不断增强、数字政务协同服务效能大幅提升等方面。伴随着数字技术的持续进步与数字经济内涵的进一步丰富，对于数字经济规模的统计核算还需进一步完善。

2020—2022 年中国数字产业营收增长情况见图 1-2。

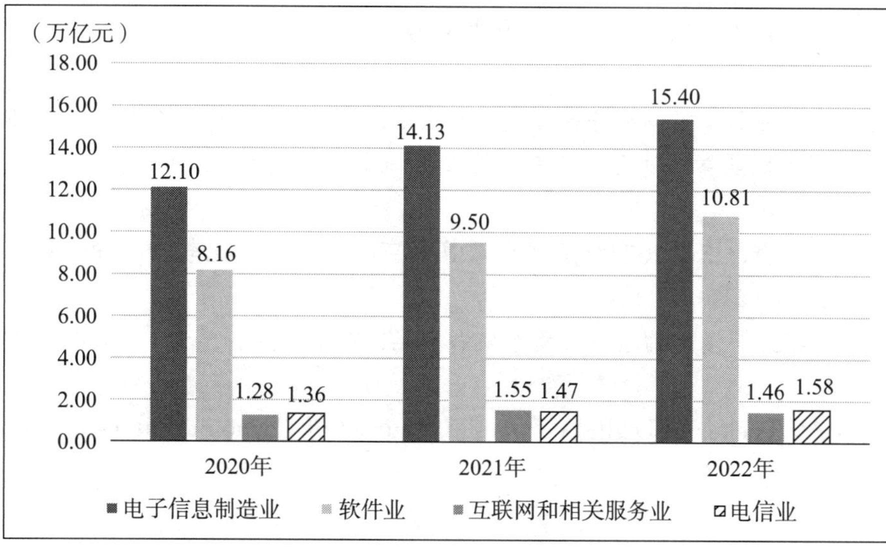

图 1-2　2020—2022 年中国数字产业营收增长情况

资料来源：国家互联网信息办公室. 数字中国发展报告（2022 年）.

本章小结

数字经济是一种以数据等新兴要素的价值创造和协同创新为基础，由互联网、人工智能和区块链等关键数字技术融合赋能与驱动优化产生的新经济形态。数字经济既包含一种新的数字化经济形态，也包括对传统经济发展模式的转型升级。数字经济的发展显著降低了搜寻成本、复制成本、运输成本、追踪成本和验证成本，通过消除信息不对称与促进创新实现提质增效。

数字经济经历了从信息经济开始的若干个发展阶段，目前阶段最为核心的数字技术可以概括为“ABCD”（A——人工智能、B——区块链、C——云计算、D——大数据）。数字经济创造了巨大的经济财富与社会福利。对数字经济的规模进行统计测度，是正确理解数字经济的发展与影响、制定与实施针对性政策与治理手段的前提条件。然而，目前各国统计部门与主要国际组织采取的测度方式并不一致，尚不存在国际通用的数字经济核算标准。基于现有数据，数字经济已经成为中国经济稳增长促转型的重要引擎。

思考题

1. 目前的数字经济的内涵与其在20世纪90年代刚被提出时有什么区别？
2. 互联网经济与数字经济之间是相互独立、互有交集还是相互包含关系？
3. 如何理解数实融合与新质生产力发展之间的关系？
4. 为什么中国数字经济占GDP的比重在数值上要比美国、英国、澳大利亚等西方发达国家高得多？这能说明中国数字经济发展水平高于这些国家吗？

参考文献

陈雨露. 数字经济与实体经济融合发展的理论探索. 经济研究，2023（9）：22－30.

吴磊. 数字化赋能第三次分配：应用逻辑、议题界定与优化机制. 社会科学，2022（8）：146－155.

许宪春，张美慧. 中国数字经济规模测算研究：基于国际比较的视角. 中国工业经济，2020（5）：23－41.

周元任. 数字经济测度的理论思路与实践评估. 中国社会科学评价，2023（1）：73－84＋159.

Goldfarb A，Tucker C. Digital economics. Journal of Economic Literature，2019，57（1）：3－43.

第二章

数字经济的研究范式

本章讨论数字经济的研究范式如何确立。研究范式（Paradigm）是一个学术领域所共享或共同遵从的理念、价值和方法的组合，是学术研究得以实际进行的思考方式及行为方式，如生物学中的实验范式、工程学中的数值模拟法等。研究范式基于对研究对象的基本理解，形成特定的研究方向，可以被视为一种处理资料和数据的习惯性方法。掌握特定领域的研究范式，是进行学术思考、开展研究的必备步骤。

每一个学术领域都有一种或多种研究范式，已经形成的研究范式也在不断演化。在经济学发展的大多数阶段，都存在若干并行的主流研究范式，以及许多适用于特定研究问题的非主流范式。主流研究范式与非主流研究范式之间，也存在相互融合、地位互换的可能，如现已成为经济学主流研究范式的行为经济学、实验经济学等。

2023 年 2 月 21 日，习近平总书记在二十届中共中央政治局第三次集体学习时强调，“加强基础研究，是实现高水平科技自立自强的迫切要求，是建设世界科技强国的必由之路”。作为经济学领域的一门新兴学科，数字经济的基础研究范式——“技术-经济-治理”分析框架已逐步形成。“技术-经济-治理”分析框架采取多角度、跨学科、数据驱动的研究方法，能够帮助我们系统地理解数字经济的发展与治理。

本章主要讨论如下问题：

- 大数据、人工智能等数字技术的广泛应用给经济学研究带来了哪些新的挑战？
- 如何将数字经济发展纳入现有经济学研究范式？在微观基础、基本规律、研究视角与分析逻辑等层次，数字经济领域的研究有哪些特色？
- 如何建立一套符合数字经济发展实践与内在规律的新的基础性分析框架？在这一框架中，如何实现技术进步、经济增长与治理优化的内在统一？

第一节 科学研究的四种范式

作为社会科学“皇冠上的明珠”，经济学的各种研究范式与自然科学的研究范式具有很高的相似性。经济学研究在经历的历次“革命”中，也不免受到自然科学研究范式变迁的影响。本节将对自然科学研究的主流范式与其在经济学中的应用进行简要介绍，尤其是进入 21 世纪后兴起并得到广泛应用的大数据范式，将为后文探讨数字经济的研究范式提供有益借鉴。

需要注意的一点是，经济学本身是一门在近几百年内逐渐形式化并兴起的社会科学学科，经济学研究范式的产生与发展与自然科学存在差异。本节将主要按照自然科学研究范式发展的顺序分别介绍四种范式——实验科学、理论科学、计算科学与大数据科学，并回顾经济学中各种研究范式的经典应用。

一、实验科学

（一）基本含义与实例

实验科学是通过观察自然和社会现象内部规律，获得和检验科学结论的一种研究范式。实验科学通过严谨的方法论，为科学知识的积累和科学进步提供了坚实的基础。在物理学、化学、生物学等自然科学领域，以及在经济学、管理学、社会学等社会科学领域和医学研究中，实验科学都发挥着关键作用。

一般来说，科学实验遵循以下基本流程：定义问题→提出假设→设计实验→观察对象→检验假设→得出结论。著名的波义耳空气弹性实验、伽利略的物理学和动力学实验、牛顿的力学实验等，都是实验科学的经典案例。需要注意的一点是，在顺利开展实验的基础之上，研究者往往会基于实验结果提出一系列科学理论，从而形成科学研究的第二范式，这些抽象出来的理论又为实验的开展提供了新的可供验证的研究假说。

（二）经济学研究中的实验科学

在经济学发展的早期阶段，存在这样一种错误观点：经济学不可能进行实验研究。早期经济学者认为，经济学研究的主要目的是透过大量复杂的经济现象，识别经济变量之间的因果关系，揭示经济系统的运行规律。由于经济观测数据具有非实验性的特点，因此人们通常无法像自然科学研究那样通过可控实验识别变量之间的因果关系。同时，经济学研究的个体互动的复杂性，使得实验设计与条件控制变得极其困难。然而，在心理学、社会学等其他学科广泛使用实验方法的影响下，实验经济学和与其密切相关的行为经济学逐渐兴起。

现如今，实验科学已经成为经济学研究的一种常规范式，不仅深入微观经济学的各个分支，同时也在宏观经济学的诸多领域生根发芽，并被广泛应用到制度与政策评估中。实验不仅能够丰富理论知识，同时还描绘出不同于理论知识积累与定量分析检验的经济学进步图谱。田野研究（Field Study）等准实验方法，通过在现实的社会经济环境下人为地引入一些实验控制手段与方法，跟踪研究经济变量之间的因果关系，为在经济学中贯彻实验科学思维、解决传统研究范式无法处理的经济学问题提供了有益实践。

1. 微观实验

对微观个体经济与社会活动的实验最为基础，因而实验科学在微观经济学中的应用已经十分成熟。1948 年，经济学家爱德华·哈斯丁·张伯伦（Edward Hastings Chamberlin）在哈佛大学的课堂上创造了第一个课堂市场实验，用以验证市场的不完全性。当时哈佛大学的一名经济系研究生弗农·史密斯（Vernon Smith）参加了这一实验并很受启发，开始深入思考经济学研究的实验方法。20 世纪 50 年代中期，史密斯以自己的学生为实验对象，开始了一项针对最基本的经济学理论——供求定律——的实验研究。通过一系列实验，史密斯证明，具备完备信息以及大量经济主体并不是市场有效的前提。在此之后，史密斯利用实验研究方法为经济学理论发展做出了开拓性的贡献。1962 年，史密斯发表了论文《竞争性市场行为的实验研究》，这篇论文是实验经济学发展的一座里程碑。在此之后，史密斯被称为“实验经济学之父”，并于 2002 年获得诺贝尔经济学奖。

时至今日，在经济学中应用实验范式的例子已不胜枚举。20 世纪 50 年代，法国经济学者莫里斯·阿莱（Maurice Allais）等对人在面临不确定性时的选择进行了实验，发现实验结果与期望效用理论不一致，进而提出了著名的“阿莱悖论”与确定性效应，证明预期效用理论存在逻辑不一致的问题。在数字经济研究中，斯坦福大学的苏珊·阿西（Susan Athey）等学者通过一个数字货币实验证明，个人对于其隐私信息的保护程度往往没有其主观表述的那么高，即著名的“数字隐私悖论”，普林斯顿大学的熊伟等学者在支付宝 App 上进行的实验研究也得出了类似结论。

2. 政策实验

与微观实验不同，政策实验既为经济学研究提供了重要的经验证据，也是大范围推行某种经济社会政策前的有效尝试。由于经济学实验解决了决策环境控制以及激励与决策挂钩这两大问题，因此它也成为评判不同政策特别是新政策的试金石。曾任美国总统经济顾问的约翰·李斯特（John A. List）通过一项经济学实验，验证了通过劳伦斯·奥苏贝尔（Lawrence Ausubel）提出的拍卖机制将污染排放权卖给厂商比其他待选排污政策更为有效。这一实验结果促使这种新的拍卖机制被写进美国的《清洁空气法案》中。

在中国，“摸着石头过河”的渐进性政策实验被广泛运用于政策制定与实施的过程中，是中国改革开放四十多年的重要实践。缘于应对不确定性的现实需要，中国采取政策实验的方式渐进地推动改革，是渐进决策理论在中国制度情景下的具体实践。中国在长期建设和改革的过程中始终坚持政策实验的工作方法，选择部分地区先行试点探索经验，在反复比较政策备选方案的实施效果之后将可复制推广的政策推广到全国，从而显著降低了政策不确定性。

3. 田野实验

与社会学中的田野调查不同，经济学中的田野实验通过实地随机选择被试来构建控制组（对照组）和实验组（处理组），然后在假定其他变量不变的前提下，引入某些设计好的变量（也就是对实验组被试施加某些扰动），观察和记录两组被试的行为以及结果，通过一定的计量经济学方法分析两组的数据，得出某些结论。田野实验通过控制某些因素而让其他因素保持自然状态，可以揭示在实验室条件下可能无法观察到的复杂经济现象，增强了经济理论的现实适用性和预测能力。

田野实验在经济学的早期应用可以追溯到 20 世纪 20 年代，在 20 世纪末又被以麻省理工学院的阿比吉特·班纳吉（Abhijit V. Banerjee）、埃丝特·迪弗洛（Esther Duflo），以及哈佛大学的迈克尔·克雷默（Michael Kremer）等为代表的一批发展经济学家广泛应用，并产生了巨大的影响力。由这些学者组成的研究团队以设立在印度和肯尼亚等地的“贫困行动实验室”为基地，通过一系列大规模田野实验研究各类反贫困手段的效果，在此基础上与政府和非政府组织一道实施反贫困计划。例如，他们通过随机对照实验（RCT）来评估教师激励措施对教育产出的影响。在印度拉贾斯坦邦，贫困行动实验室随机选择了一些中小学校，为教师提供出勤奖金，进而评估其教学绩效。实验结果表明，出勤奖金显著提高了教师的出勤率和学生的学习成绩。2019 年 10 月 14 日，瑞典皇家科学院宣布，将 2019 年诺贝尔经济学奖授予班纳吉、迪弗洛和克雷默三人，以表彰他们“在减轻全球贫困方面所提出的实验性方案”。

二、理论科学

（一）基本含义与实例

理论科学是以数学公式、模型或算法等形式表示，强调普遍性规律的形式化，通过演绎推导与模拟求解得出科学结论的研究范式，侧重于通过逻辑推理、数学建模和理论构建来解释和预测自然现象。理论科学的一般流程包括定义概念→提出假设→逻辑分析→模型推理→数学化/公式化等步骤。理论科学是最为人熟知的研究范式，简化的理论最容易传播与记忆，因此许多学科的中高层次教材都以理论分析为主要呈现形式。相较于其他研究范式，理论科学更加强调逻辑自洽，在其自身逻辑中并不需要证实或证伪，也因此经常遭到质疑或批评。

在理论科学中，研究者通常从观察现象出发，提出研究假设，然后通过逻辑推理发展出理论模型。这些理论模型能够解释现有的数据，并对未来的实验结果做出预测。例如，牛顿的万有引力定律和爱因斯坦的相对论都是理论科学范式的典型代表，它们通过数学语言描述了自然界的基本规律，并能够预测诸如行星的运动轨迹或光在强引力场中的弯曲等现象。

理论科学范式在物理学、天文学和化学等自然科学领域得到了广泛应用。以量子力学为例，它是一个描述微观粒子行为的理论框架，通过薛定谔方程等数学工具预测粒子的波函数，进而得到粒子在特定条件下的概率分布。量子力学不仅解释了原子结构和分子键合等基础问题，还预测了诸如超导和量子纠缠等现象，对现代科技产生了深远影响。在天文学研究中，通过牛顿的万有引力定律，科学家们预测并解释了天王星轨道的微小偏差，这些偏差仅通过观察无法得到完全的解释。通过理论计算，科学家们预言，存在一颗未知的行星，其引力影响了天王星的运动。最终，海王星的发现验证了这一理论预测，海王星因此也被称为“笔尖上发现的行星”。

（二）经济学研究中的理论科学

在很长一段时间里，经济学研究仅有理论科学这一种主流范式。从古典经济学开始，经济学家就将演绎推理作为构建经济理论的主要工具，他们先是依靠直觉构建经济理论的前提假设，然后运用逻辑工具在假设的基础上发展出一套演绎体系，最终利用自然语言或数学语言表达出来。

在边际革命之后，新古典经济学以大量数学工具进一步推进了经济学的形式化，经济学完全成为一个基于演绎构建的逻辑自洽的学科体系。进入20世纪后，在实验科学与计算科学持续发展的策动下，经济学家开始尝试将理论研究与这两种范式相结合，范式之间的碰撞与融合促使经济学研究快速进步与理论分析范式更新换代。

1. 边际革命

19世纪70年代，英国经济学家威廉姆·斯坦利·杰文斯（William Stanley Jevons）、奥地利经济学家卡尔·门格尔（Carl Menger）、法国经济学家里昂·瓦尔拉斯（Léon Walras）几乎同时独立发现了边际效用递减原理，即随着个体消费的某种商品数量的增加，从每增加一单位商品所获得的额外满足（即边际效用）会逐渐减少，从而开启了经济学的边际革命。边际革命的核心观点是，经济决策应基于边际量——额外一单位商品或服务带来的额外效用或成本，而非总效用或总成本。这一理论强调了个体偏好的主观性和选择的边际性，为现代微观经济学奠定了基础，特别是对消费者行为、需求理论、价格形成和资源配置等方面产生了深远影响。边际革命将经济学研究，尤其是理论分析聚焦于如何在资源稀缺的假设下，实现消费者效用最大化。

边际革命包含两项重要内容：边际效用价值论和边际分析方法。边际效用价值论认为，商品的价值取决于人们对它的效用的主观评价：人们在消费某种商品时，消费数量每增加一单位，增加的效用就递减，最后一消费单位的效用最小；决定商品价值的，不是它的最大效用，也不是它的平均效用，而是最后一消费单位的效用。边际分析方法则是运用导数和微分方法研究经济运行中微增量的变化，用以分析各经济变量之间的相互关系及其变化过程的一种方法。通过引入边际分析方法，经济学家能够更精确地解释和预测市场现象，如需求法则（价格下降—需求量上升）等，从而推动了经济学理论和实证研究的现代化。

2. IS-LM模型

IS-LM模型是由英国现代著名的经济学家约翰·希克斯（John R. Hicks）和美国凯恩斯学派的阿尔文·汉森（Alvin Hansen），在凯恩斯主义基础上概括出的一个国民收入与利率关系的模型。凯恩斯主义以英国经济学家约翰·梅纳德·凯恩斯（John Maynard Keynes）的宏观经济政策理念为基础，主张在经济衰退时期，政府应通过积极的财政政策和货币政策来刺激需求，以实现充分就业和经济稳定增长。

凯恩斯在其著作《就业、利息和货币通论》中对其经济思想做出了十分细致的阐述。然而，在希克斯和汉森之前，还没有人能够用间接的数学模型来表达这一思想。通过构建IS-LM模型（这一模型也是多数本科阶段宏观经济学课程的重要内容），能够十分直白地模拟财政政策和货币政策对于宏观指标的影响，揭示了经济中可能存在的“挤出效应”，对于宏观经济学的发展具有重要意义。

3. 理性预期革命

理性预期革命发起于20世纪70年代，是对凯恩斯主义宏观经济学的一次批评与反思。理性预期学派认为，经济中的个体都是“理性经济人”（Rational Economic Man），具有最大化自己利益的行为和理性预期。其重要的现实含义是，对于任何宏观经济政策，人们都会做出相应的反应来避免对自己的不利影响，而非全盘接受政策的各种效果，这就会使宏观经济政策无效。由此产生的新古典宏观经济学派反对凯恩斯主义的各种国家干预政策，主张由市场机制自行对经济加以调节。

理性预期学派作为新自由主义思潮的一个重要流派，其“政府失灵论”的逻辑演绎结果与公共选择等学派一起，对凯恩斯主义提出了挑战，为20世纪80年代开始在英美等国大行其道的新自由主义经济学提供了理论支撑。新自由主义经济学推崇自由市场原则，推行去监管化、减税和减少政府开支等政策，这些政策理念随后被国际货币基金组织（IMF）和世界银行（WB）等国际金融机构推广到全球，尤其是在结构调整计划和技术援助中。

新自由主义政策在全球范围内的推广，引发了大规模的私有化浪潮、金融市场自由化和全球贸易壁垒的减少。其中，金融市场自由化增加了资本的流动性，但同时也增加了金融风险和不稳定性，如2007—2008年的国际金融危机就暴露了新自由主义政策的一些问题。全球贸易壁垒的减少促进了国际贸易的发展，有助于资源的全球优化配置，但这也带来了发达国家与发展中国家之间经济、科技等方面发展的不平衡，以及国际分工的畸形化。新自由主义政策对劳动力市场也产生了显著影响，推行弹性劳动体制和非全时工作制，增加了劳动力市场的不稳定性，给劳动者带来了更多的不确定性风险。因此，对新自由主义政策的批判和反思逐渐增多，一些国家和国际组织开始探索替代的经济政策和发展模式，以寻求更加平衡和可持续的全球化路径。

三、计算科学

（一）基本含义与实例

计算科学是利用计算机技术解决复杂数学计算问题，建立数学模型并设计求解方法，最终通过计算机编程实现的研究范式。计算科学的基本流程包括：确定时间体系→建立数学模型→建立仿真模拟→进行仿真实验→分析仿真结果。值得注意的是，由于计算科学与数学和计算机之间关系密切，因此数学研究的重要发展与计算机技术的关键进步往往会带来计算科学的革命性进展。

计算科学的核心在于利用计算机模型来模拟现实世界中的复杂过程。一个具体的计算科学实例是蒙特卡洛模拟。蒙特卡洛模拟是一种数学技术，通过随机抽样来估计可能的结果分布。在核物理研究中，科学家使用蒙特卡洛模拟来模拟粒子在材料中的输运过程，从而进行更有效的辐射屏蔽。在金融领域，蒙特卡洛模拟也被用来评估复杂金融衍生品的风险和收益。在经济预测中，蒙特卡洛模拟能够帮助经济学家模拟经济变量的随机变化，评估政策变化对经济的潜在影响。例如，在进行宏观经济预测时，可以利用蒙特卡洛模拟来生成可能的经济情景，并分析这些情景对经济增长、就业和通货膨胀等的影响。

计算科学范式的另一个实例是深度学习在图像识别中的应用。深度学习算法通过训练神经网络来识别图像中的对象，这在医学图像分析、安全监控和自动驾驶车辆中有着广泛的应用。通过大量的数据训练，深度学习模型能够达到甚至超过人类专家的识别准确率。

（二）经济学研究中的计算科学

计算科学，或称定量分析，在经济学研究中的广泛应用极大地扩展了经济学研究的广度。以定量分析为主的计量经济学是以经济观测数据为基础的实证研究最重要的研究方法论，在推动经济学科学化的过程中发挥了极其重要的作用。正如使用数学方法是一些科学成熟的标志那样，使用以数据为基础的计量经济学进行实证分析是经济学研究精确化的重要标志，在大数据时代更是如此。

计量经济学作为一门学科已有近百年的发展历史。在中国经济学的发展中，计量经济学从起源至今已有近 40 年，极大地推动了中国经济学教育与研究的学术化、规范化和国际化，成为经济学研究理论联系实际的主要方法与工具。现代计量经济学涵盖了各种各样的模型，包括条件均值模型、条件方差模型、条件分位数模型、条件矩封闭模型、条件概率分布模型以及泊松回归模型等。这些模型能够量化经济变量之间的关系，评估经济政策的潜在影响，并预测经济行为。通过精确的估计和推断，计量经济学模型有助于经济学家解决因果关系识别问题，从而为政策制定者提供科学的决策支持。

计量经济学与理论经济学关系密切，这两种研究范式在很多时候实现了协同发展。在实证研究中，使用哪一种模型由所研究的经济问题的本质来决定，即“问题导向”；在理论研究中，理论分析推导出的推论和假说也需要大量定量分析所提供的经验证据。从总体上看，计量经济学在推动经济理论创新与发展方面发挥着关键作用。随着数据的不断积累，以及新的计量经济学方法的不断产生，会比较容易找到现有经济理论不适用的证据，即现有经济理论不能解释的观测数据，此时便产生了对新的经济理论的需求。

1. 经典计量经济学

经典计量经济学的一个核心内容是经典线性回归模型，其基本假设是解释变量对于因变量产生线性影响、不可观测的随机扰动项与解释变量相互独立、条件同方差与零自相关、随机扰动项服从独立同正态分布等。经典计量经济学是现代计量经济学的基本出发点，对于经典线性回归模型基本假设的逐渐放松标志着计量经济学的不断发展。

直到今天，因具备理论基础坚实、模型简单易用、参数估计高效、统计推断便利和诊断工具成熟等优势，经典计量经济学方法仍被广泛用于定量分析之中。许多极为重要或非前沿的经济学研究仍采用线性回归模型作为基准计量模型。

2. 非线性回归

在现实中，解释变量与被解释变量之间的关系未必为线性关系。例如，家庭收入变化对于食品消费支出的影响，其参数就可能呈现倒 U 形形式（先增加后下降）或者更加复杂的形式。此外，门槛效应等现实经济机制的存在也要求在实证研究中放松线性回归模型的基本假设。在这种情况下，非线性回归就显得尤为重要。

另外，由于非线性回归摒弃了解释变量与被解释变量之间存在线性关系这一假设限制，其应用空间在事实上变得更加广泛。由于非线性回归模型的选择存在一定的随意性，因此对于计量模型背后的理论模型构建也提出了更高要求，也使得计量经济学能够处理更多、更复杂的经济学问题。

3. 政策评估

如何在非实验性的条件下通过估计虚拟事实来量化各种经济社会公共政策的实际效果？为了回答这个问题，计量经济学学者尝试在同等条件下，比较实施该政策的结果与假设没有实施这项政策的虚拟结果，两者之差就是该项政策的效应。这里的关键与难点是，在政策已实施的条件下，如何准确估计假设政策没有实施时的虚拟结果。因此，双重差分（DID）、断点回归（RDD）、倾向评分匹配（PSM）、合成控制法（SCM）等计量方法被创造出来以解决这些问题。

政策评估计量经济学将自然实验的思想与结构模型相结合，通过发展识别和估计各种因果效应的统计推断方法，为科学评估政策的有效性与利弊得失提供方法论支持。经济系统的高度复杂性、有限理性个体的自选择行为以及可获得数据的局限性，使得评价一项政策的效果或一次重大事件的影响并不像看起来那样容易。当某一政策实施以后，尽管可以同时观察到处理组中政策实施前后的变化，但这个变化同时包含了政策的处理效应和不可观测的时间趋势的变化。通过采取 DID 等方法，政策的处理效应被独立出来，评估政策效果也成为可能。

四、大数据科学

美国国家科学院院士、国家工程院院士、艺术与科学院院士吉姆·格雷（Jim Gray）一生致力于关系型数据库研究，在系统操作方面做出了重要的研究贡献，并于 1998 年获图灵奖。2007 年 1 月，在其驾驶单桅帆船航海失踪的 11 天前，吉姆·格雷在一次题为“科学方法的革命”的演讲中大胆断言，科学研究的第四范式已经出现，并将这一范式命名为“数据密集型科学发现”（Data-intensive Scientific Discovery）。这一范式的名称后来被进一步简化为“科学大数据”（Scientific Big Data）或“大数据科学”（Big Data Science），代表在科学研究中使用大数据方法与工具。本节则统一使用“大数据科学”这一名称。

（一）基本含义与实例

大数据科学是在前三种范式的基础上发展起来的综合新范式。第四范式研究框架是由科学实验、理论模型或算法、计算机模拟和海量数据处理组成的，通过大数据分析可以弥补前三种范式在现实证据与预测精度上存在的不足。大数据科学的分析过程一般包括数据采集/预处理/集成→数据统计和分析→数据挖掘→数据可视化和应用等过程。基于大数据的搜索引擎、预训练后形成的人工智能模型（包括 DeepSeek 系列大模型）以及各种类型的数字孪生都是第四范式的研究产物。

大数据科学包括数据的收集、存储、管理、分析和解释等多个方面。它依赖于高性能计算、并行处理、云计算等技术来处理具有大体量和复杂性的大数据。此外，大数据科学还涉及数据清洗、数据挖掘、机器学习和人工智能等技术，以从非结构化和半结构化数据中提取有用的信息。

大数据科学的一个关键应用是商业智能领域。企业通过分析客户社交媒体、消费者行为、客户浏览记录等大型数据集，可以更好地理解客户需求，优化产品和服务，实现精准营销。另一个实例是在城市管理中，通过收集和分析交通流量、公共安全、能源消耗等数据，可以提高城市的运营效率和居民生活质量。大数据科学正在推动跨学科的研究和创新，它影响了科学研究、工业应用和政策制定等多个领域。

（二）经济学研究中的大数据科学

在很多时候，经济学研究将大数据方法视为计量经济学的新发展。大型数据库提供了传统数据所无法提供的很多信息，这些信息可以用来构建以前不能精确测度的一些重要变量。譬如，通过社交平台和新闻媒体文本数据，可以构建投资者或消费者的情绪指数与经济政策的不确定性等指标，然后研究这些变量对经济运行和金融市场的影响。

与传统计量经济学相比，大数据分析强调从传统的模型驱动转向数据驱动，从参数不确定性转向模型不确定性，从无偏估计转向有偏估计，从低维建模转向高维建模，从低频数据转向高频甚至实时数据，从结构化数据转向非结构化数据，从传统结构化数据转向新型结构化数据，以及从人工分析转向智能分析。这些转变意味着计量经济学不再局限于模型设定的假设条件，而是能够更直接地从大量复杂的数据中发现规律，从而提高实证研究的科学性、严谨性、精细化和系统化。

1. 情感分析

在存在信息不对称的情况下，投资者无法全面地获得市场所有信息，因此可能将不全面且无效的信息当作有用信息，从而做出错误决断，这种类型的交易者被称作“噪声交易者”（Noise Trader）。噪声交易者的个人交易习惯偏离了经典的理性期望，在受到宏观经济政策、外生冲击等影响时，可能会产生过度自信、羊群效应等情况，进一步对市场交易产生影响。对于此类交易者的交易行为与市场影响，就不能依赖对企业基本面的客观分析，而是要探究投资者情绪等主观性指标。

进入 21 世纪，以加里·贝克（Gary Becker）为代表的一批学者基于社交平台和新闻媒体文本，通过情感分析构建投资者或消费者的情绪指数，研究这些变量对金融市场和经济运行的持续影响。由于这些数据往往是高频实时数据，因此大数据方法得到了深度使用，这对于之后在经济研究中广泛使用大数据方法提供了许多有益借鉴。

2. 经济政策不确定性

经济政策不确定性的度量方法主要有两种。

第一，构造一种特定事件并将其作为代理变量，如将总统换届选举、国际突发事件等作为代理变量，从特定事件中得出经济政策不确定性对投资影响的结论。在欧美国家，政府换届、政府立场变更频繁，对政策预期的不确定性提高，特定事件的发生会显著提高经济政策不确定性。该度量方法的缺点是估计结果存在偏差，优点是不存在内生性问题。

第二，基于文本分析法构建指数。贝克等学者基于主流新闻媒体中出现的“经济”“不确定性”等关键词，构建经济政策不确定性指数（Economic Policy Uncertainty Index，简称 EPU 指数），反映了一种信息从事件到市场，再到公众的传导过程。贝克等编制的 EPU 指数，相较于基于特定时间构建的代理变量，更好地指出了市场的不可预测特征并且有较强的连续性，产生了较强的学术影响力。

3. 机器学习在经济学中的应用

不断扩大的数据规模让经济变量之间的关系变得更加灵活，传统计量中的线性模型以及大多数非线性模型可能都无法满足这一要求，所以经济学家需要寻找新的研究方法。机器学习理论中的决策树（Decision Trees）、支持向量机（SVM）和深度学习（Deep Learning）等算法可以更加有效率地处理复杂关系，为理论研究与实证分析提供有力支持。机器学习是一种能够处理大量数据并从中发现规律的先进技术，它为经济学研究提供了新的分析工具和视角。

在理论层面，机器学习的主要作用是实现预测功能。在实证层面，机器学习发挥了辅助回归的作用，比如利用聚类等方法提高数据处理效率，或利用文本分析构造新的已知或未知的变量。然而也有一系列研究提出，由于“算法黑箱”的存在，机器学习的模型缺乏可解释性，且与经济学理论的联系不够紧密，因此只能作为传统范式的补充而不能被视为一种独立的研究范式。“算法黑箱”是对于算法复杂性和不可观测性的一种比喻：算法就像一个箱子，你可以看到输入和输出，但看不到箱子里面发生了什么。“算法黑箱”的问题在于，由于我们看不到内部的决策过程，因此我们很难理解为什么某个特定的输出被生成。这可能会产生信任问题，特别是在算法做出预测和决策时。此外，如果算法有偏见或错误，其黑箱特性也使得这些问题更难以被发现和被纠正。

得益于机器学习出色的统计适应性，这一方法为经济学研究者提供了一项重要的优势，通过精准地将复杂的函数拟合至数据集中，机器学习有效预防了过拟合现象的发生，并且能够确保拟合结果在样本外的数据上同样具有良好的表现。强化学习、无监督学习和有监督学习是机器学习用于经济学研究的三种常见方法。其中，强化学习使计算机系统能够在特定环境中通过自我学习来选择最优行动，以实现既定目标；无监督学习通过探索数据内部的模式和结构进行学习，而无须依赖预先设定的目标或标签；有监督学习在已知正确答案（如一篇新闻报道的主观情绪态度）的前提下，基于人工标签学习如何根据输入数据做出预测或决策。

第二节　数字经济研究的基础范式

本节基于数字经济的现实特点与理论逻辑，结合已有研究的共性结论，从微观基础和研究视角两个角度介绍数字经济研究的基础范式。这一基础范式的形成是大量经济学研究人员基于上一节介绍的四种范式进行长期探索的结果，本节因此也可以被视为对现有数字经济研究的一次整体梳理。

一、微观基础与基本规律

（一）微观基础

微观基础强调的是整体经济活动必须以微观经济个体行为的规律为理论根据。数字经济的微观基础包括多个领域的内容，在要素领域包括数据这一关键数字化要素，在技术领域包括各项数字技术，在主体领域则包括数字劳动力、平台企业等。立足于不同的微观基础，能够构建不同的基础性数字经济理论模型。

1. 数据要素

数据要素作为数字经济中的重要生产要素，与资本、劳动、土地等共同形成新的要素组合，构成了数字经济发展的要素基础。数据要素是一种虚拟要素，需要以大型存储设备或网络云空间作为载体，并投入人力或人工智能算法进行分析，才能通过生成新的知识实现价值创造。数据要素还表现出类似技术和知识要素的溢出性特征，这一特征使数据要素成为经济增长的重要驱动力之一。

数据要素在促进创新和推动新业务模式形成与发展方面发挥着重要作用。数据驱动的洞察可以激发新的商业模式和带来创业机会，如基于用户数据的个性化推荐、基于实时数据的智能物流系统等。同时，数据要素也是人工智能、机器学习等前沿技术发展的基础，这些技术正在逐渐渗透到各行各业，推动产业数字化转型。数据要素的有效管理和利用，对于提升整个经济体的创新能力和促进其可持续发展具有重要意义。

2. 数字技术

数字技术以算法的形式与数据结合，可以提高资源利用效率和决策与管理的科学性，改造传统产业，培养新的经济增长点。ICT 资本是美国 20 世纪 90 年代中后期经济增长的主要推动力，进入 21 世纪后，各项数字技术对于经济发展与数字化转型的推动作用亦十分显著，成为数字经济发展的技术基础。

数字技术为经济活动提供了新的工具和平台，改变了生产、交易和消费的方式。通过使用数字技术，企业能够实现资源的高效配置、流程的自动化、服务的个性化和运营的智能化。数字技术的快速发展和广泛应用为数字化转型提供了可能，使得企业能够重新思考和设计其流程、产品服务策略和市场策略。数字技术还使个体户和小型企业能够通过在线平台参与全球市场，创造了新的就业机会和收入来源。

3. 数字劳动力

具备良好数字素养和技能的高素质数字劳动力是数据和技术服务于生产过程必不可少的条件。数字劳动力代表了数字技术与劳动力市场的融合，构成了数字经济运行的基本单元。据《2023 中国数字经济前沿：平台与高质量充分就业》研究报告统计，2021 年，以微信、抖音、快手、京东、淘宝、美团、饿了么等为代表的平台，为中国净创造就业岗位约 2.4 亿个，为当年约 27%的中国适龄劳动人口提供了就业机会。

首先，数字劳动力包括那些直接参与数字技术生产、应用和服务的工作者，其工作依赖于计算机、互联网、大数据、人工智能等数字技术。数字劳动力是推动数字创新、提升生产效率、促进新业务模式发展的关键力量。例如，软件工程师、数据分析师、数字营销专家等都属于数字劳动力。

其次，数字劳动力的概念还涵盖了通过数字技能和工具提高工作效率的广大劳动者。在数字经济中，即使是传统行业的工作者也需要掌握基本的数字技能，如使用办公软件、在线协作和电子通信等。这种普及的数字技能提升了整个劳动力市场的水平，促进了劳动力的数字化转型。此外，数字劳动力还涉及自由职业者和远程工作者，他们利用数字平台进行工作，展现了劳动力市场的灵活性和多样性。数字经济的蓬勃发展为这些劳动者提供了丰富的就业和创业机会，同时也要求他们不断学习新技能，以适应不断变化的工作环境。

4. 平台企业

平台企业的崛起迅速推动数字化产业发展。平台企业是数字技术应用、交易撮合和创新活动的核心组织形式，构成了数字经济的市场基础，通过促进技术创新、降低交易成本、推动实体经济数字化转型以及增强国际竞争力等多方面作用，对经济高质量发展起到了关键支撑作用。

首先，平台企业通过构建数字平台，连接不同的用户群体，包括消费者、供应商、开发者和其他合作伙伴，促进了资源共享和价值共创。这些平台利用云计算、大数据分析、物联网等技术，提供个性化服务、优化资源配置、降低交易成本，从而驱动了经济效率的提升。

其次，平台企业在数字经济中还扮演着市场中介的角色，它们创造的新的商业模式加速了产品和服务的创新。平台企业还推动了新业态的形成，比如共享经济、众包服务和远程工作等，这些都是数字经济的重要特征。此外，平台企业基于开放的应用程序编程接口（API）和生态系统，促进了技术标准制定和知识扩散，为中小企业和创业者提供了成长的土壤。

（二）基本规律

数字经济的微观基础决定了这一经济模式的若干条底层运行法则。这些底层运行法则共同构成了数字经济研究范式所依赖的基本规律。将这些基本规律引入数字经济模型并估计其经济影响，成为当前数字经济研究的重要内容。

1. 摩尔定律

英特尔公司创始人之一戈登·摩尔（Gordon Moore）于 1965 年发表了一篇关于计算机存储器发展趋势的研究报告，提出了著名的“摩尔定律”——集成电路芯片上可以容纳的晶体管电路数目，大约每经过 18 个月便会增加一倍。“摩尔定律”在一定程度上揭示了信息技术和数字技术的进步速度，为数字经济的高速发展与经济社会的持续数字化变革提供了一种解释。

“摩尔定律”的一个重要经济学意义是，它意味着以计算机、高速网络和高速算力为代表的 ICT 资本的相对价格不断降低。这就导致伴随着数字技术的进步，企业的生产性支出愈发偏向于资本和技术，而对于劳动的投入则不断降低。在初次分配层面，这将降低劳动收入份额。

2. 梅特卡夫定律

无论是互联网还是物联网，皆是由多层的信息发出点、信息传递线和信息接收点组成的信息交流系统。这个系统最终由个体和群体中的人构成无形的网，它能贯穿上下、联系左右、沟通内外，纵横交错而又通达灵便。它的核心特点是人与人之间的连接。自万维网建立以来，信息网络就进入了成熟阶段。

梅特卡夫定律是一个关于网络价值和网络技术发展的定律，由乔治·吉尔德（George Gilder）于1993年提出，但以计算机网络先驱罗伯特·梅特卡夫（Robert Metcalfe）的姓氏命名，以表彰他在以太网方面的贡献。梅特卡夫定律的基本内容是，一个网络的价值等于该网络内的节点数的平方，且该网络的价值与联网的用户数的平方成正比（见图2-1）。简言之，一个网络的用户数量越多，整个网络和该网络内的每台计算机的价值越大。一项新技术只有在许多人使用它时才会变得有价值。使用网络的人越多，网络就越有价值，因而越能吸引更多的人来使用，最终提高整个网络的总价值。

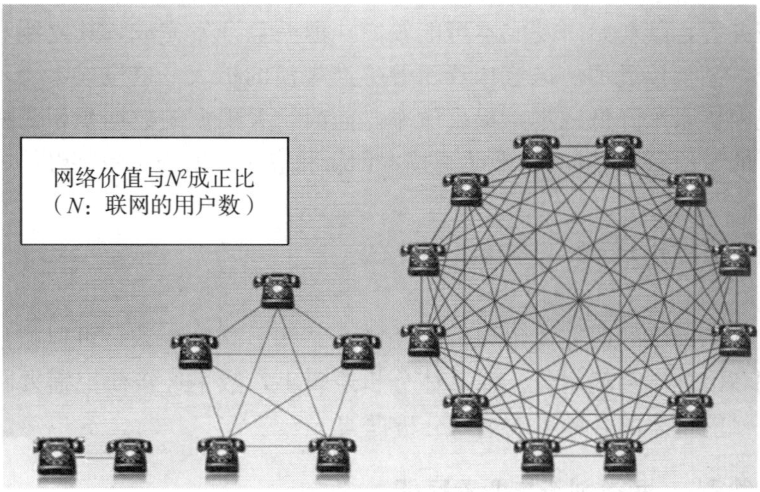

图2-1　梅特卡夫定律的图像表示

资料来源：徐翔. 数字经济发展：网络、算法与数字平台. 北京：人民出版社，2022.

3. 库梅定律

2011年，斯坦福大学教授乔纳森·库梅（Jonathan Koomey）提出了"库梅定律"：单位运算的电耗量每一年半就降低一半，从计算机诞生开始，都会一直持续下去。事实上，从1946年第一台电子计算机ENIAC诞生之日算起，相同计算量所需的能耗一降再降。计算机性能的改善、各类组件如电容的体积缩小、通信模块之间的通信时间缩短等，都能大大提高能源利用效率。

库梅定律的提出，意味着算力的提升过程几乎没有极限。移动终端的计算能力越来越强，但消费者不仅要求其体积越来越小，还要求其续航时间不断增加。新的应用和功能层出不穷，这意味着一台设备的能耗会越来越大。其体积的限制决定了在设备上无法增加电池，那么如果电池续航能力递减，再多的应用与功能也只能是无用的摆设。库梅定律的提出打消了业界对于“增长极限”的担忧，促使信息技术产业高速发展。

4. 规模报酬递增规律

与前面三个偏向技术的基本规律不同，规模报酬递增规律更多地反映了数字经济尤其是数据要素的经济价值。规模报酬是指在其他条件不变的情况下，企业内部各种生产要素按相同比例变化时所带来的产量变化。例如，企业生产中使用劳动和资本两种要素，当两种要素的投入都增加一倍时观察产出的变化情况。如果总产出增长大于一倍，表现为规模报酬递增；如果小于一倍，则为规模报酬递减；如果正好为一倍，则为规模报酬不变。

数字经济的规模报酬递增规律体现在其特有的网络效应和边际成本递减的特性上。

首先，数字经济中的产品和服务往往具有网络效应，即随着用户数量的增加，其价值和吸引力也随之增加。例如，社交媒体平台、在线市场和操作系统等，用户越多，其提供的网络连接范围越大和服务内容越丰富，也就越能吸引更多用户加入，形成正反馈循环。这种效应使领先企业能够迅速扩大规模，增强市场竞争力，从而实现规模经济。

其次，数字经济中的产品和服务具有边际成本递减的特点。数字产品如软件、应用程序、在线服务等，其初始研发成本可能较高，但一旦开发完成，其复制和分发的边际成本就会极低，甚至接近零。这意味着随着生产规模的扩大，单位成本会不断下降，企业可以通过规模扩张来降低成本，提高效率。同时，大规模的数据积累为机器学习等技术提供了丰富的“原料”，进一步推动了技术创新和应用，增强了数字经济的规模优势。

二、研究视角与分析逻辑

事实上，数字经济的研究视角与传统经济在结构上高度一致，可以按照供给侧、需求侧、市场侧和治理端粗略划分。在具体分析逻辑上，数字经济研究需要将数字技术进步与数据要素赋能带来的各种影响纳入分析框架。

（一）供给侧：两类创新与要素赋能

数字经济发展主要有两类创新：数字技术创新和商业模式创新。

其一，数字技术创新。数字经济的兴起和发展首先得益于计算机和互联网两项关键技术。近年来，计算机技术和互联网技术的复合型应用，产生了大数据、云计算、人工智能、物联网、移动互联和区块链等新技术。

其二，商业模式创新。基于互联网和数字技术构建的数字平台，通过平台上的数据整合、算法优化和用户交互，连接用户与资源方，利用网络效应，形成一个规模庞大、协作紧密、匹配精准的正向价值创造商业生态圈，实现商业价值的创造与分配。

以上两类创新对于数字经济发展而言，就像鸟之两翼、车之两轮，相辅相成，缺一不可。

数字经济的要素赋能同样包含两种理解。

第一，数据等新生产要素为经济增长赋能。数据被称为数字时代的新“石油”，是除了土地、劳动、资本和技术等之外的新型生产要素，对传统生产方式变革具有重大影响。数据具有非竞争性、非均质性、非损耗性等特点，数据被引入生产体系带来了生产要素和生产条件组合的改变，对于各类创新活动产生了良好的促进作用。

第二，通过数字经济与实体经济深度融合，提高传统要素的生产效率，进而实现实体经济的提质增效。通过整合数字技术，如大数据、人工智能、物联网和云计算，可以对传统生产要素——土地、劳动、资本——进行优化升级。例如，利用物联网技术实现精准农业，提高土地利用效率；通过人工智能和机器学习优化生产流程，提升劳动生产率；利用大数据分析优化资本配置，提高投资回报率。此外，数字平台能够降低交易成本，提高市场效率，促进供需双方实现更有效的匹配，从而提升实体经济的运作效率。

（二）需求侧：需求创造与红利共享

人类的需求包含诸多层次。马斯洛的需求层次理论把需求分为生理需求、安全需求、社交需求、尊重需求和自我实现需求五个层次，由低到高依次排列。随着数字经济的发展，消费者的需求也不断地向更高层次转变，会激发人们在过往不敢想象或者无法实现的新需求。人工智能、大数据以及移动互联网等数字技术迅速崛起，不仅会催生大量的新行业、新产品、新服务、新模式，而且会创造许多前所未有的消费需求，颠覆人们的消费观念。

随着数字经济与实体经济的深度融合，“数字红利”不断显现，全社会数字能力与素养不断提升，新兴岗位不断被创设与再造，失业情况得以缓解，并且劳动生产率的大幅提升使得收入分配更加合理，收入差距得以缩小。然而，数字红利的释放并不总是自然发生的，仅依赖市场机制配置资源可能导致“数字鸿沟”不断扩大，这就进一步凸显了公共政策与数字治理的重要性。

（三）市场侧：市场运行与业态涌现

数字经济中市场运行的关键是数字平台。不同于线下企业，数字平台一旦在某个方面占据垄断地位，就会迅速扩展到其他领域，其涉及的范围和行业将非常广泛，能够迅速形成或扶持一批数字企业。数字企业利用平台的技术和数据优势，充分发挥网络效应和规模效应，从事原本属于其他行业的线下业务。线上声誉是基于大数据、云计算和机器学习等数字技术而形成的，是对口碑等线下声誉的一种创造性破坏。线上经济活动构成了线下市场的新的营商环境，它不仅通过市场竞争对线下市场产生影响，其本身也已成为市场机制的一部分。

作为数字经济的重要组成部分，电子商务、网络直播、短视频和元宇宙等新业态不断涌现，在赋能社会经济发展、打造繁荣的数字文化、构建普惠便捷的数字社会以及建设绿色智慧的生态文明等方面发挥着越来越重要的作用。数字经济新业态门类众多，应根据比较优势选择适合自身的主导产业，在数字经济新赛道上打造差异化竞争优势。

（四）治理侧：治理监管与政策激励

随着数字技术的发展及其应用潜能的迸发，数字经济对经济社会发展的引领带动作用日益凸显，这对数字经济治理体系和治理能力提出了新要求。数字经济具有数据体量庞大、创新创业活跃、线上线下融合、市场结构复杂等特点，传统经济治理方式越来越难以满足数字经济治理的现实需要。作为对传统经济治理的变革、升级与重构，数字经济治理运用数字化手段建立大数据动态分析系统，通过精准掌握数字经济发展成效与了解存在的问题，分析数字经济发展的形势和趋势，在打造数字化政府的基础上系统提升数字经济治理效能。

在数字经济发展过程中，需要解决政策激励的政策目标、政策原则、政策机制和政策体系等问题。第一，解决政策目标问题，在于定位好政府在推动数字经济发展过程中的奋斗目标。用好“看不见的手”和“看得见的手”，推动有效市场和有为政府更好结合。第二，解决政策原则问题，在于明确好政府在推动数字经济发展过程中的战略方向，平衡好“创新”、“发展”和“治理”三者之间的关系。第三，解决政策机制问题，在于用好政策的“杠杆”，充分利用市场机制，更好地发挥政府作用，为构建现代化的数字经济治理体系提供理论支撑。第四，解决政策体系问题，在于建立好政府在推动数字经济高质量发展过程中的制度保证，通过破立并举，给出切合政策目标和政策原则的改革建议。

第三节 “技术-经济-治理”分析框架

数字经济的迅猛发展和广泛影响，不断向学术研究范式的构建与演进提出新的更高要求。通过第一章的分析可以看出，数字经济起源于计算机等信息通信技术的出现与应用，经历了从信息经济开始的多轮形态变换，具备非常明显的技术驱动特征。在数字经济发展突飞猛进之后，又出现了一系列无法通过市场机制自发解决的经济社会问题，凸显了治理和监管的重要性。本节尝试将上一节归纳的基础范式进一步系统化，以21世纪初出现的技术-经济范式为基础，形成一套新的描述数字经济发展的“技术-经济-治理”分析框架，为之后的分析提供具有参考性的基础性框架。

一、技术-经济范式

（一）提出背景

纵观人类历史，生产率的爆炸式增长和金融狂热往往以经济过热，而后经济崩溃和萧条的轮回反复上演。20世纪末，信息革命与金融市场两股力量崛起，前者提高了生产率，后者具有财富驱动力。这两股力量蕴含着巨大潜力，似乎具有实现永不停止的高速经济增长的可能性，这一模式也被麻省理工学院的鲁迪格·多恩布什（Rudiger Dornbusch）描述为“永续增长”。然而，2000年互联网泡沫的破裂标志着这一美梦的破灭——大量互联网企业相继破产或重组，美国ICT产业遭受重大打击。

有感于21世纪初美国互联网泡沫的破灭，西班牙演化经济学家卡萝塔·佩雷丝

（Carlota Perez）结合先前的研究，完成《技术革命与金融资本：泡沫与黄金时代的动力学》一书，提出技术-经济范式，产生了较大的学术与现实影响力。技术-经济范式可以作为分析数字技术快速发展的理论归属（荆文君等，2023）。佩雷丝认为，每种发展模式都将根据特定的技术风格进行塑造，这种技术风格被理解为一种最有效的生产组织范式，即生产力增长在公司、行业和国家的主要形式和方向。这种范式由某些关键技术发展演变而来，将导致行业面临的相对成本结构发生重大变化，同时为新技术扩散开辟了广泛的新机会。这种技术进步与经济发展之间的互动关系，是技术-经济范式的主要内容。

专栏 2-1

2000 年的美国互联网泡沫

20 世纪 90 年代末，以电子商务和互联网服务为主要形式的美国新经济迅速发展。1990 年 10 月到 1998 年 10 月，美国科技指数——纳斯达克指数从 458 点上涨到 1 615 点，每年涨幅约为 15%。而 1998 年 10 月之后，纳斯达克指数迅速攀升，年均涨幅高达 125%，市盈率也在一年内从 26.5 倍提高到了近 70 倍，估值驱动和市场非理性完全取代了基本面分析，推动纳斯达克指数屡创新高。这种发生于 20 世纪 90 年代末期的互联网科技公司股票估值空前上涨的现象，被称为互联网泡沫（Dot-com Bubble）。

2000 年 3 月，纳斯达克指数开始下跌，针对引领纳斯达克指数的高科技公司的大幅卖单也开始出现。仅仅 6 天时间内，纳斯达克指数就从 3 月 10 日的 5 048 点下跌至 3 月 15 日的 4 580 点。半个月之后，美国联邦政府正式宣布了诉微软案的审理结果，判定微软的商业行为构成垄断并要求对微软进行拆分，彻底为互联网泡沫钉上了棺椁的最后一枚铁钉。在微软案宣判后的下一个交易日，纳斯达克指数就下跌了 8%，创下了跌幅纪录，而摔落神坛的微软股价更是暴跌 15%。在之后一年多的时间里，纳斯达克指数持续疲软下行，相较 5 048 的高点最多下跌了 78%。到 2000 年 11 月，互联网泡沫的破灭已经给整个美国证券市场带来了 1.7 万亿美元的损失，上千家互联网公司的股价暴跌超过 80%。

值得庆幸的是，互联网泡沫并没有扼杀数字经济这一新经济模式，而是让创业者、投资人和政府能够以一个更加理性、客观和审慎的态度对待数字经济。此后，全球的数字经济参与者开始反思互联网泡沫的成因，而在旧企业的废墟之上，一批全新的数字企业与新的数字经济业态正破土而出。

（二）理论内涵

技术-经济范式的重要研究对象是历次技术革命。技术革命是指一批有强大影响的、崭新且动态的技术、产品、部门，为整个经济带来巨变，并推动长期的发展高潮的革命。技术革命包含许多紧密交织在一起的技术创新要素，它们共同促成了经济生产率的跃升，使整个生产体系得以现代化和更新，最终将效率水平提高到一个新的高度。每一次技术变革都伴随着一组“最佳惯行方式”的原则，并以技术-经济范式的形式出现，打破了技术、经济、管理和社会制度中现存的组织习惯。一旦得到普遍采纳，这些原则就成为组织一切活动和构建一切制度的基础。

在佩雷丝提出的技术-经济范式中，技术革命将催生一批新产业，同时向传统产业渗透，促进传统产业在新技术应用、组织规模等方面实现转型升级。按照佩雷丝的观点，在资本主义经济200多年的历史中，共出现了五次技术革命与相应的经济形态变化。当前，我们正处于第五次技术革命——信息革命时代。

对于每次技术革命，佩雷丝都进行了细致的周期性划分并指出，一次持续时间约半个世纪的技术革命周期中，存在着爆发阶段（Irruption Phase）、狂热阶段（Frenzy Phase）、协同阶段（Synergy Phase）和成熟阶段（Maturity Phase）共四个阶段（见图2-2）。前两个阶段对应着技术导入期，后两个阶段对应着技术展开期。在导入期和展开期之间还存在一个转折点（Turning Point），即狂热之后的衰退期（见图2-3）。

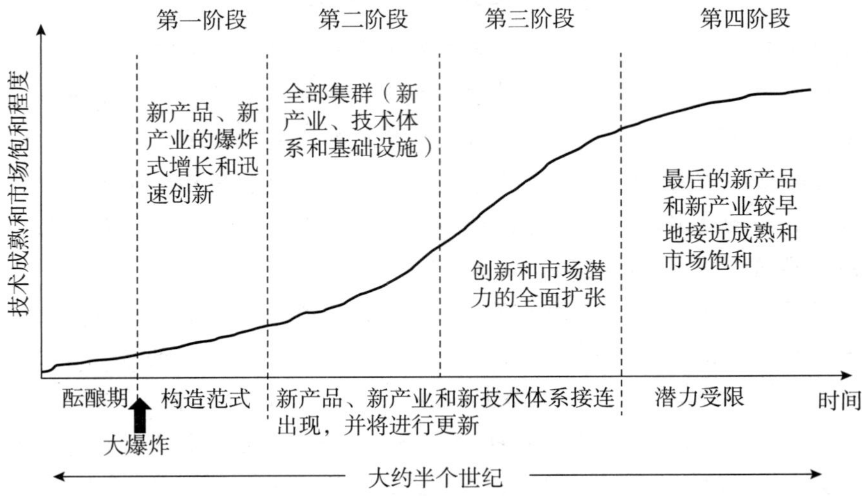

图2-2　技术革命的生命周期

资料来源：佩雷丝. 技术革命与金融资本：泡沫与黄金时代的动力学. 田方萌，胡叶青，刘然，等译. 北京：中国人民大学出版社，2007.

佩雷丝认为，每次技术革命都会经历两个性质非常不同的时期，每个时期大约会持续30年。第一段为导入期，新技术进入成熟的经济，打乱了已经建立的结构，并连接起新的工业网络，建立了新的基础设施。在这一阶段早期，技术革命规模较小；而到了这一阶段晚期，新的技术-经济范式成功应对旧范式的抵抗，成为举足轻重的力量。第二段是展开期，此时，新范式和现代化的力量重塑了整个经济结构，并充分发挥其财富生产潜力。两个时期之间的转折点，通常表现为一次严重的衰退，牵扯到整个系统的重组。而这一重组将使增长重新启动，并取得技术革命成就。

根据佩雷丝在《技术革命与金融资本：泡沫与黄金时代的动力学》一书中提出的观点，转折点或者说衰退期是一种必要的根本性变革。转折点的产生可以归因于结构性问题产生的泡沫破灭——革命性技术催生的真实财富增长速度不及投资者集体信念创造资本收益的速度。因此，每当经济进入转折点时，就需要采取政策手段，以应对市场失灵。

（三）现实进路

通过上面的分析可以看出，技术-经济范式的理论起点是技术革命的出现。在技术革

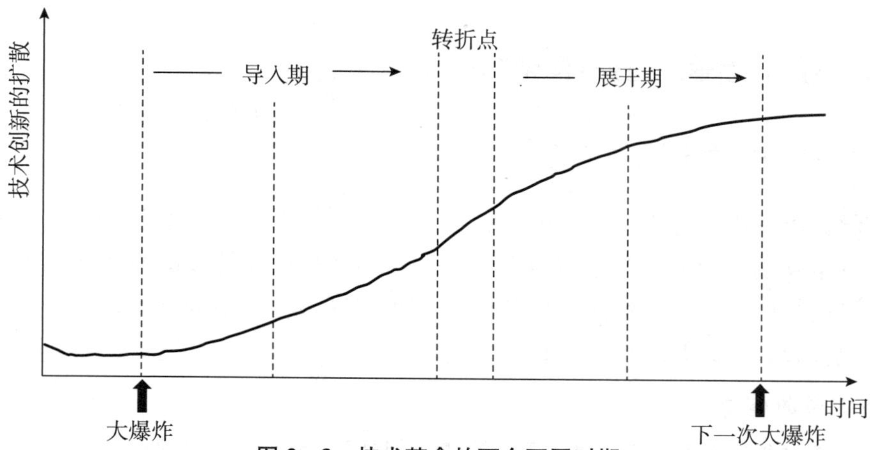

图 2－3 技术革命的两个不同时期

资料来源：佩雷丝. 技术革命与金融资本：泡沫与黄金时代的动力学. 田方萌，胡叶青，刘然，等译. 北京：中国人民大学出版社，2007.

命出现后，将出现“一套相互关联的、同类型的技术和组织原则”，进而形成改变经济社会活动的基本组织形式。由于技术的成熟、扩散、普及是一个渐进的过程，因此使用技术-经济范式分析经济增长问题一般是从时序角度进行的，类似于在宏观经济学中对于一个完整经济周期的阐述。

我们当前正经历的这轮技术革命源于 20 世纪 40 年代后 ICT 技术和 ICT 产业的发展壮大。在经历了近一个世纪的发展后，其内涵已经变得愈发丰富，在进入 21 世纪后更是迎来了新一波名为“数字经济”的发展浪潮。原因可能在于，主导数字经济发展的核心技术再次发生改变——从早期的信息通信技术，到互联网和物联网技术，再到大数据、人工智能、云计算和区块链等新兴数字技术。关联技术的出现，形成了诸多新兴的商业模式，如共享经济、直播电商、社群经济等，不断赋予数字经济发展动力。

数字时代的经济增长有着显著的技术驱动特征。与传统技术革命带来的经济变革不同，数字技术本身具有很强的衍生性，技术之间的关联也更易建立，从最初的信息技术，到后期的智能技术，数字技术的快速演进及相互关联，使其成功跨越了技术-经济范式中的转折点，持续对经济高质量发展发挥积极作用。在上一代技术红利消失前，下一代技术已经进入导入期。关联技术的诞生，又会进一步作用于经济发展，补偿技术红利消失带来的衰退。在数字经济视域下，转折点并非不存在，而是在转折点附近存在着技术创新与应用，使经济发展很快过渡到下一周期，缩短了衰退的过程。

通过多种数字技术相互关联与协同演化，数字经济似乎超越了传统意义上的技术-经济范式，技术革命与技术革命之间的转折点似乎被淡化了。然而，虽然数字经济发展在总体上并未遭遇衰退，但技术进步带来的经济福利并未能平等地在各类人群中分配，新技术的冲击所带来的持续的创造性破坏也引发了诸多经济社会问题。例如，人工智能的发展和广泛使用使许多劳动力面临失业风险，市场上新产品的不断出现、新企业不断替代旧企业也造成了潜在的社会资源的浪费。从这个角度来说，政府以治理监管的形式进行介入就显得极为必要，这也凸显了将数字经济治理作为一个新的维度纳入技术-经济范式的必要性。

二、“技术-经济-治理” 分析框架的构建

（一）资本主义的动力与不足

佩雷丝提出，资本主义的整个经济社会体系的运作有三个核心特征——技术革命推动、两类资本互动和制度的变迁缓慢。这三个核心特征通过持续的相互作用实现技术进步、经济发展与社会变迁，但同时也催生了一些难以自发解决的问题。对于如何解决这些问题，佩雷丝等学者并没有给出有效方案。

1. 技术革命推动

技术变迁以创新蜂聚的形式发生。大量的创新推动形成了相继出现而又互不相同的历次技术革命，技术革命又推动着整个生产结构的现代化。资本主义经济的发展历史表明，技术革命是推动其演变和增长的关键动力之一。

首先，技术革命通过引入新的生产方式和工作方法，极大地提高了生产效率和生产力。例如，18 世纪末的工业革命引入了机械化生产，结束了手工作坊时代，使得大规模生产成为可能。随后，电力的广泛应用、内燃机的发明以及化学和钢铁工业的发展，进一步加速了工业化进程。20 世纪中叶，信息技术革命的兴起，特别是计算机和互联网的普及，推动了经济的数字化和全球化，创造了新的产业和市场，同时也为消费者提供了更多样化的产品和服务。

其次，技术革命还促进了资本主义经济结构的转型和升级。新技术不仅取代了旧技术，也促使新的企业形式和商业模式出现。例如，互联网技术的发展催生了电子商务、云计算服务和社交媒体等新型企业，这些企业通过新商业模式，重新定义了市场的运作方式，重塑了消费者的行为习惯。此外，技术革命还推动了劳动力结构的变化，对劳动者的技能和素质提出了新的要求，促进了教育和培训行业的发展。

2. 两类资本互动

金融资本和生产资本在资本主义经济周期中的互动是资本主义经济社会体系运作的核心特征之一。金融资本和生产资本既相互联系又职能各异，虽然都在追逐利润，但两者的标准和方式却各不相同，通过投资实现盈利的方式也存在差异。此外，金融资本和生产资本也存在相互转换的可能性，在前沿技术的投资上也存在相互合作的可能性。

首先，金融资本为生产资本提供必要的资金支持，这种资金的供给与需求关系直接影响着经济周期的波动。在经济扩张期，企业和个人对资金的需求增加，金融机构则通过增加贷款以及发行股票和债券等方式，为生产活动提供资金，推动经济增长。这一时期，金融资本的流动性增强，利率下降，金融市场活跃，有助于生产资本的积累和扩张。然而，在经济进入繁荣期后，可能会出现过度投资和资产价格泡沫现象，金融资本的过度积累可能导致风险集聚。

其次，随着经济进入衰退期，生产资本的盈利能力下降，对资金的需求减少，金融机构出于对风险的考虑，可能会收紧信贷，减少资金供给。这会导致利率上升，金融市场动荡，进一步抑制投资和消费，加剧经济的下滑。在经济的低谷期，金融资本的谨慎

态度和生产资本的萎缩相互影响，共同导致经济活动减缓。但是，随着经济的逐步调整和金融市场的稳定，金融资本将再次为生产资本的复苏提供资金支持，推动经济进入下一个扩张周期。

3. 制度变迁缓慢

面对技术革命带来的巨大变革，社会-制度框架比技术-经济范式有着大得多的惰性与阻力。社会制度的变化需要当权者在政治思想方面一致，佐以制定与实施政策的行动力。然而，在资本主义体系中，实现制度变革的难度很大，因为既得利益群体（往往是两类资本的所有者）会通过各种手段阻挠社会制度做出适应性调整，20 世纪 80 年代在英美等国兴起的新自由主义浪潮就是很好的证明。

上述三个核心特征相互影响，造就了技术领域、经济领域与制度领域的持续发展与协同演化（见图 2-4）。正是这些处于变革中的领域相互作用、相互影响，才产生了在每次浪潮中一再重现的序列。然而正如前文关于第三个核心特征的描述，制度变革往往难以跟上技术进步与经济发展的速度，由此导致经济社会问题不断产生并逐渐恶化，这也是技术-经济范式中的转折点总会出现的主要原因。

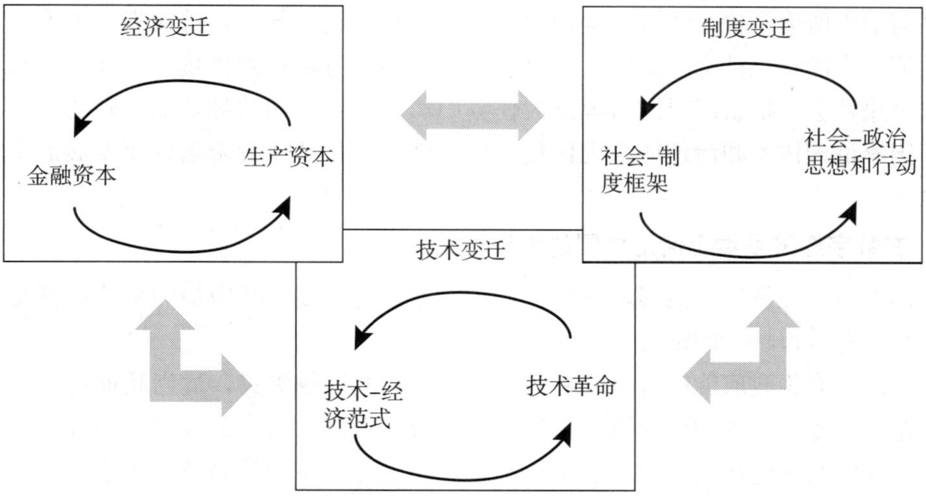

图 2-4　资本主义体系的动力学：三个持续相互作用的变迁领域

资料来源：佩雷丝. 技术革命与金融资本：泡沫与黄金时代的动力学. 田方萌，胡叶青，刘然，等译. 北京：中国人民大学出版社，2007.

（二）数字经济治理的可选方案：中国的治理模式

如果西方资本主义的制度变迁模式不能完全适应数字经济发展的需要，那么中国特色治理模式能否为数字经济的发展正本清源、充分赋能呢？本部分将结合中国的治理体系与治理能力现代化实践予以阐释。

1. 治理体制的中国模式

改革开放以来，随着中国经济的高速发展及国家实力的增强，中国一直是国际社会关注的对象。尤其是 2008 年国际金融危机以后，社会各界更是聚焦中国，不时使用“北京共识”“中国模式”等概念对中国的发展进行诠释。虽然也有一些西方媒体尝试诋毁或污名化中国的发展实践与取得的巨大成绩，但总体上国际社会仍然十分肯定中国政府在经济社会发展中所发挥的突出作用。

中国的发展引发了人们对于比较发展模式和制度优势的兴趣。在诸多讨论中，规模优势、后发优势与体制优势一般被认定为“中国特色”发展优势。有观点认为，中国的政治模式在引导社会追求最佳公共政策上具有明显的优势，能够平衡程序、能力与结果三个环节，因而“可能在美式资本主义与欧式民主社会主义（福利国家）体制之外，开创第三条发展道路”。

中国对于治理体制的制度安排在集聚力量、发挥国家整体效应、促进政府积极作为、实现国家集体意志等方面，相较于西方国家具有明显优势。同时，中国的治理体制还具有灵活性、稳定性、高效性和集中性等突出特点，能够对各类外生冲击与新发展、新趋势、新格局做出灵活而高效的应对，在治理措施出现问题时亦能及时修改。中国的治理体制在总体上关注全局效率，重视整体效能提升与社会公平。这些特点使中国治理体制具有适应数字技术冲击与推动数字经济发展的巨大潜力。

进入新时代，治理体系与治理能力现代化成为中国模式下治理体制的重要内容。治理体系与治理能力现代化实践是全面深化改革的重要组成部分，旨在提升国家治理的效率和效能。中国特色社会主义制度的显著优势在多个方面得到体现，如在脱贫攻坚、全面建成小康社会、抗击新冠疫情等重大任务中彰显了强大的治理效能。党的二十大报告强调了国家治理体系和治理能力现代化的重要性，并将其作为未来五年发展的主要目标任务之一。

2. 在数字经济发展上活用中国的治理模式

中国的数字经济发展能够取得巨大成就，原因有很多，其中最为重要的便是“有为政府”与“有效市场”的结合。

一方面，有为政府能够持续改善营商环境、克服市场失灵，适当超前建设了大量的数字化基础设施。中国的治理模式强调政府在数字经济发展中的规划和引导作用。政府可以通过制定数字经济发展战略、优化政策环境、加强基础设施建设等措施，为数字经济的健康发展提供方向指引和基础保障。数字政府建设的抓手将从过去的“建系统”逐步转向现在及未来的“创场景”，围绕社会实际需求场景进行数字化、智能化的创新重构，数智化场景成为驱动数字政府建设的重要方式。

另一方面，有效市场能够将大量的资源特别是资金配置到新兴的数字经济产业，通过数字产业化搭建中国数字经济发展的产业基座。有效市场为传统企业和产业数字化转型提供技术、资金与人才支持，帮助传统企业实现数字化生存。在这一过程中，政府可以通过简政放权、减税降费、提供创新创业支持等措施，为企业松绑减负，营造公平竞争的市场环境。同时，政府还可以通过公共采购、与社会资本合作等方式，引导和激励社会资本投向数字经济领域，促进公共资源和市场资源的有效结合。

在数字经济领域，中国的治理体系和治理能力现代化实践尤为突出。《“十四五”数字经济发展规划》明确提出，要“以数据为关键要素，以数字技术与实体经济深度融合为主线，加强数字基础设施建设，完善数字经济治理体系”，推动数字经济健康发展。这表明，中国正致力于构建一个协调统一的数字经济治理框架和规则体系，通过跨部门、跨地区的协同监管机制，增强政府的数字化监管能力，提升行业和市场监管水平，形成政府主导、多元参与、法治保障的治理格局。

专栏 2-2

“新基建”新在何处

新型基础设施建设（简称“新基建”），主要包括5G基站建设、特高压、城际高速铁路和城市轨道交通、新能源汽车充电桩、大数据中心、人工智能、工业互联网等七大领域，涉及诸多产业链，是扩大有效投资的重要举措。

新型基础设施主要包括三方面内容：

一是信息基础设施，包括以5G、物联网、工业互联网、卫星互联网为代表的通信网络基础设施，以人工智能、云计算、区块链等为代表的新技术基础设施，以数据中心、智能计算中心为代表的算力基础设施等。

二是融合基础设施，主要指深度应用互联网、大数据、人工智能等技术，支撑传统基础设施转型升级，进而形成的融合基础设施，比如智能交通基础设施、智慧能源基础设施等。

三是创新基础设施，主要是指支撑科学研究、技术开发、产品研制的具有公益属性的基础设施，比如重大科技基础设施、科教基础设施、产业技术创新基础设施等。

事实上，类似“新基建”的投资项目在世界各主要经济体均得到重视。欧盟推行的“数字十年”计划尝试建立数字基础设施联盟（EDIC）这一新实施机制，使欧盟成员乃至私人资源更为灵活地设立与实施多国项目。日本政府以新冠疫情防控为契机，加快完善数字化社会的法律环境，拟建设覆盖国土全境的新一代通信标准5G的基础设施网，并考虑在全国推广为老年群体讲授智能手机操作方法的志愿者服务。毋庸置疑，谁能在数字新基建上占得先机，便能在数字经济未来的国际竞争中取得优势。

随着中国经济进入新时代，迈上新征程，数字经济发展与治理也步入新的阶段。一方面，高质量发展是建设社会主义现代化强国的首要任务，数字经济理应承担起助力高质量发展的使命；另一方面，数字经济治理已经从专项整治走向常态化监管，一些比较突出的问题也已得到纠正，数字经济发展也开始进入一个新的更为规范、更为健康的阶段。

监管与治理是一个长期任务。习近平总书记在十九届中共中央政治局第三十四次集体学习时强调：规范数字经济发展，坚持促进发展和监管规范两手抓、两手都要硬，在发展中规范、在规范中发展。如何构建有效的数字经济治理体系，促进数字经济健康发展，是中国式现代化下一阶段的一个重要课题。

（三）“技术-经济-治理”分析框架的构成

基于已有研究和各主要经济体的数字经济发展与治理实践，我们可以将治理纳入数字经济的技术-经济范式之中，进而形成一个全新的“技术-经济-治理”分析框架（见图2-5），用于串联数字经济发展史中的关键事件与重大变革，总结数字经济发展的基本规律，进而形成对于数字经济未来发展趋势的整体感知。

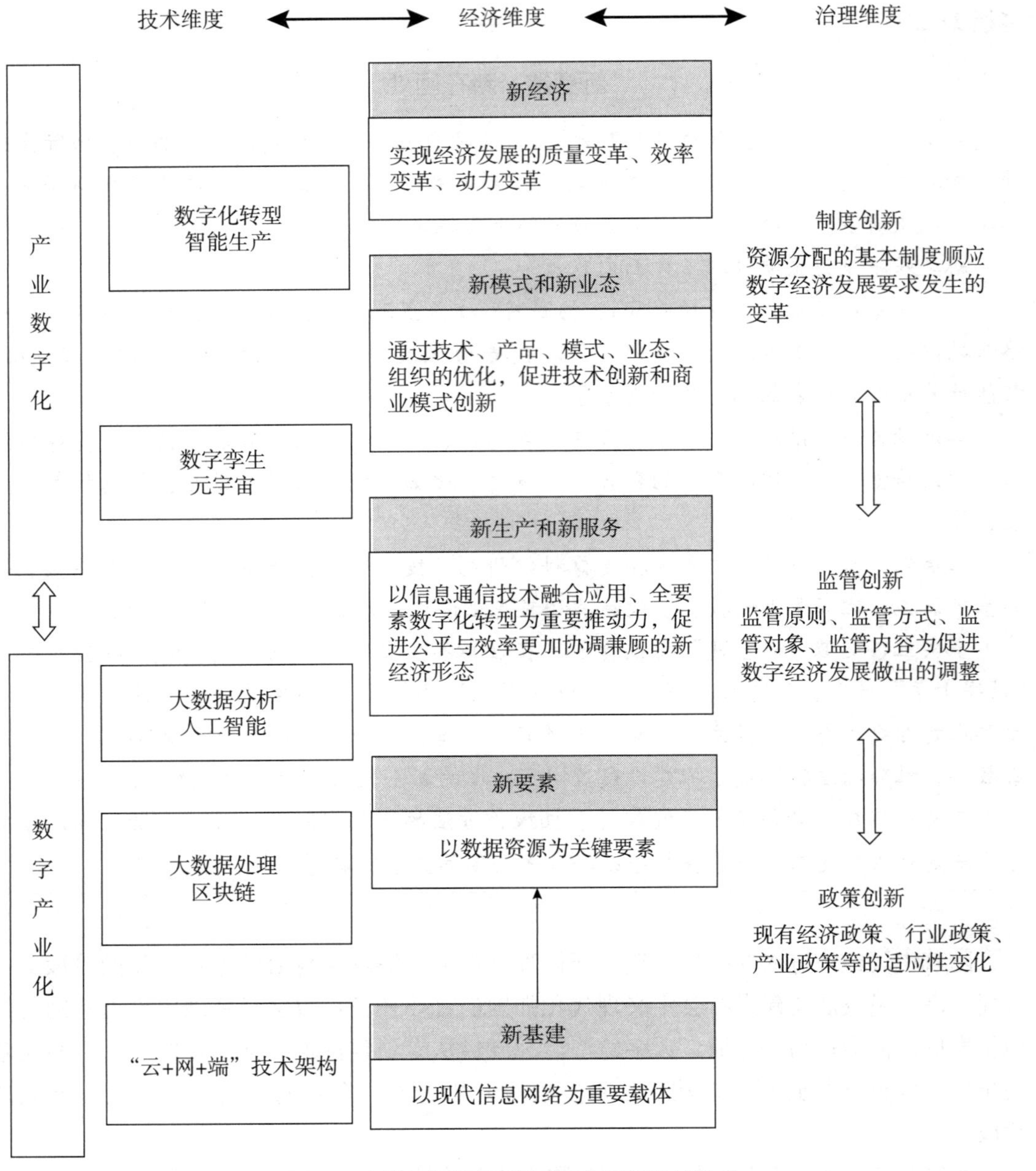

图2-5 “技术-经济-治理”分析框架的构成

资料来源：作者自制。

1. 底层逻辑

各类数字技术的产生、交叉与应用共同奠定了数字经济的技术基础，推动新基建和新要素、新生产和新服务、新模式和新业态的出现与发展，由此以数字产业化和产业数字化为代表的数字经济应运而生。其中，新基建以现代信息网络为重要载体；新要素是以数据为代表的新兴虚拟要素；新生产和新服务是以信息通信技术融合应用、全要素数字化转型为重要推动力，促进公平与效率更加协调兼顾的新经济形态；新模式和新业态通过技术、产品、模式、业态、组织的优化，促进技术创新和商业模式创新。它们共同推动经济发展的质量变革、效率变革、动力变革。

数字经济在发展到一定程度之后，便开始对传统的经济治理模式产生冲击，进而对政府正确处理效率与公平之间的关系、转型与增长之间的关系乃至发展与稳定之间的关系提出新的要求。而政府为满足这些新要求所做出的制度创新、监管创新和政策创新，共同构成了新的数字经济治理体系。

制度创新代表资源分配的基本制度顺应数字经济发展要求发生的变革，为数字经济提供基础性规则和框架。通过建立和完善与数字经济相适应的法律法规体系，可以明确数字市场主体的权利和义务，保护知识产权，维护公平竞争，从而为数字经济的参与者提供稳定可靠的预期。制度创新还包括对现有制度的改革，如简化企业设立和运营流程，推动数据共享和开放，以及建立适应数字经济发展的税收和财政支持政策等。

监管创新包括监管原则、监管方式、监管对象、监管内容为促进数字经济发展做出的调整，旨在应对数字经济带来的新挑战和风险。随着数字技术的发展，传统的监管模式可能不再适用。监管创新要求政府更新监管理念，运用大数据、人工智能等技术手段提高监管效能，实现精准监管和智能监管。同时，监管创新还涉及跨部门、跨地区的协调合作，以及与国际规则的对接，确保数字经济的全球性健康发展。

政策创新强调现有经济政策、行业政策、产业政策等的适应性变化，着眼于激发数字经济的活力和创新能力。政府可以通过制定扶持政策，鼓励企业研发和应用新技术，支持创新创业，促进数字经济新业态和新模式的发展。政策创新还需要关注数字经济中的社会问题，如数字鸿沟、数据安全和隐私保护等，通过制定包容性政策，保障数字经济的普惠性发展。

2. 运行模式

在一个运转良好的数字经济体系中，技术进步能够提升数字经济的生产效率、创造大量社会财富，进而催生更加合理的数字经济治理体系。好的治理体系反过来提供鼓励创新与技术运用的正向激励，形成良好的正反馈循环。

以中国的电子商务发展为例，这一商业模式利用先进的互联网技术和大数据分析，极大地提升了交易效率，降低了交易成本，创造了巨大的社会财富。电商市场通过高效的物流网络和支付系统连接了众多商家和消费者，促进了商品和服务的流通。技术进步在电子商务的成功中起到了关键作用，同时也推动了数字经济治理体系的发展。中国政府为了应对电子商务带来的新情况，出台了一系列政策和法规，如2019年开始实施的《电子商务法》，旨在规范市场秩序，保护消费者权益，同时鼓励创新和技术应用。这些治理措施为电子商务企业提供了清晰的运营指导和法律保障，帮助它们在合法合规的框架内实现快速发展。反过来，阿里巴巴、京东、拼多多等电商企业的成功也为数字经济治理体系提供了实践案例和经验反馈，促进其不断完善和优化。企业与政府之间的互动形成了正向激励，鼓励更多的技术创新和应用，推动了数字经济的健康发展。这种正反馈循环不仅促进了经济增长，也推动了社会进步和治理能力现代化。

在一个低效运转的数字经济体系中，如果新技术得不到有效使用，数字经济发展就会受阻，错误的治理方式反过来也会遏制技术进步与经济发展。实现数字经济发展与治理的协同互促，必须坚持有为政府与有效市场的通力合作。

以欧洲的数字经济为例，尽管欧洲拥有良好的技术基础和强大的科研能力，但其数字经济的发展速度相较于美国和一些亚洲国家却显得较慢。这一现象部分可以归因于欧洲在数字经济治理上存在的一些低效因素。欧洲对数据隐私和网络安全的严格监管，如颁布《通用数据保护条例》（General Data Protection Regulation ，GDPR），虽然旨在保护消费者权益，但同时也增加了企业的合规成本，限制了数据的自由流动和创新应用。此外，欧洲在数字基础设施建设、创新企业融资和人才吸引等方面也存在一定的不足，这些因素共同作用，导致了新技术和新商业模式在欧洲的推广和应用不够迅速和广泛，因此时至今日，欧洲仍未出现一家具备全球影响力的互联网平台企业。为了提高数字经济的运转效率，欧洲需要改进治理体系，通过政府与市场的通力合作，创造一个更加有利于创新和技术应用的环境。政府可以通过制定更加灵活的监管政策、提供研发资助、建设创新平台等措施来激发市场的活力。同时，市场主体也应积极响应，通过技术创新和模式创新来提高生产效率和服务质量。

基于“技术-经济-治理”分析框架，本书后续内容将从“技术驱动经济发展进而产生治理需求”的视角展开分析。在下一章中，我们首先聚焦于数字经济发展的突出表现——免费产品与数字消费的经济学分析。

本章小结

科学研究存在四种主流范式：实验科学、理论科学、计算科学与大数据科学。经济学最早采用理论科学范式，后逐步引入计算科学和实验科学，并在近20年开始重视大数据科学。在数字经济的研究中，四种范式同步存在且适用于不同的研究问题。

数字经济存在多种微观基础，在要素领域包括数据这一关键数字化要素，在技术领域包括各项数字技术，在主体领域则包括数字劳动力、平台企业等。立足于不同的微观基础，能够构建不同的基础性数字经济理论模型。

数字经济的微观基础决定了这一经济模式的若干条底层运行法则，包括摩尔定律、梅特卡夫定律、库梅定律和规模报酬递增规律等。这些底层运行法则共同构成了数字经济研究范式所依赖的基本规律。将这些规律引入数字经济模型并估计其经济影响，成为数字经济研究的重要内容。

数字经济的研究视角与传统经济在结构上高度一致，可以按照供给侧、需求侧、市场侧和治理侧进行粗略划分。在具体分析逻辑上，数字经济研究需要将数字技术进步与数据要素赋能带来的各种影响纳入分析框架。

在数字经济取得突飞猛进的发展之后，出现了一系列无法通过市场机制自发解决的经济社会问题，凸显了治理监管的重要性。基于技术-经济范式与中国的治理模式，能够构建适应数字经济发展的“技术-经济-治理”分析框架。

思考题

1. 提出可以分别使用四种范式分析研究的四个数字经济问题。

2. 通过画图描述数字经济的几种微观基础之间的关系，并分析几条基本规律如何作用于数字经济的微观基础。

3. 通过画图阐释数字经济的四种研究视角，并描述供给侧、需求侧、市场侧与治理侧的逻辑关系。

4. 简述“技术-经济-治理”分析框架与“技术-经济”范式的相通之处。

参考文献

荆文君，刘倩，孙宝文. 数字技术赋能经济高质量发展：一种改进的“技术-经济”分析范式. 电子政务，2023（10）：2－13.

卡萝塔·佩雷丝. 技术革命与金融资本：泡沫与黄金时代的动力学. 方萌，胡叶青，刘然，等译. 北京：中国人民大学出版社，2007.

徐翔. 数字经济发展：网络、算法与数字平台. 北京：人民出版社，2022.

第三章

免费产品与数字消费

数字技术的创新发展为消费者提供了许多更有吸引力的新选择，改变了居民消费的基本模式与主要内容。数字消费的便捷性，既让人们的生活更加丰富多彩，也提高了消费者对于数字技术的依赖性，“数字成瘾”屡见不鲜。一方面，数字经济推动了消费内容的多样化，消费者不再局限于传统的实体商品消费，而是开始更多地消费数字化产品和服务，免费产品在其中占据非常重要的地位。另一方面，数字经济通过提供更加丰富的消费场景和更加便捷的消费途径，提升了消费者的购物体验，以直播电商、社交电商和VR购物为代表的数字消费新模式逐渐成为主流。这些改变为消费者带来了更加丰富和便捷的消费选择，但同时也增大了测度数字经济的难度。

2024年8月，国务院印发《关于促进服务消费高质量发展的意见》。其中提出，加快生活服务数字化赋能，构建智慧商圈、智慧街区、智慧门店等消费新场景，发展“互联网+”医疗服务、数字教育等新模式，加快无人零售店、自提柜、云柜等新业态布局，支持电子竞技、社交电商、直播电商等发展。加快建设和升级信息消费体验中心，推出一批新型信息消费项目。开展数字家庭建设试点，更好满足居民家居产品智能化服务和线上社会化服务需求。这一文件的发布有利于我国持续挖掘“数字消费”内在潜力，标志着我国数字消费未来将主要向数字内容和服务消费、传统消费的数字化赋能以及下沉市场数字消费潜力挖掘等方面拓展。

本章主要讨论如下问题：

- 什么是数字经济中的免费产品？免费产品的经济学意义有哪些？
- 哪些消费活动可以被视为数字消费？数字消费具有哪些关键特征？
- 基于各国数字经济实践，哪些政策措施能够显著提高数字消费水平？

第一节　免费产品的经济学分析

在数字经济中，提供免费产品是一种独特的商业模式，即消费者无须支付任何直接费用即可享受产品或服务。免费产品通常不将直接收取的费用作为收入来源，而是通过吸引大量用户来创造网络效应和规模经济。了解提供免费产品的商业模式和背后的经济逻辑，对于在数字经济中做出明智的消费和投资决策至关重要。

一、免费产品的概念和特征

（一）免费产品的概念

数字经济中的免费产品（Free Goods），或称零价产品，是指企业或开发者提供给用户的，用户不需要支付购买费用即可使用的产品，如免费使用的搜索引擎、社交网络账号以及手机即时通信服务等。由此可以看出，数字经济时代的大部分免费产品都是数字产品。这些免费产品通常是通过其他途径创造收入，而不是通过传统的销售或服务费用。

免费产品的概念最早可以追溯到20世纪初的广告行业。当时的许多商家通过提供免费样品（Free Sample）来吸引顾客持续购买，以促进销售。快消产品特别适合使用免费试用的促销方式来打开市场，因为它们通常主打满足消费者某一功能诉求，通过免费试用可以让消费者现场感知产品卖点，加深对产品的认识。随着互联网的兴起，免费产品的概念得到了极大的扩展和普及。进入数字经济时代，免费产品已经成为一种常见的商业模式，尤其是在软件服务、网络服务和数字内容领域。企业通过提供免费的基础服务吸引用户，然后通过广告、数据收集、增值服务或其他方式实现盈利。

（二）免费产品的特征

数字经济中的免费产品具有一系列独特的特征，这些特征与传统经济中的产品有显著区别。这些经济特征共同塑造了数字经济的独特面貌，并对经济、社会和文化产生了深远影响。

1. 零边际成本

在数字经济中，免费产品的核心特征之一是边际成本为零或接近零。在经济学中，边际成本是指生产额外一单位产品所增加的成本。对于数字产品，如软件、音乐、电影、电子书来说，在初始的固定成本（如创作、开发和制作成本）之外，复制、分发额外副本的成本几乎可以忽略不计。这意味着供应商能够以极低的成本向无限多的用户提供产品，从而实现低额外成本的免费供给。只要企业能够通过供给免费产品从其他渠道获得收入，这一商业模式就能帮助企业盈利。

2. 网络效应

网络效应是数字经济中免费产品的一个关键特征。网络效应是指，对于一个产品，每增加一名用户，就会对该产品的其他用户产生新的价值。当网络效应出现时，产品的价值会随着使用该产品的人数的增加而呈指数级增长。在许多数字产品中，用户之间的互动和连接可以创造出额外价值。例如，对于社交媒体平台、通信应用和在线电商平台来说，用户数量越多，这些数字平台的价值和吸引力就越大。这就鼓励企业提供免费产品来吸引更多用户，从而增强网络效应，最终提高整个平台对于用户和供应商的价值。

3. 规模经济效应

在数字经济中，许多产品和服务，如社交媒体、在线应用、游戏等，在初期开发和维护过程中都需要较高的固定成本投入，但一旦开发完成，其复制和分发的成本就变得极低，无论是第一个用户还是第一百万个用户，对供应商来说几乎没有额外成本。但大量用户却能使产品对用户的吸引力和市场竞争力显著提升，形成规模经济效应。因此，企业可以通过吸引大量用户来分摊固定成本。随着用户基数的不断扩大，企业可以通过广告、增值服务、数据分析等多种方式实现盈利。

4. 注意力经济效应

在数字经济中，用户注意力的价值进一步提升，企业和内容创作者都在努力吸引和维持用户的注意力，以便推广自己的产品和服务，这种竞争导致了注意力经济的兴起。在注意力经济中，能够成功吸引用户注意力的内容或服务往往能够获得更大的市场份额和更高的收益，即使这一产品是免费的。事实上，正因为产品是免费的，才更加容易引起消费者的注意并促使其消费，从而更好地发挥前文所介绍的网络效应、规模经济效应。

二、免费产品的来源和应用

（一）免费产品的来源

数字经济中的免费产品来源于广告支持的商业模式、交叉补贴策略以及开源和社区驱动的开发模式。它们使企业能够在不直接向用户收费的情况下提供产品或服务，同时通过其他途径获得收益。随着数字经济的发展，免费产品的来源可能会继续演变和创新，为企业和用户提供更多机会与价值。

1. 广告支持的商业模式

许多免费产品是由广告支持的商业模式提供的。在这种模式下，产品或服务本身对用户免费，但企业通过展示广告来获得收入。这种模式的一个典型例子是各种免费的网站和移动应用程序。用户在使用这些网站和程序时，会接触到各种形式的广告，如横幅广告、视频广告、原生广告等。企业通过分析用户的行为和偏好，精准投放广告，从而实现广告收入。这种模式要求企业拥有大量用户基础，以便吸引广告商并实现规模经济效应。

2. 交叉补贴策略

交叉补贴策略是另一种常见的免费产品的来源。在这种策略下，某些产品或服务被设定为免费提供，以吸引用户使用其他付费产品或服务。例如，许多软件公司提供免费的基础版本，同时也提供包含各种高级功能的付费版本。这种策略有助于扩大用户基础，增加品牌知名度，并最终通过付费用户群体实现盈利。此外，交叉补贴也可以发生在不同的产品线之间，如通过免费提供某种产品来促进其他更有利可图的产品的销售，通过不同产品之间的互补创造新的需求。

3. 开源和社区驱动的开发模式

开源（Open Access，OA）和社区驱动的开发模式是免费产品的另一个重要来源。在这种模式下，产品或服务的开发与维护皆由社区成员自愿完成，通常是以非营利的方式进行的。开源软件是这种模式的典型代表，如 Linux 操作系统和各种 Web 开发框架。这些产品不仅对用户免费，而且允许用户自由地修改和分发源代码。开源项目通常依赖社区的支持，包括开发者、用户和赞助商，以持续改进产品和扩展产品功能。虽然开源产品本身免费，但企业可以通过提供相关的付费服务和支持来获得收入，广告也是开源产品的一种常见盈利模式。

（二）免费产品的应用

数字经济中免费产品的应用涵盖了互联网服务与软件、数字内容与媒体、电子商务与在线市场、在线教育与培训等多个领域。这些免费产品通过提供基础服务、吸引用户参与、降低交易成本和支持教育发展等方式，为企业和用户创造了巨大价值。

1. 互联网服务与软件

互联网服务与软件是免费产品应用最为广泛的领域之一。许多在线服务，如搜索引擎、电子邮件、社交媒体和即时通信，都提供免费的基础功能以吸引用户并建立庞大的用户群体。例如，谷歌、脸书和微信等平台通过提供免费服务，积累了大量用户数据和注意力资源，进而通过广告、数据分析和增值服务实现盈利。此外，开源软件，如各种编程语言，也是免费产品的重要应用领域，它们鼓励开发者社区进行协作和创新，同时降低了软件开发的成本和门槛。

专栏 3-1

谷歌搜索引擎的商业模式

谷歌（Google）成立于 1998 年，其最初的产品是一个简单的搜索引擎。谷歌创始人拉里·佩奇（Larry Page）和谢尔盖·布林（Sergey Brin）通过开发网页排序算法（PageRank Algorithm），显著提高了搜索结果的相关性和准确性。这一创新使得谷歌的搜索引擎迅速获得了用户青睐，并很快成为最受欢迎的互联网搜索工具之一。

谷歌商业模式的核心是广告。尽管谷歌提供了免费的搜索服务，但它通过在搜索结果旁边展示相关的广告来创造收入。这种广告模式被称为关键词广告（AdWords）［现在称为谷歌广告（Google Ads）］，由著名微观经济学家哈尔·范里安（Hal R. Varian）参与设计。关键词广告允许企业根据用户的搜索查询情况购买广告位。谷歌的广告系统非常精准，能够根据用户的兴趣和搜索历史展示个性化广告，这大大提高了广告的点击率和转化率。

综上所述，谷歌通过提供免费的搜索服务吸引大量用户，然后通过精准的广告系统创造收入。随着时间的推移，谷歌扩展了其产品和服务线，通过交叉补贴策略支持更多免费服务。尽管面临数据隐私和合规监管的挑战，谷歌依然保持了其在数字广告市场的领导地位，并继续在全球范围内推动技术创新和商业发展。谷歌的成功证明了免费产品模式在数字经济中的潜力与可持续性。

---

2. 数字内容与媒体

数字内容与媒体领域同样见证了免费产品的广泛应用。从新闻网站、博客到视频平台和音乐流媒体服务，免费产品成为吸引观众和增加流量的重要手段。例如，腾讯视频、爱奇艺等视频网站可以提供免费的视频观看体验，并通过前置广告和订阅服务创造收入。同样，许多新闻网站和在线杂志也提供免费的文章和报告，以吸引读者、提高品牌知名度。这些免费内容不仅为用户提供了丰富的信息和娱乐资源，也为企业提供了与用户互动和建立长期关系的机会。

3. 电子商务与在线市场

在电子商务与在线市场领域，免费产品的应用主要体现在吸引消费者和促进交易上。许多电商平台通过限时免费的促销活动、免费试用和样品赠送，或者允许消费者在购买产品后的若干天内无条件退货退款等，刺激消费者的购买欲望。此外，一些在线市场和服务提供商，如阿里巴巴和亚马逊，也提供免费的商品列表和交易平台，以降低商家的进入门槛，提升平台的活跃度。这些免费服务不仅为消费者带来了便利和价值，也为商家提供了扩大销售量和提高市场份额的机会。

4. 在线教育与培训

免费产品在在线教育与培训领域也越来越受到重视。在线教育平台，如麻省理工学院与哈佛大学合办的 edX、中国大学 MOOC（慕课）等均提供免费课程和学习资源，使学习者无论身处何地都能获取高质量的教育资源。此外，一些专业培训机构和非营利组织也提供免费的培训项目和研讨会，以提升公众的技能和知识水平。这些免费教育资源不仅促进了知识的传播和普及，也为个人发展和终身学习提供了支持。通过免费教育资源的传播，教育平台的付费课程也有了更多销售机会，有利于教培行业的发展。

三、免费产品的经济学意义

免费产品的普及具有非常深远的经济学意义。它不仅改变了消费者行为与市场需求，还对企业运营与市场竞争产生了深远影响，同时对产业、宏观经济与政策提出了新的要求。

（一）消费者行为与市场需求

免费产品对消费者行为产生了显著影响。戈德法布和塔克指出，数字技术通过比特呈现信息，有效降低了数据存储、计算和传输的成本，提供了大量免费产品。技术进步和免费产品的出现不仅改变了消费者获取和使用产品的方式，对企业的运营策略和市场竞争格局也产生了深远影响。

在数字经济中，消费者可以轻易地获取大量免费或低成本的产品与服务，这改变了他们的购买习惯和消费预期。消费者将更加注重性价比，更倾向于寻找能够提供最大价值的产品，不论其是否免费。这种变化促使企业在产品设计、营销策略和用户体验上进行创新，以吸引和保留消费者。同时，免费产品也可能使消费者忽视产品质量，因为他们可能将价格作为衡量价值的主要标准。此外，免费产品还可能改变消费者对时间和隐私的看法，因为他们可能愿意为了获取免费服务而牺牲一定程度的隐私保护。

（二）企业运营与市场竞争

免费产品的普及不仅改变了消费者的行为和预期，也迫使企业在运营策略上进行创新，同时对市场竞争格局产生了重要影响。埃里克·布鲁索（Eric Brousseau）和蒂埃里·佩纳德（Thierry Pénard）提出了一个分析数字平台商业模式的经济学框架，可以用于理解免费产品是如何影响企业运营和市场竞争的，具体分析如下。

在商业实践中，企业通过提供免费产品来吸引用户，然后通过其他方式（如广告、数据收集、增值服务等）来实现盈利。这种商业模式要求企业在成本控制、市场定位和收入来源上进行精细管理。同时，免费产品也加剧了市场竞争，尤其是对于那些依赖传统收费模式的企业。在某些情况下，免费产品可能导致市场失灵，如过度竞争可能引发价格战，从而影响整个行业的盈利能力。然而，免费产品也可能促进市场创新和效率提升，因为企业需要不断寻找新的收入模式和运营策略来适应市场变化。

（三）产业、宏观经济与政策

免费产品的普及是数字经济发展的一个重要特征，它对产业结构和宏观经济产生了复杂影响。政策制定者和企业需要适应这一变化，通过创新和调整战略来应对与把握免费产品带来的挑战与机遇。同时，社会也需要关注免费产品可能带来的不平等问题，并采取措施增强数字技术的普惠性，以实现更加包容和可持续的经济增长。

首先，免费产品给传统产业带来了挑战和机遇。一方面，免费产品可能通过替代传统的付费产品或服务，导致某些传统产业（如音乐 CD 行业）萎缩。例如，免费的在线新闻和音乐流媒体服务可能减少了人们对传统报纸和音乐唱片的需求。另一方面，免费产品也为传统产业提供了数字化转型的机会，通过整合数字技术和数据分析，传统产业可以提高效率、降低成本并创造新的收入来源。

其次，免费产品的普及还推动了产业内部结构的优化和升级。企业为了在激烈的市场竞争中脱颖而出，需要不断创新，提升服务质量，这促进了产业内部的专业化和差异化发展。同时，免费产品通过降低消费者的获取成本，扩大了市场规模，为产业实现规模经济效应和范围经济效应提供了可能。

再次，免费产品的普及对宏观经济也产生了深远影响。在经济增长方面，免费产品通过降低交易成本和提高市场效率，可以刺激消费和投资，从而促进经济增长。然而，免费产品也可能导致某些行业的就业机会减少，因为一些数字化服务可以替代传统的人工服务。免费产品的普及也可能加剧收入分配不均，因为那些能够利用数字资源的人群可能会获得更多收益，而缺乏数字技能的人群则可能被边缘化。与此同时，免费产品增加了国民经济核算的难度，降低了 GDP 作为国民经济总产出指标的有效性（Brynjolfsson et al.，2019）。

最后，在政策方面，免费产品的普及要求政府在知识产权保护、数据隐私、市场监管等方面制定相应的政策。政府需要权衡促进创新与保护消费者权益之间的关系，确保数字经济的健康和可持续发展。免费产品的普及也对国家的统计核算体系提出了挑战，因为传统的国民经济核算方法可能难以准确反映免费产品的经济价值。

第二节 数字消费的发展与治理

数字消费随着互联网和数字技术的快速发展而兴起，涵盖了通过数字平台进行的所有消费活动，包括在线购物、数字内容消费和电子支付等。与此同时，数字消费的快速发展也带来了一系列治理挑战，因此需要通过专门的手段加以治理。

一、数字消费的概念与特征

（一）数字消费的含义与内容

数字消费是指消费者在数字环境中进行的所有购买和使用商品或服务活动，它涵盖了通过互联网、移动设备和其他数字平台获取商品和服务的过程。随着信息技术的飞速发展，数字消费已成为现代经济活动的重要组成部分，并对消费者行为、企业运营、市场结构乃至宏观经济产生了深远影响。在当前技术条件下，数字消费主要包括以下内容，其中一些内容也属于免费产品的范畴。

1. 电子商务

电子商务是数字消费中最显著和最普遍的形式，它涉及通过互联网进行的商品和服务的买卖。电子商务平台，如淘宝、拼多多和京东等，为生产者和消费者提供了一个广阔的市场空间，使消费者可以购买到全球各地的商品。电子商务不仅包括实体商品的在线零售，也包括数字商品和服务的交易，如电子书、在线课程、软件和应用程序等。此外，电子商务还涉及个性化推荐、在线支付、物流跟踪等一系列数字化的服务流程。

2. 数字内容

数字内容消费涵盖了消费者对各种数字化媒体内容的获取和使用，这些内容包括音乐、电影、电视节目、电子书、在线新闻、博客文章等。消费者可以通过各种在线平台和流媒体服务，如网飞、腾讯视频、Spotify、网易云音乐、咪咕体育等，来订阅、购买或租赁这些内容。数字内容消费的兴起，改变了人们获取信息和娱乐的方式，同时也促进了内容创作者和提供商商业模式的创新。

3. 在线服务

在线服务是指消费者通过互联网获取的各种服务，包括在线银行、保险服务、医疗咨询、在线教育、旅游预订、在线客服等。在线服务的数字化使消费者可以随时随地访问这些服务，提高了服务的便利性和效率。例如，一些大学和教育机构提供了大量在线课程和学位项目，使学习者可以根据自己的时间和地点灵活地进行学习。在线服务的普及也推动了服务提供商的数字化转型，提高了其服务质量和客户满意度。

4. 社交媒体和网络互动

社交媒体和网络互动是数字消费中不可或缺的一部分，它涉及消费者在社交媒体平台上的互动行为，如更新状态、分享内容、参与讨论等。社交媒体平台不仅为消费者提供了社交互动的空间，也成为品牌推广和电商直播的新场所。消费者在社交媒体上的互动行为不仅影响了自己的社交网络，也对品牌声誉和市场趋势产生了重要影响。此外，网络互动包括在线游戏、交互式直播、虚拟现实等娱乐形式，这些新的娱乐形式为消费者提供了丰富的娱乐体验，同时也创造了新的商业模式和市场机会。

（二）数字消费的主要特征

数字消费以其便捷性和可访问性、个性化和定制化、可社交互动和分享等特征，正在重塑消费者的购物行为与企业的商业模式。

1. 便捷性和可访问性

数字消费的一个显著特征是其便捷性。消费者可以通过电子商务平台、移动应用程序和社交媒体等数字渠道，随时随地购物。这种便捷性不仅体现在购物时间和地点具有灵活性，还体现在搜索商品、比较价格和阅读评论具有方便性。数字技术的应用使消费者能够快速找到所需商品，并通过几次点击完成从搜索到选择再到支付的整个购买过程。

此外，数字消费还提高了商品的可访问性，特别是对于那些居住在偏远地区或有特殊需求的消费者来说，他们可以通过网络平台购买到在本地市场上难以找到的商品。例如，一个居住在偏远山区的音乐老师可能需要购买特定的乐器或配件进行教学，而这些商品在当地商店可能并不常见。通过网络平台，这位音乐老师就能够访问全国各地的在线商店，轻松购买到所需的乐器或配件，并且可能还能享受到更优惠的价格，拥有更多样化的选择。

2. 个性化和定制化

数字消费的另一个特征是其能够提供个性化和定制化的购物体验。通过收集和分析消费者的购物历史、搜索习惯和偏好数据，企业能够更好地了解其目标客户，并开展具有针对性的产品推荐和促销活动。消费者可以根据自己的喜好定制商品，如选择颜色、尺寸、样式等，甚至参与到产品设计和开发过程中。这种个性化的服务不仅提高了消费者的满意度，也增强了他们对品牌的忠诚度。

3. 可社交互动和分享

数字消费与社交互动和分享紧密相关。消费者在数字平台上的购物行为往往伴随着社交互动和分享。消费者可以在社交媒体上发表商品评价、分享购物经验，甚至通过社交网络推荐商品给朋友与家人。这种社交元素不仅增加了购物的趣味性，也为其他消费者提供了参考信息，帮助他们做出购买决策。同时，企业也可以通过消费者的社交互动和分享来收集其反馈，改进产品和服务，实现与消费者的双向沟通。

4. 消费者关注安全性和隐私保护

随着数字消费的普及，安全性和隐私保护成为消费者关注的重点。数字支付和交易需要确保数据的加密和传输安全，防止消费者的信用卡信息和个人信息被盗用。此外，消费者也越来越关注其个人数据的收集、存储和使用方式。企业必须采取有效的安全措施和隐私保护政策，包括使用安全的支付网关、实施严格的数据访问控制以及提供透明的隐私政策等，以赢得消费者信任。

5. 带来了社交电商和内容营销的繁荣

数字消费的兴起也带来了社交电商和内容营销的繁荣。消费者越来越倾向于在社交媒体平台上发现和购买商品，而企业也越来越多地利用内容营销来吸引和留住消费者。通过发布高质量的内容，如博客文章、视频和社交媒体帖子，企业可以与消费者建立更深层次的联系，提高品牌知名度和消费者的忠诚度。此外，社交电商平台如抖音和小红书等，允许用户直接在平台上进行商品浏览和购买，进一步简化了购物流程。

二、数字消费的发展与影响

数字消费的发展是一个由技术创新和市场需求共同推动的演变历程。从早期的电子商务到当前的个性化和智能化服务，数字消费不断适应和引领市场的变化，作为数字经济的一个重要组成部分为消费者和企业创造价值。

（一）数字消费的发展情况

数字消费的发展大致可以分为三个阶段，下面结合各阶段发展情况与具体企业案例进行介绍。

1. 起源与早期发展

数字消费的起源可以追溯到 20 世纪 90 年代，随着互联网的兴起和普及，电子商务开始出现。最初，数字消费主要集中在书籍、音乐和电子产品等标准化商品的在线销售。这一时期的数字消费受限于网络速度、支付方式和消费者信任等因素，发展相对缓慢。然而，随着技术的不断进步和消费者对在线购物的逐渐接受，电子商务开始逐渐扩展到更多的商品和服务领域。

亚马逊是数字消费兴起的典型代表。成立于 1994 年的亚马逊最初是一家在线书店，随后迅速扩展为销售各类商品的在线服务商。亚马逊通过提供便捷的购物流程、丰富的商品选择和快速的物流服务，逐渐改变了消费者的购物习惯。亚马逊的成功不仅在于其早期的市场定位准确，还在于其对技术的持续投入和创新，如云计算服务的推出和 Kindle 电子书阅读器的开发。

2. 技术革新与市场扩张

进入 21 世纪，尤其是智能手机和移动互联网的普及，为数字消费带来了革命性变化。支付技术的创新，如在线支付平台和移动支付，极大地提升了消费者的购物体验。同时，社交媒体的兴起为数字消费提供了新的营销渠道和客户互动方式。这一时期，电子商务平台迅速崛起，成为数字消费的主要推动力。此外，电子商务的全球化也使消费者能够轻松购买国际商品，数字消费市场得到了前所未有的扩张。

中国的电子商务巨头阿里巴巴是这一阶段数字消费发展的代表。阿里巴巴通过旗下的淘宝网、天猫商城等平台，不仅服务于中国消费者，也连接了全球的供应商和零售商。阿里巴巴的“双 11”购物节已经成为全球大型在线购物活动，已经连续多年创造新的销售纪录。

3. 个性化与智能化

随着大数据和人工智能技术的发展，数字消费进入了个性化和智能化的新阶段。企业通过收集和分析消费者的在线行为数据，能够提供更加个性化的购物体验和产品推荐。智能推荐系统、虚拟试衣间和个性化定制服务等创新应用，使消费者能够根据自己的喜好和需求进行购物。此外，智能家居、物联网和AR等技术的应用，也为数字消费带来了新的增长点。

美国流媒体服务提供商网飞是数字消费个性化的典型案例。网飞通过分析用户的观看历史和偏好，提供个性化的电影和电视节目推荐。此外，网飞还利用大数据和人工智能技术制作了原创剧集，如《纸牌屋》和《怪奇物语》。这些原创剧集深受用户喜爱，进一步提高了用户的忠诚度。总体上看，网飞的成功在于其对用户数据的深度挖掘和对内容创新的持续投入。

（二）数字消费的影响

数字消费对各个维度的经济发展都产生了深远影响。接下来分别从微观视角、产业视角和宏观视角三个视角对数字消费的经济影响进行分析。

1. 微观视角：消费者行为与企业策略

数字消费的兴起首先影响了消费者的行为模式。消费者从传统的线下购物转向线上购物，这不仅改变了他们的购物习惯，还改变了他们的消费决策过程。数字技术使消费者能够快速比较价格、阅读评价、获取产品信息，从而做出更加明智的消费选择。此外，数字消费还促进了个性化消费，消费者可以根据自身需求和偏好定制产品，享受更加个性化的购物体验。

面对数字消费的浪潮，企业必须调整其市场策略以适应新的消费模式。企业需要建立线上销售渠道，优化供应链管理，利用大数据分析消费者的行为，从而获取更加精准的市场定位，为消费者提供个性化服务。同时，企业也需要关注数据安全和隐私保护，以赢得消费者信任。数字消费的发展促使企业不断创新，开发新的商业模式和产品，以满足消费者的多样化需求。

2. 产业视角：结构变迁与竞争异化

数字消费的发展推动了产业结构的变革。传统的零售业面临巨大挑战，许多实体店铺因为无法适应数字时代而关闭。与此同时，电子商务、在线服务和数字内容等新兴产业迅速崛起，成为经济增长的新动力。数字技术的应用也促进了传统产业的升级，如制造业通过数字化转型提高了生产效率和产品质量。

数字消费的发展使市场竞争格局发生异化。一方面，数字平台的兴起降低了市场准入门槛，为小型企业和创业公司提供了更多市场机会；另一方面，数字技术的应用也加剧了市场竞争，企业需要不断创新和提高服务质量，以保持竞争优势。此外，数字消费还促进了跨境电子商务的发展，企业可以更容易地进入国际市场，外国企业也更容易进入本国市场，消费者的选择更加多样化。

3. 宏观视角：经济增长与社会影响

从宏观角度来看，数字消费是推动经济增长的重要因素。数字消费增加了企业的销售额和利润，促进了就业和投资，从而带动了整体经济增长。同时，数字消费还促进了相关产业的发展，如物流、金融支付和信息技术服务等，这些产业的发展又进一步推动了经济增长。数字消费不仅拓宽了消费渠道，还改变了居民的消费模式和习惯，推动了消费升级，同时在一定程度上缩小了城乡居民消费差距，展现出其对打通国内大循环、拉动内需、促进消费的重要意义。

数字消费的发展对社会发展的各个方面也产生了广泛影响。首先，数字消费提高了消费者福利，消费者可以获得更加便捷、个性化的购物体验；其次，数字消费促进了社会资源的有效配置，通过线上平台，消费者可以更容易地获取所需的商品和服务，减少了资源浪费。但与此同时，数字消费也带来了一些负面影响，如数字鸿沟、个人隐私泄露和网络安全问题等，这些问题需要政府、企业和社会各界共同努力解决。

专栏 3-2

共享经济的兴起：以爱彼迎为例

共享经济是数字消费的一个重要组成部分，它通过在线平台使个人能够共享、出租或交换闲置资产，如房屋、汽车、技能等。爱彼迎（Airbnb）作为共享经济的代表之一，对全球旅游业、房地产市场以及社会文化产生了深远影响。

简言之，爱彼迎提供了一个在线双边市场，允许房东将空置房间或整套房产出租给旅行者。这种模式打破了传统酒店的垄断，为消费者提供了更加多样化的住宿选择。旅行者可以通过爱彼迎平台预订具有地方特色的房屋，体验当地文化，既降低了旅行成本，也丰富了旅行体验。同时，爱彼迎也为房东提供了额外收入来源，尤其是在旅游淡季或经济不景气时期。

爱彼迎的兴起对房地产市场也产生了影响。一方面，它提高了房产的利用率，房东可以通过短租来获得收益，这可能刺激房地产市场的投资和开发；另一方面，爱彼迎可能导致某些热门旅游地区的住房供应紧张，因为一些房东可能更倾向于将房产用于短租而非长租，从而推高了当地居民需要支付的长租租金。

共享经济带来的社会文化挑战也不容忽视。爱彼迎促进了人与人之间的交流，增进了彼此的理解，房东和房客之间的互动有助于文化交流。然而，这种模式也可能产生社区的分裂和隐私问题。一些居民可能对大量游客涌入自己的社区感到不满，担心噪声、安全和社区特色被破坏等。此外，隐私泄露和安全问题也是共享经济亟须解决的重要问题。

为了应对共享经济带来的挑战，许多城市开始制定相关政策和监管措施。例如，一些城市对短租活动进行了限制，要求房东必须获得许可证并缴纳相应的税费。同时，爱彼迎等平台也开始与政府合作共同制定规则，以确保共享经济的健康发展。这些措施旨在平衡房东、房客、社区居民和政府的利益，保护消费者权益，同时促进旅游业与房屋租赁行业的健康发展。

三、数字消费的治理与监管

数字消费的治理与监管是确保数字经济健康发展的重要环节。它不仅涉及消费者权益保护，还包括维护公平竞争的市场环境、促进创新和可持续发展等方面。随着电子商务和在线服务的普及，消费者数据的保护、消费者权益的维护以及市场竞争公平性的维持成为监管机构和政策制定者必须重点关注的问题。

1. 数据与隐私保护

数字消费的快速发展带来了保护个人数据和隐私的迫切需求。为了应对这一挑战，全球各地的立法机构和政策制定者正在积极制定和完善相关法律法规。欧盟的《通用数据保护条例》(GDPR) 是这方面的先行者，为个人数据的处理设定了严格的标准，包括数据最小化、目的限制、数据主体的权利等。GDPR 的实施对全球范围内的数字企业都产生了深远影响，迫使它们在处理用户数据时必须遵守更高的透明度和责任性要求。此外，《中华人民共和国个人信息保护法》(简称《个人信息保护法》) 和美国的《加利福尼亚州消费者隐私法案》(California Consumer Privacy Act，CCPA) 等法律法规也强调对个人数据的保护。这些法律法规的共同目标是确保消费者的个人信息得到妥善处理，防止未经授权的收集、使用和泄露。

在法律法规的指导下，企业必须采取有效的技术措施来保护消费者的个人数据和隐私。这包括使用加密技术保护数据传输的安全，实施访问控制和采用身份认证机制来限制对敏感数据的访问，以及定期进行安全审计和漏洞扫描来发现和修复安全漏洞。此外，企业应当采取数据最小化原则，只收集实现业务目的所必需的数据，并在不再需要时及时删除。企业还应确保其数据处理活动对用户透明，提供清晰的隐私政策，并确保用户能够轻松行使他们的权利，如访问、更正或删除其个人数据。在这一过程中，政府需要对这些技术措施进行有效监督，这样才能真正保护消费者的个人数据。

除了法律法规和技术措施，提高公众对数据保护和隐私权的认识也是数字消费治理的关键环节。监管机构、消费者组织和教育机构应共同努力，通过各种渠道和活动提高消费者对个人信息保护的意识。这包括教育消费者如何识别、避免网络"钓鱼"和诈骗，如何设置强密码和多重认证，以及如何管理自己的在线隐私设置。此外，公众教育还应强调数据共享的风险和后果，鼓励消费者在分享个人信息时三思而后行。通过提升公众的数据保护意识，可以使消费者更加负责任地管理自己的个人信息，从而降低数据被泄露和隐私被侵犯的风险。

2. 消费者权益保护

保护消费者权益是数字消费治理的首要任务。为此，各国政府和监管机构制定了一系列法律法规，以确保消费者的权益得到充分保护。例如，欧盟的《消费者权益指令》和美国的《联邦贸易委员会法》等，都旨在防止商业欺诈，确保消费者在购买和使用商品或服务时的知情权与选择权。监管机构通过监督和法规执行，对违规企业进行处罚，能够维护公平的市场环境，保障消费者免受不公平交易的侵害。

提升消费者的自我保护能力和意识，对于保护消费者权益至关重要。监管机构和企业应共同努力，通过教育和宣传活动提高消费者对自身权益的认识。这包括教育消费者如何识别虚假广告、理解复杂的合同条款，以及安全使用在线支付工具等内容。同时，企业应提供透明的商品信息和价格，确保消费者在做出购买决策时能够获得准确、全面的信息。此外，企业还应提供完善的售后服务和投诉处理机制，使消费者在遇到问题时能够得到及时、有效的解决。

随着科技的发展，数字消费领域出现了许多创新工具和平台，这些技术和创新在保护消费者权益方面发挥着重要作用。例如，区块链技术可以提高交易的透明度与安全性，帮助消费者验证商品的真伪和来源。人工智能和大数据分析可以帮助监管机构监测市场动态，识别潜在的欺诈行为和不公平交易。此外，社交媒体和在线评价系统为消费者提供了一个分享和获取商品信息的平台，有助于其他消费者做出更明智的购买决策。监管机构应积极利用这些技术和创新，不断优化消费者权益保护的措施，提高治理效率和效果。

3. 反垄断与市场监管

在数字消费的背景下，反垄断与市场监管显得尤为重要。随着数字平台和网络效应的增强，一些企业可能逐渐占据市场支配地位，从而引发实施垄断行为的风险。为了维护市场的公平竞争和创新活力，各国政府和监管机构制定了一系列反垄断法规。《中华人民共和国反垄断法》（简称《反垄断法》）是为预防和制止垄断行为、保护市场公平竞争、鼓励创新、提高经济运行效率、维护消费者利益和社会公共利益、促进社会主义市场经济健康发展而制定的法律。美国的《谢尔曼法》和《克莱顿法》旨在防止企业通过不正当手段限制市场竞争。欧盟也有类似的法规，如《欧盟运作条约》中的反垄断规定，旨在禁止垄断行为和反竞争协议。这些法规要求企业在进行并购、定价、市场划分等商业活动时，必须遵守公平竞争的原则。

监管机构在反垄断与市场监管中扮演着关键角色，它们负责监督市场动态，调查和处理可能的垄断行为。例如，中国的国家市场监督管理总局、美国的联邦贸易委员会（FTC）和司法部反垄断部门以及欧盟委员会的竞争总司等，都是针对排除、限制竞争的垄断行为开展执法工作的机构。这些机构通过市场调查、接受公众投诉、发起反垄断诉讼等方式，来确保企业不会滥用市场力量，不会损害消费者利益和市场公平性。监管机构还会对市场进行定期评估，以识别潜在的市场失灵和竞争障碍，从而及时采取措施进行干预。

数字消费市场的快速发展和不断变化，也给反垄断市场监管带来了新的挑战。一方面，数字平台的经济模式和跨境性质使得传统的反垄断法规和监管手段可能难以适用；另一方面，新兴的数字货币、区块链技术和大数据分析等技术为市场监管提供了新的工具和方法。监管机构需要不断创新监管手段，以适应数字消费的迅速发展。

第三节　促进数字消费的政策措施

促进数字消费的政策措施需要综合考虑供给侧和需求侧的因素，进而创造一个有利的消费环境。在供给侧，政府可以采取各种激励措施来鼓励企业投资于数字产品和服务的研发与创新，降低企业成本，提高供给质量，确保消费者能够便捷、高效地获取数字服务；在需求侧，政府应加强数字教育和培训，提高公众数字素养，提高消费者对数字产品和服务的认知与使用能力，从而激发消费需求。通过供求两侧的政策措施，可以有效促进数字消费的增长，推动数字经济的持续发展。

一、供给侧措施

（一）技术创新与研发支持

首先，政府和相关机构应加大对基础数字技术研究的投入。数字技术是数字消费的基石，只有不断创新和完善基础技术，才能为数字消费提供更多可能性。同时，需要鼓励企业和研究机构开展应用技术的研发，将基础研究成果转化为实际的产品和服务。这包括开发更加智能化、个性化、实时化的数字消费平台，以及更加安全、更加便捷的在线支付系统等。通过这种方式，可以提升数字消费的体验，增加消费者满意度和忠诚度。

其次，为了促进技术创新与研发，需要建立一个健康的创新生态系统。这包括搭建合作平台，促进企业、高校、研究机构以及其他组织之间的交流与合作。政府可以通过提供资金支持、税收优惠等措施，激励各方参与到数字消费相关的创新项目中来。此外，还可以建立创新孵化器和加速器，为初创企业和创新团队提供必要的资源与指导，帮助它们快速成长。这样的合作和交流可以加速新技术的推广应用，推动数字消费市场的快速发展。

最后，技术创新与研发离不开高素质人才。政府和教育机构应当加强对数字技术人才的培养，设置相关的课程和专业，提供实践机会，吸引更多年轻人投身数字技术的研究和开发。加强知识产权保护也是激励创新的关键。政府需要制定和执行严格的知识产权法律法规，确保创新者的权益得到保护，从而鼓励更多的企业和个人投入数字消费技术创新与研发中。只有确保创新成果能够得到合理的回报，才能持续推动数字消费领域的技术进步和产业升级。

（二）数字基础设施建设

要为数字消费提供强有力的支持，就必须加强数字基础设施建设。首先，要提升宽带网络的覆盖范围和速度，确保消费者无论身处何地都能享受稳定、高速的互联网服务。同时，要积极推进5G网络的建设和商用，利用其高速率、低延迟的特性，为消费者进行数字消费带来更加流畅和丰富的体验。此外，还需要加大对数据中心、云计算平台等基础设施的投资，为数字消费提供强大的数据存储和计算能力。这些基础设施的完善将为数字消费的快速发展奠定坚实的基础。

智慧城市和物联网是数字基础设施建设的重要方向。建设智慧城市，可以通过集成各种智能系统和服务来提高城市管理的效率和居民生活的便利性。例如，智能交通系统可以减少交通拥堵，智能电网可以提高能源利用效率，智能医疗系统可以提供更好的医疗服务。物联网技术的应用则可以实现物品的智能连接和数据交换，为消费者提供更加个性化和智能化的产品和服务。应用这些技术，可以极大地提升数字消费的质量和效率。

数字支付和安全体系的优化是数字基础设施建设的关键组成部分。数字支付系统的便捷性和安全性，直接影响消费者的支付体验和信心。因此，需要不断完善电子支付、移动支付等数字支付工具，提供更加安全、便捷的支付服务。同时，要加强网络安全防护，保护消费者的个人信息和确保交易安全，防止网络诈骗和数据泄露等风险。建立健全数字支付和安全体系，可以为数字消费提供更加可靠的保障，提高消费者的信任度和满意度。

二、需求侧措施

（一）实施消费激励政策

实施消费激励政策是推动数字消费发展的重要手段，它能够直接刺激消费者的购买欲望，促进数字产品和服务的消费。

首先，政府可以通过提供财政补贴和税收优惠来降低消费者购买数字产品和服务的成本。例如，对于购买智能家居设备、在线教育课程、电子书籍等数字消费品的个人或家庭，政府可以提供一定额度的补贴或者直接给予价格折扣。此外，对于数字服务提供商，如电子商务平台、在线内容提供商等，政府可以给予一定期限内的税费减免，降低其运营成本，从而鼓励它们为消费者提供更优惠的价格。这些措施不仅能够提高消费者的购买力，还能够促进数字产品和服务的创新与多样化。

其次，政府可以联合企业开展各类促销活动，通过限时折扣、优惠券发放、抽奖活动等，激发消费者的购买热情。此类活动可以在特定的时间节点进行，如节假日、纪念日等，以吸引更多的消费者参与。同时，政府还可以通过举办专门的消费节活动，如“数字生活节”“智能产品体验周”等活动，集中展示数字消费的最新趋势和产品，设置体验区和互动环节，让消费者亲身感受数字消费的便利和乐趣，从而增强其消费意愿。

最后，为了确保消费者能够充分利用数字消费的便利，政府需要通过教育和培训提升公众的数字素养。通过提供基础的互联网使用教育、网络安全知识普及、电子支付操作指南等，政府可以帮助消费者更好地适应数字化的生活方式。同时，政府还需要加强网络安全和个人信息保护，打造消费者信任的数字消费环境。通过制定严格的数据保护法规，加强对数字服务提供商的监管，确保消费者的权益不受侵害，从而提高消费者对数字消费的信心和满意度。

专栏 3-3

北京数字经济体验周

北京数字经济体验周活动是一个成功的数字消费节案例。该活动通过数字消费、数字科普、数字艺术等多元化活动，成功激起了市民对数字经济的浓厚兴趣。2022 年 7 月，北京市持续开展了线上+线下数字消费系列活动，如优惠促销、京城 AR 探店、直播带货七天乐等，强化了数字技术赋能消费创新的引领作用，提升了数字消费供给水平，打造了现象级的数字消费热潮。

北京数字经济体验周取得了显著的效果。据统计，2022 年活动期间，遍布全市的 100 余个体验场景共吸引了近千万人次的线下体验、线上浏览和直播观看，数字消费累计创造销售额超过 69.3 亿元，相关搜索引擎的网页结果数达到 22.2 亿条。这些数据充分展示了数字经济已经深度融入人们生活的方方面面，并且深刻改变着大家的生产生活方式。

此外，体验周活动通过各类宣传渠道扩大了影响力，让更多人了解并参与到数字经济中来。主流媒体的持续关注报道和自媒体的传播，使得数字经济的理念得到广泛普及。该活动不仅展示了北京数字经济的发展成果，也为市民提供了实际应用场景的体验，增强了公众对数字经济的认识和兴趣。体验周的成功举办，不仅推动了数字消费热潮，也为北京建设全球数字经济标杆城市贡献了力量。

（二）创新数字服务消费场景

创新数字服务消费场景是推动数字消费发展的关键策略，它能够为消费者提供更加丰富、更加便捷的数字体验，从而激发消费潜力、提升消费质量。在中国经济从高速增长阶段进入高质量发展阶段的当下，创新数字服务消费场景的重要性进一步提升。

首先，政府应鼓励企业采用先进的信息技术，如人工智能、大数据分析等，以提供更加个性化的数字消费体验。各级政府可以设立专项基金，支持企业开发能够根据消费者行为和偏好提供定制化服务的平台与应用。例如，通过智能推荐系统，电子商务平台能够向消费者推荐他们可能感兴趣的商品，而在线内容平台则能够提供个性化的新闻、视频和音乐。此外，政府还可以推动企业利用 AR 和 VR 技术，为消费者提供沉浸式的购物和娱乐体验，从而提升数字服务的消费吸引力。

其次，政府可以通过推广数字支付和便捷服务来创新数字服务消费场景。通过提供税收优惠、补贴等激励措施，政府可以鼓励商家采用移动支付等数字支付工具，以降低交易成本、提高交易效率。同时，政府可以推动公共服务领域的数字化转型，如电子政务、在线医疗服务等，使民众能够更方便地获取公共服务。此外，政府还可以通过建立统一的数字服务平台，整合各类服务资源，为消费者提供一站式的便捷服务，从而促进数字服务消费的增长。

（三）内外贸联动满足多元化需求

通过内外贸联动满足多元化需求是促进数字消费的重要策略。它有助于拓宽市场范围、丰富产品和服务种类，从而满足消费者的多样化需求。同时，它还能促进高水平对外开放的加快实现。

首先，政府可以通过支持跨境电商平台的发展来促进国内外市场的联动。通过税收优惠、简化海关流程、优化物流配送等措施，可以降低跨境电商的运营成本和时间成本，使国内消费者能够更方便地购买到国外的优质产品与服务。同时，这也有助于国内企业拓展国际市场，将本土产品和服务推向全球消费者。通过跨境电商平台，消费者可以享受到更广泛的产品选择，同时企业也能够根据国际市场的需求调整产品策略，提升竞争力。

其次，加强国际合作与交流是实现内外贸联动的关键。政府可以与其他国家签订自由贸易协定、电子商务合作协议等，提高贸易和数据流动的自由化与便利化。通过国际合作，可以促进标准和规则统一，降低贸易壁垒，增加国内外企业之间的互动和合作。此外，政府还可以支持企业参加国际展会、交流会等活动，加强与国际市场的联系，了解国际消费者的需求和偏好，从而更好地满足多元化的市场需求。

本章小结

在数字经济中，提供免费产品是一种独特的商业模式，即消费者无须支付直接费用即可享受产品或服务。这种模式通常依赖非直接收费的收入来源，如广告，通过吸引大量用户来创造网络效应和规模经济效应。数字经济中的免费产品具有一系列独特的特征，这些特征与传统经济中的产品和服务有显著区别。这些特征共同塑造了数字经济的独特面貌，并对经济、社会和文化产生了深远影响。

数字消费随着互联网和数字技术的快速发展而兴起，它涵盖了通过数字平台进行的所有消费活动。然而，数字消费的快速发展也带来了一系列治理挑战。为应对这些挑战，政府需要采取多方面的治理监管手段，促进数字消费更加健康、安全、可持续地发展。

促进数字消费的政策措施需要综合考虑供给侧和需求侧的因素，进而创造一个有利的消费环境。通过供给侧和需求侧的政策措施，可以有效促进数字消费的增长，推动数字经济的持续发展，不断增强人们的获得感、幸福感和安全感。

思考题

1. 数字经济企业提供免费产品的动机是什么？
2. 数字消费的内容一定是数字产品和服务吗？如果不是，请举例说明。
3. 如何打造适合数字消费发展的政策环境？

参考文献

杜江萍，薛智韵，高平. 数字产品免费价格策略探析. 企业经济，2005（5）：61－63.

曲创，阴红星. 网络信息产品免费定价策略研究. 山东社会科学，2010（12）：50－53.

汪勇，尹振涛，邢剑炜. 数字化工具对内循环堵点的疏通效应：基于消费券纾困商户的实证研究. 经济学（季刊），2022（1）：1－20.

Belk R. Digital consumption and the extended self. Journal of Marketing Management，2014，30（11－12）：1101－1118.

Brynjolfsson E，Collis A，Diewert W E，et al. GDP-B：Accounting for the value of new and free goods in the digital economy. National Bureau of Economic Research，2019.

第四章

数字生态的构建与演化

传统意义上的数字经济研究大多采取基于均衡分析的研究范式。这一范式在研究同质化微观个体决策，如消费决策和投资决策时非常有效，也是最为常见的经济学研究范式。然而，在综合考虑技术进步、经济增长与治理变革下的数字经济发展，尤其是现代企业在其中所发挥的多种作用时，基于均衡分析的研究范式却显得较为乏力，难以整体考察数字经济的复杂内涵和演化规律。

复杂经济学的发展为分析数字经济发展与治理提供了一种新的可选范式，这一范式重点关注数字经济作为一个完整的经济生态系统是如何形成、运转与演化的。复杂经济学提供了一个分析数字经济复杂性和生态性的新思路，有助于我们更好地理解数字经济为何能够不断演化和持续创新，解读各类企业在数字经济生态中发挥的重要作用，领悟稳定和繁荣的数字化经济结构是如何形成的。

本章主要讨论如下问题：

- 如何从复杂经济学的视角理解经济生态系统？
- 数字生态是如何构建的？哪些因素在其中发挥重要作用？
- 数字生态的演化逻辑和关键驱动力有哪些？企业在其中发挥了什么作用？

第一节　经济生态系统：复杂经济学的理解

复杂经济学是一门新兴的跨领域学科，它将经济学与复杂系统理论相结合，以更全面地阐释经济活动的动态行为和演化过程。在复杂经济学中，经济系统被视为一种由众多相互作用的个体和组织构成的生态系统。生态系统中的每个成员，无论是企业、消费者还是政府机构，都通过其行为和决策影响着整个系统的结构和功能。系统的结构与功能发生的变化，又反过来对生态系统中的经济个体产生影响。

复杂经济学为理解经济生态系统提供了一种全新的视角和分析工具，它将经济生态系统视为一个复杂的、动态的、自组织的网络系统，强调在多个尺度上研究经济生态系统的相互作用和适应性。考虑到本教材的写作目的，本章不会使用复杂经济学的模型方法进行阐释，而是重点介绍基于复杂经济学视角，对数字经济生态的理解方式。对于理论建模感兴趣的读者可以基于参考文献自行搜寻并学习相关理论。

一、作为复杂适应系统的生态系统

在复杂经济学视角下，生态系统是一个复杂适应系统（Complex Adaptive System，CAS），其特点是非线性、动态演化和自组织性等。在 CAS 中，个体通过局部相互作用产生难以预测的全局效应。生态系统中的个体不仅对环境变化做出反应，还能通过学习和适应来改变其行为模式。例如，物种可能会根据资源的可用性改变其迁徙路线或繁殖策略。复杂经济学通过建立数学模型和计算机模拟来研究这些相互作用和适应过程，从而更好地理解经济生态系统的稳定性和脆弱性。

（一）自组织性

自组织性是指生态系统中的个体通过局部相互作用自然地形成某种结构和模式，而不需要外部指导或控制。在大自然中，鸟群的飞行模式或鱼群的游动模式就是自组织性的典型例子。在经济生态系统中，自组织性是个体不断适应环境、实现动态演化的关键特征。

市场经济是自组织性最典型的例子。在市场经济中，价格机制发挥着核心作用，它通过供求关系调节资源分配和产品生产。当某一产品或服务的需求增加时，价格上升，会刺激生产商增加供应，同时抑制消费者需求。基于价格的反馈循环，市场参与者能够在没有中央计划的情况下自主做出决策，从而实现资源的有效配置。此外，市场竞争也激励企业不断创新和提高效率，以适应不断变化的市场条件。

自组织性还体现在经济生态系统的适应性和创新上。面对外部冲击和内部变化，经济生态系统能够通过竞争和合作，不断调整和优化自身的结构。企业之间的竞争促使它们不断寻求更有效率的生产方式和更有吸引力的产品和服务，以满足消费者的需求。同时，合作和网络，如供应链、行业协会和创新集群的形成，有助于知识和技术的传播，可以推动经济体的整体进步。

（二）非线性

生态系统中的行为和变化往往是非线性的，微小的变化可能产生不成比例的大影响，这使得系统的行为难以被正确预测。著名的“蝴蝶效应”便是非线性变化的一个突出例子。这种传统经济学分析难以把握的非线性变化，正是复杂经济学的研究重点。

经济生态系统的非线性特征是指在该系统中，输入与输出之间的关系并非简单的线性比例关系，而是复杂、动态且难以预测的非线性关系。这种非线性关系意味着即使是微小的变化也可能引起系统行为的显著差异，或者在某些情况下，系统可能对某些输入表现出高度的敏感性，而在其他情况下则相对不敏感。这种特征的存在使得对经济生态系统的预测和控制变得极为复杂。

首先，经济生态系统中的非线性特征体现在市场动态上。市场价格并非总是直接反映供求关系，而是受到多种因素的影响，如投资者情绪、政策变化、外部冲击等。例如，股市的波动无法仅仅依靠基本面分析来解释，市场的短期行为常常受到投资者情绪的影响，长期趋势则可能受到宏观经济政策的影响。此外，市场之间的相互依赖和反馈循环也增加了系统的非线性，如金融市场的波动可能影响实体经济，而实体经济的变化又反过来影响金融市场。

其次，经济生态系统中的非线性特征还表现在参与者的行为上。个体经济主体的决策往往是基于局部信息和有限理性做出的，而非基于完全信息和完全理性做出的。这种有限理性导致的行为可能在系统层面上产生非线性效应，如“羊群效应”可能导致市场出现反应过度或反应不足的现象。当市场上出现关于某公司的重大负面新闻时，投资者的恐慌情绪可能会迅速蔓延，导致股票价格出现剧烈波动。这种投资者情绪的传播和对市场的影响具有非线性特征，即小的变化（如一条劲爆新闻）可以在系统中引起巨大的反应。此外，投资者情绪与股票收益之间存在内生关系，积极的情绪可以推动股票收益上涨，而股票收益的增加又反过来强化投资者的积极情绪，形成一种正反馈循环。

最后，技术变革也是经济生态系统中非线性特征的重要来源。技术变革往往具有累积效应和正反馈特性，一项突破性技术的出现可能引发一系列连锁反应，导致产业格局重塑和经济结构变革。例如，人工智能技术的发展带动了新兴产业，如自动驾驶汽车、智能机器人、智能家居等的兴起，这些产业的快速发展为经济增长注入了新动力。同时，人工智能技术也被广泛应用于传统产业，通过智能化改造，提高了生产效率，降低了成本，促进了产业转型升级。此外，人工智能技术还对就业结构产生了影响。一方面，技术的发展可能导致某些低技能劳动力的岗位被机器取代，进而引发就业结构迅速变化；另一方面，人工智能也会催生新的职业和需求，如数据分析师、机器学习工程师等，对劳动力市场产生积极影响。上述这些变化几乎都是非线性的。

（三）多样性和冗余性

生态系统的多样性和冗余性提高了系统的韧性与稳定性。多样性使得系统能够适应各种环境变化，而冗余性则使系统在面对压力时有所缓冲，使得在冲击到来时，生态系统不至于全盘崩溃。

1. 多样性

经济生态系统的多样性体现为系统中存在广泛的参与者、产业、服务和产品。这些不同的经济实体和活动在生态系统中各司其职，相互依存，共同构成了一个复杂的经济网络。多样性使经济生态系统能够更好地适应外部环境变化和内部冲击，因为当某一部分受到损害时，其他部分可以提供支持和补偿，从而减轻对整体的影响。例如，多样化的产业结构可以避免对单一产业的过分依赖，增强地区经济的抗风险能力。同样，多样化的供应链可以在某一环节出现问题时，通过调整其他环节来维持生产和服务的连续性。

2. 冗余性

冗余性在经济生态系统中同样发挥着重要作用。冗余性意味着系统中存在超出当前需求的资源和能力，这些额外的资源和能力可以在系统遭受冲击时提供缓冲，有助于系统恢复与重建。在经济生态系统中，冗余性可能体现在企业的生产能力、库存水平、劳动力市场的灵活性以及金融系统中的流动性储备等方面。在正常时期，冗余资源和能力可能看起来是低效的，但在面对突发事件或危机时，它们能够确保经济系统连续运行，预防发生系统性风险。例如，银行系统中额外的流动性储备可以在金融危机期间防止信贷市场冻结，备用生产能力可以使企业在需求激增时迅速响应市场。

专栏 4-1

现实经济中的冗余性

经济生态系统的冗余性是指系统内部存在超出当前需求的资源和能力，这些额外的资源和能力可以在面对变化和冲击时为系统提供缓冲，从而维持系统的稳定性和韧性。下面分别介绍农业、制造业和金融业中三个保持冗余性的例子。

农业是一个高度依赖自然资源和天气条件的行业，因此面临着诸多不确定性和风险。在农业经济生态系统中，农业保险可以作为一种冗余机制，为农民提供额外的保障。当自然灾害如干旱、洪水或病虫害发生时，农业保险能够为受损的农民提供赔偿，减轻他们的经济损失，帮助他们迅速恢复生产。这种保险机制减少了灾害对农业生产和食品供应链的整体影响，不仅为个体农户提供了“安全网”，也为整个农业系统增加了稳定性。

在全球化的经济体系中，供应链的稳定性深刻影响着企业的生产和分销。通过建立多层次、多元化的供应链，制造业企业可以在面对供应中断或需求波动时维持运营。例如，制造业企业可以通过与多个供应商合作，降低对单一供应商的依赖程度。此外，通过在不同地区建设生产基地和仓储设施，企业可以应对局部市场的需求变化，甚至可以在全球范围内重新配置资源。这种冗余的供应链结构提高了整个经济生态系统的适应性和抗风险能力。

金融系统的稳定性对于经济生态系统的健康运行至关重要。在金融市场中，中央银行和金融机构持有的储备金和流动性缓冲机制就是一种冗余性的表现。这些机制可以在金融危机或市场动荡时提供必要的流动性支持，防止信贷紧缩和金融体系崩溃。例如，中央银行可以通过降低利率、提供紧急贷款或购买资产等方式，提高市场流动性，稳定金融市场。这种金融储备机制不仅保护了金融机构和投资者的利益，也维护了整个经济生态系统的稳定，促进了经济生态系统的持续发展。

（四）正负反馈循环

经济生态系统中存在着正反馈循环和负反馈循环这两种动态机制，有助于系统自我调节和维持平衡。例如，湖泊污染就是一种自我强化的正反馈循环。如果一个湖泊受到污染，其中的鱼类大量死亡，那么鱼类的数量就会因为死亡而减少，而鱼类死亡腐烂后又会进一步加重湖泊污染并引起更多鱼类死亡，形成恶性正反馈循环。青藏高原的高寒生态系统对于气候变暖则表现出负反馈循环的特征。随着青藏高原持续变暖，植被活动不断增强，会导致局部蒸腾作用增强，进而降低地表能量和植物生长季的平均温度，形成对气候变化的负反馈循环。

1. 正反馈循环

正反馈循环通常指的是一种自我强化的过程，其中某一变化会通过一系列作用进一步放大其效应。例如，在金融市场中，投资者的乐观情绪可能会导致股票价格上涨，这反过来又会吸引更多投资者购买股票，从而推动价格进一步上涨。这种价格上涨的预期可能会自我实现，因为更多的投资者加入市场，形成了一个正反馈循环。然而，正反馈循环也可能导致系统不稳定，如过度投机可能导致市场泡沫，最终泡沫破裂时会产生严重的经济后果。正反馈循环在经济增长、技术革新、市场扩张等方面都有体现，可以促进经济快速增长，但也可能导致资源的过度消耗和经济的不平衡发展。

2. 负反馈循环

负反馈循环则是一种自我调节的过程，旨在减少或抑制变化，从而维持系统的稳定和平衡。在经济生态系统中，负反馈循环可以通过多种方式体现。例如，当某一行业的生产能力过剩时，产品价格可能会下降，这会抑制进一步的生产扩张，甚至导致产能缩减，从而防止供应过剩的情况恶化。另一个例子是货币政策的调节作用，中央银行有时会通过调整利率来控制通货膨胀，当价格水平上升时，提高利率可以抑制借贷和消费，从而减缓价格上涨的趋势。负反馈循环有助于经济系统在面对外部冲击时保持稳定，防止经济过热或过冷，确保经济的持续健康发展。然而，过度的负反馈循环也可能导致经济增长放缓、创新活动受限，如过度强势的宏观经济政策。

二、网络思维与生态连通性

复杂经济学采用网络思维来分析生态系统中的相互作用和依赖关系。在现实的生态系统中，物种之间的捕食关系、竞争关系和共生关系形成了复杂的食物网。这些关系可以被视为一个网络，其中物种是网络的节点，而它们之间的相互作用是连接各个节点的线。网络分析可以帮助我们识别生态系统中的关键物种和关键连接，理解这些关键元素对整个系统保持稳定的影响。

此外，生态连通性也是复杂经济学关注的重点，即生态系统内部和生态系统之间的物质和能量流动。通过研究生态连通性，我们可以了解生态系统如何响应外部干扰，如气候变化、污染和人类活动。

（一）网络思维

网络思维是一种认识和分析经济生态系统的思维方法，它强调经济主体之间的相互连接和互动。在这种思维模式下，经济不再是由孤立的个体组成的静态系统，而是一个由众多节点和连接线构成的动态的网络。每个经济主体，无论是个人、企业还是政府机构，都被视为网络中的一个节点，而它们之间的交易、合作和通信则构成了网络的连接线。这种网络结构使经济活动具有高度的复杂性和动态性，因为任何一个节点的行为都可能通过网络传播，影响到其他节点和整个系统的稳定性。

网络思维在经济生态系统中的应用体现在多个层面。

首先，在市场层面，网络思维有助于理解市场结构和竞争动态。例如，通过分析企业间的合作网络，可以揭示市场的竞争格局和合作模式，帮助企业了解如何通过战略联盟或合作网络来增强竞争力。

其次，在创新层面，网络思维强调知识流动和创意碰撞的重要性。创新往往发生在不同领域和行业交汇的节点上，因此，通过构建和维护一个健康的知识共享网络，可以促进新技术和新产品的开发，以及推进产学研合作。

最后，在风险管理层面，网络思维有助于识别和防范系统性风险。经济生态系统中的金融危机往往是由风险在网络中的传播和集聚引发的，因此，通过监测和分析经济网络的结构和动态，可以更有效地管理和缓解潜在的金融风险。

（二）生态连通性

经济生态系统的生态连通性是指，在经济活动中，各种经济主体、资源、信息和价值流之间的相互联系和依赖性，与网络思维密切相关。这种连通性体现了经济系统中各部分之间的紧密协作和相互作用，是经济健康运行和可持续发展的关键因素。生态连通性的高低直接影响到经济系统的效率、韧性与创新能力的大小。

首先，生态连通性在资源配置和市场运作中起着至关重要的作用。在高效的经济生态系统中，资源（如资本、劳动力、原材料等）能够在不同的产业和区域之间自由流动，从而实现最优配置。例如，资本市场的连通性使企业能够获得跨地区、跨行业的资金支持，这对于企业的成长和创新至关重要。同时，生态连通性还促进了产品和服务的市场交易，消费者可以轻松获取多样化的产品和服务，而生产者也能够根据市场需求灵活调整生产策略。

其次，生态连通性在知识、信息和数据的传播中发挥着重要作用。在现代经济中，知识、信息和数据是重要的生产要素，它们的有效传播对于提升整个系统的创新能力和竞争力至关重要。通过高校、研究机构和企业之间的合作网络，新的知识得以产生并迅速传播，从而推动技术进步和产业升级。此外，信息技术的发展极大地提高了生态连通性，互联网和通信技术使信息能够在全球范围内即时传播，这不仅促进了国际贸易和投资，也加强了全球经济的一体化。

最后，生态连通性对于应对环境和社会挑战具有重要意义。随着全球气候变化和资源短缺问题日益严峻，经济生态系统应当更加注重可持续发展。生态连通性使不同的经济主体共同应对环境问题。例如，通过绿色供应链管理，企业可以推动供应商采取环保生产方式，从而减少整个生产过程对环境的影响。同时，生态连通性也有助于实现社会公平，通过公共政策和社会创新，可以促进资源在社会各阶层之间的公平分配，增进社会福祉。

三、多尺度分析与可持续性

（一）多尺度分析

复杂经济学强调在多个尺度上分析生态系统，从局部的个体行为到全局的系统动态，从短期的变化到长期的演化趋势。这种分析有助于揭示生态系统的复杂性和多样性，以及不同尺度上的过程是如何相互影响的。在多尺度分析的指导下，复杂经济学不仅关注生态系统的即时状态，还关注其长期的可持续性。

多尺度分析是一种综合性的研究方法，它涉及从微观个体到宏观系统各层面的分析，以揭示经济活动的复杂性和动态性。这种分析方法认识到经济生态系统是由多个层次的结构和过程相互作用而形成的，每个层次都有其独特的特征与规律。

1. 微观层面

在微观层面，多尺度分析关注行为者——消费者、企业、投资者等的决策行为。这包括对消费者的购买偏好、购买力、消费模式的研究，以及对企业的生产决策、投资策略、创新活动等的分析。通过理解微观行为者的动机和行为模式，可以揭示经济生态系统的基本运作机制，以及个体和组织行为是如何影响整体经济的稳定性和增长潜力的。

2. 中观层面

在中观层面，多尺度分析涉及产业、市场和区域经济的结构与动态。这包括对特定产业链的分析，如供应链管理、价值链分析、产业集群的发展等。中观层面的研究有助于理解不同产业之间的相互依赖关系，以及市场结构如何影响竞争和创新。此外，区域经济分析可以揭示地理位置、资源禀赋、政策环境等因素如何影响经济生态系统的发展。

3. 宏观层面

在宏观层面，多尺度分析关注整个经济系统的总体表现和趋势。这包括对宏观经济指标的分析，如国内生产总值、失业率、通货膨胀率等，以及对经济政策、国际贸易、金融市场等的研究。宏观层面的研究有助于理解经济生态系统的整体健康状况，以及宏观经济政策如何影响经济的长期发展和稳定性。

4. 跨尺度层面

跨尺度层面的多尺度分析则是将微观、中观和宏观层面的研究结合起来，以揭示不同层次之间的相互作用和反馈机制。这种跨尺度的视角有助于理解经济生态系统的复杂性，如个体和组织行为如何通过市场和产业层面的相互作用影响宏观经济的稳定性。同时，跨尺度层面的研究也有助于识别和解决经济生态系统中的关键问题，如如何通过政策干预来缓解市场失灵，如何促进产业升级和经济转型，等等。

（二）可持续性

经济生态系统的可持续性是指在满足当前经济需求的同时，保护和维护生态系统的健康和完整性，以确保未来世代同样能够满足其经济需求。实现这一目标需要从多个层面进行综合分析和考虑，包括资源管理、环境影响、社会经济结构等方面。

首先，资源管理是经济生态系统可持续性的关键。资源的过度开发和不合理利用会导致资源枯竭和生态环境破坏，从而威胁经济的长期发展。因此，必须采取有效措施，如实施循环经济、提高资源利用效率、开发可再生能源等，以确保资源的可持续供给。这不仅需要技术创新和政策支持，还需要企业和消费者改变行为模式、减少浪费、提高资源再利用率。

其次，环境影响是评估经济生态系统可持续性的重要指标。经济发展往往伴随着污染排放和生态破坏等环境问题，这些环境问题不仅影响人类健康，还会对生态系统造成长期损害。因此，需要通过颁布环境法规、制定排放标准和评估环境影响等手段来控制和减少经济活动对环境的负面影响。同时，通过生态保护和修复项目，改善生态环境，提高生态系统的自我恢复能力。

最后，社会经济结构对经济生态系统的可持续性也有重要影响。不平等、失业和社会不稳定、数字鸿沟等问题可能导致资源分配不公和消费行为不可持续。因此，需要建立公平的社会经济体系，通过教育、社会保障和就业创造等措施，实现机会均等化，提高人民的生活质量和增进社会福祉。这有助于使消费和生产行为更加可持续，从而推动经济生态系统向更加可持续的方向发展。

第二节 数字生态的构建

数字生态是数字经济的生态系统，是由多样化的参与者、技术和互动平台共同构成的复杂网络。这些构成因素相互作用，共同创造价值并推动数字经济发展。在这个生态系统中，不仅有提供核心技术和平台的企业，如互联网巨头、软件开发商和电信运营商，而且有各种规模的创新者、初创企业、数字消费者以及政府机构和非营利组织。本节探讨数字生态的构建过程，涉及数据驱动和创新支持、技术基础设施和开放平台、多元参与和数字生态管理等多个方面（见图 4－1）。

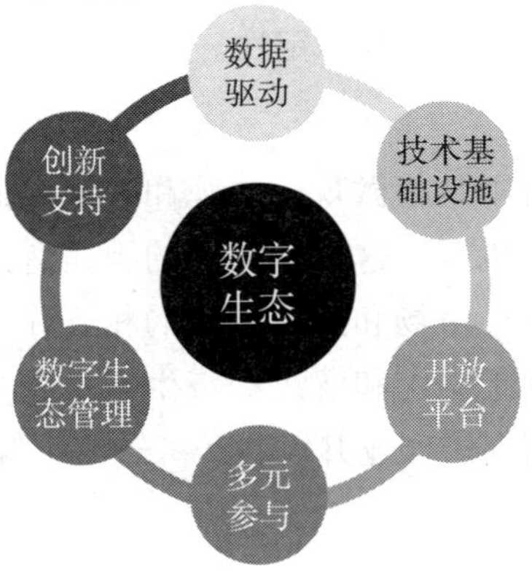

图 4－1 数字生态的构建

一、数据驱动和创新支持

数据驱动和创新支持是数字生态的动力和竞争力的主要来源。数据驱动是指利用收集的大量数据来指导决策、优化运营和创新产品及服务的过程。创新支持在数字生态中体现为鼓励和促进新技术、新应用的开发。数据的积累和分析也为创新提供了支持，企业可以通过数据洞察开发新的数字技术、商业模式，制定新的市场策略，为数字生态整体发展赋能。

（一）数据驱动

数字生态是一个由数据驱动的复杂系统，其核心在于数据的收集、处理、分析和应用。数据在数字生态中扮演着至关重要的角色，它不仅是价值创造的源泉，也是系统运行和优化的基础。

1. 数据是数字生态价值创造的基石

在数字生态中，数据是价值创造的基础。企业和组织通过收集和分析用户行为数据、市场趋势、供应链信息等，能够深入理解客户需求，预测市场变化，从而做出更加精准的决策。例如，电商平台通过分析用户的购物习惯和消费偏好，可以提供个性化的商品推荐、优化用户体验；制造商通过实时监控生产线数据，可以提高生产效率、降低成本。数据的深度挖掘和智能分析使企业能够不断创新产品和服务，提升竞争力，推动经济增长。

2. 数据流动与数字生态协作

数据的流动是数字生态协作的关键。在一个开放、互联的数字生态系统中，数据的共享和交换促进了不同参与者之间的协作。平台型企业作为数据枢纽，通过提供标准化的接口和开放的 API，使第三方开发者和合作伙伴能够接入其数据和服务，共同创造新的价值。例如，社交媒体平台允许开发者利用其用户数据开发新的应用和服务，从而丰富了整个生态系统的功能。数据的互联互通不仅提高了资源利用效率，也加速了创新的扩散。

3. 数据治理与数字生态健康

数据治理对于维护数字生态健康至关重要。随着数据量的爆炸式增长，确保数据的安全、隐私保护和合规使用，成为数字生态面临的重要挑战。建立健全数据治理机制，包括数据分类、加密、访问控制和质量管理等，是保障数据驱动的数字生态健康运行的前提。此外，随着数据的价值日益凸显，数据所有权、使用权和收益分配等问题也引起了广泛关注。需要通过法律法规和行业标准来规范数据的使用与交易，保护企业和个人的利益，同时促进数据资源的合理开发和利用。

（二）创新支持

数字生态的创新支持是推动其持续发展和演化的关键因素。在一个充满活力的数字生态中，创新不仅来源于数字技术的驱动，还涉及商业模式和市场策略、系统层面等的革新。

1. 数字技术驱动创新

数字技术是数字生态创新的核心驱动力。数字技术的发展不仅提高了处理和分析数据的能力，还使得个性化服务、智能决策和自动化操作成为可能。例如，人工智能技术的应用使企业能够通过机器学习优化生产流程，提高效率和质量；物联网技术则使设备和系统能够实现实时监控和相互通信，提升了资源管理的智能化水平。技术驱动的创新不仅推动了新产品和新服务的开发，也为传统产业的数字化转型提供了可能。

2. 商业模式和市场策略的创新

除了数字技术的驱动，商业模式和市场策略的创新同样对数字生态的发展至关重要。数字生态中的企业需要不断探索新的商业模式，以适应快速变化的市场环境和满足消费者需求。例如，订阅服务、共享经济和平台经济等新兴模式，正在改变传统的交易方式和价值创造机制。通过这些新商业模式，企业能够更好地满足用户的个性化需求，提高用户黏性和市场份额。同时，企业还需要在市场策略上进行创新，利用数据分析和社交媒体等工具进行精准营销，提高品牌影响力和市场竞争力。

3. 系统层面的协同创新

数字生态的创新不仅是单个企业的行为，更是整个系统层面的协同创新。不同企业、研究机构、政府部门和消费者之间的合作与知识共享，能够促进创新思想的交流和创新项目的发展。系统层面的协同创新可以通过建立开放创新平台、建立创新联盟等方式实现。这种跨界合作不仅能够汇聚更多的创新资源，还能够加速创新成果的商业化与规模化。此外，政府的政策支持和激励措施，如提供研发资金和知识产权保护等，也对数字生态系统层面的创新起到关键作用。

二、技术基础设施和开放平台

数字生态系统的构建，依靠技术基础设施和开放平台作为支撑。接下来对这两种数字生态的支撑性架构进行介绍。

（一）技术基础设施

数字生态的技术基础设施是支撑整个数字生态系统运行的关键，它包括网络、硬件、软件以及数据等多个层面的基础设施。技术基础设施不仅支撑了数字生态中的各种活动，也为创新提供了广阔的空间。

1. 网络基础设施

网络基础设施是数字生态的基石。高速、稳定、安全的网络环境是实现数据流通和信息交换的前提。随着 5G 乃至 6G 等新一代通信技术的推广应用，网络速度和质量得到了显著提升，极大地促进了数字生态中各种应用的创新和发展。同时，物联网技术的发展使越来越多的设备能够连接到网络中，实现了数据的实时采集和远程控制，为智慧城市、智能家居等的建设和应用提供了可能。此外，云计算平台具有强大的数据存储和计算能力，使得企业和个人用户能够按需获取资源，降低了技术门槛，加速了创新的进程。

2. 硬件基础设施

硬件基础设施也是数字生态中不可或缺的一部分。高性能的服务器、存储设备和终端设备是支撑大规模数据处理与复杂应用运行的基础。随着人工智能、大数据等技术的发展，对硬件的性能要求越来越高。因此，硬件制造商不断推出更加高效、节能的产品，以满足数字生态的需求。例如，图形处理器（GPU）和张量处理器（TPU）等专用硬件的出现在很大程度上推动了深度学习等人工智能技术的发展，在大语言模型发展起来后，英伟达等芯片公司的股价暴涨就是例证。同时，智能终端设备，如智能手机、平板电脑等的普及，使消费者能够直接获取数字服务，极大地丰富了数字生态的应用场景。

3. 软件和数据基础设施

软件和数据基础设施在数字生态中扮演着至关重要的角色。操作系统、数据库管理系统、开发工具等软件基础设施为应用程序的开发和运行提供了支持。开源软件和平台的兴起，降低了技术创新的成本，促进了知识的共享和技术的快速迭代。数据基础设施则涉及数据的收集、存储、处理和分析等方面，是实现数据驱动型决策和智能服务的关键。随着数据量的爆炸式增长，高效、安全地管理数据成为数字生态面临的重要挑战，企业需要建立强大的数据管理系统，确保数据的质量、安全和合规，同时利用大数据分析和人工智能技术挖掘数据的价值，推动业务的创新和增长。

（二）开放平台

数字生态的开放平台是推动创新、促进协作和加速数字化转型的关键。开放平台允许不同的参与者，包括开发者、企业、创业者和消费者，共享资源、交换数据，并共同创造新的产品和服务。通过构建开放、协作、共享的平台，可以激发更多的创新活动，加速数字化进程。

1. 开放平台的战略意义

开放平台在数字生态中的战略意义不容小觑。它不仅能够促进技术和知识的快速传播，还能够激发新的商业模式和服务。通过开放 API、软件开发工具包（SDK）和数据接口，企业可以构建一个强大的生态系统，吸引第三方开发者和合作伙伴加入。这种开放性不仅有助于提高企业的创新能力，还能够扩大其市场影响力。例如，华为的鸿蒙系统和谷歌的安卓平台都是成功的开放平台，它们通过提供统一的开发环境和分发渠道，吸引了全球数百万开发者参与应用开发，极大地丰富了平台的内容和服务。

2. 开放平台的构建与运营

成功构建和运营开放平台需要综合考虑技术、商业模式和生态系统管理等多个方面。在技术方面，平台需要提供稳定、可靠、易于使用的接口和服务，以确保开发者能够高效地进行开发和测试；在商业模式方面，平台需要设计合理的收益分配机制，以激励开发者和合作伙伴持续贡献和创新；在生态系统管理方面，平台需要制定一套完善的治理规则，包括质量控制、版权保护、用户隐私和数据安全等方面的规则，以维护平台的健康和可持续发展。此外，平台还需要提供必要的支持和资源，如开发文档、技术支持、市场推广等，帮助开发者和合作伙伴。

3. 开放平台的创新与协作

开放平台是创新和协作的催化剂。它通过降低进入门槛、提供共享资源和促进跨领域合作，加速了新技术的应用和新业务模式的探索。在开放平台上，不同背景和领域的参与者可以自由地交流思想、分享经验并协作解决问题。这种跨界合作能够产生新的创意和解决方案，推动整个数字生态的创新。例如，开放平台可以在政府、企业和研究机构之间实现数据共享，解决城市治理、环境保护和社会服务等问题。同时，开放平台还能够吸引全球的创新资源，为企业提供国际化的发展机会。

专栏 4-2

安卓开放平台的建设与发展

安卓（Android）开放平台的建设是数字生态发展的一个重要里程碑，它通过提供一个开放、灵活、可扩展的移动操作系统，极大地推动了移动应用产业的创新和多样性发展。安卓操作系统最初由安迪·鲁宾（Andy Rubin）开发，主要支持手机硬件，2005 年 8 月由谷歌收购注资。2007 年 11 月，谷歌与 84 家硬件制造商、软件开发商及电信营运商组建“开放手机联盟”以共同研发和改良安卓系统。随后谷歌以阿帕奇（Apache）开源许可证的授权方式，发布了安卓的源代码，开始了安卓的开源之旅。

安卓平台的核心优势之一在于其开放的架构设计。作为一个基于 Linux 内核的开源操作系统，安卓允许设备制造商、开发者和第三方服务提供商自由地访问、修改和分发其源代码。这种开放性使安卓能够迅速适应不同的硬件配置和市场需求，推动了各种创新应用的开发。设备制造商可以根据特定市场的需求定制界面和预装应用，开发者可以自由地创建和分发应用，而无须经过严格的审核流程，这极大地激发了市场的活力和创新潜力。

安卓开放平台的另一个显著特点是其丰富的应用生态系统。通过谷歌商店，用户可以轻松下载和安装各种应用，从游戏、社交媒体到商务工具和健康追踪器，几乎涵盖了生活的各个方面。安卓平台的开放性吸引了全球数百万开发者参与应用的开发，这些应用不仅丰富了用户的选择，也推动了相关技术和服务的进步。开源技术在安卓平台上的广泛应用，为开发者提供了强大的工具和库，降低了开发成本，提高了开发效率和应用质量。

安卓开放平台的建设还对全球数字化转型产生了深远影响。随着智能手机和移动互联网的普及，安卓平台成为连接人与人、人与服务、人与设备的重要桥梁。它不仅推动了教育、医疗、金融等行业的数字化转型，也促进了智慧城市、智能家居和自动驾驶等新兴领域的发展。安卓平台的开放性和灵活性，使各种规模的企业和组织都能够利用数字技术提升效率、创新服务和扩大市场。

三、多元参与和数字生态管理

多元化的参与结构有助于汇集不同的观点和资源，促进创新与协作，提高数字生态系统的适应性和韧性。数字生态管理则涉及对数字生态系统的治理和监督，以确保系统的健康发展。有效的多元参与和数字生态管理，是实现生态系统长期稳定和繁荣的组织基础。

（一）多元参与实现协作共赢

数字生态通过多元参与实现协作共赢的过程是一个复杂的系统工程，涉及不同领域、不同规模的组织以及个体的广泛合作。通过有效的互动、合作和治理，数字生态不仅能够促进创新、提高效率，还能够实现可持续发展。

1. 多元参与的构成与互动

数字生态的多元参与首先体现在其构成上。一般认为，数字生态包括大型科技公司、中小企业、初创企业、政府、非政府组织、学术研究机构以及广大消费者等各类参与者。这些参与者在数字生态中扮演着不同的角色，各自拥有独特的资源和优势。通过开放的平台和共享的资源，这些参与者可以在数字生态中进行有效的互动和协作。例如，大型科技公司可以提供技术平台和市场渠道，初创企业可以贡献创新思维和便捷的运营模式，政府和非政府组织则可以提供政策支持和行业指导。在这样的互动中，每个参与者都能够利用自身优势，同时弥补自身的不足，实现资源和能力的互补。

2. 协作共赢的机制与实践

在数字生态中实现协作共赢，需要建立有效的机制来促进各方合作。这包括制定公平合理的规则、建立互信的环境、提供合作的平台和工具等。例如，通过开源软件和开放 API，技术平台可以鼓励开发者贡献自己的创新成果，同时利用平台的规模效应来使其成果获得更广泛的应用。在实践中，协作共赢可以通过多种形式体现，如联合研发、共享市场、制定共同标准等。这种合作不仅可以加速产品和服务的创新，还可以提高整个生态系统的效率和竞争力。例如，通过产业链上下游企业的紧密合作，可以缩短产品的研发周期，更快地响应市场变化。

3. 持续发展的挑战与策略

虽然多元参与为数字生态带来了协作共赢的机会，但也使数字生态面临持续发展的挑战。这些挑战包括如何保持生态系统的开放性和公平性、如何处理不同参与者之间的利益冲突，以及如何确保数据安全和隐私保护等。为了应对这些挑战，数字生态需要采取一系列策略。首先，需要建立透明和包容的治理结构，确保所有参与者的声音都能被听到，利益都能得到平衡；其次，需要通过持续的沟通和协调来解决合作过程中出现的问题和矛盾；最后，还需要加强对数据安全和隐私保护的投入，建立严格的数据治理体系，以赢得用户和社会的信任。

（二）数字生态管理

数字生态管理是一项复杂的任务，涉及对数字生态系统中各种参与者、活动和资源的有效协调与监督。有效的数字生态管理需要确保系统的健康发展，促进创新，同时保护参与者的利益和权益。在现实中，数字生态管理往往不是由某一个机构（如地方政府或治理机构）单独完成的，而是由数字生态中的各类参与者通过协同共治实现的。

1. 构建开放与协作的环境

数字生态管理的首要任务是构建一个开放和协作的环境。这意味着需要鼓励参与者之间进行信息共享、技术合作和资源整合。开放的平台策略、标准化的接口和透明的沟通机制是实现这一目标的关键。通过上述措施，可以降低新参与者的进入门槛，促进现有参与者之间的协作，从而加速创新和知识传播。同时，开放和协作的环境也有助于形成共享的价值观念和行为规范，增强数字生态系统的凝聚力与稳定性。

2. 维护健康的竞争与合作关系

在数字生态系统中，竞争和合作是并存的。有效的数字生态管理需要平衡这两种关系，确保生态系统中的参与者能够在公平的环境中竞争，同时能够从合作中获益。这要求制定合理的市场规则和监管政策，防止垄断和不正当竞争，保护消费者和中小企业的权益。同时，也需要通过建立合作伙伴关系、联盟以及共同开发项目来促进不同参与者之间的协同工作，共同解决面临的挑战和问题。

3. 推动可持续发展与社会责任

数字生态管理还需要关注生态系统的可持续发展和社会责任。这意味着在追求经济效益的同时，还需要考虑环境保护、社会公正和文化多样性等方面的问题。数字生态系统的参与者可通过使用可再生能源、减少废物产生和提高资源效率等措施减少其活动对环境的负面影响。同时，也需要关注数字鸿沟等问题，通过提供教育和培训、改善基础设施和提供平等的机会，来提高不同群体的数字包容性。

第三节　数字生态的演化

数字生态的演化是一个动态的、持续的过程，它受到技术创新、市场需求、政策环境等多种因素的影响。数字生态的演化还体现在参与者的角色和行为上。随着系统的成熟，新的参与者不断加入，而旧的参与者的角色可能会发生变化或直接被淘汰。在这个过程中，生态系统的韧性和适应性不断被测试和加强。本节通过机制机理阐释与现实案例分析来介绍数字生态的演化。

一、技术创新驱动演化

技术创新是驱动数字生态演化的关键因素，它通过引入新的工具、平台、方法和模式，不断推动数字生态的发展和变革。技术创新，如人工智能、物联网、大数据和云计算等，不仅增强了数据处理和分析的能力，还促进了新服务和新产品的开发。这些技术创新使企业能够更有效地解决复杂问题，提供更加精准和个性化的解决方案，满足市场多样化的需求。

（一）机制机理

一般认为，技术创新通过资源整合、产业链重构、全球市场对接以及推动绿色发展等机制机理，驱动数字生态的演化。这些机制机理共同作用，形成了一个动态、高效、可持续的数字生态。

1. 资源整合

首先，技术创新促进了跨领域和跨行业的资源流动与融合，使数据、技术、人才和资本等关键资源能够在更广泛的范围内被共享和利用。其次，技术创新强化了数据的整合和分析能力，大数据和人工智能等技术的应用使企业能够从海量数据中提取有价值的信息，优化决策过程，提高运营效率。最后，资源整合机制在技术创新的推动下形成了一个动态、互动和自我增强的数字生态系统，不断推动着数字生态的发展和演化。

2. 产业链重构

首先，技术进步如物联网、云计算和人工智能等，使得产业链中的信息流通和资源配置更加高效，促进了生产方式的智能化和自动化。这推动传统线性产业链向更加灵活、动态的网络化产业链转变，企业间的协作更加紧密，能够快速响应市场变化。其次，技术创新使产业链中的各个环节能够实现更高程度的协同和整合。最后，技术创新还推动了新业态和新模式的出现，如共享经济、平台经济等，新业态在重构产业链的同时，也为数字生态带来了新的增长点和发展机遇。通过这种方式，技术创新不仅改变了产业链的组织形态，还为数字生态的演化注入了新的活力和创新的动力。

3. 全球市场对接

一方面，技术的进步尤其是互联网和通信技术的发展，极大地降低了信息传播和跨国交易的成本，使企业能够更容易进入全球市场，拓展国际业务。例如，跨境电商平台的兴起让中小企业能够直接接触到全球消费者，参与国际竞争。另一方面，技术创新还推动了全球创新网络的形成，企业、研究机构和个人开发者可以通过在线协作平台共同进行研发和创新，共享知识和资源。这种全球范围内的协同创新加速了新技术、新产品的开发和推广，促进了数字生态的全球化演化和升级。

4. 推动绿色发展

首先，技术创新通过推动绿色发展驱动数字生态演化，主要体现在利用先进的数字技术来优化资源利用、提高能源使用效率、减少环境污染和促进可持续发展等方面。例如，通过物联网技术实现对能源消耗的实时监控和管理，可以显著提升能源使用效率，减少碳排放。人工智能和大数据分析的应用，可以帮助企业在生产过程中识别节能减排的潜力点。其次，技术创新还可以支持绿色金融的发展，通过精准评估环境风险和投资回报，引导资本流向环保项目和绿色产业。最后，技术创新还促进了绿色生活方式的普及，如共享经济平台减少了资源的闲置和浪费，鼓励人们采取更环保的出行和消费方式。

（二）现实案例：特斯拉

在数字生态的演化过程中，技术突破往往是起点。以电动汽车行业为例，创立于2003年的美国特斯拉公司通过技术创新，成功研发出高性能的电动汽车，引领了新能源汽车的发展趋势。特斯拉不仅在电池技术上取得了重大进展，增加了电动汽车的续航里程，还在自动驾驶技术上进行了深入研究。这些技术突破不仅为特斯拉赢得了市场先机，还为整个汽车行业的数字化转型指明了方向。

随着技术的成熟和市场的扩大，特斯拉开始构建以电动汽车为核心的数字生态系统。通过开放充电网络、建设超级充电站、提供在线软件更新服务等措施，特斯拉不仅提升了用户的使用体验，还促进了相关产业的发展。同时，特斯拉还与能源公司合作，推出了家庭储能产品 Powerwall，进一步拓展了其在能源管理领域的业务。这种跨界合作和生态系统构建，使特斯拉不仅是一家汽车制造商，更是一个提供综合能源解决方案的科技公司。

技术创新是一个持续的过程，特斯拉在不断优化现有技术的同时，也在积极研发新技术，以保持其在行业中的领先地位。例如，特斯拉正在研发更先进的电池技术，以实现更低的成本和更高的能量密度。此外，特斯拉还在探索太阳能汽车和太空旅行等前沿领域，试图将电动汽车技术与可再生能源和太空探索相结合，进一步推动数字生态的演化。

综上，特斯拉通过技术创新，不仅推动了电动汽车产业的发展，还构建了一个涵盖能源管理、自动驾驶等多个领域的数字生态系统，引领了整个行业的数字化转型。特斯拉的案例表明，技术创新是数字生态演化的重要动力，它能够带来产业的颠覆性变革，并为相关产业的发展提供新的可能性。随着技术的不断进步，我们有理由相信，未来会有更多类似的技术创新案例出现，推动数字生态向更加智能、高效和可持续的方向发展。

二、市场需求和用户行为

市场需求和用户行为的变化是推动数字生态演化的关键因素。数字生态中的企业必须通过不断创新和优化产品与服务来适应这些变化。

（一）机制机理

市场需求和用户行为的变化不断推动数字生态的演化。通过需求多样化与个性化、社交网络与口碑传播，以及技术接受度的变化等机制机理，企业、技术和社会各方面进行适应和创新，以实现数字生态可持续发展。

1. 需求多样化与个性化

需求多样化与个性化是数字生态演化的重要推动力。随着消费者对产品和服务的需求日益多样化，数字生态中的企业必须不断创新，以满足这些多样化的需求。在这一过程中，数字平台和生态系统的作用日益凸显，它们为不同规模的企业提供了连接消费者、验证新想法和快速迭代产品的机会。这种需求驱动的演化不仅促进了产品和服务的创新，还加速了整个数字生态系统的动态发展和升级。

2. 社交网络与口碑传播

社交网络和口碑传播在数字生态演化中起着至关重要的作用。社交网络作为一个连接个体、群体和信息的平台，极大地促进了信息的流通和扩散。用户在社交网络上的互动、分享和讨论，不仅加强了用户之间的联系，也使优质的内容和有价值的信息能够迅速传播开来。

首先，社交网络提供了一个高效的口碑传播渠道。用户对产品、服务的评价和推荐，可以通过社交网络迅速传播给广泛的受众，这种基于用户信任的推荐比传统的广告更具说服力。其次，社交网络的数据洞察对于数字生态的演化具有指导意义。用户的在线行为、讨论话题和情感倾向等数据，为企业提供了宝贵的市场信息和用户需求信息。企业可以根据这些数据进行市场分析和产品定位，从而更好地满足用户需求，推动产品和服务的创新。最后，社交网络还促进了用户生成内容（User Generated Content，UGC）的兴起。用户通过社交网络分享个人的经验和创意，不仅丰富了数字生态的内容，也为企业提供了与用户互动和合作的机会。用户生成内容往往更加真实且贴近生活，有助于企业构建更加紧密的用户关系，营造和谐的社区氛围。

3. 技术接受度的变化

随着新技术的不断涌现，用户技术接受度的变化直接影响着数字产品和服务的设计与迭代。首先，用户对新技术的接受度提高，意味着企业可以更加大胆地采用前沿技术来创新产品。其次，用户对新技术接受度的提高也推动了数字生态中新兴业务模式的出现和发展。例如，随着移动互联网、物联网等技术的普及，共享经济和智能家居等新兴模式得以快速发展。最后，用户对新技术接受度的提升还有助于解决数字鸿沟问题。随着更多的用户接受并使用数字技术，数字服务的普及率不断提高，有助于实现信息技术的普惠。这不仅促进了社会的公平，也为数字生态带来了更广泛的用户基础和更多样化的市场机会。

（二）现实案例：移动支付

市场需求和用户行为是推动数字生态演化的重要力量。在中国，移动支付行业的快速发展便是一个典型案例，它不仅改变了人们的支付习惯，还催生了一系列新的商业模式和服务。

随着智能手机的普及和互联网技术的发展，中国消费者对于便捷、安全的支付方式的需求日益增长。支付宝和微信支付等移动支付平台应运而生，满足了用户对于快速、便捷支付的需求。这些平台通过提供二维码支付、近场通信（Near Field Communication，NFC）支付等多种支付方式，极大地简化了支付流程，提高了支付效率。此外，移动支付平台还通过发放红包、优惠券等营销手段，进一步刺激了用户的消费意愿，推动了移动支付的普及。

移动支付的普及不仅改变了人们的支付习惯，还改变了用户的行为习惯。用户开始习惯于使用移动支付进行线上线下购物、缴纳水电费、预约挂号等，这使得移动支付平台积累了大量用户数据。基于这些数据，移动支付平台能够为用户提供更加个性化的服务，如智能推荐、信用评估等。同时，移动支付平台还与电商平台、餐饮服务、公共交通等领域进行合作，形成了一个涵盖多个领域的数字生态圈，为用户提供一站式的生活服务。

在市场需求和用户行为的驱动下，移动支付行业持续进行技术创新和产业升级。例如，支付宝推出了基于区块链的跨境支付服务，降低了跨境交易的成本，减少了所需时间。微信支付则通过小程序平台，为商家提供了一个轻量级的应用开发环境，使商家能够快速开发并上线自己的应用，为用户提供更加丰富、便捷的服务。此外，移动支付平台还在探索人脸识别支付、声波支付等新型支付技术，以满足用户对于支付安全性和便捷性的更高的要求。

综上所述，中国移动支付行业的快速发展是一个典型的市场需求和用户行为驱动数字生态演化的案例。从满足用户便捷支付的需求出发，移动支付平台不断扩大服务范围，构建起一个涵盖多个领域的数字生态圈。随着技术的不断进步和市场的不断扩大，移动支付行业将继续引领数字生态的演化，为用户带来更多便利，为产业带来更多发展机遇。

三、政策和法规

政策和法规的调整是驱动数字生态演化的重要力量。政府对人工智能、区块链等新兴技术的监管框架的建立，为这些技术的合理应用和商业化提供了明确的指导与支持，加速了技术创新在数字生态中的扩散和应用。随着数字经济的快速发展，政府也通过出台相关政策法规来引导和规范市场行为，保障数据安全和个人隐私，促进公平竞争，从而为数字生态的健康和有序发展提供制度保障。

（一）机制机理

基于已有文献，政策和法规的调整通过提供发展指导和支持、规范市场运行秩序、促进数据资源流通利用等重要机制，驱动数字生态的演化。

1. 提供发展指导和支持

政府的政策导向、资金投入和相关法规等，对数字生态的发展具有显著的引导和促进作用。首先，政府的政策指导为数字生态的发展提供了明确的方向。通过制定具有前瞻性的政策和规划，政府能够引导资源向数字经济领域集中，推动关键技术的研发和应用。其次，政府的支持能够降低企业进入数字市场的门槛，加速新兴技术的商业化进程。政府可以通过建立公共技术平台、提供创业指导服务、搭建产业合作桥梁等方式，来帮助企业克服初期的发展难题，促进创新成果的转化和应用。

2. 规范市场运行秩序

一个健康、有序的市场能够促进公平竞争，激发创新活力，保障消费者权益，进而推动整个数字生态的稳定和持续发展。首先，规范市场运行秩序能够为企业提供一个公平的竞争平台。通过打击不正当竞争行为，可以确保所有参与者在同等条件下竞争，有助于优秀企业脱颖而出，推动行业内的技术进步和服务质量的提升。其次，规范市场运行秩序有助于增强消费者信任。当市场运行秩序得到有效监管时，会增强消费者对数字产品和服务的信心，进而促进需求增长和市场扩大。最后，规范市场运行秩序能够防止市场失灵，避免资源配置的扭曲。通过有效的监管，可以确保市场信息的透明和真实、减少欺诈和误导行为的发生，使资源能够更加合理地配置到有价值和有潜力的项目上，从而推动整个数字生态的创新与进步。

3. 促进数据资源流通利用

政府在促进数据资源流通利用方面发挥着关键作用，这对于数字生态的演化具有显著的推动效应。首先，政府可以通过制定合理的数据政策和法规来促进数据资源的开发和利用。其次，政府可以通过提供数据服务平台和工具来降低数据利用的门槛。再次，政府还可以通过教育和培训提高公众和企业的数据意识与数据科学利用能力。最后，政府还可以通过财政补贴、税收优惠等激励措施来鼓励企业加大对数据资源挖掘和利用的投入。

（二）现实案例：中国电商

中国电子商务行业的快速发展是政策和法规驱动数字生态演化的一个典型案例。自电子商务出现以来，中国一直高度重视其发展情况，出台了一系列政策和法规来支持和规范这一新兴行业的发展。2015年，中国开始实施“互联网＋”行动，鼓励传统企业利用互联网进行转型升级，推动电子商务与传统产业的深度融合。2018年，中国出台《中华人民共和国电子商务法》，为电子商务行业的健康发展提供了法律保障。这些政策和法规的出台，为电子商务行业的快速发展奠定了坚实基础，吸引了大量创业者和投资者进入该行业，推动了电子商务的普及与创新。

随着电子商务行业的快速发展，市场规模不断扩大，也出现了一些问题，如假冒伪劣商品、用户隐私泄露、不正当竞争等。为了解决这些问题，保护消费者权益，中国不断加强电子商务相关法规建设。例如，通过对《消费者权益保护法》的修正，强化了对网络消费者的保护；通过出台《网络交易监督管理办法》，规范了网络交易行为；通过实施《网络安全法》，加强了对网络数据的保护。上述法规的修正、出台和实施，不仅规范了中国电子商务市场的秩序，也提高了电子商务行业的整体信誉和竞争力，为电子商务行业的健康发展提供了良好的外部环境。

在政策和法规的支持下，中国电子商务行业持续进行技术创新和服务创新。例如，阿里巴巴集团推出了新零售概念，通过线上线下融合以及物流和数据运营的创新，重塑了零售业态。同时，中国电子商务企业也积极参与国际合作，通过跨境电商平台，不仅将中国商品销售到全球，同时也引入了国际优质商品和服务。此外，政府也出台了一系列政策，如设立跨境电商综合试验区，支持企业开展跨境电子商务业务，有效推动了中国电子商务行业的国际化进程。

本章小结

复杂经济学是一门新兴的跨领域学科，它将经济学与复杂系统理论相结合，以更全面地阐释经济活动的动态行为和演化过程。在复杂经济学中，经济系统被视为一种由众多相互作用的个体和组织构成的生态系统，具有自组织性、非线性、多样性和冗余性、正负反馈循环等特征。网络思维加强了经济生态的生态连通性，多尺度分析则揭示了生态系统的可持续性。

数字生态是数字经济的生态系统，由多样化的参与者、技术和互动平台共同构成。在这个生态系统中，不仅有提供核心技术和平台的企业，如互联网巨头、软件开发商和电信运营商，而且有各种规模的创新者、初创企业、数字消费者以及政府机构和非营利组织。数字生态的构建过程，涉及数据驱动和创新支持、技术基础设施和开放平台、多元参与和数字生态管理等多个方面。

数字生态的演化是一个动态的、持续的过程，它受到技术创新、市场需求、政策环境等多种因素的影响。数字生态的演化还体现在参与者的角色和行为上。随着系统的成熟，新的参与者不断加入，而旧的参与者的角色可能会发生变化或直接被淘汰。在这个过程中，生态系统的韧性和适应性不断被测试和加强。

思考题

1. 经济生态系统为什么是一个复杂适应系统？网络思维对于经济生态系统的意义是什么？
2. 在数字生态的构建过程中，创新支持是如何发挥作用的？
3. 政府在数字生态的演化中能够发挥哪些作用？能够采用哪些政策工具？

参考文献

李萍，王伟. 生态安全与治理：基于复杂系统理论嵌入经济学视角的分析. 经济理论与经济管理，2012 (1)：36－43.

唐任伍，刘洋，李楚翘. 布莱恩·阿瑟对复杂经济学的贡献：科睿唯安“引文桂冠”经济学奖得主学术贡献评介. 经济学动态，2020 (3)：147－160.

杨青峰，李晓华. 数字经济的技术经济范式结构、制约因素及发展策略. 湖北大学学报（哲学社会科学版），2021 (1)：126－136.

Arthur W B. Competing technologies，increasing returns，and lock-in by historical events. The Economic Journal，1989，99 (394)：116－131.

第五章

数字鸿沟与数字不平等

在之前的篇章中，我们介绍了数字经济发展给经济社会带来的各种积极影响。伴随着数字经济的不断发展，不可避免地产生了一系列新的经济社会问题。这些问题中的一部分来源于数字技术的深度应用，如“技术性失业”日益加重、网络安全与虚假信息传播等问题；另一部分则来源于数字经济与实体经济融合过程中产生的结构性摩擦，如传统产业在数字化转型过程中面临的技术更新、人才缺乏、资金短缺等方面的挑战，以及平台监管与发展政策滞后与低效等问题。

2023 年 11 月 8 日，习近平主席在向 2023 年世界互联网大会乌镇峰会开幕式发表的视频致辞中指出：“加快信息化服务普及，缩小数字鸿沟，在互联网发展中保障和改善民生，让更多国家和人民共享互联网发展成果。”本章重点探讨数字经济发展给收入分配带来的重大冲击，以及如何利用公共政策应对这些冲击。

本章主要讨论如下问题：

- 何为数字鸿沟？为什么需要对弥合数字鸿沟进行系统性安排？
- 数字鸿沟是如何演化为更广泛意义上的数字不平等的？
- 在弥合数字鸿沟、化解数字不平等的过程中，各国政府应以哪些政策和策略为主要抓手？

第一节　数字鸿沟概述

一、数字鸿沟的起源

（一）“在网络中落伍”

数字鸿沟的起源可以追溯到 1999 年。当时，美国国家远程通信和信息管理局发布了一份题为《在网络中落伍：定义数字鸿沟》的研究报告，首次明确提出“数字鸿沟”(Digital Divide) 的概念。在这份报告中，数字鸿沟被用于描述这样一种经济社会现象：“在所有国家中，总有一些人掌握了社会提供的最先进的信息通信技术，他们能够使用最强大的计算机、最好的电话服务和最快的网络服务，当然也受到了这方面最好的教育；而另外一些人，他们出于各种原因不能接触到最新的技术或最好的计算机、最可靠的电话服务或最快最方便的网络服务。这两部分人之间的差别，就是所谓的‘数字鸿沟’。处于这一鸿沟的不利的一边，就意味着很少有机会参与到以信息为基础的新经济当中，也很少有机会参与到在线的教育、培训、购物、娱乐和交往当中。”

进入21世纪，数字鸿沟开始成为国际社会广泛关注的重要社会问题。数字鸿沟的一个标准定义是：在全球数字化进程中，不同国家、地区、行业、企业、社区之间，因对信息、网络技术的拥有程度、应用程度以及创新能力的差别而产生信息落差及贫富进一步两极分化的趋势。大数据和人工智能都属于数字技术的范畴，使用这两项技术的知识门槛要高于传统数字技术。因此，在数智经济的发展过程中，数字鸿沟无疑会进一步扩大，其包含的内容也会更加复杂。

一般认为，数字鸿沟并不仅仅局限于数字技术使用上的差异，它还体现了国家间、地区间、产业间与阶层间的信息不平等，并且已经深入影响到全球人民的经济、政治和社会生活，因此也有学者称数字鸿沟为“信息鸿沟”（Information Gap），或者“信息富有者与信息贫困者之间的差距”。此外，数字鸿沟还被一些研究者视为信息学中的知识沟假说的延伸与在新媒体环境下的变化。

数字鸿沟的四个层次可以用ABCD四个字母予以描述。

A代表接入（Access），指人们在互联网接触和使用方面的基础设施、软硬件设备条件上的差异；

B代表基本能力（Basic Skill），指使用互联网处理信息的基本知识和技能的差异；

C代表内容（Content），指互联网内容的特点、信息的服务对象、话语体系的去向等更适合哪些群体使用和更令哪些群体受益；

D代表意愿（Desire），指在上网意愿、动机、目的以及信息寻求模式上的差异。

（二）数字鸿沟的表现形式

1. 南北差距

在国家与国家之间，数字鸿沟表现为信息化和数字化水平不同导致的不同国家对于信息通信技术、数字技术和人工智能等新技术的开发和应用程度上的差异。这一差异会拉大发展中国家与发达国家在劳动生产率上的差距，从而导致“南北差距”进一步扩大。

自2000年底召开的亚太经合组织（APEC）会议上的讨论开始，“数字鸿沟”逐渐成为世界瞩目的焦点问题。时任国家主席江泽民在此次会议上指出：“在科学技术的迅速发展中，发达国家和发展中国家的处境很不相同，广大发展中国家面临着双重的艰巨任务，它们不仅要大力改造其传统产业，而且要努力发展新兴产业。否则，它们就难以实现自身经济的良性发展，也难以应对全球经济发展给它们带来的严峻挑战。现在，‘数字鸿沟’的出现和不断扩大，使得南北发展差距有增无减，世界经济有可能因此而出现新的失衡。”

国际电信联盟（ITU）发布《2023年事实与数字》报告，提供了以下南北数字鸿沟的现实证据，同时也向全球展示了数字鸿沟问题的严峻性。

- 2023 年估计有 26 亿人，即全球人口的 1/3 仍未实现联网。
- 2022 年固定宽带服务占全球互联网流量的 80%以上。然而，由于价格高昂且缺乏基础设施，低收入国家每百人中只有一个固定宽带签约用户。
- 2022 年每个固定宽带签约用户的月平均数据使用量为 257GB，而每个移动宽带用户的月平均数据使用量为 11GB。与之相对，低收入国家的固定宽带月平均流量为 161GB，而移动宽带流量仅为 1GB。
- 3G 网络通常是许多低收入国家连接互联网的唯一途径。
- 4G 服务仍是实现有意义的连接的途径，但在低收入国家，只能覆盖 39%的人口。
- 5G 移动网络覆盖已扩大到全球近 40%的人口。高收入国家 89%的人口已被 5G 网络覆盖，而低收入国家几乎没有 5G 服务。

2. 城乡差距

在一个国家内部，数字鸿沟主要表现为区域与区域之间，或是不同阶层、年龄和受教育水平的居民之间，在信息获取和处理能力方面的差异，其中一个重要表现是城乡数字鸿沟。2023 年，全世界城市地区互联网用户比例为 81%，是农村地区互联网用户比例的 1.6 倍。即使对于数字经济发展较好的美国、中国和欧洲国家来说，城乡数字鸿沟依然显著。

根据美国联邦通信委员会 2023 年公布的调查数据，美国农村地区有约 17%的居民、原住民部落有 21%的居民无法接入网络。另据皮尤研究中心的调查结果，截至 2021 年，美国 22.3%的农村地区仍缺乏宽带覆盖。为解决上述问题，美国政府宣布了 650 亿美元的拨款计划，用以弥补城乡数字鸿沟。然而，由于资金可持续性存疑、建设难度大、政治不确定程度高等因素存在，美国实现“村网通”仍然是一条漫长的道路。

欧洲的互联网覆盖情况也不乐观，欧洲存在大量“数字盲区”。截至 2022 年底，欧洲的 5G 覆盖率仅为 73%。与之相对，美国的 5G 覆盖率已达到 96%，韩国为 95%，日本为 90%，中国为 86%。欧洲的 5G 网络大部分是通过动态频谱共享技术实现的，与 4G 网络共享频谱，因此用户无法持续享受高质量的 5G 服务。事实上，拒绝在 5G 建设中使用华为等中国品牌产品客观上减缓了欧洲的 5G 建设速度。到 2025 年年底，预计欧洲移动连接使用 5G 技术的比例仍低于北美地区一些国家和一些亚洲国家。

中国互联网络信息中心（CNNIC）发布的第 53 次《中国互联网络发展状况统计报告》显示，截至 2023 年 12 月，中国农村网民规模达 3.26 亿人，占网民整体的 29.8%；城镇网民规模达 7.66 亿人，占网民整体的 70.2%。中国城镇地区互联网普及率为 83.3%，农村地区互联网普及率为 66.5%。从地区来看，中国非网民仍主要集中在农村地区，农村地区非网民占比为 51.8%。

3. 代际差距

在一个国家内部，数字鸿沟的另一个主要表现是代际数字鸿沟。2023 年，全球 79%的 15～24 岁人口使用互联网，比其他人口使用互联网的比例多 14 个百分点。在人口老龄化与经济数字化“共振”的过程中，代际数字鸿沟正在进一步扩大。

2022 年，美国国内电话或者移动电话的覆盖率超过 99%，但是 42%的 65 岁以上老年人仍然在使用非智能手机，还有27%的老年人从来没有使用过高速互联网。究其原因，主要在于智能化设备和高速互联网的接入服务价格相对高昂。皮尤研究中心的调研显示，美国老年群体的收入与社会平均收入的差距在逐渐拉大。除了使用与否以及设备性能上的差距外，依然存在老年人对数字社会不适应的现象。在美国，48%的受访者表示在学习使用计算机时感到焦虑或有压力，36%的参与者表示其缺乏自信，26%的人则诉说在使用计算机遇到问题时缺乏支持。

在代际数字鸿沟上，欧洲国家与中国的情况并未优于美国。欧盟2023年的数据显示，65～74岁的老年人中只有25%的人具备基础的数字能力，有28%的人从未接触过互联网。中国的代际数字鸿沟同样值得关注。第53次《中国互联网络发展状况统计报告》显示，从年龄来看，60岁及以上老年群体是中国非网民的主要群体。截至2023年12月，中国60岁及以上非网民群体占非网民总体的比例为39.8%。

（三）“知识沟”假说

作为数字鸿沟概念的起源之一，“知识沟”假说（Knowledge-gap Hypothesis）源自信息传播学，最早产生于20世纪60年代至70年代美国社会对于平等教育机会的呼吁。这一假说的基本内容是，对于不同社会地位的个体和群体，信息的传播与获取都能增加他们的知识量；然而，由于具备较高经济社会地位的个体和群体在获得信息和知识的速度上远超低地位者，因此随着时间的推移，两者的知识鸿沟可能会逐渐加大，进而产生深远的经济社会影响。

造成或者扩大“知识沟”的常见因素包括以下六个：其一，经济条件和财富水平的差异；其二，传播技能与吸收能力的差异；其三，知识存储上的差异；其四，社交范围上的差异；其五，信息选择性接触、理解和记忆的影响；其六，大众传播媒介的性质，主要表现为能否接收到新媒体传播的信息和知识。

进入数字经济时代后，上面六个因素中的每一个都与数字技术具有千丝万缕的联系，它们要么直接由数字技术决定，要么受到数字技术的“增幅”限制。毫无疑问的是，擅长利用互联网搜索信息、获取知识的个体在上面每一个因素中都占据优势。综上，完全可以将数字鸿沟视为“知识沟”在数字时代的主要表现形式。

专栏5-1

《芝麻街》和“知识沟”

验证“知识沟”假说的一个现实证据是20世纪60年代末美国公共广播协会（PBS）制作并播放的一档寓教于乐的儿童教育节目《芝麻街》。这档节目在20世纪90年代还在中国播放过，陪伴了许多“90后”的童年。《芝麻街》综合运用木偶、动画和真人表演等表现手法向儿童教授基础阅读、算术、颜色、字母、数字以及基本的生活常识等。

通过《芝麻街》在公共电视台的免费播放，美国公共广播协会希望可以对美国儿童起到教育作用，播出后的调研也确实显示该节目几乎对所有收看的儿童都产生了良好的教育效果。然而，对于不同收入家庭儿童的比较分析显示，富裕家庭的儿童更多地接触和利用了该节目中传播的知识，对其教育效果显著优于贫困家庭的儿童。从这个角度看，

《芝麻街》不但没有缩小知识差距，反而扩大了知识差距。

在后续研究中，美国社会学家卡茨曼对《芝麻街》节目的数据再次进行分析，发现经常收看该节目的孩子“知识沟”缩小越来越明显，并且若贫困家庭的孩子经常收看节目，将比不经常收看节目的富人孩子的教育效果更好，有缩小“知识沟”的可能性。也有学者指出，像《芝麻街》这样的大众媒介传授的只是一般性知识，通过大众媒介获取的知识存在“上限”。如果受众的知识水平超过该上限，就会停止对知识的获取，最终经济地位低的人获取的知识会赶上经济地位高的人。从这个角度来说，大众媒介并非扩大“知识沟”的最佳工具，而是缩小“知识沟”的最佳工具。

那么，你是否支持大众类教育节目会缩小“知识沟”这一观点呢？

二、数字鸿沟的直接危害

（一）机会不平等

数字技术推动了数字经济的发展，为那些更容易接触到互联网、更能熟练使用数字技术的群体带来了更多的机会，但是还有一部分相对弱势群体却在很大程度上失去了这些机会。例如，在出行领域，相对于只通过路边招手接客的出租车司机，熟练应用各种打车软件的网约车司机能获得更多客源，同时也具有更大的选择权；在教育领域，更容易获得高水平在线教育的学生和年轻在职者，也更容易提升自己的工作能力，从而在就业市场上获得优势。

数字鸿沟同样也会进一步恶化地区间和人群间的教育不平等现象。随着教育信息化发展加快，受教育程度不同的人、拥有不同水平教育基础设施的地区之间存在的数字鸿沟，会造成高等教育水平者和低等教育水平者之间差距的进一步扩大。两者在教育机会的获得、教育信息资源的掌握以及信息素养的培养等方面，都会表现出明显的差距。

（二）能力分化

因数字鸿沟而产生的网络接入水平上的差距和机会不均等，将导致不同群体在能力上产生巨大差距。首先是数字技术的应用能力，或称数字素养。数字鸿沟使得那些缺乏数字技术应用能力的人群无法把握数字时代所带来的发展机遇，从而使得他们在经济、社会和文化方面的发展受到限制。数字素养方面的能力差距将进一步影响其他方面的个人能力，包括学习能力、沟通能力与团队协作能力，以及最重要的能力——创造财富的能力。

此外，在治理层面，数字鸿沟的不断扩大会阻碍社会治理能力的提升。面对数字化带来的巨大变革，需要顺应数字时代的时与势，把握数字化赋能社会治理的实现模式，创新治理理念和方式，推动治理流程再造和模式优化，不断提升治理效能。数字治理是一个包容性很强的概念，涵盖了数字政府治理、数字经济治理、数字社会治理、数据治理等各个方面。区域间的数字鸿沟同样反映在政府治理能力上，缺乏数字能力的各级政府和治理机构难以充分适应数字化变革，不利于经济社会的全方位发展。

（三）收入差距拉大

由于会造成机会不均等、能力分化等后果，因此数字鸿沟显著降低了深陷其中的家庭的总收入，对家庭收入来源的各个维度均有负向影响。对于劳动收入，机会与能力上的差距使得陷入数字鸿沟的个人在劳动力市场缺乏竞争力；对于投资收入，数字鸿沟不仅明显抑制了一些家庭进行金融投资的欲望，也限制了一些家庭能够获取到的金融投资信息。

需要注意的是，数字鸿沟对弱势群体的影响更大，比如低收入家庭，农村或者小城市的居民，尤其是农村或者小城市地区的老年群体。由于对信息技术的使用能力不足，因此老年群体受数字鸿沟的影响要远大于年轻人，数字鸿沟给其收入带来的负面影响也更为明显。这就意味着数字鸿沟将扩大收入分配中的“马太效应”，使原先就处于不利境地的地区和群体雪上加霜。

三、化解数字鸿沟的已有实践

（一）中国实践

化解数字鸿沟首先需要解决接入不足的问题。新型基础设施建设，简称“新基建”，是化解数字鸿沟的中国方案。2020 年 3 月，中共中央政治局常务委员会召开会议，提出要加大公共卫生服务、应急物资保障领域投入，加快 5G 网络、数据中心等新型基础设施建设进度，这意味着“新基建”开始提速。这是中国政府在弥合城乡数字鸿沟，实现城乡信息化融合发展上的重要举措。新型基础设施主要包括三方面内容：信息基础设施、融合基础设施和创新基础设施。加快新型基础设施建设，必须坚持以新发展理念为前提，面向高质量发展需要，聚焦关键领域、薄弱环节，“锻长板”，“补短板”。

2020 年 11 月，中国国务院办公厅正式印发《关于切实解决老年人运用智能技术困难的实施方案》，要求各部门聚焦老年人日常生活涉及的高频事项，坚持传统服务方式与智能创新结合，切实解决老年人在运用智能技术方面遇到的突出困难。

2024 年 1 月，《国务院办公厅关于发展银发经济增进老年人福祉的意见》发布。在政策吹风会上，工业和信息化部代表表示，将不断完善数字化赋能手段，打破老年人的“数字鸿沟”，通过培育壮大智慧健康养老产业、解决老年人数字化产品和服务的应用难题以及加大数字助老惠老宣传力度等途径，真正让老年人有实实在在的使用数字技术的获得感、幸福感与安全感。

（二）美国实践

2021 年，美国政府在美国就业计划中专门设置了一项 650 亿美元的预算，预期在 8 年内弥补美国数字基础设施缺口。这项计划试图解决“最后一公里家庭互联网接入”的问题。也有研究提出，考虑到 4 200 万户美国家庭没有宽带接入，美国仅数字基础设施建设这一块的预算缺口至少在 1 750 亿美元，其当时推进的行动计划并不能补足数字基础设施缺口。

2024 年 1 月，美国教育部教育技术规划办公室发布《关于缩小教育的数字访问、设计与使用鸿沟的行动倡议——2024 年国家教育技术规划》，对当前美国社会缩小教育方面的数字鸿沟发出了行动倡议。该倡议将教育方面的数字鸿沟进一步划分为数字使用鸿沟、数字设计鸿沟以及数字访问鸿沟，并分别提出了相应的行动建议。

（三）国际合作的重要性

数字鸿沟是一个全球性问题，需要在全球合作框架下予以解决，亟须世界各国的平等参与和共同治理。在消除数字鸿沟的过程中，不应由少数几个信息大国掌控规则的制定权与解释权，所有国家和国际组织都应该共同致力于缩小和消除数字鸿沟，从而缩小全人类的发展差距，构建人类命运共同体。

2021 年 9 月，联合国秘书长安东尼奥·古特雷斯（António Guterres）在《我们的共同议程》中提出，将推动由多利益相关方商议达成的《全球数字契约》。《全球数字契约》以 2020 年 6 月发布的《数字合作路线图》为基础，促进全球各方就网络连接性和可信赖性、数据保护、网络人权保护、人工智能治理与数字公共产品的基本原则达成共识。

2021 年，为促进各国在数字化领域的政策沟通，国际电信联盟启动了 P2C（Partner2Connect）数字联盟项目，助力全球互联和数字化转型。该项目是联合国 2020 年 6 月发布的《数字合作路线图》内容之一，截至 2023 年，已收到来自 111 个国家和地区的 247 个实体的 500 项认捐，总价值达 283.4 亿美元。P2C 数字联盟也是一个全球网络平台，相关方可通过该平台交流信息、了解风险。2022 年 11 月，华为宣布加入 P2C 数字联盟，并承诺到 2025 年将为全球 80 多个国家和地区约 1.2 亿偏远地区人口提供连接数字社会的能力。华为表示，将深化与 ITU 等国际机构合作，持续推动偏远地区融入数字时代。

在教育方面，联合国教科文组织于 2020 年发起的全球教育联盟已经聚集了 160 多个合作伙伴，汇集了广泛的学习资源，为孩子们提供远程学习方案。由联合国儿童基金会发起、由 10 多个企业及非营利合作伙伴同当地政府合作共同推出的 Giga 计划旨在帮助偏远地区学校接入互联网，自 2019 年启动以来，已经帮助非洲、中亚、拉美等地区 5 000多所学校的超过 210 万名学生成功接入互联网。

第二节　数字不平等的产生和测度

一、从数字鸿沟到数字不平等

（一）数字不平等概念的提出

迪马乔和哈吉塔伊（DiMaggio & Hargittai，2001）在《互联网的社会影响》一文中首次提出数字不平等（Digital Inequality）概念。他们不仅考察了互联网接入差异导致的数字鸿沟现象，还深入探讨了互联网的接入和使用对居民生活机会不平等的影响。迪马乔和加里普（DiMaggio & Garip，2012）指出，当社会资本存量与个人的社会经济地位高度关联时，社会网络的封闭性会加剧不同群体间社会经济地位的差异。信息通信技术为社会经济地位较高的人提供了更多的资本增值机会，不同群体的网络条件差异导致数字不平等状况出现并不断恶化。

社会内部一直存在着广泛的不平等现象。社会中地位较高的成员获取信息的成本小于地位较低的成员，因此互联网技术造成了更大的分化，甚至加剧了社会中的不平等。在包含数字不平等的社会中，社会分层从线下向网络空间自发延伸。在现实中占据优势地位的群体，在网络中也会继续占据这种优势，能持续而稳定地接入互联网，因此具有更高的信息技能与数字素养，拥有更多的社会支持，从而能够更高频地使用信息技术和网络资源。而这又反过来使其获得了更高的收入，进而强化了现实空间中的收入不平等与阶层差异。

综上所述，数字不平等是以数字鸿沟为基础，因数字化技术分布不均而产生的全方位的不平衡、不平等、不公平的经济社会现象。

（二）数字不平等的三个维度

陈梦根和周元任（2022）基于已有文献，将数字不平等划分为三个维度：数字鸿沟、机会不平等和结果不平等（见图 5-1）。本节对这三个维度分别进行介绍。

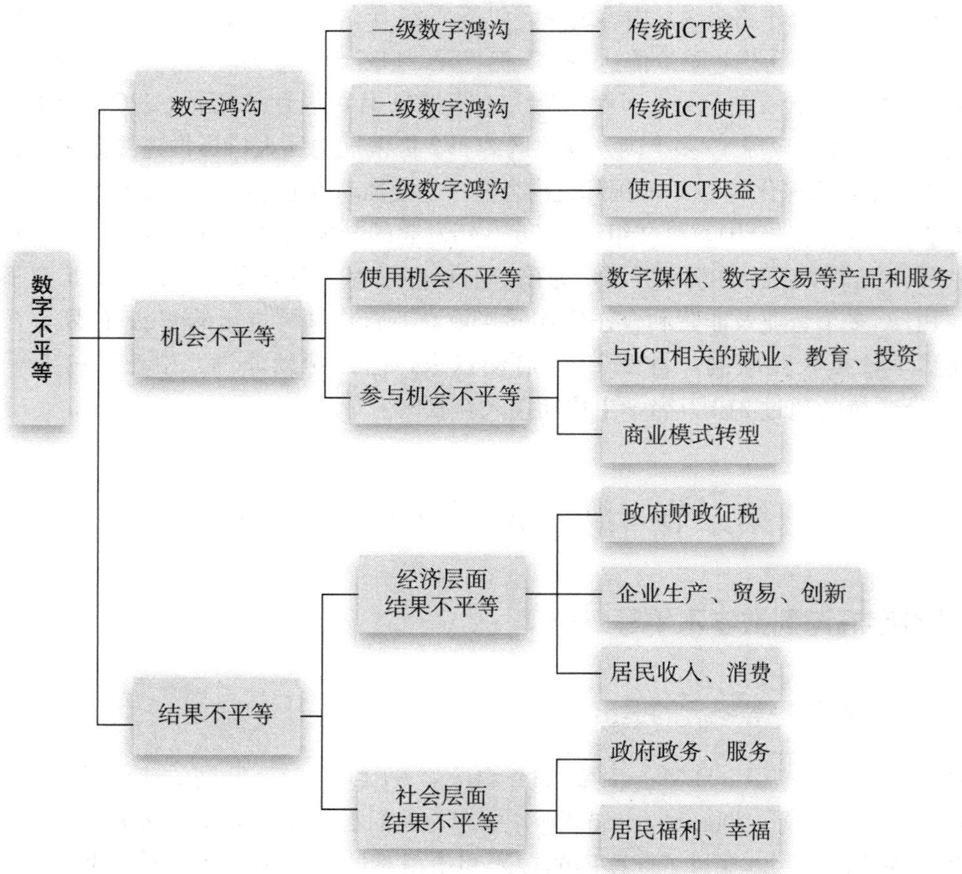

图 5-1 数字不平等的三个维度

资料来源：陈梦根，周元任. 数字不平等研究新进展. 经济学动态，2022（4）：123-139.

1. **数字鸿沟**

数字不平等的第一个维度是数字鸿沟。传统的数字鸿沟是造成数字不平等的直接原因，数字鸿沟本身也属于数字不平等的内涵之一。数字鸿沟是最基础、最具体的数字不平等类型，也是导致经济、社会不平等的直接原因。

2. **机会不平等**

机会不平等现象是数字不平等的重要类型之一，主要表现为处于优势的群体能够获得更多与数字技术相关的机会，这一机会不平等现象可进一步分为使用机会不平等和参与机会不平等。使用机会不平等主要表现为在数字经济时代，数字媒体、数字交易等数字产品和服务不断增多，在数字鸿沟中处于优势的一方可凭借对数字技能的掌握而更早、更多地享受数字产品和服务带来的红利；参与机会不平等主要表现为居民层面的接入差距和技能差距，以及企业层面在数字化转型上的差距。

3. **结果不平等**

结果不平等主要表现为数字技术给处于优势的群体和处于劣势的群体带来不同的结果，具体又分为经济层面和社会层面两个层面的结果不平等。

经济层面结果不平等。首先，数字经济对传统经济体系下建立的国际税收体制造成较大冲击，在国家之间造成税基侵蚀和利润转移。其次，数字技术具有显著的生产率效应，数字化水平较高的企业，其生产成本降低、生产效率提升、创新能力提高、对外贸易增加；数字化发展较慢的企业，其生产效率相对降低，在市场竞争中逐渐落后于数字化水平较高的企业。最后，在居民层面，数字技能掌握较好的群体可能通过参与 ICT 相关的就业、创业、投资等行为，或通过在线平台进行工作、学习，进而增加收入，提高消费水平。相对于弱势群体来说，优势群体通过数字技能增加收入和消费的过程同时加剧了经济层面结果不平等的程度。

社会层面结果不平等。首先，数字化程度较高的政府部门可以通过政务线上化、电子化，使得政府办公更加公开、透明，便于居民进行监督，有助于提高政务服务效率。然而，数字经济发展较慢地区的政府部门则受到技术限制，无法快速实施电子政务模式。其次，数字技能较高的居民可以通过提高收入、增加消费、线上娱乐、网上服务等多种形式增加自身福利，提升幸福感。

二、数字不平等的测度

数字不平等本身是一种包含多个维度的社会现象。对于数字不平等的测度，一般是围绕这一现象的基础维度——互联网的接入、使用与收益展开的。现有的工具包括以下三种。

（一）信息技术指数

信息技术指数通过测度 ICT 的发展水平与群体素质来反映各个地区和群体间的数字不平等。最简单、最直接的测度方式是计算每个地区或群体未接入 ICT 设备人群占总体的比重，这一比重越大，说明一个地区或群体的数字不平等问题越严重。

卡茨和库特鲁皮斯（Katz & Koutroumpis，2013）使用2004—2010年覆盖150个国家的调查数据，从ICT的可负担性、ICT基础设施、互联网接入、互联网使用、互联网技能和人力资本六个维度入手，选取23个相关指标，并使用主成分分析和因子分析相结合的方法，构建了国家层面的数字水平综合评价指数。

（二）不平等指标

通过计算不同地区或群体的ICT指数，可以对数字不平等进行比较分析。一些学者认为，与其计算一般化的指数型指标再进行比较，不如直接刻画不同地区或群体间的数字化差距，常见的指标构建方法包括时间差距法、差额比率法和基尼系数法。

时间差距法。这一做法针对不同地区。其基本逻辑是，计算两个地区达到相同数字技术发展水平的时间点，通过比较时间点（通常是年份）的差距来度量两个地区之间的数字不平等。

差额比率法。这一做法针对不同群体。对不同群体之间在计算机和互联网普及率上的差距进行测算，差额比率越大，表明群体间数字鸿沟越大。

基尼系数法。参考反映居民收入差距的基尼系数的计算方法，将计算机和互联网的使用率作为基础数据，测算出不同国家或地区在数字技术使用方面的基尼系数，或称数字基尼系数，以刻画不同地区之间的数字不平等程度。

（三）计量模型

在实证分析中，通常采用分位数回归（Quantile Regression）模型考察不同地区的数字不平等情况。分位数回归利用解释变量的多个分位数（如四分位数、中位数、百分位数等）来得到被解释变量的条件分布的分位数方程。与传统最小二乘估计仅能得到均值方程相比，分位数回归能够更加详细地描述变量的统计分析情况。

由前文可知，处于数字鸿沟中不同位置的个体在经济、社会等方面的表现也存在一定差异，通过分位数回归，可以反映不同数字化水平的区域或群体在经济、社会等方面表现出的异质性程度，以此来刻画数字鸿沟引致的社会不平等程度，比较数字技术进步对于在经济发展水平、教育水平、数字化水平等重要指标上存在差异的地区是否具有异质性影响。

三、数字不平等的成因

数字不平等形成的根源主要有四个方面：物质资本的差异、人力资本的差异、社会资本的差异以及政府行为的差异。

（一）物质资本的差异

物质资本的差异在宏观层面上表现为经济发展水平与信息基础设施建设水平的差异，在微观层面上表现为居民收入水平的差异。经济鸿沟是形成数字不平等的最主要原因，经济发展水平的差异导致了不同地区、不同群体在数字资源拥有程度和生活水平上的差异，进而影响到数字技术接入和使用，产生数字技术分布不均衡的现象。

值得关注的是，由于互联网接入和使用成本较小，因此随着 ICT 覆盖率和渗透率不断提高，其对收入较低的弱势群体的带动效应也不断增强，基于物质资本差异的数字不平等程度逐渐降低。也有研究认为，方向不明确的物质资本投资不一定有利于消除数字不平等，还有可能造成投资浪费。此外，个人拥有的数字设备数量的增加也未必会降低数字不平等程度。

（二）人力资本的差异

群体的受教育程度、年龄、性别等方面的人力资本差异是数字不平等的重要成因。首先，受教育程度差异是导致数字不平等的最显著因素，居民文化程度较高的地区相对来说更容易表现出较高的 ICT 渗透率。其次，在通常情况下，老年人相对于年轻人更易处于数字鸿沟中的劣势地位，这种不同年龄段之间的数字不平等也被称为“灰色鸿沟”。最后，女性可能无法从技术革命中获得与男性同等的收益，从而加重性别不平等问题。针对不同类型群体的数字机会均等化政策是解决这些问题的重要举措。

（三）社会资本的差异

社会资本的差异也会对数字不平等的形成产生影响，其中包括不同地区之间社会、文化的差异。社会资本是个人或组织获取和利用 ICT 的重要影响因素，其中的社会性因素主要包括社会网络中的家庭、邻里、社区和其他组织或群体对数字生活的认知和态度等。对于欧盟成员的数字鸿沟的研究发现，社会、文化等因素的差异是各个国家、地区之间存在较大差异的原因之一。

（四）政府行为的差异

政府行为的差异也是导致数字不平等的重要原因之一。不同的政策目标与推进方式会使居民使用互联网基础设施和服务的机会不平等。一般认为，人力资本、数字基础设施、监管基础设施等方面的公共投资能够有效缩小个人计算机、互联网接入和使用方面的差距。此外，国家层面与地区层面的政策协同也是数字不平等得到有效缓解的关键。在下一节中，我们将探讨哪些具体政策和策略具有化解数字不平等的潜力。

第三节　化解数字不平等的政策和策略

数字鸿沟和数字不平等是数字经济发展过程中相伴而生的影响深远的两个经济社会问题。正如前文所强调的，这两个问题以及伴随数字技术进步与数字经济发展而出现的其他各种问题都不存在自动解决的机制，市场配置资源机制在消除机会不平等、促进财富公平分配方面能发挥的作用极为有限。

20 世纪 80 年代以来，技术进步引起的全球不平等并未随着社会总财富规模的扩大得到缓解，相反，全球不平等仍在加剧。这就对各国政府、发展机构与国际组织提出了新的治理要求，以实现整体性的数字包容和数字可持续。在诸多可选方案中，收入分配政策是最为直接、见效最快的政策选择，受政治周期的影响也相对较小。本节探讨有利于化解数字不平等的收入分配政策，以及在数字发展领域实现国际合作这一策略。

一、初次分配

初次分配是指国民总收入直接与生产要素相联系的分配。生产要素包括劳动、资本、土地、知识、技术、管理、数据等，其中数据是数字经济时代的关键生产要素。在初次分配中化解数字不平等，应重点做好以下两方面的工作。

（一）提高劳动收入份额

劳动收入份额，即劳动者报酬在总产出中的份额。已有研究发现，数字经济能够提高中低收入群体的劳动收入份额，在缓解收入不平等方面表现出显著的普惠性和包容性特征。中低收入群体劳动收入份额的提高能够有效缩小贫富差距，提升劳动者的物质资本、人力资本和社会资本，能够让更多人享受到数字经济发展带来的福利。

推动劳动报酬比重取得稳定性、实质性提高，要进一步巩固按劳分配的主体地位，坚持多劳多得，扭转“重资本、轻劳动”的倾向。一是坚持就业优先导向，构建经济增长和促进就业的良性循环；提升劳动力供给与行业需求匹配度，实现产业结构和劳动力结构同步优化。二是保障和提高劳动者在工资等利益协商中的话语权，解决劳资双方力量不对等的问题，按照共建共享、平等协商、公平合理原则决定劳动关系双方的利益分配。三是改进最低工资保障制度。建立最低工资标准调整的启动机制，完善最低工资标准评估和调整办法。受到数字鸿沟影响较大的主要是低收入群体，最低工资保障制度的优化能够显著提高他们的劳动收入与人力资本，对于化解数字不平等具有非常重要的政策意义。

（二）健全数据作为生产要素按贡献参与分配的机制

在数字经济时代，数据本身就是一种商品，作为生产要素由市场合理配置，参与收益分配属于初次分配，要由市场评价贡献，按贡献决定报酬，通过市场方式完成配置和流通。让数据所有者能够从数据使用中获得应有收益，可以进一步激励数据这一要素参与生产活动，加快经济发展速度；还可以鼓励产业创新发展，推动大数据与科研创新的有机结合，推进基础研究和核心技术攻关，形成大数据产业体系，完善大数据产业链，更好地服务于国家发展战略。

数据要素虽然具有资产和生产要素的基本特征，但难以形成高效的交易市场和价格机制，因此不能完全通过市场化配置实现收益分配。其主要原因在于：一是数据要素价值创造过程难以明确，二是数据要素的经济学特性使其收益分配难以明确，三是数据要素的强协同性加大了数据要素分配制度的执行难度，四是数据价值创造与数据定价不协调，收益分配缺乏基准点。为了解决这些问题，需要建立数据价值链相关的标准体系，加快推进数据要素的分级分类制度建设。

二、再分配

再分配指的是在初次分配结果的基础上，各收入主体之间通过各种渠道实现现金或实物转移的一种收入再次分配过程，也是政府对要素收入进行再次调节的过程。税收与财政支出是实现再分配的常见手段。

长期来看，缓解数字不平等现象的关键在于消除数字鸿沟的成因。因此，政府应抓住数字不平等形成的根本原因，重点解决不同地区、不同群体间的收入不平等和教育不平等问题，对数字鸿沟中的弱势群体进行精准帮扶。比如，对贫困和偏远地区居民建立起长期、有效的增收机制，促进不同地区间的教育公平，对老年人、残疾人等弱势群体进行数字技能的普及与培训，提高老年人、残疾人等群体对数字化社会的参与度。

再分配政策应以提升全民数字素养为核心。为了适应新的技术进步，就必须提高劳动力与新技术及伴随新技术出现的新工作岗位的匹配程度，这一做法在历史上有许多可供借鉴的例子。在第一次和第二次工业革命的过程中，各主要经济体的教育体系都发生了重大变革。如在旧普鲁士、英国和美国，政府通过推广义务教育、设置符合技术发展要求的课程体系，适应这两次工业革命带来的技术变革。

在物质资本不再成为约束条件的当下，全民数字素养的显著提升将能显著缓解数字不平等。2022 年 3 月，中央网信办等四部门联合印发《2022 年提升全民数字素养与技能工作要点》，强调要加大优质数字资源供给、打造高品质数字生活、提升劳动者数字工作能力、促进全民终身数字学习、提高数字创新创业创造能力、筑牢数字安全保护屏障、加强数字社会文明建设以及加强组织领导和整体推进等。在今后教育工作的开展中，需要重点培养各层次学生的数字化思维能力、创新能力和伦理安全意识。

三、第三次分配

有别于初次分配和再分配，第三次分配主要由高收入人群与社会组织在自愿基础上，以募集、捐赠、资助和志愿服务等慈善公益方式对社会资源和社会财富进行分配，是对初次分配和再分配的有益补充，有利于缩小社会收入差距，改善收入和财富分配格局。积极发挥第三次分配的作用，不仅是实现共同富裕的重要途径，更是新时代亟待解决的重大理论和实践问题。然而，基于社会调节机制和自愿行为的第三次分配也面临着内生参与动力不足、公益慈善资源供需不匹配和慈善组织专业能力较弱等障碍，亟须从治理层面加以解决。

20 世纪 90 年代，第三次分配作为正式概念被提出，其定义为“人们完全出于自愿的、相互之间的捐赠和转移收入”，排在国民收入的初次分配和再分配之后。随着“共同富裕”的提出和实践，学界对于第三次分配的内涵、价值和作用场域的认识也更加深刻。就第三次分配的内涵而言，在探讨中逐渐形成了“公益慈善说”“分配补充说”“分配矫正说”“资源配置说”“要素构成说”等有代表性的观点。

以大数据、区块链、人工智能等为代表的新兴数字技术能够赋予第三次分配新的发展形态和实践内涵（吴磊，2022）。从主体层面来看，数字技术能够激发多元主体参与全过程和全领域的第三次分配；从资源层面来看，数字技术可以提升多元主体的资源汲取、管理和整合能力；从结构层面来看，数字技术可以助推第三次分配多元主体协作平台的建立。在发挥第三次分配化解数字不平等的作用时，应充分利用各种数字化技术、资源与平台，提高第三次分配参与主体的协同性与网络性，推动全民共享数字红利，大力推动共同富裕。

专栏 5－2

“五社联动·家园助力站”项目

2021 年 7 月，《中共中央 国务院关于加强基层治理体系和治理能力现代化建设的意见》发布。其中明确提出：“发展公益慈善事业。完善社会力量参与基层治理激励政策，创新社区与社会组织、社会工作者、社区志愿者、社会慈善资源的联动机制，支持建立乡镇（街道）购买社会工作服务机制和设立社区基金会等协作载体，吸纳社会力量参加基层应急救援。完善基层志愿服务制度，大力开展邻里互助服务和互动交流活动，更好满足群众需求。”

由民政部指导、腾讯基金会资助的“五社联动·家园助力站”项目于 2022 年启动。五社联动是以社区为平台、社会工作者为支撑、社区社会组织为载体、社区志愿者为辅助、社区公益慈善资源为补充的新型社区治理机制，五社联动能够健全基本社会服务，形成可复制、可推广、可借鉴的经验模式，助力基层社会治理创新。

“五社联动·家园助力站”首期落地于 7 个试点省（市）的 95 个镇（街道），资助建成 90 多个社区基金，配备 190 余名专职社会工作者，带动不少于 475 万元社会慈善资金，培育 475 个社区社会组织等，全面发挥社区、社会工作者、社区社会组织、社区志愿者、社区公益慈善资源的联动作用。

四、数字发展领域的国际合作

通过国际合作消除数字不平等的策略涉及多个方面。首先，需要建立国际共识和合作框架，通过联合国、世界银行等国际组织推动全球性的议程，如可持续发展目标中的第九项目标，即建设有风险抵御能力的基础设施，促进包容且可持续的工业化发展，并推动创新。其次，发达国家和国际金融机构应提供技术和资金支持，帮助发展中国家建设和完善数字基础设施，缩小互联网接入差距。此外，跨国公司和非政府组织也可以通过公私伙伴关系参与到数字包容项目中，促进数字资源共享和数字技术转移。

教育是提升数字素养的关键，国际合作应着重于教育资源的共享和最佳实践的交流。例如，通过远程教育和在线课程，使发展中国家的公民能够接触和学习先进的数字技能。同时，国际合作还应关注性别、残障人士和边缘群体的数字权利，确保所有人都能平等地享受数字技术带来的便利。

当下已有多个国际合作项目致力于消除数字不平等。例如，世界银行的“信息与通信技术”项目为发展中国家提供贷款和技术支持，帮助它们改善数字基础设施，提供能够接入网络的电子设备。另外，国际电信联盟的连接学校倡议（Connect a School）旨在为全球的学校提供互联网连接，通过教育促进数字包容。未来，随着5G网络、区块链、新一代人工智能等新技术的发展，数字发展领域的国际合作需要进一步强化，以确保新技术的应用缓解而非加剧现有的数字不平等现象。

本章小结

数字鸿沟是指在全球数字化进程中，不同国家、地区、行业、企业、社区之间，由于对信息、网络技术的拥有程度、应用程度以及创新能力的差别而产生信息落差及贫富进一步两极分化的趋势。数字鸿沟包括接入（A）、基本能力（B）、内容（C）、意愿（D）四个层次，表现为南北差距、城乡差距和代际差距。数字鸿沟的直接危害包括机会不平等、能力分化和收入差距拉大。

数字不平等是数字鸿沟不断扩大的产物，是数字鸿沟在经济社会层面的全面泛化，分为数字鸿沟、机会不平等和结果不平等三个维度。数字不平等形成的根源主要有物质资本的差异、人力资本的差异、社会资本的差异以及政府行为的差异。

优化收入分配能够有效化解数字不平等。在初次分配层面，应提高劳动者报酬在总产出中的份额，健全数据作为生产要素按贡献参与分配的机制；在再分配层面，应以提升全民数字素养为核心，加大这一领域的公共教育投资；在第三次分配领域，应利用以大数据、区块链、人工智能等为代表的新兴数字技术，推动全民共享数字红利，大力推动共同富裕。同时，也要在数字发展领域实现更加广泛的国际合作。

思考题

1. 为什么数字鸿沟难以依靠市场力量自发解决？
2. 物质资本的差异和人力资本的差异如何导致数字不平等？
3. 数字不平等的扩大对于数字经济发展本身是否会产生负面影响？
4. 在你看来，在诸多以化解数字不平等为目标的政策和策略中，哪一项是当前中国应优先实施的？你的理由是什么？

参考文献

陈梦根，周元任. 数字不平等研究新进展. 经济学动态，2022（4）：123-139.

吴磊. 数字化赋能第三次分配：应用逻辑、议题界定与优化机制. 社会科学，2022（8）：146-155.

DiMaggio P，Garip F. Network effects and social inequality. Annual Review of Sociology，2012，38：93-118.

DiMaggio P，Hargittai E，Neuman W R，et al. Social implications of the Internet.

Annual Review of Sociology，2001，27（1）：307－336.

Katz R L，Koutroumpis P. Measuring digitization：A growth and welfare multiplier. Technovation，2013，33（10－11）：314－319.

Szeles M R. New insights from a multilevel approach to the regional digital divide in the European Union. Telecommunications Policy，2018，42（6）：452－463.

PART TWO

2

|第二篇|

数字技术篇

第六章

人工智能与经济发展

伴随着以多模态大模型、视频生成大模型、具身智能等为代表的新一代人工智能技术与应用的不断涌现，人工智能与经济发展之间的关系日益紧密。一方面，人工智能通过提高生产效率和降低各类成本，对企业运营、居民消费与市场交易产生积极影响。另一方面，人工智能的发展还带动了一系列新技术、新产业和新业态的兴起，为经济发展注入了新的活力，智能经济（AI Economy）作为数字经济的有机组成部分的重要性不断提高。

人工智能的发展也带来了一些新挑战，包括就业结构变化、技能要求提高与个人隐私保护等。一些科研人员、战略投资人和受到人工智能直接冲击的劳动者开始思考这项技术的发展是不是"太快了"。2023 年 3 月，以图灵奖获得者约书亚·本吉奥（Yoshua Bengio）、特斯拉公司创始人埃隆·马斯克（Elon R. Musk）为代表的上千名科学家和企业家共同签发了一封公开信，呼吁暂停大型人工智能模型的训练。这封公开信指出，最近几个月，人工智能实验室陷入了一场"失控的竞赛"。这些实验室致力于开发具有更强大的数字思维的人工智能，即使研发者不能理解、预测或可靠地控制这些具有数字思维的人工智能。

不论是否应彻底暂停人工智能模型训练，为了化解人工智能的潜在风险、最大化其积极作用，政府、企业和社会各界都要齐心协力，在人工智能发展的关键问题上达成共识，制定合理的政策和措施，确保这项技术的健康发展，为经济社会长期繁荣与人类发展做出贡献。

本章主要讨论如下问题：

- 人工智能经历了哪些发展阶段？我们是否正在经历一场由人工智能主导的历史性的科技革命？
- 企业如何应用人工智能？该技术的广泛应用对于劳动力市场有何影响？
- 人工智能能否成为数字经济时代经济增长的核心动力？

第一节　人工智能简介

人工智能（Artificial Intelligence，AI）是计算机科学的一个分支，它致力于创建能够执行通常需要人类智能的任务的系统，包括但不限于学习、推理、解决问题、知识理解、语言识别、视觉感知、自然语言处理和机器人技术。人工智能发展的核心目标是使机器能够模拟人类的智能行为，甚至在某些领域超越人类。

人工智能并非一项进入 21 世纪后才初露端倪的新兴数字技术，而是在此前经历了半个世纪的发展与变革。本节将介绍人工智能简史以及当前正在兴起的人工智能科技革命，为分析人工智能的经济效应奠定知识基础。

一、人工智能简史

（一）人工智能概念的提出

1. 图灵的突出贡献

1950 年，英国科学家艾伦·图灵发表了一篇题为《计算机器与智能》的论文，其中首次详细阐述了计算机代替人脑运算的原理，为人工智能奠定了理论基础。在这篇论文中，图灵首次提出了"图灵测试"（Turing Test），用于区别机器是否智能。其具体实施方式是，由人向机器提出各种问题，如果提问人无法分辨答案是由机器给出的还是由人给出的，那么这个机器便可以被称为智能机器。图灵对"机器能否思考"这一问题的探讨，以及他提出的一系列关于机器智能的哲学和逻辑问题，启发了后世学者对于人工智能这一"类人思考机器"的研发。

专栏 6－1

图灵测试

图灵测试是由英国数学家、逻辑学家和密码学家艾伦·图灵在 1950 年提出的一个思想实验，旨在评估机器是否具有智能，即是否能够展现出与人类不可区分的智能行为。

图灵测试包括三个参与者：一个人类提问者、一个人类回答者和一个机器回答者。这三者被隔离开，只能通过键盘和屏幕进行文字交流。人类提问者通过键盘和屏幕与两个隐藏身份的回答者交流，其中一个是人类，另一个是机器。提问者的任务是判断哪个回答者是机器，哪个回答者是人类。如果提问者无法判断出哪个是机器，那么就认为机器通过了图灵测试，具有接近人类水平的智能。图灵测试的核心思想是模仿游戏，即机器模仿人类的行为以至于让观察者无法区分。这一测试不仅是对机器智能的一个评估，也是对人类智能的一个反思，因为它探讨了人类智能的本质。

图灵测试被提出以来，一直是人工智能领域的重要议题。它引发了广泛的哲学讨论和伦理思考，比如机器是否能够拥有意识、情感等。然而，图灵测试也受到了一些批评。批评者认为，图灵测试过于依赖人类的判断，而人类的判断可能受到偏见和误导的影响。此外，图灵测试可能无法全面评估一个系统的智能，因为它只关注机器的输出，而忽略了其内部工作机制和过程。尽管如此，图灵测试仍然是目前评估机器智能和推动人工智能研究的重要测试之一。

2. 达特茅斯会议

1956年夏季，一批理论数学、计算机科学、心理学、语言学等领域的专家聚集在美国汉诺威市的达特茅斯学院，探讨如何用机器来模仿人类学习。会议期间，参与者首次正式提出人工智能概念，并讨论了与之相关的一系列主题，包括自动计算机、编程语言、神经网络、规模理论、自我改进和机器创造性等。这些议题为后来的人工智能研究与应用指明了方向，确定了人工智能应具备的三个层次的能力：运算能力、感知能力和认知能力。

达特茅斯会议标志着人工智能这一概念的正式确立。在此之前，虽然有关机器智能的讨论已经存在，但达特茅斯会议首次将这一概念系统化，并为其发展奠定了基础。该会议的成功举办也引起了学术界对人工智能领域的广泛关注，促进了后续的研究和学术讨论，为人工智能成为一门独立学科奠定了基础。在达特茅斯会议之后，人工智能的理论与应用研究开始加速，催生了第一批以人工智能为基础的商业化应用。

（二）人工智能技术的三轮浪潮

一般认为，人工智能技术发展至今一共经历了三轮浪潮。

第一轮浪潮从达特茅斯会议开始，到20世纪70年代中期结束。这段时间的人工智能大多建立在符号主义（或称逻辑主义）的基础之上，代表人物是艾伦·纽维尔（Allen Newell）和赫伯特·西蒙（Herbert A. Simon），最具代表性的应用是专家系统（Expert System）。人工智能技术在早期依赖符号主义的原因很简单：逻辑推理的算法相对比较简单、直白，对硬件算力的要求并不高，在当时的硬件条件下很容易商业化。

人工智能技术的第二轮浪潮从20世纪70年代中后期开始，一直到2006年结束，持续了30年左右的时间。在这一轮浪潮中，基于逻辑主义的人工智能逐渐失宠，仿造人类神经系统的联结主义逐渐占据主导地位，人工神经网络（Artificial Neural Network，ANN）成为人工智能的主流技术。在这一阶段，该学科自然地和神经科学中的认知科学相融合：联结主义尝试使用数学微积分模拟大脑的工作，而认知科学正是研究大脑如何工作的科学。从自动计算到能够感知再到尝试认知的技术进步，是人工智能技术第二轮浪潮的巨大突破。然而，这一阶段的人工智能在商业化上遇到了较大困难，由于在计算机硬件算力和存储能力上存在限制，因而相关应用和产品的发展陷入低潮。

人工智能技术的第三轮浪潮从2006年开始，以杰弗里·辛顿（Geoffrey Hinton）提出"深度信念网络"（Deep Belief Network，DBN）为标志，人工智能真正进入百花齐放的"深度学习"时代。按照技术类型划分，第二轮和第三轮浪潮都是以人工神经网络为基础的。不同点在于，第三轮浪潮集齐了"天时、地利、人和"：数字经济从20世纪末期开始迅速发展、各国政府的政策加码以及媒体的持续关注，共同构成了人工智能技术获得足够重视的"天时"；新一代计算机软硬件的升级和降价，使大规模并行计算成为可能，实现了人工智能技术研发的"地利"；以辛顿为代表的一批人工智能学者及其研究，促成了人工智能技术的"人和"。三者相互叠加、彼此促进，人工智能的全面发展期真正到来。

（三）人工智能的早期应用

1. 工业机器人

20世纪60年代，机器人技术迎来了发展的关键时期。世界上第一个工业机器人Unimate的投入使用，以及Shakey机器人的开发和应用，都颇具里程碑意义。1961年，乔治·德沃尔（George Devol）获得专利的Unimate机器人开始在通用汽车公司的新泽西工厂工作，执行焊接和搬运任务。这是工业机器人在制造业中的首次应用，彻底改变了工业生产的方式。1966年，斯坦福研究所（SRI）成功开发出Shakey机器人——第一个具有移动性和感知能力的机器人（见图6-1）。Shakey机器人能够通过轮子移动，并利用摄像头和碰撞传感器，实现在复杂环境中导航。

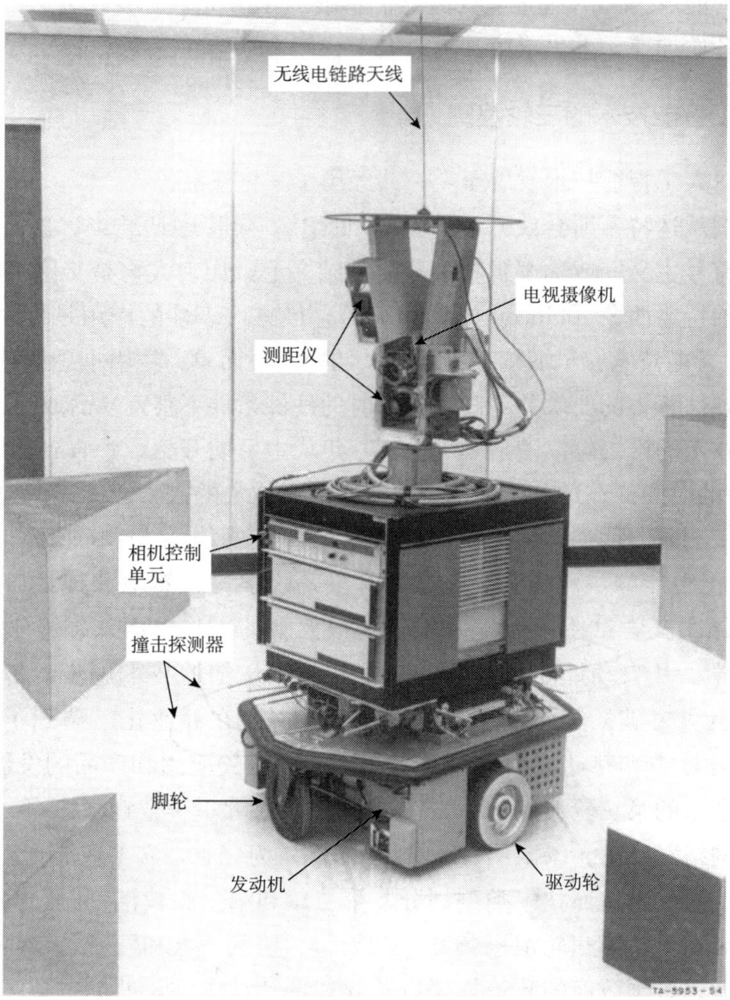

图6-1　斯坦福研究所开发出的Shakey机器人

资料来源：斯坦福研究所。

早期的工业机器人具备了人工智能三个层次基础能力中的运算能力和感知能力，能够按照预设的程序快速完成重复性的任务，也能够在一定程度上与物理世界进行交互，执行一些简单的任务，但在最为复杂的认知能力上未能实现突破。认知能力涉及更高层次的智能活动，如理解、推理、学习、规划和解决问题等。这些能力要求机器人不仅能感知环境，还要能够理解环境中的复杂关系，做出决策，并从经验中学习。早期工业机器人通常缺乏这种自主性，它们的行为严格受限于编程指令，没有自主学习和适应新情况的能力。因此，尽管它们在执行预定任务方面表现出色，但在面对未知任务或需要创造性思维的场景时，它们就会受限。

2. 专家系统

20 世纪 70 年代，专家系统的出现是人工智能从理论研究转向实际应用的重要标志。专家系统是基于符号主义开发的一种应用程序，通过模拟人类专家的决策能力来解决特定领域问题。程序员为专家系统集成特定领域内的大量专业知识和经验，通过模拟专家的思维过程来解决复杂问题。最著名的专家系统包括用于诊断血液感染并推荐抗生素治疗方案的 MYCIN 系统，用于矿藏的勘探和评估的 PROSPECTOR 系统，以及用于挑选正确分子结构的 DENDRAL 系统等。

专家系统的核心模块包括知识库、推理机制和解释机制三个部分。知识库是存储领域知识的数据库，包含了大量的事实、规则和启发式知识。知识库的结构和内容决定了专家系统解决问题的能力与范围。推理机制是专家系统的核心，它通过应用逻辑推理规则来模拟专家的思考过程。推理通常包括正向推理（从已知事实出发推导新事实）和反向推理（从目标出发逆向寻找支持性事实）。解释机制能够向用户解释系统的推理过程和得出结论的依据，从而提高系统的透明度和可信度。

虽然专家系统在 20 世纪 70 年代取得了巨大成功，但在进入 20 世纪 80 年代后，专家系统全方位失败了。一方面，专家系统虽然在成本上要远远低于早期计算机，但其仍然是“运行缓慢、体格庞大而昂贵的机器”，购买一套用于诊断和治疗血液感染及脑炎的 MYCIN 系统可能要花费上百万美元；另一方面，互联网的发展提供了一种更加便捷、快速和廉价的方式。一个高效的搜索引擎几乎可以被视为所有专家系统的集合体，而且它几乎是免费的。万千网民的群体智慧替代了循规蹈矩的复杂逻辑，人工智能的逻辑主义宣告失败。

（四）人工神经网络和深度学习

1. 人工神经网络

从 20 世纪 70 年代中后期开始，人工智能技术迎来了第二轮浪潮。基于逻辑主义的专家系统逐渐失宠，而仿造人类神经系统的联结主义逐渐开始占据主导地位。人工神经网络成为人工智能的主流技术。

人工神经网络通过模仿大脑神经元的连接和信息传递机制来构建计算模型，具有独特的结构和学习能力，这些特点使其在处理复杂数据和模式识别方面表现出色。1974 年，哈佛大学的保罗·韦尔博斯（Paul Werbos）在其博士学位论文中探讨了实现多层神经网络的反向传播算法（BP 算法），这是训练多层神经网络的关键算法。1982 年，物理学家约翰·霍普菲尔德（John J. Hopfield）利用神经网络解决了旅行商问题，为人工智能实现新的技术突破奠定了基础。1986 年，杰弗里·辛顿和合作者提出，BP 算法可以用来训练深度神经网络，即多于两层或三层的神经网络。BP 算法的提出为构造复杂的神经网络提供了可能，成为神经网络发展史上的里程碑，奠定了用计算机模拟神经网络的理论基础，掀起了人工神经网络发展的新一轮浪潮。

2. 深度学习

从 2006 年开始，以多伦多大学计算机科学系的杰弗里·辛顿教授提出“深度信念网络”为标志，人工智能开始进入“深度学习”时代，当前最主流的人工智能算法都是建立在深度学习基础之上的。与传统人工智能使用的机器学习方法相比，深度学习在以下几个方面具备显著优势。

第一，模型复杂性。传统机器学习方法通常依赖于浅层模型，如决策树、支持向量机等，这些模型的结构相对简单，通常只包含输入层和输出层，缺乏隐藏层。深度学习模型则包含多个隐藏层，这些多层结构能够捕捉数据中的复杂模式和抽象特征，对于相同问题的分析更为深入，因此被称为深度学习。

第二，特征学习。传统机器学习方法往往需要手动特征工程，即人工选择和构造输入模型的特征，这需要大量的专业知识和时间。深度学习模型能够自动从原始数据中学习特征，无须手动特征工程。模型通过多层非线性变换自动提取有用的特征表示。

第三，数据依赖性。传统机器学习方法在小数据集上表现良好，但在处理海量数据时可能会受到限制。深度学习模型需要大量的数据来优化数以百万计的参数，以实现最佳拟合。随着数据量的增加，深度学习模型通常能够提供更准确的预测。

第四，计算资源丰富性。传统机器学习方法通常对计算资源的要求较低，可以在没有特殊硬件支持的标准计算机上进行训练和预测。深度学习模型由于其复杂性，通常需要强大的计算资源，如高性能 GPU 或 TPU，以及大量的内存和存储空间。

综合上述比较可以发现，除了自身的技术进步之外，计算机软硬件、大数据和云计算等技术的进步也为人工智能发展做出了非常重要的贡献。在深度学习的加持下，人工智能技术发展的量变引发质变，在生成式人工智能等新一代人工智能出现后引发了新一轮人工智能科技革命。

二、人工智能科技革命

（一）人工智能的重要领域

进入 21 世纪的第三个十年，在更多的大数据语料、更快的运算技术与更先进的优化算法的加持下，人工智能技术发展速度不断加快，成为第四轮技术革命的关键技术。在大语言模型、生成式人工智能、通用人工智能等领域出现的一系列新的突破，为人工智能成为新一轮科技革命的底层技术奠定了坚实基础。

1. 大语言模型

大语言模型（Large Language Model，LLM）的产生为新一代人工智能的出现奠定了模型基础。大语言模型是通过深度学习技术，尤其是变换器（Transformer）架构训练而产生的模型，它们能够理解和生成自然语言文本。这些模型通常具有数十亿个甚至数千亿个参数，能够捕捉语言的细微差别。大语言模型利用深度学习技术，通过海量文本数据的训练，学习语言的规律和语义信息。大语言模型能够识别和生成语义连贯、语法正确的句子，甚至能够模仿特定作者的风格或完成复杂的语言推理任务。它们在机器翻译、文本摘要、情感分析、问答等应用中表现出色，极大地推动了自然语言处理（Natural Language Processing，NLP）的发展。

2018 年，OpenAI 发布了第一版 GPT（Generative Pre-trained Transformer，即生成式预训练变换器），该模型展示了大语言模型在多种自然语言模型任务上的潜力。经历了若干个版本的更迭，2023 年 3 月发布的 GPT-4 拥有大约 1.8 万亿个参数，能够一次处理超过 25 000 个单词的文本。GPT-4 不仅可以处理文本，还能处理图像，这使得它在理解和生成图文混合内容方面具有较强的优势。

除了 GPT 之外，还存在其他类型的大型语言模型，如 BERT（Bidirectional Encoder Representations from Transformers，双向编码器表示的变换器）、XLNet（通用自回归语言模型）和 T5（文本到文本的变换器）。这些模型在设计上各有侧重。此外，大语言模型的发展还体现在对多模态的探索上。多模态模型能够处理并整合来源不同（如文本、图像、声音等）的数据，以完成更为丰富和复杂的任务。例如，DALL-E 模型能够根据文本描述生成对应的图像，展现了语言模型在跨模态内容生成上的潜力。

2. 生成式人工智能

大语言模型、预训练模型、多模态、生成算法等多种技术的累积融合，催生了生成式人工智能（Generative Artificial Intelligence，GAI）这一人工智能科技革命的关键技术。通过生成式人工智能，能够自动生成文本、图像、音乐、视频等多种形式的数字内容，改变了内容生产的方式，提高了创作效率，降低了成本，并给用户带来了更加丰富和个性化的体验。ChatGPT 的出现，意味着一种可以逐步“解放大脑”的智能生产工具已经出现，有助于将人类从过去繁重的体力劳动和重复性的脑力劳动中解放出来。随着技术的不断进步，生成式人工智能有望在未来发挥更大的作用，成为推动社会发展的新引擎，但生成式人工智能也带来了关于内容版权、人工智能伦理和真实性的新挑战。

与以往强调感知与认知的技术进步方向不同，生成式人工智能的应用集中于根据用户要求创作出接近人类水平的文本内容，如创作文章、诗歌、故事、新闻报道等。生成式人工智能还可以用于生成个性化的广告文案、营销电子邮件和促销材料，提高营销活动的效率和针对性。在 Sora 等文生视频大模型出现后，生成式人工智能的应用空间得到了进一步扩大，可以创作音乐、绘画、视频和其他作品，提供新的艺术创作工具和方法。

生成式人工智能在法律和伦理方面面临的挑战主要包括以下两个方面。

第一，版权侵权问题。生成式人工智能在训练过程中使用了大量的受著作权保护的作品，这可能涉及版权侵权的问题。如果未经授权使用这些作品，可能会构成版权侵权。在某些司法管辖区，如美国，合理使用原则可能允许在特定条件下使用受版权保护的材料。但是这些标准如何适用于人工智能，仍然是一个未解决的问题。

第二，责任归属问题。当人工智能生成的内容产生法律问题时，如何确定责任归属是一个挑战。是由这项技术的开发者、使用者承担责任，还是由其他相关方承担责任？

此外，生成式人工智能还会收集和处理大量个人数据，这引发了个人隐私和数据保护方面的担忧。生成式人工智能还可能会复制、放大或延续训练数据中的偏见和歧视，这可能导致其生成的内容不公平地对待某些群体，产生文化冲突或误解。关于出现这些问题时的责任归属，当前法律界尚没有形成定论。

专栏 6－2

腾讯诉盈讯科技侵犯著作权纠纷案

2018 年 8 月，腾讯公司在其网站上首次发表了标题为《午评：沪指小幅上涨 0.11% 报 2 671.93 点 通信运营、石油开采等板块领涨》的财经文章，末尾注明“本文由腾讯机器人 Dreamwriter 自动撰写”。同日，盈讯科技在其运营网站上发布了相同文章。腾讯公司认为，涉案文章的著作权应归自己所有，盈讯科技的行为侵犯了其著作权并构成不正当竞争。2020 年 1 月，深圳南山区人民法院审理认定，涉案文章属于中国著作权法所保护的文字作品，是原告主持创作的法人作品。

北京航空航天大学法学院院长龙卫球教授对此案做出点评：本案涉及人工智能自动生成的文章是否构成作品的法律问题。人工智能生成的内容是否具有著作权，在国内外存在广泛争议。人工智能是否具有独立的法律人格，成为民事主体，需要国家法律的明确规定或认可。中国司法实践对于人工智能自动生成的文章是否构成作品，正在进行相应的探索。一段时间以来，法院的基本观点是，司法争议的人工智能的法律主体资格有待法律予以明确规定，但对于人工智能自动生成的相关内容还需要加以保护。

3. 通用人工智能

科技界普遍认为，本轮人工智能科技革命的终极目标是为通用人工智能的出现打下基础。通用人工智能（Artificial General Intelligence，AGI）是指一种具有广泛认知能力的人工智能系统，能够在不同的领域和任务中展现出与人类相似或超越人类的智能水平。与现有人工智能相比，通用人工智能在以下方面具备较大优势：

第一，多领域适应性。与以解决特定种类问题为设计目的的专用人工智能（Artificial Narrow Intelligence，ANI）不同，通用人工智能能够在多个领域内进行学习和应用，而不仅限于单一或有限的领域。例如，通用人工智能可以将其在一个领域学到的知识应用到其他完全不同的领域，如将在物理学领域学习到的原理应用于社会学研究，或使用在自然语言处理中学习到的模式来解决数学问题。

第二，自主学习。通用人工智能具备自主学习和适应新环境的能力，能够通过观察、实践和经验积累等方式来增加自身的知识和提高自身技能，在没有人类指导的情况下探索新环境，并从中学习。这种能力超越了现有的机器学习模型，后者通常需要大量的标注数据和人工干预来进行训练。

第三，语言理解与交流。通用人工智能能够理解和使用自然语言，与人类进行有效沟通，并能够理解和生成复杂的文本内容。理想的通用人工智能能够理解自然语言的细微差别，包括讽刺、幽默、双关语等复杂语言现象，并能够进行复杂的交流和表达。它不仅能理解单词和句子的直接意义，还能把握特定语境、文化背景和社会习俗中语言的不同含义。

需要注意的是，尽管通用人工智能的概念在理论上被广泛讨论，但截至目前，真正的通用人工智能尚未被实现。目前的人工智能大多是专用人工智能，它们在完成特定任务上表现出色，但缺乏广泛适应性和真正的自主学习能力。通用人工智能的实现将需要跨学科的深入研究和技术创新。

（二）抢抓人工智能发展的重大战略机遇

人工智能已经成为经济社会发展的驱动力量，加快发展新一代人工智能是我们赢得全球科技竞争主动权的重要战略抓手。必须抓住新一轮科技革命和产业变革的战略机遇，充分发挥中国超大规模市场、应用场景丰富的独特优势，加快人工智能领域的科学技术创新，以人工智能高质量发展和高水平应用培育经济发展新动能。

推动大数据、人工智能等领域的研发应用，要以关键核心技术为主攻方向，增强原创能力和加强基础研究，还要坚持需求导向的科技发展路径，强化科技应用开发，形成科技创新和产业应用相互促进的良好发展局面。

一是夯实算力基础。智能算力基础设施是数据资源的底座，人工智能技术研发与产业发展需要超大规模的算力基础设施作为支撑。从算力资源看，截至 2023 年年底，中国提供算力服务的在用机架达到 810 万标准机架，算力规模位居全球第二。然而，目前各类算力提供主体在技术体系、基础架构、调用接口等方面存在差异，尚未形成全国范围内可感知和可调度的标准化算力服务。应当从国家层面统筹整合资源，系统优化算力基础设施布局，加快形成全国一体化算力体系，深化人工智能研发应用。

二是加强基础研究。人工智能具有多学科综合、高度复杂的特征，需注重前瞻性布局，构建开放协同的创新体系。一方面，要深入把握世界人工智能发展新趋势，加强机器学习算法、智算芯片、核心软件等核心技术攻关，实现脑科学与类脑智能、量子计算和人工智能领域交叉学科的协同突破。另一方面，要从场景、应用着手反哺底层技术，培育具有国际竞争力的开源开放研发生态，促进产学研用各类主体共创共享，带动创新能力全面提升。

三是重点开发新一代人工智能。在战略层面，发挥好新型举国体制优势，加强研判，统筹谋划，聚焦大语言模型、生成式人工智能等新技术，加快建立新一代人工智能关键共性技术体系。在组织层面，提升高质量数据供给能力，建立国家级大数据综合试验区，推动数据开放共享。在应用层面，围绕数据采集、数据标注，探索打造数据训练基地，研发超大规模人工智能模型，积极探索通用人工智能发展新路径。

四是推动技术成果产业化商业化。围绕经济社会发展需求，充分发挥中国海量数据和巨大应用市场的规模优势，将技术和产业有机结合起来。要坚持需求导向、市场倒逼的科技发展路径，强化企业在人工智能创新活动、技术路线选择和行业产品标准制定中的主体作用，促进技术成果产业化商业化。还要培养更多富有创新精神的高素质人才和应用型人才，协同推进校企合作、产学研贯通。

第二节 人工智能的经济应用

人工智能在经济活动中的广泛应用成为数字经济时代的主要特征之一。人工智能产业发展非常迅速，为传统产业转型升级提供了新的可选路径，给经济治理带来了双重影响。由于人工智能具有较强的替代性，因此这项技术的应用可能会对劳动力市场造成巨大冲击，进而影响收入分配与社会公平，需要对其综合效应进行深入研究。

一、人工智能经济

（一）人工智能产业发展

1. 机器人制造

近年来，机器人制造产业发展迅速，该产业发展不仅体现在技术层面，还体现在应用领域的拓展、生产效率的提升以及市场规模的扩大等方面。以下是机器人制造产业最新发展的几个关键领域。

第一，协作机器人（Cobots）。协作机器人是近年来机器人制造产业的一个重要发展趋势。与传统工业机器人相比，协作机器人的设计目的为与人类工人安全地并肩工作，而不是在隔离的空间中操作。这些机器人通常具有更高的灵活性和更强的适应性，能够在生产线上执行多种任务，如组装、包装和质量检测等。随着传感器和人工智能技术的进步，协作机器人的感知能力和决策能力也在不断提高。

第二，5G 和物联网融合应用。5G 技术的推广和物联网的发展为机器人提供了更快速、更可靠的通信。这使机器人能够实时接收和传输大量数据，提高了远程监控的能力。在制造业中，这意味着机器人可以更有效地与生产线上的其他设备和系统协同工作，实现更高级别的自动化和智能化。

第三，先进材料和设计。机器人制造产业正在探索使用先进材料，如轻质合金、复合材料和柔性材料，以减轻机器人的重量并提高其灵活性。同时，创新的设计方法，如模块化设计，使得机器人的组装和维护更加简便，降低了生产成本。在设计方面，创新的机械设计和模块化构造方法使机器人能够更好地适应多变的任务和环境。此外，智能材料，如形状记忆合金和压电材料，能够在受到热或电刺激时改变形状，为机器人提供新的驱动和自适应能力。

机器人制造产业的最新发展展示了技术的融合和创新，以及对市场需求的快速响应。随着技术的不断进步，机器人将变得更加智能、灵活和高效，能够适应更多的应用场景，为各行各业带来革命性的变化。未来，我们可以期待机器人在提高生产效率、改善生活质量和推动可持续发展方面发挥更大的作用。

2. 人工智能服务业

人工智能服务业的最新进展主要体现在生成式人工智能上。这一领域的最新发展正在不断拓宽人工智能的应用边界，创造新的商业机会，并引发对创意工作和知识产权的重新思考。

第一，文本生成与内容创作。生成式人工智能在文本创作方面成就显著。例如，GPT-4 等先进的大语言模型能够生成连贯、有逻辑的长篇文章，包括新闻报道、故事和学术论文。这些模型通过学习大量文本数据，能够模仿不同的写作风格和语言习惯，为用户提供个性化的写作辅助。

第二，图像与视频生成。在图像和视频生成领域，生成对抗网络（Generative Adversarial Network，GAN）和其他深度学习技术已经能够创造出高质量的逼真的图像和视频。这些技术在艺术创作、游戏开发和电影制作等行业中有着广泛的应用。例如，艺术家和设计师使用人工智能生成的图像作为创作灵感，而游戏开发者则利用这些技术快速生成游戏场景和角色。

第三，音乐创作。生成式人工智能也在音乐创作领域取得了突破。人工智能系统能够分析大量的音乐作品，学习不同的作曲风格和旋律结构，然后创作出新的音乐作品。人工智能系统不仅能够模仿特定的音乐家风格，还能够创造出独特的旋律和和声。

第四，交互式娱乐。在娱乐行业，生成式人工智能正在创造新的互动体验。例如，人工智能可以生成个性化的故事情节和角色对话，为用户提供独特的游戏体验。虚拟现实和增强现实也能基于用户交互即时生成环境和事件，为用户提供更加沉浸式、个性化的体验。

专栏 6-3

人工智能交互式娱乐

2023 年 1 月，游戏公司赛博制造（Cyber Manufacture）发布了首个人工智能游戏引擎“量子引擎”（Quantum Engine）。“量子引擎”是一个先进的生成式人工智能引擎，是人工智能在游戏领域应用的一个重要里程碑。量子引擎技术的核心特点在于其能够使用户通过自然语言与游戏中的非玩家角色（NPC）进行实时互动，人工智能根据玩家的表达实时生成剧情，提供沉浸式游戏体验。据赛博制造称，量子引擎使用的正是 OpenAI 的定制 API，语言生成能力类似 GPT-3.5，表现与 ChatGPT 相似。

赛博制造利用“量子引擎”制作的第一款游戏是著名科幻电影《黑客帝国》的衍生剧情游戏。“量子引擎”技术允许玩家扮演主角尼奥，与人工智能控制的 NPC 墨菲斯进行互动。这些对话和场景并非预先设定，而是人工智能根据玩家的提问和选择实时生成的。例如，如果玩家忘记了墨菲斯的角色背景，人工智能会提供足够的信息来帮助玩家回忆剧情，同时引导对话回到故事主线上。

“量子引擎”技术的出现预示着游戏开发模式的变革。传统的游戏开发需要由大量的编剧和设计师来创作剧情、对话，而“量子引擎”技术的应用可以显著降低这些成本，同时提高内容的多样性和质量。此外，这项技术还能促进游戏硬件的发展，为基于生成式人工智能的下一代操作系统铺平道路。

（二）人工智能赋能传统产业

2024 年，政府工作报告中首次提出要开展“人工智能＋”行动计划。“人工智能＋”代表人工智能与传统产业的融合，通过对现有生产与经营模式进行智能化改造，实现传统产业的全面提质增效。

1. 人工智能＋农业

人工智能在农业中的应用为实现可持续发展提供了新的机遇和解决方案，人工智能在农业中的应用具体包括以下三方面。

第一，精准农业与资源管理。人工智能技术通过精准农业实践，利用大数据分析、机器学习和遥感技术，为农民提供关于土壤质量、作物生长状况、灌溉需求和肥料使用的精确信息。这种精准管理减少了水和肥料的浪费，同时提高了作物产量和质量。例如，智能灌溉系统可以根据作物的实际需求和天气预报自动调整灌溉量，从而节约水资源并减少环境污染。

第二，病虫害监测与防治。人工智能能够识别病虫害和预测其发生，通过图像识别和模式识别算法，农民可以及时识别受感染的作物并采取针对性措施。这样可以减少化学农药的使用，转而采用更为环保的防治方法，如生物控制，从而减少对环境的负面影响。

第三，作物产量预测与市场分析。人工智能可以被用于分析历史产量数据、天气模式和市场趋势，预测未来的作物产量和市场需求。这有助于农民做出更明智的种植决策，避免产量过剩和资源浪费，同时也有助于稳定作物价格，减少市场波动引起的经济损失。

2. 人工智能＋制造业

人工智能作为当今科技创新的前沿，正在深刻地影响着工业领域，推动了工业数字化、智能化、智慧化升级的步伐。

第一，推动智能制造。智能制造是工业 4.0 的核心，人工智能在其中扮演着“大脑”的重要角色。通过物联网技术，生产设备可以实时收集数据并上传到云端，人工智能系统对这些数据进行分析，实现生产过程的智能优化。此外，人工智能还能够通过深度学习不断改进生产模型，提高制造过程的智能化水平。

第二，促进个性化生产。随着消费者对个性化产品需求的增加，人工智能有助于企业实现更加灵活的生产方式。通过大数据分析消费者行为和市场趋势，企业可以更准确地预测需求，实现按需生产。此外，人工智能还能够在设计阶段提供支持，通过算法生成多种设计方案，加速产品创新。

第三，增强研发能力。人工智能在产品研发阶段也发挥着重要作用。通过模拟和预测算法，人工智能可以帮助工程师在设计阶段评估产品性能，缩短研发周期。同时，人工智能还能够辅助研究者进行材料科学研究，创新材料组合和性能，推动材料科学的进步。

第四，改善能源管理。在能源管理方面，人工智能可以通过分析能源消耗数据，提高能源使用效率，减少浪费。例如，人工智能可以预测电力需求，调整生产计划，实现能源的合理分配。此外，人工智能还能够在可再生能源领域发挥作用，通过预测风速和日照情况，提高可再生能源的发电效率。

3. 人工智能+服务业

人工智能在服务业中的应用正逐渐改变服务业的运作方式，提升服务质量，改善客户体验，并创造新的商业模式。人工智能主要在以下几个方面赋能服务业。

第一，客户服务与支持。人工智能通过聊天机器人和虚拟助手为客户提供“24/7”的即时服务。这些智能系统能够理解客户的要求，提供快速准确的解决方案，并执行任务，如预订、退款和技术支持等。这不仅提高了客户满意度，还减轻了人工客服的负担，降低了运营成本。

第二，个性化推荐。人工智能能够分析消费者的购买历史、搜索行为和个人偏好，提供个性化的产品推荐和服务。这不仅提高了销售效率，还改善了顾客的购物体验。例如，在线零售商使用智能算法推荐商品，酒店和旅游服务提供商提供定制化的旅行套餐。

第三，风险管理与合规。在金融服务业，人工智能通过大数据分析和模式识别，帮助企业识别潜在的欺诈行为和信用风险。同时，人工智能还能够实现自动化合规检查，确保企业遵守相关法律法规，降低违规风险。

第四，在线教育与培训。人工智能在教育服务中的应用，如个性化学习平台，能够根据学生的学习进度和理解能力，提供定制化的学习内容和辅导。此外，人工智能还能够自动评估学生的作业和考试，提供及时反馈。

（三）人工智能与经济治理

人工智能对经济治理会产生正反两个方面的影响。其正面影响主要在于人工智能的应用促进了治理能力与治理水平的提升，其负面影响则集中在人工智能催生的新型治理问题以及给现有治理体制带来的挑战。对于其综合影响的方向，现有研究尚未形成一致判断。

一方面，人工智能技术可以分析大量数据，为政府和企业提供决策支持，帮助它们更有效地制定政策和战略。人工智能在公共服务领域的应用，如智能交通系统、智慧医疗等，提高了服务效率，减少了资源浪费。人工智能还使监管机构能够实时监控市场活动，更快速地识别和应对欺诈、操纵等违法行为。

另一方面，人工智能的发展可能导致某些职业消失，同时也会创造新的就业机会，这对劳动政策和教育培训体系提出了新的、更加数字化的要求。人工智能的应用可能会改变企业的盈利模式和价值创造过程，这会对税收政策和财政收入产生影响。人工智能的发展还引发了关于机器自主性、责任归属和伦理规范的讨论，需要制定相应的法律法规来应对。

二、人工智能与劳动力

（一）替代效应

人工智能技术进步对收入分配的最直接的影响是其替代效应。早期的人工智能应用仅能从事简单的体力劳动，替代中低端劳动力从事常规工作。伴随着生成式人工智能等新技术的出现，人工智能对于劳动力的替代展现出对脑力劳动的替代大于对体力劳动的替代、对复杂脑力劳动的替代大于对重复性脑力劳动的替代等新特点。

当前对于人工智能的一大担忧是这项技术使大量的劳动力失业。在第一次工业革命早期，机器生产大量取代手工劳动激化了英国的社会矛盾，诱发了工人通过破坏机器等手段反对工厂主剥削的“卢德运动”。人工智能科技革命开始后，由于人工智能具备的通用目的技术及其在多个领域的革命性应用，其对于劳动力的替代，尤其是对于从事常规工作的劳动力的替代又成为经济学界关注的热点问题。作为一种强化的自动化，人工智能对于劳动力的替代将造成偏向性的收入分配结果。

关于人工智能如何替代劳动力，多数现有研究采用“基于任务的模型”（Task-based Model）进行分析。这一研究方法将社会生产过程拆解成若干个既可以由劳动力完成又可以由机器完成的工作任务，在这一视角下，所谓自动化过程就是企业基于提升生产率的考虑将原来由劳动力操作的任务转由人工智能赋能的机器人完成。这一替代过程自然也会带来劳动收入份额的下降，劳动力在这一过程中收入降低甚至失去工作。在人工智能技术水平高、生产率增长更快的发达经济体，这一替代过程会更早出现，劳动力市场受到的冲击更大。

大量经验证据支持人工智能将会大范围替代劳动力的理论判断。根据世界银行的研究报告，经济合作与发展组织成员中57%的现有工作可能在未来20年内被机器所替代，英国为35%。未来20年内，考虑人工智能技术的不断进步，美国约有47%的工作可能会被机器所替代，这些工作中的大部分为常规工作。对中国制造业上市企业的实证研究表明，机器人部分替代了企业的劳动力，对企业的工资水平没有明显影响。

（二）工作创造效应

除了替代劳动力这一负面影响外，人工智能还能通过创造新工作对劳动力就业与工资水平产生积极影响。人工智能的技术进步将创造出原来不存在的新任务和新职业，从而吸收就业、提高劳动收入。这些新职业既包括需要高技术能力的算法工程师、数据科学家，也包括对技术能力要求较低的算法训练师、数字营销人员等。

如果这一效应能够持续，即使自动化进程继续，就业和劳动收入份额在长期也能够维持在一个稳定的水平上。事实上，在第一次工业革命和第二次工业革命中都没有出现就业与劳动收入份额持续下降的时期；在第三次科技革命中，就业人数也未出现趋势性下降，到20世纪70年代，才出现劳动收入份额持续下降的趋势。

对人工智能发展持消极态度的学者认为，这场科技革命全面到来后的替代效应将显著超过其工作创造效应，因人工智能创造的新工作要远少于被人工智能替代的工作。从长期均衡的角度看，哪种效应占据主导地位取决于企业使用资本与劳动这两种要素的相对成本等。

（三）生产率效应

除了工作创造效应，人工智能还能提升生产率、间接改善收入不平等。

一方面，作为一项通用目的技术（General Purpose Technology，GPT[①]），人工智能为其他技术进步与企业研发创新赋能，带来整体社会生产率的提升，从而实现整体社会福利的提高。通用目的技术是指那些能够广泛应用于多个行业和领域，并对经济增长产生深远影响的技术。这些技术通常具有普遍适用性、动态演进性与创新互补性特征。因为人工智能是一项通用目的技术，虽然这项技术的发展替代了一部分劳动力，但是整体劳动力的绝对收入仍因为生产率上升而增长，所以还可以通过再分配手段提高劳动者福利。

另一方面，人工智能技术的广泛应用通过扩大非直接采用该技术的生产部门的劳动力需求产生溢出效应。例如，上游制造业对于工业机器人的深度应用增加了对于下游生产性服务业的需求，提升了这些部门的就业水平，从而对收入分配产生了积极影响。又例如，对于生成式人工智能的广泛应用促进了服务业的个性化、定制化和智能化发展，引导产业界开发出新的应用场景和业务模式。

三、人工智能与收入分配

（一）市场结构

除了对就业和工资的直接影响外，人工智能技术还通过影响市场结构来影响企业的生产活动与市场地位，进而间接影响收入分配。使用人工智能等先进技术的企业，生产率提升得更快，从而更容易在市场竞争中取得优势，获得更大的市场份额。使用先进技术本身有一定技术与资本门槛，企业使用人工智能需要其积累大量用于训练算法的数据、雇用高水平的算法工程师、购买或者租用可观的算力资源，市场份额更高的企业在这些方面显然更具优势。以上因素就导致市场变得更加集中，乃至出现一些学者笔下所描述的“超级明星公司”（Superstar Firms）。

基于美国行业数据的研究发现，市场集中度更高的行业劳动收入份额下降更显著，驱动这一下降的主要原因是市场份额向高利润的“超级明星公司”集中。近年来，拥有海量数据与技术优势的大型数字平台在全球范围内崛起。这些大型平台企业凭借其在人工智能等技术方面的优势，能够很快整合细分市场，成为多个市场中的“超级明星公司”。数字平台的迅速扩张对于收入分配的影响也因此成为数字经济领域的研究重点。

人工智能的技术进步还能通过改变不同部门的要素相对使用成本产生结构效应，从而产生类似“鲍莫尔成本病”的影响。伴随着人工智能技术的广泛使用，先进部门的资本使用成本与劳动力需求均显著下降，生产率迅速增长；落后部门的要素相对使用成本会迅速增长，反过来制约整体经济的增长速度。在先进部门中因人工智能与自动化失去工作的劳动力被迫涌入落后部门，然而落后部门的劳动力吸纳能力有限，这就导致失业率上升与工资水平下降。

---

① 需要注意的是，通用目的技术的英文缩写和人工智能算法中的生成式预训练变换器（Generative Pre-trained Transformer）相同，均为 GPT，故在实际使用中应避免混淆。

专栏 6-4

鲍莫尔成本病

鲍莫尔成本病是由经济学家威廉·鲍莫尔（William J. Baumol）提出的一个经济理论，该理论解释了为什么在一些行业中，尤其是在劳动密集型服务行业中，成本会随着时间的推移而上升，即使该行业的生产率并没有显著提高。不同行业在生产率增长方面存在差异，这导致了劳动成本的不均衡上升。在一些行业如制造业中，技术进步可以显著提高生产效率，减少生产同一单位产品所需的劳动力。而在其他行业中，技术进步对提高劳动生产率的影响有限，因此劳动成本相对较高。

鲍莫尔成本病的原因是，由于劳动力市场的竞争，工资水平往往与生产率提高的行业保持一致。这意味着，即使在生产率没有显著提高的行业中，工资也会因为其他行业生产率的提高而上升。由于工资上升，那些生产率提高有限的行业的相对成本也随之上升，这就是所谓的“成本病”。例如，剧院、交响乐团等表演艺术团体的成本不断上升，主要是因为演员和音乐家的工资上涨，而这些行业的生产率很难通过技术进步来提高。医疗行业也面临着“成本病”的问题。尽管医疗技术取得了显著进步，但医生和护士的工作性质使得他们的服务很难被自动化或大规模标准化，因此工资上涨导致了整体成本的增加。

（二）就业极化

大量证据表明，人工智能技术的发展使劳动力市场发生“就业极化”现象，工资增长不成比例地流向了收入分配和技能供给的顶层与底层，导致中间阶层的收入增速显著下降、财富大幅缩水、流动性降低。

就业极化现象人最早出现在发达经济体，是过去 40 余年里多数发达经济体共同经历的一个重要的结构性变化。20 世纪 80 年代以来的美国劳动力市场数据显示，高技能劳动力和低技能劳动力的就业比例呈现上升趋势，唯独中等技能劳动力的就业比例呈现下降趋势；按技能从低到高排序，劳动力就业比例的变化表现为一条明显的 U 形曲线。这一现象在发达经济体中十分明显。

传统意义上的人工智能算法更容易替代从事具有低创造性、高度程式化、易编码特点的常规工作（Routine Work）的中等技能劳动力，如组装工人、基础财会从业者和在线客服。与之相对，无论是高技能劳动力从事的创造性或问题解决型工作，还是低技能劳动力从事的更需要密切人际接触的服务性工作，都很难由智能机器人独立完成，而更适合在机器的协助下由劳动力更好地完成。因此机器具有替代中等技能劳动力的倾向，而与高、低技能劳动力形成互补关系，这就造成劳动力就业不断极化，影响社会公平。

就业极化的直接作用便是使初次分配结构从“橄榄形”向“纺锤形”转化，进而对社会流动性产生影响，不利于低收入群体的向上流动，造成一些学者口中的“贫困化增长”。全国总工会第九次全国职工队伍状况调查结果显示，截至 2023 年 2 月，中国职工总数约为 4.02 亿，其中以货车司机、网约车司机、快递员、外卖配送员等为主体的“新就业形态劳动者”数量达到 8 400 万，这部分劳动力成为职工队伍的重要组成部分，反映近年来中国的低技能服务业吸纳了大量就业。

随着技术的不断跃迁与进步，也有观点认为就业极化的现象将可能出现反转。一方面，随着人工智能技术的进一步突破，尤其是新一代人工智能的出现，传统意义上不容易被替代的非常规性工作（如教育、医疗和文艺创作）也存在被替代的可能性。另一方面，对于新创造工作的逐渐标准化也将有利于常规劳动力，一些原先需要较高技能的工作的技能门槛不断降低。

（三）整体效应

综合前文分析，人工智能的技术进步会造成一系列问题：加剧收入不平等，在缺少有效公共政策的情况下导致就业率下降、就业极化等。

在数字经济的当前发展阶段，人工智能通过劳动力需求渠道发挥的替代效应占据主导地位，导致人工智能对于收入不平等的总体影响为负，进而对于社会公平产生较为明显的负面影响。工作创造效应和生产率效应虽然对替代效应产生了一定的对冲，但是由于大多数人工智能的关键技术突破（如生成式人工智能）是劳动替代型的，其实际对冲效果也相当有限。除劳动力需求渠道外，人工智能还通过市场结构渠道与技能结构渠道进一步加速了收入不平等的扩大趋势，造成严重的社会公平问题。人工智能影响收入分配的作用机制见图 6－2。

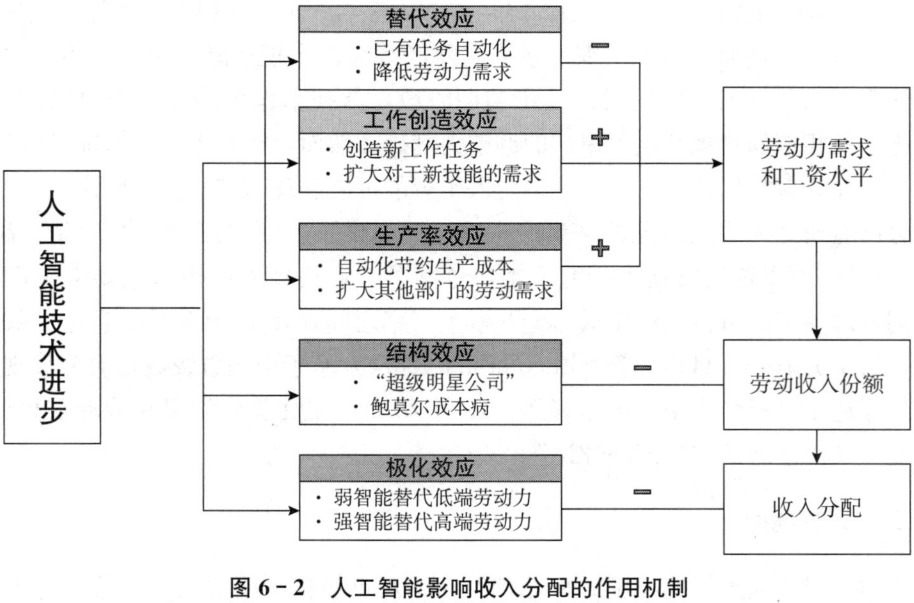

图 6－2　人工智能影响收入分配的作用机制

资料来源：作者绘制。

第三节　人工智能与经济增长

随着人工智能技术的飞速发展，人工智能与经济增长的关系越发受到学界关注。技术进步是推动经济发展的关键因素。人工智能作为一项突破性创新技术，被视为新一轮科技革命和产业变革的重要驱动力。但是对于人工智能究竟能否促进经济增长存在较多争议，阿西莫格鲁和雷斯特雷波（Acemoglu & Restrepo，2018）认为，人工智能应用能够同时产生创造效应和替代效应，对于经济增长的综合效果取决于两种效应的大小。这一观点可以被视为对相关文献研究的集中归纳。

一、人工智能的“生产率悖论”

生产率悖论（Productivity Paradox）又称索洛悖论，是指在技术迅速发展和信息技术投资大量增加的背景下，生产率增长速度却未显著提高的现象。这个概念由诺贝尔经济学奖得主罗伯特·索洛（Robert M. Solow）在 1987 年提出。对于美国经济增长的分析显示，尽管计算机和其他技术设备在工作场所得到广泛应用，但生产率的增长并没有如预期那样显著。这种现象引发了对技术投资效益和生产率衡量方法的质疑。

（一）支持观点

一些学者对人工智能的发展产生了“生产率悖论”式的质疑，认为人工智能的应用并没有对经济增长产生影响。美国西北大学的罗伯特·戈登（Robert J. Gordon）是持有这类观点的代表性学者，他在多项研究中指出，人们对于人工智能作用期盼过高。戈登（Gordon，2018）通过比较 2006—2016 年与 1970—2006 年一系列经济特征，发现自动化导致的失业以及日益加剧的不平等是造成实际经济增速出现下降的重要原因。此外，也有学者认为，当前人工智能发展还处于初期阶段，新技术作用的发挥需要以配套技术、基础设施以及相应的管理和组织模式的调整为基础。然而，相对于人工智能的快速发展，上述配套工作相对滞后，因此，在短期内人工智能可能表现出“生产率悖论”。

部分已有研究为人工智能的“生产率悖论”提供了实证层面的证据。有学者（Du，Lin，2022）以中国省级数据为研究样本，考察了工业机器人应用对全要素生产率的影响。他们发现，工业机器人应用量与全要素生产率之间存在 U 形关系，且这一效应在局部地区仍然十分显著。赵培雅等（Zhao et al.，2022）基于中国省级数据研究发现，人工智能对于绿色全要素生产率产生了显著的 U 形影响，在资源密集型和劳动密集型行业，人工智能呈现出显著的“生产率悖论”。

（二）反对观点

一些学者对于人工智能“生产率悖论”这一观点旗帜鲜明地表达了反对意见。布林约尔松（Brynjolfsson）等指出，统计数据的测量误差是造成人们低估人工智能对经济增长的促进作用的重要原因。陈彦斌等（2019）构造了包含人工智能和老龄化的动态一般均衡模型，其研究发现，人工智能能够不断提高生产的自动化和智能化程度，促进全要素生产率的提升，并提高资本回报率，在对冲老龄化带来的负面冲击的同时促进经济增长。有学者（Lu，2021）针对人工智能的自我积累和非竞争性特点，建立了三部门内生增长模型，发现人工智能的发展可以沿着转型动态路径促进经济增长。科里奈克和施蒂格利茨（Korinek & Stiglitz，2021）认为，人工智能及其相关新技术的进步能够形成节约劳动力和资源的发展趋势，进而给能够普遍采用该技术的国家带来经济增长。巴比纳等（Babina et al，2024）基于美国企业层面的数据实证检验了人工智能应用的经济影响，他们发现，人工智能可以通过推动产品创新促进经济增长和“超级明星公司”的形成。马骁等（2024）则基于中国省级和地级市层面的数据，证实了人工智能在大数据环境下的“干中学”效应对于拉动宏观经济发展和促进全要素生产率提升发挥的重要作用。

二、人工智能与“经济奇点”

一些学者探讨了人工智能是否会带来“经济奇点”（Economic Singularity）。对于“经济奇点”的一般理解是，当人工智能技术发展到某个临界点之后，可能引起生产方式的剧烈变革，实现经济增长率的激增，在这个临界点之后，经济增长的主要动力将会是以人工智能为代表的智能资本的积累，而非其他传统生产要素。

阿吉翁等（Aghion et al.，2017）从理论层面对“经济奇点”进行了分析。他们认为，人工智能能否带来“经济奇点”取决于其能否突破知识生产的瓶颈。陈永伟（2018）指出，人工智能只有达到能够替代人类从事创意工作并进行知识生产的水平时，才有可能突破知识生产的瓶颈。尽管当前的人工智能发展还未达到这一水平，但是生成式人工智能的出现及快速迭代，为突破知识生产瓶颈创造了可能。葛伟和肖涵（2022）按照生成式人工智能出现之前的状况估计并预判，我国将于 2070 年前达到“经济奇点”，但伴随着人工智能技术的快速迭代，这一时间点也将大幅提前。

三、生成式人工智能与经济增长

（一）两类人工智能的差异

生成式人工智能与传统人工智能在多个层面上呈现出不同的特征和发展趋势。

首先，从两者的工作原理来看，传统人工智能依赖预先设定的程序和算法，按照固定的规则和逻辑来完成特定的任务，虽然具有较强的逻辑推理和决策能力，但仍在人类预设的知识池范围之内；生成式人工智能则是通过学习大量的数据集来生成新的、原创性的内容，基于深度学习技术，其能够从已有的大量数据中自动学习和提取知识，而无须程序员的显式编程，可以通过算法模型实现自我学习和优化。

其次，从具体的应用场景来看，传统人工智能以专家系统、数据分析、智能推荐和自动化为主，而生成式人工智能则应用于娱乐、设计和创意产业的文本、音乐、图像和视频的生成，并在科学研究中发挥科研辅助的作用。

最后，从社会影响来看，传统人工智能更加强调对于现有生产过程的优化和协同作用，发挥其提高生产效率、优化要素资源配置的作用，但是过高程度的自动化可能会引发就业替代问题；生成式人工智能则可能会全面重塑创意产业，为个性化和定制化服务提供新的可能性，但可能引发人们对于知识溯源、知识产权和真实性的担忧。综上，相较于传统人工智能，生成式人工智能在创造性任务上更具优势，能够在新兴领域和创意产业中展现出潜力，可以根据用户的偏好生成定制化的内容，具有广阔的应用前景。但同样在内容监管、版权问题、算法歧视、虚假信息等方面面临诸多挑战。

（二）巨大的经济增长潜力

生成式人工智能作为人工智能的一个全新领域，由于出现时间较短且仍处在技术快速迭代过程中，因此研究其对经济增长的影响的文献相对较少。已有文献普遍认为，生成式人工智能在信息处理、认知功能和文本信息提取等诸多方面具有显著优势，从而具有促进经济增长的潜力（Alavi et al.，2024）。诺伊等（Noy & Zhang，2023）以 453 名受过大学教育的专业人士为实验对象，通过分配特定职业的激励性写作任务，考察了生成式人工智能 ChatGPT 在中级专业写作任务中对生产力的影响。结果表明，ChatGPT 显著提高了生产力，表现为写作者平均用时的缩短和作品质量的提升。有学者则证实了人工智能模型（GPT-4）在文本信息处理和知识挖掘方面的巨大潜力，以及将其应用于生物学研究领域能够极大促进发酵预测和生物制造的发展（Xiao et al.，2023）。

然而，生成式人工智能的发展也引发了一系列关于社会公平和信息安全的讨论。首先，并非所有人都能平等地享受生成式人工智能带来的好处，特别是在发展中国家，其获得这一新技术使用的机会有限且基础设施不足。其次，尽管在工作场景中的生成式人工智能可以提高生产力并创造新的就业机会，但可能存在收益分配不均的问题。最后，尽管生成式人工智能改善了信息可及性问题，但可能强化了错误信息的产生与扩散（Mannuru et al.，2023）。这些问题都可能对经济增长产生负面影响。

本章小结

人工智能是计算机科学的一个分支，它致力于创建能够执行通常需要人类智能的任务的系统，包括但不限于学习、推理、解决问题、知识理解、语言识别、视觉感知、自然语言处理和机器人技术。人工智能发展的核心目标是使机器能够模拟人类的智能行为，甚至在某些领域超越人类。人工智能并非一项进入 21 世纪后才初露端倪的新兴数字技术，而是在此前经历了半个世纪的发展与变革。

人工智能在经济活动中的广泛应用成为数字经济时代的主要特征之一。人工智能产业发展非常迅速，为传统产业转型升级提供了新的可选路径，给经济治理带来了双重影响。由于人工智能具有较强的替代性，因此这项技术的应用可能会对劳动力市场造成巨大冲击，进而影响收入分配与社会公平，需要对其综合效应进行深入研究。

随着人工智能技术的飞速发展，人工智能与经济增长的关系越发受到学界关注。技术进步是推动经济发展的关键因素。人工智能作为一项突破性创新技术，被视为新一轮科技革命和产业变革的重要驱动力。但是对于人工智能究竟能否促进经济增长存在较多争议。

思考题

1. 人工智能的发展与计算机和大数据分析的发展是否存在某种联系？
2. 人工智能在经济活动中的应用场景有哪些？在三大产业中分别举一例说明。
3. 人工智能作为一项新的通用目的技术是否一定能够促进经济增长？

参考文献

陈彦斌，林晨，陈小亮. 人工智能、老龄化与经济增长. 经济研究，2019（7）：47－63.

陈永伟. 人工智能与经济学：近期文献的一个综述. 东北财经大学学报，2018（3）：6－21.

马费成，熊思玥，孙玉姣，等. 数据分类分级确权对数据要素价值实现的影响. 信息资源管理学报，2024（1）：4－12.

葛伟，肖涵. 人工智能、居民消费与经济奇点：基于优化再分配政策的视角. 中国管理科学，2022（11）：15.

郭凯明. 人工智能发展、产业结构转型升级与劳动收入份额变动. 管理世界，2019（7）：60－77+202－203.

马骁，王军，张毅. 大数据环境下人工智能的“干中学”效应研究. 华中科技大学学报（社会科学版），2024（2）：43－56.

Acemoglu D，Restrepo P. The race between man and machine：Implications of technology for growth，factor shares，and employment. American Economic Review，2018，108（6）：1488－1542.

Aghion P，Jones B F，Jones C I. Artificial intelligence and economic growth. Cambridge，MA：National Bureau of Economic Research，2017.

Alavi M，Leidner D E，Mousavi R. A Knowledge Management Perspective of Generative Artificial Intelligence. Journal of the Association for Information Systems，2024，25（1）：1－12.

Babina T，Fedyk A，He A，et al. Artificial intelligence，firm growth，and product innovation. Journal of Financial Economics，2024，151：103745.

Brynjolfsson E，Hitt L M，Kim H H. Strength in numbers：How does data-driven decisionmaking affect firm performance?. Available at SSRN 1819486，2011.

Du L，Lin W. Does the application of industrial robots overcome the Solow paradox? Evidence from China. Technology in Society，2022，68：101932.

Faroukhi A Z，Alaoui I E，Gahi Y，et al. Big data monetization throughout big data value chain：A comprehensive review. Journal of Big Data，2020，7：1－22.

Gordon R J. Declining American economic growth despite ongoing innovation. Explorations in Economic History，2018，69：1－12.

Korinek A, Stiglitz J E. Artificial intelligence, globalization, and strategies for economic development. National Bureau of Economic Research, 2021.

Li C, Xu Y, Zheng H, et al. Artificial intelligence, resource reallocation, and corporate innovation efficiency: Evidence from China's listed companies. Resources Policy, 2023, 81: 103324.

Mannuru N R, Shahriar S, Teel Z A, et al. Artificial intelligence in developing countries: The impact of generative artificial intelligence (AI) technologies for development. Information Development, 2023: 1-19.

Noy S, Zhang W. Experimental evidence on the productivity effects of generative artificial intelligence. Science, 2023, 381: 187-192.

Xiao Z, Li W, Moon H, et al. Generative artificial intelligence GPT-4 accelerates knowledge mining and machine learning for synthetic biology. ACS Synthetic Biology, 2023, 12 (10): 2973-2982.

Zhao P, Gao Y, Sun X. How does artificial intelligence affect green economic growth?: Evidence from China. Science of the Total Environment, 2022, 834: 155306.

第七章

区块链的经济学分析

2008 年 11 月，密码学术论坛的一个网名为中本聪（Satoshi Nakamoto）的用户首次在论坛上提出点对点、去中心化的虚拟货币——比特币的概念，比特币的底层技术便是区块链。区块链融合分布式数据存储、点对点传输、共识机制和加密算法等一系列重要技术，被视为继大型机、个人电脑和互联网之后，计算模式的新一轮颠覆式创新，具有在全球范围引起一场新的技术革新与产业变革的巨大潜力。2019 年 10 月，习近平总书记在十九届中共中央政治局第十八次集体学习时强调："区块链技术的集成应用在新的技术革新和产业变革中起着重要作用。我们要把区块链作为核心技术自主创新的重要突破口，明确主攻方向，加大投入力度，着力攻克一批关键核心技术，加快推动区块链技术和产业创新发展。"

现如今，区块链技术通过提供一种全新的数据管理、商业交易与共识形成的方式，正在促进全行业的数字化转型。从经济学的角度看，区块链的核心优势在于其能够降低交易成本、提高交易效率、增强信任、促进组织合作以及减少机会主义行为。尽管区块链技术还存在可扩展性、隐私与安全、实践应用等方面的诸多不足，但已有的各类应用已充分证明了区块链的价值。

本章主要讨论如下问题：

- 区块链的技术基础有哪些？如何理解密码学在区块链中的应用？
- 目前区块链有哪些较为成熟的应用场景？
- 如何理解区块链的经济学意义？区块链经济学这一新研究领域的关键问题有哪些？

第一节　区块链的技术基础

比特币和区块链技术的起源可以追溯到 20 世纪 90 年代初。哈伯（Haber）和斯托尔内塔（Stornetta）在数字文档中引入时间戳的概念，以创建防篡改的历史记录。迪沃克（Dwork）和瑙尔（Naor）为防止收到垃圾电子邮件，提出了工作量证明的概念。比特币的创始人中本聪将这些概念与加密和一种被称为"最长链规则"的共识机制相结合，创建了一个去中心化、无须建立信任的数字现金系统。

简单来说，区块链的技术内核是一种分布式数据库技术，其核心特点是去中心化、不可篡改性和透明性。这一技术最初是为比特币①这种数字货币服务的，但其潜力远不止于此，已经被广泛应用于众多领域。本节首先介绍区块链的工作原理，再介绍区块链的安全基础和实现机制：密码学和共识机制。在此之后，本节将介绍智能合约这一使区块链从可能成为现实的重要执行机制。

一、区块链的工作原理

（一）分布式账本技术

区块链技术的核心之一是分布式账本技术（Distributed Ledger Technology，DLT），这是一种参与者通过去中心化网络共同维护和记录交易数据的数据库系统。分布式账本技术的出现，标志着传统记账方式的重大变革。需要注意的是，这里的“记账”所指的不仅仅是传统意义上对于实际交易的记录，还指一切可以被数字化记录的观察结果与事实，如一组特别的复杂密码，或者法院的判决文书。分布式账本技术是区块链的基石，它通过去中心化、不可篡改性、更高的透明度，为数据管理和交易执行提供了一种全新的模式。

1. 去中心化

分布式账本技术采用了一种与传统的中心化数据库完全不同的数据管理和存储方法。在传统的中心化系统中，数据被集中存储在单一的服务器或数据中心中，由一个中心节点控制和维护。这种方式存在单点故障的风险，即一旦中心节点出现问题，那么整个系统的运行都会受到影响。

与此相反，分布式账本技术将数据存储在网络中的多个节点上，每个节点都有一份完整的数据副本。这些节点分散在不同的地理位置，由不同的实体控制。没有任何一个节点拥有对整个系统的控制权，因此系统不再依赖单一的中心节点。这种设计提高了系统的稳健性，即使部分节点出现故障或被攻击，系统仍然能够正常运行，因为其他节点仍然保存有完整的数据副本。

2. 不可篡改性

去中心化的特性还意味着没有单一机构能够控制或篡改数据。使用分布式账本技术，所有的交易都需要在网络中的节点达成共识后才能被记录。这种共识机制确保了数据的一致性和不可篡改性。一旦数据被记录在分布式账本上，就几乎不可能被更改或删除。任何试图篡改数据的行为都会被网络中的其他节点检测到并拒绝，从而保护了数据的真实性和完整性。

---

① 比特币基于一个去中心化的数字现金系统，该系统能够实现点对点的货币交易，且无须中介机构。该系统的主要组成部分包括用户、矿工和区块链。用户通过钱包与比特币网络进行交互，钱包由公共比特币地址和私钥组成，巨量的比特币地址确保了该系统具有高度隐私性。比特币的最大供应量上限为 2 100 万枚，新的比特币通过“挖矿”产生。

在实际应用中，区块链的每个区块都包含一定数量的交易记录，并通过加密算法链接到前一个区块，形成一条不断增长的“链”。如果试图更改某个区块中的信息，就需要更改该区块及其之后所有区块的数据，这在计算上是不可行的。

3. 更高的透明度

去中心化还带来了更高的透明度。由于所有节点都有权访问和验证账本数据，因此系统中的每个参与者都能够看到交易历史和账本状态。这有助于建立信任，减少欺诈和错误发生，同时也使得系统更加开放和可访问。区块链的分布式账本技术意味着网络中的每个参与者都保存着一个账本副本，提高了数据的透明度。这种高度透明的特性使得区块链在金融交易、供应链管理、版权验证和投票系统等应用中展现出巨大的潜力，有助于减少欺诈、提高效率和增强用户信任。

（二）区块＋链式结构

区块链的账本是如何实现分布式记录的？关键在于数据块之间的链式结构。链式结构由一系列按照时间顺序连接的数据块组成。每个数据块包含一定数量的交易记录，并通过密码学方法与前一个数据块链接起来，形成一个不断增长的链条。这种数据块＋链式结构构成了区块链的基础架构，也是建立在区块链之上的各类经济应用的共同特点。

1. 区块

当一个新的交易产生时，交易数据会被发送到网络中的所有节点。这些节点会验证交易的有效性，然后将交易数据打包进一个新的数据块，这种数据块便是区块（Block）。每个区块通常包含以下几个基本元素：区块头（Block Header）、交易数据（Transaction Data）和默克尔树（Merkle Tree）。其中，区块头是区块的元数据部分，包含了区块的关键信息，如版本号、时间戳、前一个区块的哈希值等。交易数据是区块的主体部分，记录了一系列已经发生的交易，包含发送方和接收方的地址、交易金额、时间戳、交易费用以及签名等信息。默克尔树是一种树状数据结构，可以高效地校验大量交易数据的完整性。

2. 链式结构

区块链的“链”（Chain）是由一个个区块按照时间顺序连接而成的。每个新区块在被创建时，都会包含前一个区块的哈希值，这样就形成了一个从创世区块（第一个区块）到当前区块的链式结构。这种结构的设计使得一旦区块被加入区块链，就几乎不可能被更改或删除，因为任何对区块内容的更改都会导致该区块及其之后所有区块的哈希值发生变化，从而被网络中的其他节点检测到并拒绝。由此可以看出，区块链的安全主要由不可篡改的哈希值实现，这也反映了密码学这一应用数学学科对于区块链的重要性。

二、密码学在区块链中的应用

密码学是区块链中不可或缺的一部分，它为区块链提供了安全性、隐私性和信任基础。在区块链的构建和运行过程中，密码学的应用体现在多个层面，包括加密算法、验证与签名以及隐私保护等。

（一）加密算法

哈希函数是一种将输入数据转换成固定长度的输出数据的算法，也是区块链中使用最广泛的加密算法之一。哈希函数将任意长度的输入数据转换成固定长度的输出字符串，这一字符串被称为哈希值。区块链中最典型的哈希函数是 SHA-256（256 位安全哈希算法），它被用于比特币和其他许多加密货币中。SHA-256 具有抗碰撞性，即两个不同的输入值，一般不会产生相同的哈希输出值。

在区块链中，每个数据块都包含一个哈希值，这个哈希值是根据块内的所有交易记录和一个唯一的时间戳计算出来的。哈希值的特点是单向性，即从哈希值开始反推，几乎不可能反推出原始数据，这就保证了区块链数据的不可篡改性。好的哈希函数很难发生两个不同的输入数据产生相同的哈希值的情况，即“碰撞”。这增加了篡改数据且不被检测到的难度。此外，即使是微小的数据变化也会导致哈希值发生巨大变化，这被称为“雪崩效应”。因此，任何对数据的篡改都会引起哈希值的改变，从而可以很容易被发现。

（二）验证与签名

通过采用非对称加密算法、数字签名、钱包和地址等办法，区块链提高了验证和签名的安全性，这些方法共同构成了区块链安全性的基石。

1. 非对称加密算法

非对称加密算法是区块链验证和签名的核心。这种加密方式涉及一对密钥：公钥和私钥。公钥是公开的，任何人都可以用公钥加密信息或验证签名；私钥则是保密的，只有密钥的拥有者才能用它来解密信息或创建签名。在区块链中，每个用户都有一对唯一的密钥，私钥用于签署交易，公钥则用于验证这些签名的有效性。对于数字资产如非同质化通证（Non-Fungible Token，NFT），私钥是证明拥有者的所有权和控制权的重要凭证。

2. 数字签名

数字签名是区块链交易中不可或缺的一部分，它使用非对称加密技术来证明交易的发送者身份，并确保交易数据的完整性。当用户发起一笔交易时，他们会使用自己的私钥对交易数据进行签名。这个签名随后可以被任何拥有公钥的人验证，以确认交易确实来自声称的用户，以及交易内容在传输过程中未被篡改。

多重签名是一种常见的提高区块链安全性的技术，它要求有多个私钥的共同签名才能执行某些操作。例如，在比特币网络中，多重签名可以用来创建一个需要多个共同持有者签名才能支出资金的地址。这种技术提高了安全性，因为攻击者需要获得多个私钥才能进行未授权的交易。

3. 钱包和地址

在区块链网络中，用户的身份通常与其数字钱包地址关联。钱包是一个包含私钥和公钥的软件或硬件设备，它用于管理用户的加密货币资产。钱包地址是公钥的简化形式，它是一个短字符串，用于在区块链网络中识别用户的身份和接收资金。用户可以通过钱包发起交易，并通过私钥对交易进行签名。

最初，区块链钱包主要是简单的硬件或软件解决方案，用于存储和转移比特币。随着时间的推移，钱包类型开始多样化，包括热钱包（如电脑和手机上的应用程序）和冷钱包（如硬件钱包和纸钱包），以满足不同用户的需求。此外，还有基于云的钱包和去中心化钱包等新型钱包。

专栏 7-1

屡屡被盗的 NFT

NFT 是一种基于区块链技术的数字资产，代表了独一无二的标的物，如数字艺术品、游戏内特殊物品、稀有卡牌，或其他任何独特的数字或实物资产。每个 NFT 都有不可替换的特性，这与传统的同质化资产（如货币或股票）不同，后者是可互换且可分割的资产。NFT 通过区块链进行所有权的验证和追踪，确保了每个 NFT 的真实性和独特性。

NFT 市场近年来经历了显著的增长和变革。从 2021 年开始，NFT 市场发展进入了爆发期，吸引了全球范围内的艺术家、收藏家、投资者和技术爱好者。然而，NFT 私钥被盗事件发生得也越来越频繁。2022 年 4 月 1 日，著名歌手周杰伦的无聊猿 NFT 的私钥被钓鱼网站盗取。该 NFT 在从周杰伦的地址被转发出后，在短短 1 个小时内便被多次转手，以 130 以太币、155 以太币等价格交易。以当前以太币价格计算，周杰伦被盗的 NFT 价值超过 50 万美元，折合人民币超 320 万元。

2023 年 11 月，中国法院网发布了一份具有重大意义的规范评价——《盗窃数字藏品双重属性的规范评价》，将盗窃数字藏品视为盗窃罪，并对量刑标准做出了严格规定。该文件指出：数字藏品既有非同质化通证的技术特性，又有网络虚拟财产的法律性质。在评价盗窃数字藏品行为时，亟待结合双重属性通盘考虑。据此，行为人同时触犯非法获取计算机信息系统数据罪与盗窃罪，构成想象竞合犯①。从法定刑角度比较，按照盗窃罪从一重罪处断。

（三）隐私保护

区块链技术在设计之初就注重数据的透明性和不可篡改性，但随着技术的发展和应用场景的扩展，隐私保护逐渐成为区块链领域的一个重要议题。密码学可以通过多种方式实现区块链的隐私保护。

1. 匿名性

区块链可以通过提供匿名或伪匿名的方式来保护用户隐私。某些加密货币，如

① 想象竞合犯，也称为观念的竞合或想象的数罪，是指基于数个不同的具体罪过，实施一个犯罪行为，同时侵犯数个犯罪客体、触犯数个异种罪名的情况。想象竞合犯的核心特征是行为人仅实施了一个犯罪行为，但触犯了数个罪名。

Monero 和 Zcash，使用了特殊的加密技术来隐藏交易的发送方、接收方和交易金额。这些系统通常结合了隐形地址、零知识证明和环签名等技术，来确保交易的参与者和交易细节不被外部观察者发现。

2. 零知识证明

零知识证明是一种允许一方向另一方证明某个陈述是正确的，而无须透露任何有关证明的具体信息的密码学技术。在区块链中，零知识证明可以用来验证交易的合法性，而不必暴露交易的具体内容。zk-SNARKS 是一种流行的零知识证明技术，已经在 Zcash 等加密货币中得到应用。

3. 环签名

环签名是一种强调隐私保护的数字签名技术，它允许用户在一个群体中匿名地签署交易。在环签名中，签名者从群体中选择一组公钥（包括自己的公钥），然后创建一个签名，使得验证者无法确定是哪个公钥的私钥被用来签名。这种方式在保护用户身份的同时，还能确保交易的有效性。

三、共识机制

区块链技术的核心在于如何在缺乏可信第三方的分布式系统中达成共识。共识机制是区块链网络中节点达成一致的机制。它确保所有节点对区块链的状态达成一致意见，即使可能存在恶意节点。目前，有多种共识机制被应用于不同的区块链网络中，本节将对其中最主要的三种进行介绍。

（一）工作量证明

工作量证明（Proof of Work，PoW）是区块链技术中的一种核心共识机制，它最早由比特币创始人中本聪提出，并广泛应用于比特币和其他加密货币。工作量证明机制的主要目的是确保网络的去中心化与安全性，同时防止恶意攻击和欺诈。工作量证明机制不仅是首个共识机制，更是一个具有里程碑意义的创新。它成功地在去中心化分布式系统中建立了兼顾匿名性和安全性的共识，也确立了后续共识机制的基本框架。

工作量证明要求网络参与者（又称“矿工”）完成一项计算任务，这项任务计算工作量大，但验证结果却相对容易。在比特币网络中，这项任务是找到一个特定的哈希值，这个哈希值必须满足一定的条件（即“难度目标”）。矿工们尝试不同的数值，直到找到一个满足条件的哈希值，这个过程被称为“挖矿”。基于哈希算法的特点，该特定解有难于求解、不可被反向破解但易于验证的特点。这保证了一定时间范围内只有少数节点能够发布信息，避免了多个信息同时发布阻碍共识形成。其缺点也显而易见，即在一定时间内，全网只能由单一节点发布信息，这大大限制了信息交换的速度，在交易场景中容易导致交易延迟的问题。随着参与挖矿的用户越来越多，挖矿的效率会越来越低（表现为单位能耗带来的虚拟货币回报越来越低），最终确保了作为回报的虚拟货币的总量不超过一个特定水平，从而锁定了虚拟货币的供给量。

工作量证明遵循“最长链原则”，在由区块形成的链条中，最长链条记录的信息被认为是正确的。而随着工作量证明的开展，链条不断延长，由最长链原则确定的共识也就更为安全，有效攻击的难度也更高。这一原则也与信息存储方式和信息发布规则有着紧密联系：“区块”和“链”的结构意味着攻击者如果想修改系统内的信息，则需要修改自该信息区块开始记录的全部信息。工作量证明的信息发布规则意味着这种修改极其耗费算力，攻击者的收益很可能小于攻击成本，从而形成了共识。

信息存储、信息发布、共识形成都需要节点持续投入算力和存储资源，因此需对节点进行激励以维持系统持续运行。工作量证明采取的代币激励的方式，成为绝大多数共识机制激励的基础。率先完成工作量证明的节点将获得代币奖励，拥有记账权的节点在该区块进行记录也会获得手续费奖励。此时节点的激励与信息发布、共识形成之间形成了正向循环。节点耗费算力进行的信息发布能够为节点提供代币奖励，使节点有动力运行更多的工作量证明。

（二）权益证明

权益证明（Proof of Stake，PoS）是区块链领域中的一种共识机制，它与工作量证明相对，主要目的是解决后者能源消耗不断增加的问题，并提高区块链网络的效率和可扩展性。

权益证明机制的核心思想是基于货币持有者（持币者）的货币权益来选择网络的验证者和区块的创建者。这一机制将区块链网络的验证权和区块创建权与持币者的货币持有量和持有时间相关联。在权益证明系统中，持有一定数量货币的用户可以被选为验证者，这个过程通常是随机的，但持有货币数量越多、持有时间越长的用户被选中的概率越高。被选中的验证者负责创建新的区块，并对其内记录的交易进行验证。

与工作量证明相比，权益证明不需要耗费大量的计算资源来解决复杂的数学难题，因此大大减少了对于能源和算力的消耗。通过权益绑定的方式，权益证明使得验证者有动机维护网络的安全和稳定，因为他们的资产价值与网络的健康状态直接相关。验证者通过创建区块和验证交易可以获得区块奖励，这种激励机制鼓励持币者参与维护区块链网络，从而增强网络的去中心化程度。然而，由于缺乏了工作量证明中依靠算力提供的安全性保障，因此，权益证明机制下的网络可能会受到工作量证明机制下较少遇到的一些攻击。这种固定时间间隔的信息发布方式本身并不复杂，研究重点在于如何识别风险并提升系统安全性、优化信息发布过程。

（三）拜占庭容错

拜占庭容错（Byzantine Fault Tolerance）最早由图灵奖得主莱斯利·兰伯特（Leslie Lamport）等在1982年提出，用于描述分布式系统中的一种极端情况：系统中的一些节点可能会因为受到恶意攻击或出现故障而发送错误或矛盾的信息给其他节点。在这种情况下，系统需要容忍这些问题，并且通过一个容错机制仍然能够达成一致的决策。此类问题也被称为“拜占庭将军问题”，具有如下的故事性描述。

拜占庭位于如今的土耳其的伊斯坦布尔，是东罗马帝国（又称拜占庭帝国）的首都。

由于当时拜占庭帝国国土辽阔，为了防御，每个军队都分隔很远。假设拜占庭帝国的若干将军指挥一场战役，他们需要做出“进攻”或“撤退”的决策，而不同将军相互之间只能通过信差进行交流，每名将军将根据其收到的信息进行决策。将军中可能存在一定数量的“忠诚”将军与“叛变”将军，叛变的将军会刻意传递错误信息以干扰决策。拜占庭将军问题的核心就是，是否存在一种机制可以确保“忠诚”将军能够实现一致行动？这一问题概括了加密经济学的核心研究问题及其研究特征，这一问题的现实复杂性推动了加密经济学的发展。

实用拜占庭容错（Practical Byzantine Fault Tolerance，PBFT）是一种解决分布式系统中拜占庭容错问题的算法。在区块链技术中，实用拜占庭容错是一种重要的共识机制，它使系统在存在恶意节点或故障节点（数量最多达三分之一）的情况下，依然能够达成一致并正常运行。实用拜占庭容错在区块链中的应用主要集中在那些对交易速度和确定性有较高要求的场景。例如，企业级的区块链平台就采用了这一共识机制来保证网络的高效运行和数据的一致性。

四、智能合约

智能合约是区块链技术中的一项关键创新，通过自动化协议和密码，扩展了区块链的应用空间，为创建无须信任的去中心化应用（Decentralized Applications，DApps）提供了可能。

（一）基本概念

智能合约是一种运行在区块链上的自动执行合同，它允许在没有中介或第三方执行者的情况下，实现合同条款的自动验证和执行。智能合约的基本概念由密码学家尼克·萨博（Nick Szabo）于1994年首次提出，但由于技术限制，直到区块链技术出现后，智能合约才得到了实际应用。

智能合约是存储在区块链上的程序，它包含了一组预定义的规则和条件。当这些规则和条件得到满足时，智能合约就会自动执行相应的步骤，这些步骤可能包括资产的转移、数据的记录或其他复杂的业务过程。智能合约的执行不需要任何中介机构，因为它们是由区块链网络中的节点自动验证和执行的。这些操作是不可逆的，并且对所有网络参与者都是透明的。

（二）技术基础

1. 区块链平台

智能合约需要一个支持其执行的区块链平台。以太坊（Ethereum）是最早执行智能合约并得到广泛推广的平台之一，其通过引入虚拟机来执行智能合约。以太坊是一个于2015年创立的开源的、基于区块链技术的去中心化平台。它不仅支持加密货币交易，还允许开发者创建和部署智能合约，从而实现复杂的去中心化应用。以太坊的生态系统非常庞大，拥有众多的开发者、项目和应用，涵盖了金融服务、游戏、艺术品、供应链管理等多个领域。

2. 编程语言

编写智能合约需要特定的编程语言或框架。Solidity 是以太坊上最常用的智能合约编程语言，它是一种图灵完备的、专门为编写智能合约设计的高级语言。Solidity 的设计受到了 C++、Python 和 JavaScript 等编程语言的影响，具有支持静态类型、复杂数据类型、用户定义类型以及继承等特性。Solidity 还具有自动类型转换、安全数学运算和事件日志等功能，这些都是为了满足智能合约开发的特殊需求。

3. 共识机制和加密技术

区块链网络中的共识机制旨在确保所有节点对智能合约的状态达成一致意见。这意味着即使在分布式网络中，所有节点也能够验证并同意智能合约的状态和执行结果。智能合约的安全性依赖加密技术，如哈希函数和数字签名，它们确保了智能合约的代码和交易数据的完整性与不可篡改性。

（三）生命周期

智能合约的生命周期包括设计与编写、部署、交互与执行、监控与维护以及终止或更新等阶段。开发者首先使用智能合约编程语言编写合约代码，然后将其部署到区块链上。部署后，智能合约将获得一个独特的地址，用户可以通过这个地址与智能合约交互。智能合约的执行可以通过链上（On-chain）或链下（Off-chain）的方式进行，具体方式取决于智能合约的需求和设计。

1. 设计与编写

智能合约的生命周期始于设计阶段，开发者需要确定合约的功能、逻辑和预期行为。在这个阶段，需要详细规划合约的需求，并确定合约将如何与用户交互、处理交易以及管理状态。编写阶段涉及将规划设计转化为实际的代码。开发者使用如 Solidity 这样的智能合约编程语言来编写代码。这个过程需要开发者具备区块链技术和编程语言的专业知识。编写的代码必须经过彻底的测试，以确保合约按预期工作，没有安全漏洞或逻辑错误。

2. 部署

一旦智能合约编写完成并通过初步测试，下一步就是将其部署到区块链上。部署通常涉及将编译后的智能合约代码发送到区块链上，并在区块链上创建一个新的合约地址。这个过程需要消耗一定的区块链资源（如以太坊的 Gas），并可能需要通过交易来完成。部署后的智能合约将存储在区块链上，并且其代码和状态对所有网络参与者都是可见和可访问的。由于区块链的不可篡改性，因此部署的智能合约代码无法更改，这要求开发者在部署前确保代码的准确性和安全性。

3. 交互与执行

部署完成后，智能合约可以开始接收交易并执行其定义的逻辑。用户可以通过发送交易实现与智能合约的交互。这些交易可以触发合约内的函数，执行如资产转移、数据存储或复杂计算等操作。智能合约的执行是由区块链网络中的节点自动验证的。节点运行合约代码，确保所有交易符合合约规则，并更新合约状态。合约的状态变化会被记录在区块链上，成为不可篡改的一部分。

4. 监控与维护

智能合约一旦被部署，就需要持续的监控和维护。监控涉及跟踪合约的运行状态、性能以及与用户的交互情况。开发者需要确保合约的稳定运行，并对可能出现的问题或漏洞及时做出响应。维护可能包括更新合约逻辑、修复发现的问题或优化合约性能。由于区块链的不可变性，因此对已部署合约的直接修改是不可能的。因此，如果需要对合约进行重大更改，通常的做法是部署一个新的智能合约，并逐步将用户迁移到新智能合约中。

5. 终止或更新

智能合约可能会因为多种原因而终止。这些原因可能是其已经完成了预定的任务，或者是其因不再被使用而变得过时。在某些情况下，合约可能因为安全问题或法律合规性要求而被迫终止。对于需要更新的智能合约，开发者可以创建一个新的智能合约，并逐步引导用户迁移到新合约。这个过程需要仔细规划，以确保数据的完整性和合约功能的连续性。

（四）技术优势

智能合约的技术优势之一在于其具有可追踪性与可审计性。由于共识机制不可篡改，智能合约一旦发布就不能任意更改，因此，所有交易都是可追踪和可审计的，减少了金融欺诈、医疗欺诈等恶意行为的发生。技术优势之二与其去中心化特征有关，这有助于降低管理成本，提升运行效率。由于共识机制可以确保对整个系统的信任，无须依赖可信任的第三方，因此，智能合约可以以去中心化的方式自动触发、执行预先设置的操作，提高流程效率。技术优势之三在于其缔约时间更为灵活，能够潜在地解决由缔约时间而引起的不完全合约问题，这使得智能合约有望得到更为广泛的应用。对于物联网行业，针对数据收集易侵犯隐私这一问题，智能合约可以设置访问规则、条件和时间，允许某些个人或用户组拥有、控制或访问数据。

专栏 7-2

智能合约应用的例子

智能合约一般应用于去中心化金融（Decentralized Finance，DeFi）领域，特别是借贷平台。在传统的金融服务中，借贷过程通常需要将银行或其他金融机构作为中介，这不仅增加了成本，也降低了效率。DeFi 平台利用智能合约技术，允许用户之间直接借贷，无须中介，从而降低了交易成本并提高了资金的使用效率。

假设存在一个名为“Chain Money”的去中心化借贷平台，它使用智能合约来自动处理借贷过程。以下是智能合约在该平台中的具体应用过程。第一，创建借贷合约。借款人在 Chain Money 平台上发布借款请求，包括借款金额、利率和还款期限。这些信息被编码进一个智能合约，并被部署到区块链上。第二，资金匹配。投资者浏览平台上的借款请求，并选择他们愿意投资的借款请求。一旦投资者同意借款条款，他们的资金就将被锁定在智能合约中。第三，自动计息。智能合约根据预设的利率和期限自动计算利息。随着时间的推移，智能合约会跟踪产生的利息，并在到期时一并结算给投资者。第四，还款与释放。到还款期限后，智能合约会自动从借款人的账户中扣除相应的本金和利息，并释放给投资者。如果借款人未能按时还款，智能合约可能会触发抵押品的拍卖或其他预设的违约处理机制。第五，信用评分更新。智能合约还会根据借款人的还款表现更新其信用评分。良好的信用记录将有助于借款人在未来获得更低成本的贷款。

智能合约在去中心化借贷平台上的应用展示了其在金融领域提高效率、降低成本以及增强透明度和安全性方面的潜力。随着 DeFi 生态的不断发展，智能合约将在更多金融服务中发挥重要作用，推动传统金融业务的数字化转型。

第二节　区块链的应用场景

本节将主要介绍区块链在现实中的应用场景。总体上看，区块链是通过为已有经济活动降本增效来释放其经济价值的。通过“区块链+”，传统经济活动的透明度得到了显著提升，在线交易的安全性显著提高，对数字产权与个人隐私的保护被提升到一个新的高度。

一、金融服务

区块链技术在金融服务中的应用是多方面的，其去中心化、不可篡改性和透明性等特性为金融行业带来了革命性的变革。区块链不仅能够提高金融服务的效率和安全性，还能够推动金融创新，实现金融服务的普及与普惠。随着技术的不断发展和成熟，区块链将在金融服务中发挥越来越重要的作用。

（一）供应链金融

供应链金融是区块链技术应用的一个重要领域。在传统的供应链管理中，信息不对称和信任缺失是常见的问题，这导致了融资难、融资贵等问题，对于小微企业来说更是如此。区块链技术通过提供一个去中心化的、透明的信息记录平台，能够有效解决这些问题。

1. 提高透明度和可追溯性

区块链技术的核心之一是其公开、透明且不可篡改的分布式账本。在供应链金融中，这意味着每一笔交易都会被记录在一个安全且可追踪的平台上。从原材料的采购到最终产品的销售，所有的交易信息都能够被记录和追踪。这种透明度极大地降低了供应链中的风险，因为所有参与方都能够实时查看和验证交易信息。

2. 降低交易成本和时间

传统的供应链金融涉及多个中介机构，如银行、保险公司和物流公司等，这些中介机构的存在增加了交易的时间和成本。区块链技术通过去除或减少中介的参与，实现了点对点的交易，从而显著降低了交易成本，减少了交易时间。智能合约进一步简化了交易流程，因为它们能够在满足预设条件时自动执行合同条款，无须人工干预。

3. 风险管理和信用增强

供应链金融中的一个关键问题是风险管理。区块链技术通过提供实时的、不可篡改的数据，帮助金融机构更准确地评估和管理风险。例如，通过分析区块链上的历史交易数据，金融机构可以更好地评估供应商的信用状况和偿债能力。此外，区块链技术还可以用于创建基于表现的融资模型，其中贷款的发放和偿还直接与供应链中的绩效指标挂钩。

4. 促进供应链金融创新

区块链技术为供应链金融的创新提供了广阔的空间。例如，通过代币化，参与者可以更灵活地交易供应链中的资产和权益，以及进行融资。供应链金融中的资产，如应收账款、库存和预付款，可以通过区块链平台证券化，从而吸引更广泛的投资者群体。此外，区块链技术还支持新型金融产品和服务的开发，如基于供应链的微保险产品。

（二）支付清算

区块链技术在支付清算领域的应用主要体现在跨境支付和实时清算上。传统的支付清算系统往往需要多个中介机构参与，流程复杂且耗时。区块链技术能够简化这一过程，通过提供更快、更便宜、更安全的支付清算服务，区块链技术正在重塑金融市场的运作方式。

1. 跨境支付

在传统的跨境支付过程中，交易通常需要经过多个中介机构，如银行和清算所，这不仅增加了交易的时间和成本，也增加了交易的复杂性。区块链技术通过提供点对点的支付平台，可以显著减少跨境支付所需的时间和费用。例如，区块链可以使两个不同国家的参与者直接进行交易，无须依赖于传统的银行网络或交易所，从而降低了交易成本，缩短了交易时间。

2. 实时清算

区块链技术可以实现支付和清算的同时进行，这一点对于提高金融市场的效率至关重要。在传统的金融系统中，支付和清算往往是分离的，这容易导致资金延迟使用和结算风险。区块链技术通过分布式账本，可以在交易发生的同时进行清算，确保了资金的即时转移和结算，降低了结算风险。

3. 促进支付技术创新

区块链技术给支付领域带来了创新的机会。例如，基于区块链的稳定币作为支付工具，可以提供更稳定的货币价值。此外，区块链技术还可以开创新的支付模式，如微支付和基于行为的支付，这些模式在传统金融系统中都难以实现。

（三）数字资产和证券

区块链技术为数字资产和证券的发行、交易和管理提供了新的可能。通过代币化，各种资产（如股票、债券、房地产等）都可以在区块链上进行交易，提高了资产流动性。

1. 资产代币化

资产代币化是指将现实世界中的资产（如房地产、艺术品、股权等）转换为数字资产，即代币，用户可以在区块链上交易和管理这些代币。这一过程提高了资产的流动性，因为投资者可以轻松地在区块链平台上购买和出售这些代币。此外，资产代币化也降低了投资门槛，使更多的投资者能够参与到原本高门槛的投资领域。

2. 证券发行和交易

区块链技术可以简化证券的发行和交易过程。通过使用区块链平台，公司可以直接向投资者发行股票或债券，无须经过传统的承销商和交易所。这种直接发行的方式降低了交易成本，并提高了交易效率。同时，区块链上的交易记录是透明且不可篡改的，为投资者提供了更高的安全性和信任度。

3. 增强监管合规性

区块链技术可以提高证券交易的透明度，帮助监管机构更有效地监控市场活动。所有交易记录都被存储在区块链上，监管机构可以实时访问这些信息，确保市场运行的合规性。此外，区块链技术有助于企业更容易地遵守反洗钱（Anti-money Laundering，AML）和客户身份认证（Know Your Costomer，KYC，即了解你的客户）等监管要求。

（四）普惠金融

普惠金融旨在为所有人提供可负担的金融服务。区块链技术通过降低金融服务的成本和提高服务的可达性等，有助于实现普惠金融的目标。

1. 提升金融服务可达性

区块链技术通过去中心化的网络结构，使金融服务不再局限于传统的银行网点。通过手机或其他数字设备，即使在偏远地区，用户也能够访问金融服务系统。这种去中心化的金融服务模式降低了门槛，使无法接触到成熟的银行金融服务的人群能够更容易地参与到金融系统中来。

2. 降低金融服务的成本

普惠金融的一个关键目标是降低交易成本。传统金融机构在处理小额交易时面临着较高的成本。区块链技术通过简化交易流程和减少中间环节，显著降低了交易成本。智能合约的使用进一步减少了人工操作，使得金融服务更加经济高效。智能合约还提高了交易的透明度和效率，降低了人为操作错误和欺诈的风险，通过自动化复杂的金融流程，如贷款发放、保险赔付和证券交易，进一步提升成本效益。

3. 增强金融服务透明度

区块链技术提供了一个透明且不可篡改的账本，所有交易记录都是公开的。这种公开透明有助于建立用户对金融系统的信任，同时也使得金融服务提供商能够更有效地监控和管理风险。对于普惠金融服务来说，透明是提高用户信任度和参与度的重要因素。

4. 改善信用评估和风险管理

在普惠金融的推进中，由于缺乏信用记录，因此很多低收入群体难以获得信贷服务。区块链技术可以记录个人和企业的交易历史与行为模式，为信用评估提供新的数据源。基于这些数据，金融机构能够更准确地评估借款人的信用状况，从而降低信贷风险。此外，智能合约还能实时监控借款人的财务状况，自动调整信贷额度或利率，有效管理违约风险。通过降低信用评估成本和提高风险控制能力，智能合约有助于扩大金融服务覆盖面，特别是针对小微企业和低收入群体的金融服务，推动了普惠金融的发展。

二、供应链管理

供应链是指从原材料获取、产品制造到最终产品交付给消费者的整个过程。它涉及多个参与方，包括供应商、制造商、分销商、零售商和消费者。供应链管理是协调和管理供应链中的物料、信息和资金流动的一系列活动。供应链管理的目的是提高效率，降低成本，提高客户满意度。它通过优化库存管理、运输、订单处理、产品组装和支付等环节，确保供应链的顺畅运作。

区块链技术在供应链管理中的应用正逐渐改变传统的业务流程。通过提供更高的透明度、安全性和效率，提升响应速度和减少浪费，区块链提高了供应链的竞争力和抗风险能力，逐步成为供应链优化的关键技术。

（一）供应链透明度

供应链管理中的一个关键挑战是确保整个供应链的透明。区块链技术通过其分布式账本提供了一个不可篡改的记录系统，每一项商品从生产到最终销售的每个环节都可以被记录和追踪。

1. 端到端的可追溯性

供应链的透明度在很大程度上取决于产品从生产到消费的每一个环节的信息可见度。区块链技术可以记录产品从原材料采购、制造、运输、仓储到最终销售的每一个环节的信息。每个环节的信息都被加密并存储在区块链上，确保了信息的真实性与完整性。消费者和企业都可以追溯产品的来源和历史，从而提高供应链的整体透明度。

2. 实时数据共享

在传统的供应链管理中，信息往往在不同的参与者之间孤立存在，导致信息不对称和透明度不足。区块链技术允许所有供应链参与者实时共享数据。通过区块链平台，供应商、制造商、物流公司、分销商和零售商可以实时查看订单状态、库存、物流进度等信息，从而提高供应链的协同效率和透明度。

3. 增强质量控制

区块链技术可以帮助企业更有效地进行质量控制。通过在区块链上记录产品的检验和认证信息，企业可以确保产品符合质量标准。此外，一旦发现质量问题，区块链可以帮助快速定位问题源头，采取相应措施，从而保护消费者利益并维护企业声誉。

4. 消费者参与和信任建立

随着消费者对产品来源和生产过程越来越关注，供应链透明度对于建立消费者信任变得至关重要。区块链技术可以提供一个平台，使消费者能够查询产品的信息，如原材料来源、生产过程、社会责任和环境影响等。这种透明度有助于建立消费者对品牌的信任，同时促进可持续消费。

（二）库存管理和需求预测

区块链技术在库存管理和需求预测方面的应用，为供应链优化提供了新的解决方案。通过分布式账本和智能合约，区块链能够提高数据的准确性、实时性和对需求的预测能力，从而帮助企业更有效地管理库存和预测市场需求。

1. 库存数据实时更新

区块链技术可以提供一个去中心化的平台，实时记录和更新库存数据。所有参与方，包括供应商、制造商、物流公司和零售商，都可以访问同一个数据源，确保库存信息的一致性和准确性。这种实时更新机制减少了数据同步的时间延迟，提高了库存管理的效率。

2. 更精确的需求预测模型

结合区块链技术和大数据分析技术，企业可以构建更为精确的需求预测模型。区块链上的交易数据、销售数据和消费者行为数据可以被用来分析市场趋势和消费者偏好，从而预测未来的市场需求。这种需求预测模型有助于企业调整生产计划和库存策略，减少库存积压，降低缺货风险。

3. 智能合约自动化补货

智能合约允许在满足预设条件时自动执行合同条款。在库存管理中，智能合约可以根据库存水平自动触发补货订单。例如，当库存低于某个阈值时，智能合约可以自动向供应商发送补货请求。这种自动化减少了人工操作的错误，降低了时间成本，提高了补货的及时性和准确性。

（三）推动供应链创新

区块链技术作为一种颠覆式创新，正在重新定义供应链管理的方式。通过其独特的特性，如去中心化、不可篡改性和透明性，区块链为供应链创新提供了新的可能性。

1. 推动产品生命周期管理的创新

区块链技术可以记录产品的整个生命周期，即从设计、生产、销售到回收的全过程。这种详细的记录有助于企业更好地管理产品的生命周期，实现产品的持续改进和创新。例如，通过分析产品的使用数据，企业可以发现新的市场需求，开发新的产品功能。

2. 支持可持续发展和履行社会责任

区块链技术可以帮助企业实现可持续发展目标。通过记录供应链的环境影响和社会影响，企业可以更好地履行其社会责任。例如，企业可以使用区块链技术来确保其供应链符合环保标准和劳工权益保护的规定。这有助于企业树立良好的品牌形象，并推动整个行业的可持续发展。

3. 创新合作模式

区块链技术可以激发供应链合作伙伴之间的创新合作模式。例如，通过区块链平台，合作伙伴可以共同开发新的产品和服务，共享市场数据，甚至共同参与研发项目。这种模式有助于创造新的市场机会，并提高整个供应链的竞争力。

专栏 7-3

区块链推动供应链创新的案例

基于区块链的供应链创新合作正逐渐成为现实，其中一个引人注目的例子是全球零售巨头沃尔玛和 IBM 合作的食品溯源项目。食品安全一直是全球关注的焦点，消费者对食品来源和质量的要求越来越高。传统的食品供应链涉及多个环节，信息分散在不同的数据库和系统中，导致食品溯源困难，一旦出现食品安全问题，追踪问题源头耗时耗力。沃尔玛和 IBM 的合作目标是创建一个安全、高效、透明的食品供应链，通过区块链技术实现食品的快速溯源，提高食品安全性，增强消费者信心，并优化供应链运营。

食品溯源采用 IBM 的区块链平台，构建了一个去中心化的食品安全解决方案。区块链网络连接了供应链中的所有参与者，包括农场、加工厂、配送中心、分销中心、零售商（商店）和最终消费者（见图 7-1）。每一批次食品的每个环节在供应链中都会有记录，包括生产日期、批次号、运输条件、存储温度等关键信息。沃尔玛和 IBM 的食品溯源项目取得了显著成效。通过区块链技术，供应链的透明度和效率得到了显著提升。消费者对食品来源和质量有了更多的了解与信心，企业的品牌形象和市场竞争力得到了巩固增强。同时，供应链中的食品安全风险得到了更好的控制和管理。

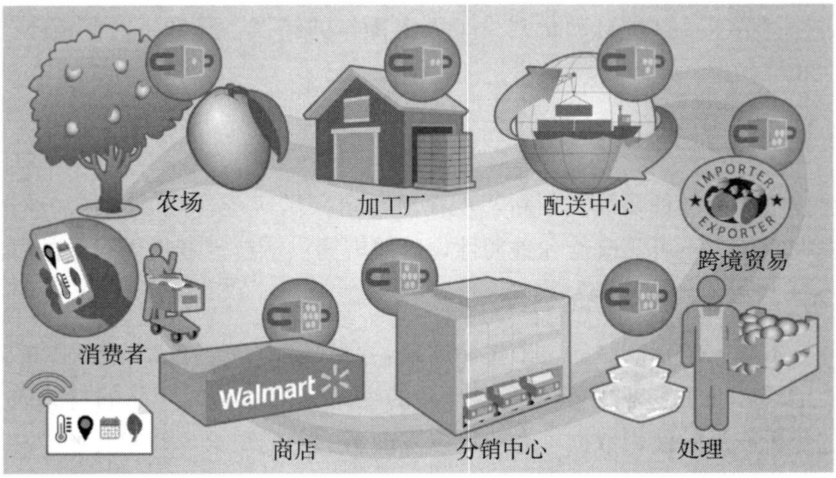

图 7-1 沃尔玛和 IBM 建立的食品区块链溯源系统

资料来源：沃尔玛官网。

三、版权保护

版权是指创作者对其创作的作品所享有的一系列法律权利。这些权利包括复制权、发行权、改编权等，使创作者能够控制作品的使用并从中获益。版权保护旨在防止他人未经授权使用、复制或分发作品，确保创作者的智力劳动成果得到尊重和经济回报。版权通常自作品创作完成时自动产生，但在某些情况下，如作品的商业使用，可能需要进行版权登记以获得更强的法律保护效力。区块链技术可以被用于确保创作者的版权得到保护，防止作品被非法复制和传播。

（一）版权注册与记录

版权保护的第一步是确保作品的创作和所有权得到官方认可与记录。在一般情况下，版权注册与记录过程十分烦琐且耗时久，而区块链技术可以通过创建一个去中心化的版权注册系统来简化这一过程。

1. 数字指纹

区块链技术可以为每件作品生成一个独特的数字指纹（或哈希值），这是一个通过加密算法得到的短字符串，能够确保作品具有唯一性。当作品被上传到区块链系统时，系统会生成一个哈希值并将其存储在区块链上。由于哈希值具有唯一性，因此即使作品的内容很长或文件很大，创作者也可以通过哈希值来唯一标识和确认作品。这个哈希值可以用于在区块链上进行版权登记，确保作品的原创性和所有权得到官方认可。

2. 时间戳

区块链技术可以为作品创建一个不可篡改的时间戳，这是一个记录作品创建或上传到区块链的确切时间的标记。时间戳对于证明作品的创作时间至关重要，特别是在版权归属有争议时，时间戳可以作为重要证据。由于区块链的不可篡改性，因此一旦作品的时间戳被记录在区块链上，任何人都无法更改或删除，从而确保了版权证明的持久性和可靠性。

3. 自动注册

智能合约是区块链技术的一个重要应用，它允许系统在满足预设条件时自动执行合同条款。在版权注册过程中，智能合约可以自动按照版权登记流程进行注册和登记。当创作者上传作品并请求版权登记时，智能合约会自动验证作品的哈希值和时间戳，确认作品的原创性，并在区块链上创建版权记录。这种自动化的版权注册过程不仅提高了版权登记的效率，还减少了人工操作的错误，降低了成本。

（二）版权交易与管理

版权的交易和管理是版权保护的另一个重要方面。区块链技术可以提供一个透明、安全的平台，用于版权的买卖、授权和分发。

1. 搭建交易平台

基于区块链的版权交易平台能够提供一个去中心化的环境，使得版权作品的买卖双方能够直接进行交易，无须依赖传统的中介机构。如此一来，平台利用区块链的透明性和不可篡改性，确保了交易记录的真实性和安全性。创作者可以将自己的作品上传到区块链平台上，并通过智能合约设置作品的使用条件和价格。

2. 所有权转移

在传统的版权交易中，所有权的转移往往需要复杂的法律程序和文档记录。区块链技术通过其独特的数字签名和智能合约功能，简化了版权作品所有权的转移过程。当版权作品被买卖时，相关的所有权信息会自动记录在区块链上，并通过数字签名进行验证。这种所有权转移不仅快速，而且具有法律效力，因为区块链的不可篡改性确保了交易记录的永久性与可追溯性。

3. 使用追踪与收益分配

区块链技术可以实时追踪版权作品的使用情况，包括作品被复制、分发或公开展示的次数。这种追踪功能对于版权所有者来说至关重要，因为它能够帮助版权所有者监控自己作品的使用情况，并确保其能从使用中获得应有的收益。智能合约可以根据预设的规则自动处理收益分配，确保版权所有者及时收到版权使用费。

4. 许可与授权

版权许可是版权管理的一个重要方面。区块链技术可以用于创建和管理版权许可协议。通过智能合约，版权所有者可以设置作品的使用条件，如使用范围、时间限制和费用等。当使用者接受这些条件并支付相应的费用时，智能合约会自动更新版权许可状态，并将这些信息记录在区块链上。这种方式简化了版权许可的过程，降低了版权纠纷的风险。

（三）侵权监测与维权

区块链技术为侵权监测与维权提供了一种高效、低成本的解决方案，可以帮助版权所有者监测侵权行为，并为其维权提供支持。

1. 实时监测与侵权记录

区块链技术可以与互联网服务提供商（Internet Service Provider，ISP）和内容分发网络（Content Delivery Network，CDN）等合作，实时监测网络上的版权作品的使用情况。当版权作品被上传或分享到网络时，系统会自动检测其数字指纹，并与区块链上的记录进行比对。如果发现使用者未经授权使用版权作品，那么系统就会记录这次侵权行为，包括时间、地点和使用者等详细信息，并将这些信息存储在区块链上，为版权所有者后续的维权行动提供证据。

2. 自动维权

智能合约可以在检测到侵权行为时自动执行预设的维权行动。例如，智能合约可以自动向侵权者发送警告通知，要求其停止侵权行为，并可能自动启动法律诉讼流程。这种自动化的维权机制大大提高了版权所有者的维权效率，降低了维权成本，并提高了对侵权行为的追诉率。

3. 法律效力与证据保全

由于区块链记录的不可篡改性，因此存储在区块链上的版权信息和侵权证据具有法律效力。在版权纠纷案件中，区块链上的记录可以作为证据，帮助版权所有者证明其作品的原创性和所有权归属。此外，区块链上的侵权记录也可以作为侵权行为的直接证据，为版权所有者提供强有力的支持。

4. 去中心化仲裁与快速解决纠纷

区块链技术还支持去中心化的仲裁机制，为版权纠纷提供快速、公正的解决方案。通过创建一个基于区块链的仲裁平台，版权所有者和使用者可以在这个平台上解决版权争议，无须进行耗时耗资的法律诉讼。这种去中心化仲裁机制有助于降低版权纠纷的解决成本，并提高版权保护的效率。

四、身份认证

在数字经济时代，确定和认证虚拟环境下的用户身份、避免诈骗和身份造假成为商业活动面临的一大困难。区块链技术可以创建一个安全、可靠的身份认证系统，在该系统中，用户可以控制自己的个人信息，只在必要时分享给有需要的第三方，这便在去中心化的前提下确保了身份的真实性。

（一）去中心化身份认证

传统的中心化身份认证系统依赖于单一的认证机构来验证用户身份，这种模式发生单点故障和数据泄露的风险较高。区块链技术提供了一种去中心化的身份认证解决方案，用户的身份信息不再集中存储在单一的服务器上，而是分布在整个区块链网络中。

用区块链进行去中心化身份认证涉及以下三个方面的内容：

第一，数字身份创建。用户在区块链上创建一个数字身份，这一过程通常会生成一对公钥和私钥。公钥可以公开分享，用于他人验证用户的身份，而私钥必须保密，用于签署交易和证明身份。

第二，身份认证过程。当需要验证身份时，用户可以使用私钥对交易或身份声明进行签名。接收方可以通过公钥来验证签名的有效性，从而确认用户的身份。

第三，去中心化身份网络。区块链技术支持创建去中心化的身份网络，用户可以在这个网络中自由地分享和验证身份信息，而无须依赖中心化的认证机构。

区块链技术为去中心化身份认证提供了一种可行的解决方案。在金融服务领域，去中心化身份认证可以提高客户开户和交易的效率，同时降低信息盗窃和欺诈的风险。对于数字平台，去中心化身份认证可以简化用户注册和登录流程，提高用户体验。在物联网设备中，去中心化身份认证可以确保设备间的安全通信，防止未经授权的访问和控制。

（二）简化身份认证流程

在传统的身份认证流程中，用户往往需要在不同的网站和服务上重复验证身份。而基于区块链的身份认证系统允许用户创建一个可验证的数字身份，这个身份可以在不同的服务提供商之间共享和验证，无须重复验证。例如，用户可以在一个可信的机构完成身份认证，然后将验证结果存储在区块链上，以后在访问其他服务时可以直接使用这个验证结果，从而避免了重复验证。

此外，区块链技术还支持跨平台的身份认证。由于区块链是去中心化的，因此用户的身份信息可以在不同的服务和平台之间共享。这意味着用户可以在一个地方完成身份认证，然后在其他地方使用这个身份，无须重复验证。这种跨平台的身份认证不仅提升了用户体验，还降低了服务提供商的管理成本。在理想状态下，用户的数字身份可以登录所有的数字平台，其重要性不亚于现实中的身份证件。

（三）促进跨界合作与全球合作

区块链技术在身份认证中的应用还可以促进跨界合作。不同国家和地区的组织可以使用基于区块链的身份认证系统来共享身份信息，促进全球合作。

1. 建立全球信任网络

区块链技术通过去中心化的方式，允许不同国家和地区的组织在没有中心控制机构的情况下共享和验证身份信息。这种基于区块链的身份认证系统可以构建一个全球性的信任网络，使跨境合作更容易达成和更安全。组织可以依赖于区块链上记录的不可篡改的身份信息，降低合作伙伴之间的信任成本。

例如，在新冠疫苗的冷链运输中，区块链的存证应用得到了极致的发挥。医药冷链对运输全程的温湿度要求严格，区块链技术通过与物联网技术结合，实现了温湿度记录的自动采集和实时监控，防止数据被篡改，确保了疫苗的质量和安全。

2. 简化国际业务流程

国际业务往往涉及复杂的合规验证和身份认证流程。区块链技术可以简化这些流程，通过提供一个可验证的数字身份，用户和组织可以在不同的司法管辖区之间无缝地进行交易和合作。这种简化不仅提高了交易和合作的效率，还降低了合规问题导致的法律风险。

在国际贸易中，基于区块链的身份认证可以降低对中介机构的依赖，降低交易成本，缩短交易时间。由于区块链上的身份信息是全球认可的，因此它有助于跨越语言和法律障碍，增强和促进不同国家和地区之间的信任和合作。此外，智能合约可以自动执行基于身份认证的业务流程，如自动放行货物、处理支付或执行合同，进一步提高了效率和透明度。

3. 助力全球治理

区块链技术可以帮助各国政府和国际组织更好地执行政策、确保监管合规。由于区块链上的身份信息是透明且不可篡改的，因此监管机构可以更容易地监控和审计身份认证流程，确保合规。这对于需要严格身份认证的全球性项目和合作尤为重要。此外，区块链的透明性和不可篡改性使监管机构能够实时监控金融交易状况和国际资金流向，可以有效打击洗钱和恐怖融资等非法活动。智能合约的自动执行功能还可以确保国际协议和条约的条款得到准确履行，减少违约情况的发生。

第三节 区块链的经济学展望

区块链经济学是一个新兴的研究领域，探讨了区块链技术如何影响经济行为、市场结构和宏观经济政策等问题。本节将介绍区块链经济学中的三个关键问题：区块链对市场结构和竞争的影响，区块链的金融效应，以及区块链的经济治理与社会影响。上述问题不仅涉及经济学理论和实证分析，还涉及法律、社会学和信息科学等多个学科。随着区块链技术的不断发展及广泛应用，研究这些问题对理解未来经济发展趋势和制定相应政策具有重要意义。

需要注意的是，在相关经济学研究中，区块链本身作为一项数字技术参与经济活动，同时也发挥着加密货币的底层技术作用。本节不会区分区块链技术自身与加密货币的经济学意义，而是按照研究主题与研究内容对区块链经济学进行梳理。

一、区块链对市场结构和竞争的影响

（一）去中心化市场

区块链经济学的一个关键问题是，区块链技术如何促进去中心化市场的形成和发展，以及这种市场结构对传统中心化市场的影响是什么。

1. 去中心化市场的形成和发展

区块链技术具有去中心化的特性，允许市场参与者在没有中央权威机构的情况下进行交易。这种去中心化的市场结构降低了交易成本，提高了市场效率。在这种结构下，所有的交易记录都被存储在一个公共的、去中心化的账本上，所有的市场参与者都可以访问和验证这些信息，从而确保了市场的透明性和公平性。智能合约作为一种自动化的交易方式，不仅提高了交易效率，还降低了交易双方的信任成本。智能合约可以自动化执行各种业务流程，如支付、结算、版权管理等，从而促进了去中心化市场的形成和发展。

区块链的多项技术特征构成了其相对于传统中心化市场的天然优势。区块链技术通过加密算法确保交易的安全性，同时通过匿名或伪匿名的方式保护用户的隐私。交易的安全性和隐私保护机制使用户更愿意参与到去中心化市场中来，从而推动了去中心化市场的扩张。区块链技术使各种形式的资产（如房地产、艺术品、知识产权等）可以被代币化，转换为数字资产并在去中心化市场上交易。这种资产的代币化大大拓宽了市场的范围，使更多的人能够参与到市场中来，同时也提高了资产流动性。

2. 对传统中心化市场的影响

去中心化市场的发展对传统中心化市场构成了挑战。在去中心化市场中，由于交易成本降低和交易效率提高，因此许多传统的中介机构如银行、交易所的职能可能会被削

弱或取代。这将导致市场竞争格局发生重大改变，促使传统市场参与者进行自我革新和调整。

去中心化市场推动了商业模式的创新。许多企业开始探索如何利用区块链技术和去中心化市场来改进自己的产品和服务。例如，通过代币化的方式融资、通过智能合约自动执行合同等。这些创新的商业模式对传统中心化市场产生了压力，迫使其进行技术升级和业务转型。

去中心化市场的发展对消费者权益的保护提出了新的要求。虽然区块链技术提供了更高的透明度和安全性，但消费者仍然需要了解如何保护自己的权益。这要求消费者提高自身的数字素养，同时也要求市场建立更加完善的消费者保护机制。

（二）网络效应

区块链的网络效应是指随着用户数量的增加，区块链的网络价值随之增加的现象，其基础是前文介绍过的梅特卡夫定律。值得思考的是，区块链的网络效应如何影响市场参与者的行为，以及这种网络效应如何塑造市场竞争力。

1. 对市场参与者行为的影响

使用区块链能够增加网络吸引力。随着区块链网络规模的扩大，更多的市场参与者因被吸引而加入。这是因为网络中的每个新增用户都为其他用户带来了潜在价值，如更多的交易机会、更广泛的服务选择和更丰富的信息来源。这种正反馈循环使区块链的网络价值随着用户数量的增加而呈指数级增长。

区块链的网络效应能够促进创新和服务多样化。区块链网络规模的不断扩大鼓励市场参与者进行创新和提供多样化的服务。随着网络用户的增加，市场对新技术和新服务的需求也随之增长。这促使企业和个人不断探索新的商业模式与应用场景，推动整个市场的创新和发展。

2. 塑造市场竞争力

规模效应可能导致市场集中度提高。一方面，区块链技术的规模效应使早期进入者和快速增长者形成了强大的竞争优势。这些参与者可以通过网络效应吸引更多的用户，从而巩固其市场地位，形成较高的进入壁垒。另一方面，在区块链网络中，较大的网络往往能够提供更高质量的服务和具有更低的成本，从而可以吸引更多的用户。这可能导致市场资源向少数大型网络集中，形成寡头竞争或垄断市场。例如，在加密货币市场，绝大多数资金流入了用户数量最多的几种加密货币，如比特币和以太币，中小型虚拟货币很难维持长时间运营。

（三）市场透明度

区块链技术通过提供前所未有的市场透明度，逐步解决了各种市场信息不对称问题，进而影响了价格机制和市场效率。对这一问题的分析是区块链经济学的研究重点。

1. 化解信息不对称

区块链技术的核心特性之一是其高透明度。所有交易记录都被公开记录在一个分布式账本上，任何人都可以访问和验证这些信息。高透明度显著降低了市场中的信息不对称，使市场参与者能够基于更全面的信息做出决策。区块链技术能够确保数据的不可篡改性和完整性，提高了数据的质量。这种高质量的数据对于市场参与者来说是宝贵的资源，可以帮助他们更好地了解市场动态，做出更加明智的投资和消费决策。

区块链技术化解信息不对称的一个重要机制是其实现了经济活动的去中介化。传统的市场交易往往需要依赖中介机构来建立信任。区块链技术通过智能合约和共识机制，允许参与者在没有中介的情况下进行交易，从而降低了建立信任的成本，提高了交易效率。

2. 影响价格机制

区块链技术能够实现更准确的价格发现。当市场参与者可以获取更全面和更透明的信息时，价格发现过程会更加高效。区块链技术通过提供实时数据和增强信息的透明度，有助于市场更准确地反映供需关系，从而形成更加公正的价格。

区块链技术还能减少价格操纵，形成新的定价模型。信息不对称可能导致价格操纵和市场滥用行为。区块链技术的透明性和不可篡改性使操纵市场价格这一行为变得更加困难，从而保护了消费者和投资者的利益。区块链技术还可以促进新的定价模型的形成，如基于使用量的定价或基于性能的定价。这些模型依赖于实时数据和高透明度，能够在不同的市场环境中动态调整价格。

3. 提高市场效率

区块链技术通过降低交易成本、加速交易结算与促进市场参与三种机制提高市场效率。首先，通过消除中介和降低信任成本，区块链技术有助于降低交易成本。这使市场参与者能够更频繁地进行交易，提高了市场流动性和效率。其次，区块链技术可以实现交易的即时结算，减少了传统交易后端处理所需的时间和资源。这种快速的交易执行和结算提高了市场效率，降低了交易的总体时间成本。最后，随着市场透明度的提高和交易成本的降低，更多的市场参与者进入市场。这增加了市场的多样性，提高了市场的竞争力，进一步提高了市场效率。

二、区块链的金融效应

（一）区块链与货币政策

以区块链为底层技术的加密货币是一种去中心化的超主权数字货币。学术界和政策界均非常关心的一个重要的问题是，加密货币的普及是否会削弱中央银行的货币政策工具，如利率政策和货币供应控制的效果。

1. 加密货币对货币政策的潜在影响

加密货币首先影响中央银行对于货币供应的控制。中央银行通过调整货币供应量来影响经济活动和控制通胀。如果加密货币被广泛接受并被用作交易媒介，那么它们可能会成为货币供应的一部分，进而影响中央银行对货币总量的控制。如果加密货币的供应不受中央银行控制，那么中央银行通过调整货币供应来实现宏观经济目标的能力可能会被削弱。

考虑到加密货币的高价格波动性，加密货币可能会对金融稳定构成威胁。如果加密货币成为主要的支付和储值手段，那么它们的波动性可能会对经济造成冲击，这可能会迫使中央银行采取更加积极的货币政策措施来维护金融稳定（李苍舒和黄卓，2021），进而可能对货币政策发挥逆周期性作用造成不利影响。

2. 中央银行应对加密货币冲击的做法

在当前技术水平下，各国中央银行主要通过技术创新、加强监管和国际合作来应对加密货币的冲击。首先，中央银行可以通过开发自己的数字货币［如中央银行数字货币 Central Bank Digital Currency，CBDC）］来应对加密货币的挑战。CBDC 可以结合传统法定货币的稳定性和加密货币的技术优势，从而保持中央银行对货币供应和利率的控制。其次，中央银行可以通过加强对加密货币市场的监管和监督来减轻其对货币政策的影响。例如，通过反洗钱和反恐融资规定，确保加密货币交易的透明，从而降低其对金融系统的潜在影响。最后，鉴于加密货币的全球性，中央银行需要与其他国家的货币当局合作，共同制定国际标准和政策，以确保加密货币的健康发展，并减少其对货币政策的潜在负面影响。

专栏 7-4

国际清算银行的数字货币合作项目

国际清算银行（BIS）作为全球中央银行的银行，一直致力于维护全球金融稳定和推动货币合作。在数字货币领域，国际清算银行认识到央行数字货币可能对金融系统和货币政策产生深远影响，因此发起了多个合作项目，旨在探索和理解 CBDC 的潜在影响与挑战。国际清算银行与多个国家——包括但不限于瑞士、法国、瑞典、加拿大——的央行共同研究和测试 CBDC 的技术和法律问题。这些合作项目通常涉及技术实验、法律框架分析以及跨境支付系统的构建。合作项目包括开发和测试 CBDC 的原型系统，评估其在提高支付效率、降低成本、增强金融包容性等方面的潜力。此外，项目还关注如何确保 CBDC 的安全性、隐私保护以及与现有金融体系的兼容性等。

通过这些合作项目，参与者能够共享知识和经验，共同解决 CBDC 研发过程中遇到的问题。例如，国际清算银行与瑞士央行合作进行的“Helvetia”项目，旨在探索 CBDC 在提高跨境支付效率方面的潜力。随着越来越多的国家加入 CBDC 的研究和开发中，国际合作的重要性日益凸显。通过合作，各国央行可以共同制定数字货币的国际标准和规则，促进全球金融体系的稳定和健康发展。

（二）金融稳定性

价格波动性是加密货币最显著的特征之一，这种波动性及其对传统金融市场的传染效应可能对整体金融稳定产生重要影响。

1. 价格波动性

加密货币市场的价格波动程度通常高于传统金融市场。这种波动性由多种因素驱动。首先，加密货币市场相对于传统金融市场来说规模较小，流动性也相对较低（即使占据主导地位的比特币市场也是如此）。这意味着即使是规模相对较小的交易也可能导致价格的大幅波动。其次，加密货币市场的参与者结构与传统市场不同，其包括大量的散户投资者和较少的机构投资者。散户投资者更容易受到市场情绪的影响，导致加密货币市场价格波动性增加。再次，加密货币市场吸引了大量投机者，他们通过高杠杆交易和短线操作来谋求利润，增大了市场价格的波动性，比特币等主流加密货币价格的暴涨暴跌就是最好例证。最后，各国对加密货币的监管政策不一且经常变化，政策的频繁变动和不确定性也可能引发市场的恐慌与价格的波动。

2. 传染效应

加密货币市场价格的波动性能通过多种渠道影响传统金融市场，产生传染效应。首先，随着加密货币市值的增长，其价格可能与传统金融市场的资产价格产生联动。例如，加密货币的大幅下跌可能导致市场整体风险厌恶情绪增加，影响股票市场和债券市场的表现。其次，加密货币市场价格的剧烈波动可能导致资金频繁流入或流出，影响传统金融市场的资金流动性。在极端情况下，流动性的快速转移可能引发市场恐慌和资产价格的大幅波动。再次，加密货币市场价格的波动性可能影响投资者的风险偏好。当加密货币市场表现强劲时，投资者可能变得更加愿意寻求风险，反之则可能变得更加厌恶风险。最后，随着金融机构开始提供与加密货币相关的服务和产品，它们可能面临来自加密货币市场的风险敞口。这些风险可能通过金融机构传导至整个金融系统。

（三）跨境支付和资本流动

区块链技术正在改变跨境支付和资本流动的方式，对国际金融体系产生深远的影响。通过降低成本、提高效率、增强透明度和提高金融包容性等途径，区块链技术为全球经济活动创造了新机遇。与此同时，它也给现有的金融基础设施、监管框架和货币政策带来了挑战。

1. 跨境支付

区块链显著降低了跨境支付的成本，提高了支付效率和透明度，促进了金融包容性的提升。首先，传统的跨境支付通常涉及多个中介机构，如银行、清算所和货币兑换服务提供商，这些中介机构会收取一定的手续费。区块链技术通过建立一个去中心化的网络，允许参与者直接进行跨境交易，从而减少了中介费用，降低了交易成本。其次，跨境支付的处理时间通常较长，因为需要通过多个中介机构进行清算和结算。区块链技术可以实现交易的即时清算与结算，大大提高了支付的效率和速度，并通过提供一个透明且不可篡改的账本确保支付的安全性。最后，对于那些没有银行账户或对金融服务了解不足的人群，区块链技术提供了一种低成本、高效率的跨境支付方式。这有助于提高全球金融包容性，让更多人能够参与到全球经济活动中。

2. 资本流动

区块链主要通过资产代币化、提供智能合约与优化跨境资本管理改变资本流动进程。区块链技术使各种形式的资产可以被代币化，并可以在区块链网络上交易。这为资本流动提供了新的渠道，使资本可以更快速、更灵活地流动。智能合约允许在区块链上自动执行合同条款，这为资本流动提供了自动化的解决方案。例如，智能合约可以自动处理股权转让、债券发行和分红支付等。区块链技术可以帮助监管机构更有效地监控和管理跨境资本流动。通过实时跟踪和分析交易数据，监管机构可以更好地识别和防范潜在风险。

3. 对国际金融体系的影响

区块链对国际金融体系的影响主要体现在两方面：一方面，区块链的广泛使用起到了重塑支付基础设施的作用。随着越来越多的金融机构和企业采用区块链技术，传统的支付系统面临升级或被新的区块链解决方案取代的压力。另一方面，区块链技术的应用倒逼监管机构更新其监管框架，以适应新的金融产品和服务。监管机构需要制定新的规则和标准，确保金融市场稳定，保护投资者权益。

（四）金融中介

在区块链技术的影响下，传统金融中介如银行和证券公司的角色定然会发生变化，以适应新的去中心化金融的发展要求。

1. 中介角色转变

区块链促进金融机构从中介升级为服务提供者。区块链技术的去中介化特性可能会降低交易对以传统金融中介作为交易中间者的需求。然而，银行和证券公司可以转变为提供增值服务（如咨询、资产管理、财务规划等）的机构，以满足客户的多元化需求，这也在一定程度上增加了传统金融机构面临的转型压力。

区块链技术的应用可以提高金融服务的效率和透明度，金融中介可以利用这一点来改善客户体验。例如，通过提供实时的交易跟踪和透明的费用结构来提升客户满意度。区块链技术提供了更好的数据管理和分析工具，金融中介可以利用这些工具来提高风险管理能力。同时，区块链的不可篡改性有助于金融中介满足日益严格的合规要求。

2. 金融中介面临的挑战

竞争加剧、监管不确定性和科技支出压力是区块链给传统金融中介带来的主要挑战。首先，区块链技术降低了市场准入门槛，使得新兴的金融科技（FinTech）公司更容易进入市场，与传统金融中介竞争。这些新进入者通常更加灵活，能够快速适应市场变化，具有比较优势。其次，区块链技术和加密货币的监管框架在全球范围内尚不统一，这给金融中介带来了不确定性。金融中介需要在遵守现有法规的同时，关注监管政策的变化，以适应新的监管环境。最后，为了有效利用区块链技术，金融中介需要进行大量的数字技术投资，并培养或吸引具备相关技能的人才。这可能会对一些机构造成财务和人力资源的压力。

三、区块链的经济治理与社会影响

区块链技术对经济治理和社会产生了深刻影响，带来了许多积极的变化，但同时也使经济治理面临着技术、法律和社会方面的挑战。因此，需要各方面共同努力，不断探索和创新，以实现区块链技术的健康发展和社会价值的最大化。

（一）监管与自治

区块链发展产生的主要经济治理问题是：在区块链市场中，传统的监管框架是否仍然适用？是否需要新的自治机制来维持市场秩序？对于上述问题的回答，将决定现有治理体系需要进行多大程度的变革才能适应区块链的发展。

1. 传统监管框架面临的挑战

首先，区块链的去中心化特性意味着系统中没有单一的控制中心，这使传统的监管方法难以实施。例如，传统的金融市场监管主要是对中心化的金融机构的监管，但区块链网络中的节点分散，每个节点都保存着完整的账本副本，这使监管机构难以确定监管对象以及实施有效监管。

其次，区块链的匿名性为用户提供了隐私保护，但同时也可能使区块链被用于开展非法活动，如洗钱、非法交易等。传统的监管框架往往基于实名制原则，但在区块链网络中，用户的身份能通过加密技术得到隐藏，这给监管增加了难度。

最后，区块链的跨境性质使监管需要跨国合作。由于区块链网络不受地理限制，因此一个区块链应用可能涉及多个国家和地区的用户。这就要求监管机构之间进行更紧密的合作，共同制定国际监管标准和规则，以应对区块链给跨境监管带来的挑战。

2. 区块链自治机制

虽然存在上述问题，但这并不意味着传统的监管框架完全无法适用。事实上，许多国家和地区已经开始尝试将现有的金融监管原则和框架应用于区块链市场，如制定针对加密货币交易所的许可要求、AML 措施和 KYC 规则等。

为了更有效地维持市场秩序，新的区块链自治机制也正在被探索和应用。这些自治机制通常基于智能合约和共识机制，能够在区块链网络内部自动执行规则和惩罚违规行为。例如，通过智能合约可以实现合规性检查的自动执行，确保交易符合预设的法律条款和规则。

（二）隐私安全

区块链技术对个人隐私保护既有积极影响，也存在潜在的风险。为了最大化区块链技术的正面影响并减少负面影响，需要不断优化技术、加强用户教育、完善法律法规，并提高对于区块链技术的控制能力。

1. 正面影响

区块链显著增强了个人数据的安全性。区块链技术采用加密算法来保护个人数据，使存储在区块链上的信息难以被篡改或未经授权地访问。这种加密措施为个人数据建立了额外的安全层，降低了数据泄露的风险。区块链技术的一个核心特点是去中心化，这意味着数据不再集中存储在单一的服务器或数据库中，而是分散在整个网络的多个节点上。这种分布式存储方式降低了单点故障影响整个网络的风险，提高了数据的安全性和隐私性。

区块链的使用，提高了用户对于自身数据的控制能力。区块链技术允许个人拥有并控制自己的数据。通过智能合约和DApps，个人可以决定如何共享自己的数据，以及与谁共享。这种自主权提高了个人对自己数据的控制能力，从而提高了隐私保护水平。

2. 负面影响

区块链技术可能会带来额外的隐私泄露风险。尽管区块链采用数据加密和去中心化存储机制，但并非所有的区块链平台都能保证完全的匿名性。例如，公共区块链上的交易记录是公开的，通过分析交易模式，可能追溯到个人，从而泄露隐私。同时，区块链技术的复杂性可能导致用户在使用过程中出现操作错误，从而无意中泄露个人信息。此外，对于非技术背景的用户来说，理解和使用区块链技术来保护自己的隐私可能是一个挑战。

区块链的关键技术特征还可能产生一些新的隐私安全问题。一方面，区块链技术的匿名性和去中心化特性可能使其被用于非法活动，如洗钱、非法交易等。这些活动可能造成个人隐私的泄露，或者使个人隐私保护变得更加困难。另一方面，区块链的不可篡改性意味着一旦数据被记录在区块链上，就无法被删除。这对于需要删除或修改敏感个人信息的情况来说，就可能会产生新问题，尤其是在个人需要行使“被遗忘权”① 等隐私权时。

（三）社会公平

区块链技术能够促进社会公平，还是会加剧现有的不平等？现有研究对于两种观点均给出了一定的证据支持。

1. 促进社会公平

区块链技术的去中心化特性可以减少权力的集中，从而降低少数人或机构对社会资源的控制与影响。例如，通过区块链技术，任何人都可以成为投资者，参与首次代币发行（Initial Coin Offering，ICO），这使投资机会更加平等化，有助于财富的更广泛分配。

区块链的透明性可以提高社会治理的透明度，使资源分配和决策过程更加公开，有助于防止腐败和不公正现象的发生。例如，在公益事业中，区块链技术可以确保每一笔善款的流向都可及时追踪和回溯，增加了慈善活动的透明度和公众的信任。此外，区块链技术可以为那些传统金融体系无法覆盖的人群提供金融服务，通过降低交易成本和提高效率，有助于实现金融包容性，减少社会经济不平等。

---

① “被遗忘权”是指信息主体对已经被发布在网络上的有关自身不恰当的、过时的、继续保留会导致其社会评价降低的信息，要求信息控制者予以删除的权利。

2. 加剧不平等

区块链本身是一种较为复杂的数字技术，需要了解密码学和数据结构等基础性的知识。区块链技术的复杂性可能提高技术应用门槛，只有那些具备相应知识和拥有资源的人才能够充分利用这项技术，而缺乏技术素养的人群可能会被排除在外，从而会加剧社会不平等。

尽管区块链技术理论上可以促进财富的公平分配，但在实践中，初始的资本积累和资源优势可能会导致财富进一步集中在少数人手中，特别是在加密货币市场中，早期投资者往往获得更多收益。例如，那些在比特币出现早期便持有的投资人，他们大多本身就属于高收入群体。大型科技公司（其中很多是数字平台）可能会利用区块链技术进一步巩固其市场地位，形成技术垄断和数据垄断，这可能会限制小企业和新进入者的发展，从而会加剧社会经济不平等。

本章小结

区块链的技术内核是一种分布式数据库技术，其核心特点是去中心化、不可篡改性和透明性。这一技术最初是为比特币这种数字货币服务的，但其潜力远不止于此，已经被广泛应用于众多领域。区块链的工作原理是链式结构的分布式账本，通过密码学和共识机制实现安全性和可操作性。智能合约是使区块链从可能的应用变成现实的应用的重要执行机制。

总体上看，区块链是通过为已有经济活动降本增效来释放其经济价值的。通过“区块链+”，传统经济活动的透明度得到了显著提升，在线交易的安全性显著提高，对数字产权与个人隐私的保护被提升到一个新的高度。较为成熟的区块链应用场景包括金融服务、供应链管理、版权保护和身份认证等。

区块链经济学是一个新兴的研究领域，探讨了区块链技术如何影响经济行为、市场结构和宏观经济政策等。区块链对市场结构和竞争的影响、区块链的金融效应以及区块链的经济治理与社会影响是当前的研究重点。

思考题

1. 区块链中的区块是什么？为什么要设计成链式结构？
2. 去中心化分布式账本相较于传统意义上的中心化账本有哪些优势？
3. 区块链在供应链管理中有哪些具体的应用场景？请举例说明。
4. 区块链技术的应用是增加了还是降低了经济治理的整体难度？为什么？

参考文献

冯碧梅，王诗桴，张继钦．加密经济学研究进展．经济学动态，2023（11）：125－140．

李苍舒，黄卓．超主权数字货币的发展趋势及潜在风险．社会科学辑刊，2021（6）：

168－174.

刘晓欣. 全球法定数字货币现状、发展趋势及监管政策. 人民论坛，2021（24）：66－70.

Böhme R，Christin N，Edelman B，et al. Bitcoin：Economics，technology，and governance. Journal of Economic Perspectives，2015，29（2）：213－238.

Cong L W，Li X，Tang K，et al. Crypto wash trading. Management Science，2023，69（11）：6427－6454.

Schilling L，Uhlig H. Some simple bitcoin economics. Journal of Monetary Economics，2019，106：16－26.

第八章

数字技术的应用场景

与其他现代技术相比，数字技术在经济应用上具有独特优势。首先，数字技术以数据和信息为核心，强调对于信息的数字化、网络化和智能化处理，这使数据信息的存储、传输和处理变得更加高效和便捷。其次，数字技术具有高度的可扩展性和灵活性，能够快速适应不断变化的市场需求，通过软硬件迭代升级，实现功能的不断扩展和持续优化。此外，数字技术还具有强大的集成能力，可以融合多种技术进而创造出全新的应用场景，提出新的解决方案。最后，数字技术还具有较低的边际成本，一旦建立起数字基础设施，复制和分发数字产品的成本就几乎为零，这为数字技术与数字产品的大规模传播和应用提供了可能。

党的二十大报告指出："加快发展数字经济，促进数字经济和实体经济深度融合，打造具有国际竞争力的数字产业集群。"各类数字技术在经济活动中均得到了广泛的应用。这些应用构成了数字经济的基础，实现了数字经济与实体经济的深度融合。本节以云计算、物联网和5G三种数字技术为主要研究对象，从技术基础与案例分析等维度介绍这三类数字技术的主要应用场景？通过在各类现实场景中的应用，数字技术能够释放促进经济增长与结构转型的巨大动能，促进经济社会高质量发展。

本章主要讨论如下问题：

- 云计算在企业运营中有哪些具体的应用场景？其对于企业数字化转型能够产生哪些促进作用？
- 物联网的技术基础是什么？其在智能制造中有哪些具体的应用场景？
- 5G在智慧城市建设中有哪些具体作用？如何利用中国在5G技术上的长期积累，提升中国智慧型城市的国际竞争力？

第一节　云计算在企业运营中的应用

一、云计算

云计算作为一种创新的计算模式，是数字技术领域发展的一个重要里程碑。云计算的核心在于通过网络提供按需使用的计算资源和服务，使用户无须了解底层的硬件和软件基础设施，就能灵活、高效地处理数据和运行应用程序。云计算在企业运营中的使用，对企业的数字化转型与高质量发展产生了非常积极的促进作用。

（一）概念提出

1. 概念起源

企业拥有的数据处理能力，简称算力，决定了企业能否在市场竞争中获得优势。在计算机技术刚刚开始商用的信息经济时代，可用的计算资源十分稀缺，限制了经济社会的信息化发展。

1961 年，在麻省理工学院一百周年纪念庆典上，达特茅斯会议的发起人约翰·麦卡锡（John McCarthy）提出了“公用计算”（Utility Computing）的概念，建议对计算资源（当时主要是电话和电力）按照公共服务的分配模式进行有组织的技术安排，为经济社会发展充分赋能。然而限于当时的计算机与互联网的发展水平，在公用计算上的研发投入十分有限，因而并未形成可商业化的技术产品。

虽然最终没能成功商业化，但是公用计算的概念为企业使用算力提供了一种新的思路：如果能够采取类似于资本租赁与经营租赁的模式按需租赁计算资源，那么企业不仅能满足自身的数据处理需求，还能大大降低成本。云计算就是顺应这样的需求而出现的数字技术，代表一种通过高速网络统一组织和灵活调用各种计算资源，实现大规模计算的信息处理方式。

2. 概念形成

经过几十年的思想演变与技术沉淀，20 世纪 90 年代中后期，云计算的概念逐渐为人接受，云计算的商业化之路也在慢慢展开。1996 年，美国计算机公司康柏（Compaq）在其内部文件中首次提及云计算概念，预测商业计算会逐渐转向云计算。进入 21 世纪，尽管企业的单位算力成本显著降低，但企业对于算力的总体需求越来越大，一些技术密集型企业开始系统性地为其他企业提供云计算服务。

对于云计算的一种常见理解是，利用分布式计算和虚拟资源管理等核心技术，通过高速网络将分散的 ICT 资源（包括计算与存储、应用运行平台和大数据分析工具等资源）集中起来，形成共享的资源池，并以动态、按需、可度量的方式向用户提供服务。用户在连接网络后，就可以使用各种形式的终端（如台式电脑、平板电脑、智能手机甚至智能家居产品）来获取计算服务。简单地说，云计算就是计算机技术与互联网技术的综合体，它使用户在没有计算机的情况下也可以通过互联网享受到高速、便捷的计算服务。

21 世纪初，搜索引擎提供商谷歌的研发人员连续发表四篇计算机领域的学术论文，分别探讨了分布式文件系统、并行计算框架、NoSQL 数据库管理以及分布式资源管理。这四篇学术论文奠定了谷歌云计算服务的技术基础，也为云计算技术的整体发展指明了前进方向。2006 年，亚马逊公司推出了“简单存储服务”（Simple Storage Service，S3）和“弹性计算云”（Elastic Compute Cloud，EC2）两项云计算核心服务，宣告云计算商业化时代的正式开始。

（二）技术基础

1. 虚拟化技术

虚拟化技术是云计算的基石，它允许将物理服务器抽象化，从而创建出多个独立的虚拟机（Virtual Machine，VM）。这些虚拟机可以运行独立的操作系统和应用程序，实现资源的优化。虚拟化技术的核心优势在于提高了硬件资源的利用率，降低了成本，并且具有灵活的资源管理和调度能力。

通过虚拟化技术，可以将多个物理服务器的计算资源［如中央处理器（CPU）、内存和存储器等］集中起来，形成一个资源池。这个资源池可以根据需求动态分配给不同的虚拟机，从而实现资源的最优利用。通过创建一个虚拟层，虚拟化技术可以将物理硬件与运行在其上的操作系统和应用程序隔离开来。这种硬件抽象化使应用程序可以在不同的物理硬件上运行，极大地提高了应用程序的可移植性。虚拟化技术使新虚拟机的部署变得更加迅速和简单。同时，根据业务需求的变化，可以轻松地调整虚拟机的资源配置，实现弹性伸缩。

2. 分布式计算

分布式计算是云计算的另一个核心技术，它使应用程序和服务可以在多台计算机上并行运行，从而提高了计算能力和数据处理速度。云计算平台通常采用分布式架构，通过分布式计算技术实现资源的动态分配和负载均衡，确保服务的可用性和可扩展性。

负载均衡技术是分布式计算中的关键技术，它通过将工作负载分散到多个服务器上，提高应用程序的性能和可靠性。负载均衡可以是水平的，也可以是垂直的，水平负载均衡涉及增加更多的服务器来分担负载，而垂直负载均衡则通过提高现有服务器的处理能力来实现。在处理大数据时，分布式计算技术可以将数据分割成小块，然后在多个节点上并行处理。这种并行处理数据的方式大大提高了数据处理的速度和效率。此外，分布式计算环境中的容错机制可以确保当某个节点发生故障时，系统能够自动将工作负载转移到其他正常的节点上，从而保证服务的连续性和数据的完整性。

3. 云服务架构

云服务架构是云计算的技术框架，它定义了如何构建和管理云服务。云服务架构通常包括基础设施即服务、平台即服务和软件即服务三种服务模型。在云服务架构中，多租户架构是一个关键概念，它允许多个用户共享相同的系统或程序，同时保持各自数据和配置的隔离性。这种架构提高了资源的利用率，降低了成本。云服务架构通过提供丰富的程序结构和服务集成功能，使用户可以轻松地将不同的云服务和第三方服务连接起来，实现个性化的业务流程和解决方案。

二、云计算市场发展

（一）市场规模和增长趋势

1. 市场规模

统计数据显示，2023 年全球云计算市场规模达到了 5 864 亿美元，同比增速为

19.4%。这些数据表明，云计算已经成为全球信息技术市场中的重要组成部分，其庞大的市场规模和稳健的增速表明云计算服务被广泛接受和应用。

根据中国信通院公布的数据，2023 年，中国云计算市场规模达到 6 165 亿元，较上一年增长 35.5%，这一增长率远高于全球平均水平，表明中国云计算市场具有巨大潜力与活力。其中，公有云市场规模增长尤为显著，达到了 4 562 亿元，同比增长 40.1%，而私有云市场规模也增长了 20.8%，达到 1 563 亿元。

2. 增长趋势

在增长趋势方面，云计算作为一种新兴的信息技术服务模式，已经成为推动全球数字化转型的关键力量。企业对于云计算的需求不断增加，特别是随着大数据、人工智能、物联网等技术的快速发展，对于高性能计算能力和大规模数据存储的需求日益旺盛。此外，政策的支持也是推动云计算市场扩张的重要因素，许多国家和地区都出台了相应的政策来促进云计算技术的发展和应用。

中国政府对云计算市场的支持力度不断加大，出台了一系列政策和规划，旨在推动云计算技术的发展和应用。此外，政府还通过设立云计算示范区、提供财政补贴等方式，鼓励企业和公共部门使用云计算服务。

（二）区域分布与竞争格局

1. 区域分布

了解云计算市场的区域分布特点是了解其市场发展情况的重要方面。调研结果显示，北美洲是全球最大的云计算市场，2023 年占据了全球一半以上的公有云市场规模（见图 8－1）。这主要得益于北美地区拥有众多全球知名的云计算服务提供商，如亚马逊、微软、谷歌等，它们在市场上占据领先地位，可以提供成熟的云计算技术和服务。

同时，亚洲云计算市场规模的增速超过 30%，将成为云计算市场竞争的下一个主战场。亚洲地区特别是中国的云计算市场发展迅速，这得益于中国政府对于云计算和数字

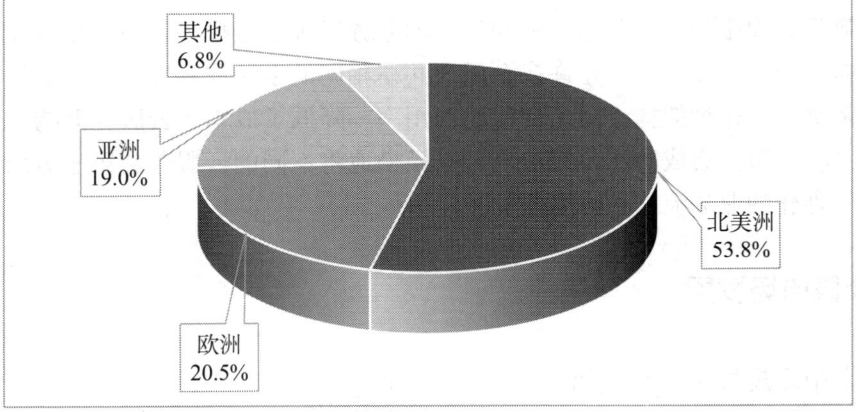

图 8－1　2022 年全球云计算市场规模构成

资料来源：高德纳。

经济的高度重视，以及国内企业数字化转型需求的不断增长。

2. 竞争格局

当前，全球云计算市场的主要参与者为几家科技巨头公司，它们凭借早期的市场进入优势和技术优势，已经确立了市场的领导地位。这些公司（及其云计算服务）包括亚马逊［亚马逊网络服务（AWS）］、微软（Azure）、谷歌（谷歌云平台）、IBM（IBM Cloud）以及腾讯（腾讯云）和阿里巴巴（阿里云）等。为了保持竞争优势，各大云服务提供商采取了不同的竞争策略。一些公司通过提供广泛的服务和解决方案来吸引和保留客户，而另一些公司则通过专注于特定行业或应用领域来获得细分市场的优势。此外，合作伙伴关系和渠道建设也是各大公司扩大市场影响力的重要策略。

（三）增长因素和行业应用

1. 增长因素

全球云计算市场规模的增长受到多种因素的推动，主要包括以下几个方面：

第一，数字化转型需求。随着全球数字化转型的加速，企业对于云计算的需求日益增长。云计算提供了灵活的 ICT 资源配置和服务，使企业能够快速响应市场变化，提高竞争力，加快数字化转型的速度。

第二，技术创新驱动。云计算技术不断进步，包括虚拟化、容器化、微服务等在内的云原生技术的发展，为云计算的应用提供了更多可能性，也提升了企业应用云计算的便利性。云原生技术为企业提供了快速实验和迭代的环境。开发团队可以快速研发、测试和部署新功能，从而加速创新过程。这种快速反馈循环使企业能够更快地验证新想法，并将创新成果推向市场。

第三，技术政策支持。全球范围内的技术政策支持也是推动云计算市场规模增长的重要因素。许多国家政府认识到云计算对于经济发展的重要性，并通过出台政策促进云计算的应用和发展。

第四，成本压力。成本压力也是推动企业应用云计算的一个重要因素。在经济不确定性较高的背景下，企业倾向于寻求成本效益更高的 IT 解决方案，允许企业减少自身 ICT 支出的云计算正好满足了这一需求。随着网络安全威胁的增加和数据保护法规的完善，ICT 投入的安全性和合规性越来越受到重视，云计算可以在较低成本下确保数据处理过程安全、合规，有效缓解企业的成本压力。

2. 行业应用

云计算作为一种灵活、可扩展的计算资源提供方式，已经在多个行业中得到了广泛应用。

对于政府部门，云计算主要被用于提高政务透明度、优化服务流程和增强数据安全性。例如，通过构建政务云平台，政府部门可以实现信息资源的共享和数据的集中管理，提高工作效率。同时，云计算的弹性和可扩展性使政府能够快速响应公众的需求，提供更加高效的公共服务。

在商品零售和电商行业，云计算被用于库存管理、客户关系管理和市场营销。云计算技术的数据分析和处理的功能可以帮助零售商更好地理解消费者行为，优化库存，更好地管理供应链。此外，云计算还可以支持在线交易平台的稳定运行，为用户提供个性化的购物体验和高效的客户服务。

在金融行业，云计算被用于风险管理、数据分析和合规性检查。云计算的强大计算能力可以帮助金融机构进行复杂的金融模型分析和大规模的数据处理。此外，云计算的灵活性也使金融机构能够快速推出新产品和服务，及时响应市场变化。

综上所述，云计算在各行业中的应用展现了其灵活性和可扩展性，不仅提高了行业的运营效率，还推动了创新和新业务模式的发展。随着云计算技术的不断进步和成熟，预计其在各行各业的应用将更加广泛和深入。

三、应用场景

基础设施即服务（IaaS）、软件即服务（SaaS）和平台即服务（PaaS）是云计算的三种主要服务模型。这三种模型在提供的服务层次、用户控制程度以及使用场景等方面存在明显区别。

（一）基础设施即服务

1. 服务模式

IaaS 提供虚拟化的计算资源，包括虚拟服务器、存储空间和网络资源等。用户可以在这些资源上安装操作系统和应用程序，拥有最高级别的控制权。IaaS 的典型代表包括亚马逊网络服务的 EC2、微软 Azure 和谷歌云平台的虚拟机服务。IaaS 的优点是用户具有最大的灵活性和控制权，可以自由地选择操作系统、应用程序和其他配置，适合需要高度定制化信息技术环境的企业，或者有特定性能要求和安全合规需求的场景。

2. 现实案例：亚马逊网络服务 EC2

亚马逊网络服务 EC2 是亚马逊推出的一款 IaaS 产品，它为用户提供了一种在云中运行可调整的虚拟服务器的方法。EC2 的核心优势在于其较好的弹性、安全性和成本效益。EC2 的应用场景非常广泛，涵盖了从初创企业到大型企业的多种业务需求场景，这些业务需求包括：网站托管——许多网站和 Web 应用程序将 EC2 作为其托管平台；数据科学和分析——数据科学家和分析师利用 EC2 运行复杂的数据处理和分析任务，EC2 的高性能计算使大数据分析成为可能；企业应用——企业使用 EC2 运行关键业务应用程序，如客户关系管理（Customer Relationship Management，CRM）、企业资源规划（Enterprise Resource Planning，ERP）和数据库。

网飞是 EC2 的一个著名用户。作为全球领先的流媒体服务提供商，网飞面临着巨大的数据流量和复杂的数据处理需求。通过使用 EC2，网飞能够灵活地扩展其服务器资源，以应对数百万用户的并发访问。在流量高峰期，网飞可以快速启动新的 EC2 实例来处理额外的请求，而在流量较低时，可以关闭不必要的实例以节省成本。此外，EC2 的全球数据中心网络也帮助网飞缩短了其全球用户的数据访问延迟，提升了用户体验。除网飞之外，全球领先的音乐流媒体服务公司 Spotify 也将 EC2 作为其主要的云服务提供商。Spotify 利用 EC2 的弹性和可扩展性来应对用户带来的高并发流量和数据处理需求。通过 EC2，Spotify 能够快速部署新服务，实现全球范围内的快速扩展，并确保用户获得高质量的音乐体验。

（二）软件即服务

1. 服务模式

SaaS 提供商将应用程序作为服务通过互联网提供给用户。用户无须安装和维护应用程序，只需通过网络访问即可使用。常见的 SaaS 包括微软 Office 365 程序包、Salesforce、Dropbox 等。SaaS 的优点是用户无须关心底层的硬件和平台，只需要关注软件的使用即可。SaaS 易于使用，部署快速，通常基于订阅模式计费，适合需要快速启动和使用标准软件应用的企业和个人用户，特别是没有专业信息技术支持团队的小型企业和初创公司。

2. 现实案例：Salesforce

美国软件公司 Salesforce 是 SaaS 模式的先驱之一，专注于提供 CRM 软件服务。自 1999 年成立以来，Salesforce 已经成为全球最大的 SaaS 提供商之一，拥有超过 15 万家企业客户。Salesforce 通过 SaaS 模式，提供了一种全新的 CRM 解决方案。企业无须购买和维护软件，只需通过互联网访问 Salesforce 平台，即可使用其 CRM 功能。Salesforce 的自动更新和维护机制，能够确保所有用户始终使用最新版本的软件，无须担心技术过时。

在 Salesforce 出现之前，企业通常需要购买昂贵的许可证和硬件以运行 CRM 软件，以及投入大量资源进行软件的安装和维护。这不仅增加了企业的财务负担，也限制了 CRM 软件的灵活性和可扩展性。Salesforce 的 SaaS 模式对企业发展发挥了显著作用。首先，它降低了企业的 ICT 成本，企业无须投资于昂贵的硬件和软件许可证。其次，Salesforce 的可扩展性使企业可以根据业务需求轻松调整用户数量和服务功能。最后，Salesforce 的移动应用和集成 API，使企业能够随时随地访问 CRM 数据，并与其他业务系统集成。

Salesforce 的成功可以归因于其对客户需求的深刻理解、持续的产品创新与强大的生态系统建设。通过不断推出新的功能和服务，如 Sales Cloud、Service Cloud 和 Marketing Cloud，Salesforce 能够满足不同行业和业务场景的需求。同时，Salesforce 的 AppExchange 平台，允许第三方开发者创建和销售应用程序，进一步丰富了 Salesforce 的功能，扩大了其应用范围。

（三）平台即服务

1. 服务模式

PaaS 为企业提供了一个平台，允许企业人员在平台上开发、运行和管理应用程序。PaaS 提供了操作系统、编程语言的执行环境、数据库和 Web 服务器等。典型的 PaaS 服务包括 Heroku、谷歌应用引擎（Google App Engine，GAE）和 AWS Elastic Beanstalk 等。PaaS 的优点是用户可以专注于应用程序的开发，而无须管理底层基础设施。PaaS 支持快速开发和部署应用程序，有助于提高开发效率，适合开发人员和开发团队，特别是需要快速迭代和上线新应用的互联网公司与科技创业企业。

2. 现实案例：谷歌应用引擎

GAE 是谷歌提供的 PaaS 解决方案，其允许开发者在谷歌的全球数据中心网络构建、部署应用程序和服务。GAE 提供了一个简化的开发和部署应用程序的流程，使开发者可以专注于编写代码，而不必担心底层的基础设施和运维问题。GAE 支持多种编程语言和框架，包括 Java、Python、Go、Ruby 和 Node.js 等，为开发者提供了多样的选择。

GAE 被广泛应用于各种类型的网站、应用程序和服务，包括企业级应用程序、社交媒体平台、电子商务网站和移动应用程序等。企业使用 GAE 构建内部工具和业务流程管理系统，利用其全球性和可扩展性来为用户提供高效的服务。

《卫报》（*The Guardian*）是英国的全国性综合日报，它使用 GAE 来支持其在线新闻平台。《卫报》在线新闻平台需要快速发布新闻内容并处理大量实时流量。GAE 为《卫报》提供了一个稳定和可扩展的平台，使它能够在突发新闻事件期间处理激增的大量访问请求。同时，GAE 的灵活性和易于使用的特性使《卫报》的开发团队可以快速部署和更新网站内容，保持新闻的及时性与相关性。

（四）三种服务模式比较

云计算的三种服务模式在服务层次、用户控制权、部署与维护和成本结构上均存在显著差异。

在服务层次上，IaaS 提供最底层的服务，向用户提供虚拟化的硬件资源；PaaS 提供中间层服务，向用户提供开发和部署应用程序所需的平台与工具；SaaS 提供最顶层的服务，直接向最终用户提供完整的应用程序。

在用户控制权上，IaaS 用户拥有最大的控制权，可以配置和管理整个虚拟化环境；PaaS 用户的控制权适中，主要集中在对应用程序的开发和部署的控制上；SaaS 用户的控制权最小，用户只能使用软件提供的功能，无权修改底层架构。

在部署与维护上，IaaS 需要用户自行部署、维护操作系统和应用程序；PaaS 用户无须关心基础设施的维护，但可能需要管理应用程序的配置；SaaS 用户无须进行任何部署和维护工作，只需通过浏览器或应用程序即可访问服务。

在成本结构上，IaaS 的成本通常基于资源使用情况确定，用户按需付费；PaaS 的成本可能包括平台使用费和应用程序运行的费用；SaaS 的成本通常基于订阅模式确定，用户按月或按年支付使用费。

第二节　物联网在智能制造中的应用

一、物联网

物联网在智能制造中的应用使其日益成为提升生产效率、优化资源配置和提高产品质量的关键技术。通过将传感器、智能设备和先进的数据分析技术集成到制造过程中，可以促进企业实现可持续发展，为企业在全球竞争中保持领先地位提供支持。随着技术的不断进步，物联网在智能制造中的应用将更加广泛和深入。

（一）概念提出

1. 概念起源

物联网的概念起源与计算机和网络技术的发展密切相关。20 世纪 60 年代，随着计算机技术的发展，人们开始探索如何通过网络共享计算机资源。这一时期的计算机系统主要分为大型机和小型机，它们通过有线网络连接，实现了资源的远程访问和数据的远程处理，这些早期技术为物联网的诞生奠定了基础。

自动化技术和控制理论对物联网的发展也产生了重要影响。20 世纪 70 年代，随着微电子技术和计算机技术的进步，自动控制系统开始广泛应用于工业生产领域。这些系统通过传感器和执行器实现对生产过程的监控与控制，提高了生产效率和质量。物联网的核心思想之一就是通过传感器和执行器实现对物体的智能化管理，这与自动化技术的理念是一致的。

无线通信技术的进步为物联网的发展提供了重要的技术支持。20 世纪 90 年代，随着移动通信技术的发展，人们开始探索如何通过无线网络连接各种设备和传感器。这一时期的无线通信技术主要包括蜂窝移动通信（Cellular Mobile Communication）、无线局域网（WLAN）和蓝牙（Bluetooth）等。这些技术使设备可以在没有物理连接的情况下进行通信，为物联网的实现提供了可能。

20 世纪末，智能家居和智能建筑的概念逐渐兴起，这些概念的提出为物联网的发展提供了应用场景。智能家居系统通过集成各种家用电器和设备，实现了家庭环境的智能化管理与控制。智能建筑则通过集成建筑自动化系统、通信网络和办公自动化系统，提高了建筑的能效和使用便利性。这些应用场景展示了物联网技术在日常生活中的潜在价值。

2. 概念形成

微软公司创始人比尔·盖茨在其 1995 年的著作《未来之路》中预见了物理世界与数字世界相结合的未来。比尔·盖茨认为这将引领一场科技革命，不仅能够提高人们的生活质量和工业生产效率，还能在医疗保健等领域实现更好的服务和管理。1999 年，美国麻省理工学院（MIT）的凯文·阿什顿（Kevin Ashton）教授首次提出了“物联网”（Internet of Things，IoT）这一术语。阿什顿将物联网定义为“通过互联网将物体连接起来，实现智能化管理”的网络，为物联网的发展提供了明确的方向和目标。

进入 21 世纪，随着传感器、云计算、大数据分析等技术的成熟，物联网开始得到快速发展。物联网的应用领域不断扩展，从智能家居和智能建筑扩展到工业自动化、智慧城市、智能交通、健康医疗等多个领域。物联网技术的发展不仅提高了生产效率和生活质量，也为社会经济的发展带来了新的机遇与挑战。

(二)技术基础

物联网的技术基础主要分为三个层次：感知层、网络层和应用层。感知层收集、获取数据，网络层传输数据，应用层对数据进行处理并将数据分析结果应用于经济活动中。图 8-2 介绍了物联网的技术基础。

1. 感知层

感知层是物联网系统中的前端，主要负责收集各类物体的信息。这一层次的技术包括传感器技术、射频识别（Radio Frequency Identification，RFID）技术和条码技术等。

传感器是感知层的核心，它可以将非电信号转换为电信号，从而感知物体状态。常见的传感器有温度传感器、湿度传感器、压力传感器等。传感器技术的发展水平直接影响到物联网系统的性能和应用范围。RFID 是一种无线通信技术，通过无线电波实现对标签物体的识别和跟踪。与条码技术相比，RFID 具有读取速度快、可识别距离远、可存储信息量大等优点。条码技术是一种利用不同宽度的条和空来表示数据的技术。在物联网中，条码可以用于物品的标识和跟踪，便于实现对物品的快速识别和管理。

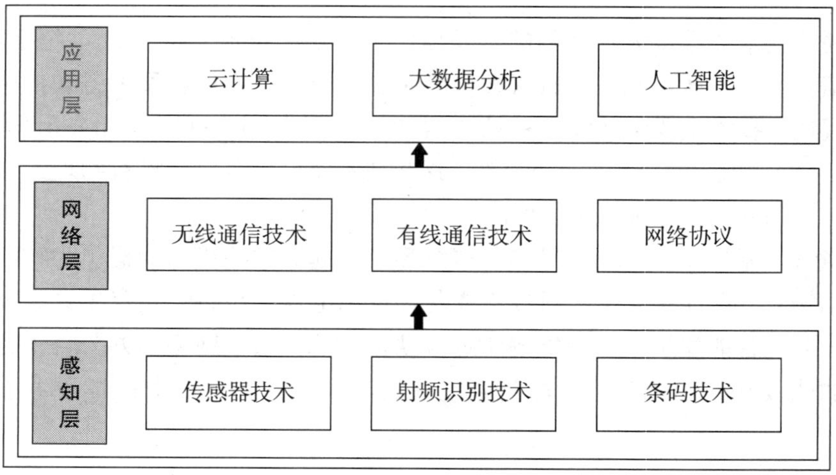

图 8-2　物联网的技术基础

2. 网络层

网络层是物联网的传输部分，负责将感知层收集到的信息传输到应用层。网络层技术主要包括无线通信技术、有线通信技术和网络协议等。

无线通信技术是物联网中最为重要的传输技术，包括无线网络（Wi-Fi）、蓝牙、ZigBee、NB-IoT（窄带物联网）等技术。这些技术各有特点。例如：Wi-Fi 传输速度快，适用于数据量大的应用场景；而 NB-IoT 具有功耗低、覆盖广的特点，适合于远程和低功耗的应用场景。有线通信技术在物联网中也有一定的应用，如以太网等。有线通信技术具有稳定性高、抗干扰能力强等优点，但在一些需要移动和远程监控的场景中，无线通信技术则更为适用。网络协议是物联网设备之间通信的规则和标准，如 MQTT（消息队列遥测传输）、CoAP（受限应用协议）等。这些协议定义了数据的格式、传输方式和通信流程，确保了物联网设备之间的有效通信。

3. 应用层

应用层是物联网系统的后端，主要负责对收集到的数据进行处理和分析，实现具体的应用功能。应用层技术包括云计算、大数据分析、人工智能等关键数字技术。

云计算赋予物联网强大的数据处理能力和存储能力。通过云计算，可以实现对海量物联网数据的存储、管理和分析，为物联网应用提供支持。物联网系统每天会产生大量数据，如何从这些数据中提取有价值的信息，是物联网应用的关键。大数据分析技术可以帮助我们发现数据中的规律和趋势，为决策提供依据。人工智能技术可以使物联网系统具有学习和判断的能力，提高系统的智能化水平。例如，通过机器学习算法，物联网系统可以自动识别异常情况并做出响应。

二、智能制造

（一）基本概念

智能制造（Smart Manufacturing）是指将先进的信息技术和制造技术相结合，实现制造过程的智能化，以提高制造业的效率、质量与灵活性。它是工业 4.0 和制造业数字化转型的核心内容，旨在通过互联网、物联网、人工智能等技术，实现制造业的全面升级和转型。

智能制造的核心在于“智能”，这不仅包括生产设备的智能化，还包括生产管理、产品设计以及供应链的智能化等。智能制造的目标是通过高度集成和优化的生产系统，实现资源的高效利用、生产成本的降低、产品质量的提升以及市场响应速度的加快。

专栏 8-1

工业 4.0

工业 4.0 起源于德国，是该国为保持其制造业在全球的领先地位而提出的战略性倡议。2011 年，德国在汉诺威工业博览会上首次提出工业 4.0 的概念，随后该概念迅速传播，成为全球工业发展的新趋势。工业 4.0 代表着第四次工业革命，它强调通过引入自动化、数据交换和制造技术以及物联网，实现生产过程的高度数字化、网络化和智能化。这一概念的核心在于利用先进的信息通信技术，实现机器、设备、工作站以及整个工厂的智能化，从而提高生产效率，缩短生产时间，提高制造系统的灵活性和资源效率。

随着工业 4.0 概念的提出，全球范围内的工业国家开始着手布局相关技术与基础设施。美国提出了“工业互联网”，中国推出了“中国制造 2025”，日本和法国等国家也相继推出了自己的工业升级计划。这些计划虽名称不同，但本质上都与工业 4.0 的核心理念相契合，即通过智能制造推动工业生产方式的变革。全球的制造企业开始引入更多的自动化设备，利用云计算、大数据分析、人工智能等技术优化生产流程，实现资源的最优配置。此外，工业 4.0 的实施还促进了供应链管理的革新，通过实时分析数据和预测，企业能够更准确地响应市场变化，提高供应链的透明度和响应速度。

展望未来，工业 4.0 将继续深化制造业变革。随着技术的不断进步，5G 通信、边缘计算、数字孪生等新兴技术将与工业 4.0 的理念进一步融合，为制造业带来更深层次的革新。例如，5G 的低延迟和高带宽特性将极大地促进工业互联网的发展，边缘计算则能够让数据处理的起点更接近数据源，提高实时性。然而，工业 4.0 的发展也面临一系列挑战，包括数据安全与隐私保护、技能人才短缺、标准化和互操作性问题等。为了应对这些挑战，政府、企业和研究机构需要共同努力，制定相应的政策和标准，加强人才培养，以确保工业 4.0 能够健康、可持续地发展。

（二）关键技术

除了物联网之外，智能制造还需利用如下几个关键技术。

1. 自动化技术

自动化技术是智能制造的基础，它通过使用自动化设备和系统来替代或辅助人工进行生产活动。机器人技术是自动化技术的重要组成部分，现代工业机器人具有高度的灵活性和适应性，能够完成装配、搬运、焊接、喷涂、检测等多种复杂的生产任务。随着机器人技术的不断进步，越来越多的机器人能够与人类员工协同工作，提高生产效率和安全性。

2. 人工智能技术

人工智能技术特别是机器学习，使智能制造具有强大的数据处理和分析能力。通过机器学习算法，制造系统能够从历史数据中学习，自动优化生产参数和工艺流程，提高生产效率和产品质量。人工智能技术还可以用于产品质量检测、设备故障预测、供应链管理等方面，提高制造业的智能化水平。

3. 数字孪生

数字孪生是一种通过创建物理实体的虚拟副本来模拟和分析物理实体行为的技术。在智能制造中，数字孪生可以用于产品设计、生产过程模拟、设备维护和性能优化等。通过数字孪生，制造企业可以在虚拟环境中测试和验证新的生产方案与工艺流程，降低实物试验的成本和风险。

4. 增材制造

增材制造，又称 3D 打印，是一种通过逐层材料堆积来制造物体的技术。与传统的减材制造相比，它具有设计自由度高、材料利用率高、生产速度快等优点。增材制造技术在航空航天、汽车、医疗等领域有着广泛的应用，它能够支持复杂结构的制造和个性化定制生产，是智能制造的重要技术。

（三）发展趋势

智能制造作为制造业与数字技术深度融合的产物，正在引领全球制造业的新一轮变革。它不仅代表着技术的创新，还意味着生产方式、管理理念和商业模式的全面更新。在第四次科技革命的加持下，智能制造目前表现出以下四个发展趋势。

1. 集成化与系统化

智能制造的发展将趋向于集成化和系统化。未来的制造业将不再是由孤立的单元构成，而是通过高度集成的硬件和软件形成的一个互联互通、协同工作的大系统。这种集成化不局限于单一工厂的内部，它涉及整个供应链的集成，甚至是跨行业的集成。通过集成化，可以实现资源的最优配置和流程的最优化管理，提高生产效率与响应速度。

2. 数据驱动型决策

数据将成为智能制造中的关键资产。通过物联网技术，大量的生产数据被实时收集并存储，而大数据分析技术则可以挖掘这些数据的价值，为生产决策提供支持。数据驱动型决策将使制造企业能够更准确地预测市场趋势，优化生产计划，减少浪费，提高产品质量。

3. 个性化和定制化

随着消费者需求日益多样化，智能制造将越来越支持个性化和定制化生产。通过灵活的生产系统和先进的设计工具，制造企业能够快速响应市场变化，提供个性化和定制化的产品和服务。这种生产模式将改变传统的批量生产模式，提高企业的市场竞争力。

4. 绿色发展

智能制造通过整合先进的信息通信技术、自动化设备和智能化系统来实现生产过程的优化，从而贯彻绿色发展理念。通过优化生产过程和提高资源利用率，智能制造有助于减少能源消耗和废弃物排放，实现可持续发展。同时，智能制造也将推动循环经济和绿色供应链的发展，促进整个社会经济的可持续发展，实现经济与环境双赢。

三、应用场景

物联网在智能制造中的应用广泛且深入，它通过连接各种设备和系统来实现数据的实时采集、传输和分析，从而优化生产流程、提高效率并降低成本。在整个过程中，物联网和大数据、人工智能等数字技术密切结合，共同为智能制造赋能。

（一）生产过程优化

1. 作用机制

物联网技术使制造工厂中的各种设备和机器都能够实时收集和传输数据。通过这些数据，企业可以对生产过程进行实时监控和分析，及时发现生产瓶颈和潜在问题。基于这些信息，企业可以优化生产流程，提高生产效率和产品质量。此外，物联网还可以帮助企业实现对设备的预测性维护，通过分析设备的运行数据，预测设备可能出现的故障，从而提前进行维护，减少设备停机时间。

2. 现实案例：宁德时代

宁德时代作为全球领先的动力电池研发制造公司，其在智能制造领域的转型实践是物联网技术优化生产过程的典型案例。通过实施数字化转型战略，宁德时代成功地从传统制造跨越到智能制造，成为行业的领跑者。2015 年，宁德时代开始大力推进物联网技术的应用，建立了庞大的物联网终端设备体系，打造了物联网的“神经末梢”，实现了对生产信息的全面采集和识别。通过部署传感器和智能设备，宁德时代实现了生产数据的实时监控和采集，支撑了上百万个不同设备，涉及 3 600 多个和质量相关的检测点的实时数据。

随着物联网技术的应用，宁德时代积累了大量的生产数据。2017 年，宁德时代成立了专门的大数据管理团队，与天翼云和英特尔等合作，建立了物联网数据分析平台，提升了数据管理、数据计算和数据存储的能力。对数据的挖掘和利用，为生产流程的优化提供了强有力的支持。通过物联网技术的深度应用，宁德时代在三年内将劳动生产率提高了 75%，将能源消耗降低了 10%。智能工厂的建设使生产数据可视化、生产过程透明化与生产现场无人化成为现实。此外，宁德时代的智能工厂还实现了对生产设备的远程监控、故障预警、维护和管理，提高了设备的使用效率和生产过程的透明度。

宁德时代的案例展示了物联网技术是如何促进智能制造生产过程的优化的。通过系统升级、万物互联、数据赋能和人工智能支撑，宁德时代不仅提高了生产效率和产品质量，还为整个行业的数字化转型提供了借鉴与启示。

（二）供应链管理

1. 作用机制

在智能制造的大潮中，供应链管理作为企业运营的关键环节，其优化升级对提高整体生产效率和客户满意度至关重要。物联网技术可以在供应链管理中发挥重要作用。通过在货物和运输工具上安装传感器，企业可以实时追踪货物的位置和状态，确保供应链的透明性和安全性。此外，物联网技术还可以帮助企业更好地预测市场需求，优化库存管理，降低库存成本。

2. 现实案例：华为智慧物流

华为作为全球领先的 ICT 解决方案提供商，其在供应链管理方面的数字化转型实践，特别是在智慧物流领域的探索，为物联网优化智能制造中的供应链管理提供了一个很好的案例。

2017 年，华为在中国东莞松山湖建立了一个占地面积达 2.5 万平方米的现代化自动物流中心。该中心采用了射频（RF）、电子标签拣货系统（PTL）、货到人挑选（GTP）、旋转式传送带（Carrousel）等多种先进技术，集物料接收、存储、挑选、齐套、配送功能于一体，是华为重要的样板点基地之一。通过应用这些技术，华为实现了物流端到端业务的可视化及决策性业务的智能处理，极大提升了物流各环节的协同运作效率。

在松山湖自动物流中心建成之后，华为启动了智慧物流与数字化仓储项目，旨在通过构建实时可视、安全高效、按需交付的物流服务能力，主动支撑交付保障，提升客户体验，改善物流运营效率。项目已经初步实现了物流全过程可视，打造了收发预约、装车模拟、RFID 数字化应用等系列产品，取得了显著收益。

在供应链的数字孪生建设上，华为也走在了行业前列。首先，华为供应链通过业务数字化，实现了从物理世界到数字世界的镜像；其次，通过场景和算法建设，从数据中提取信息，形成智能业务指令，指导物理世界作业；最后，基于智能业务指令对业务现场高效作业的驱动，实现数字世界到物理世界的闭环，基本完成了供应链数字孪生的构建。华为供应链的数字化转型使得供货周期、全流程项目管理和供应成本均改善了50%以上。在人员基本保持不变的情况下，供应链支撑了华为政企、云、智能汽车解决方案等新业务的快速发展，助力华为收入规模增长。同时，华为供应链也实现了从被动响应到主动服务、从保障要素到价值创造要素的转变，成为华为的核心竞争力之一。

通过上述实践，华为展示了物联网技术在供应链管理方面的巨大潜力和实际成效。通过智慧物流和供应链数字化转型，华为不仅提升了自身的运营效率和客户服务水平，也为全球制造业提供了一个值得借鉴的案例。

（三）产品生命周期管理

1. 作用机制

物联网技术还可以帮助企业实现从产品设计、生产到销售、使用的产品全生命周期管理（Product Lifecycle Management，PLM）。通过物联网技术，企业能够实时监控和管理产品的整个生命周期，不仅提高了生产效率和产品质量，还提高了企业的市场响应能力与客户服务水平。随着物联网技术的不断发展和其应用的不断深入，未来的智能制造将更加智能化、自动化和可持续化。

2. 现实案例：渤海活塞

滨州渤海活塞有限公司（以下简称渤海活塞）作为领先的内燃机活塞制造商，通过物联网技术的应用，实现了产品全生命周期管理的优化。渤海活塞的智能工厂建设按照总体规划、分步实施的思路展开。公司首先搭建了智能工厂建设的总体框架，整合了现有信息化能力，逐步上线计算机辅助设计（CAD）等设计软件与多种管理软件，同时辅以自动化、智能化设备及全自动生产线的应用，实现了产品研发、工艺、生产、物流等产品全生命周期的数据集成。

通过智能工厂的建设应用，渤海活塞实现了对产品全生命周期的数据贯通管理。产品设计的数字化率达到100%，通过仿真计算和虚拟化仿真应用，渤海活塞降低了产品设计、工艺设计过程风险，缩短了新产品开发周期，制造过程的数控化率达到85%，生产效率提高20%，能源利用率提高13%，生产经营成本降低20%。此外，渤海活塞积极打造全流程的绿色供应链，从研发设计环节推行绿色设计，建立绿色产品设计研发体系，开发绿色产品；在生产制造环节，通过绿色制造工艺，减少碳排放量；在包装运输环节，推广竹浆纤维和自锁底纸箱包装，减少环境污染；在产品回收利用环节，从全球客户手中回收废弃产品，进行资源再利用。

通过物联网技术的深度应用，渤海活塞不仅提升了企业的核心竞争力，还促进了企业经营模式的创新，成为行业标杆。其建设经验能够为其他制造业企业推进智能制造提供参考，促进行业智能化水平整体提升。

第三节 5G在智慧城市建设中的应用

一、5G技术

5G技术，即第五代移动通信技术（5th-Generation Mobile Communication Technology）。5G的发展不仅是为了提供更快的网络速度，更是为了满足未来社会对于连接的多样化需求。假以时日，5G将成为连接人、机器和事物的关键基础设施，进一步推动各行各业的数字化转型，为社会经济发展带来深远影响。

（一）概念提出

1. 代际发展

5G技术是继1G到4G之后的最新一代无线通信技术。5G技术的概念形成是一个逐步演进的过程，5G技术不仅代表了技术的升级换代，还标志着通信行业在速度、容量、延迟和连接密度等方面的重大突破。

1G技术，也就是第一代移动通信技术，主要基于模拟信号传输，它标志着移动电话时代的开启。1G网络的主要特点是语音通信，但受限于模拟信号的技术，通话质量不稳定且容易受到干扰。此外，1G网络的覆盖范围有限，用户数量受限，无法支持高速数据传输。

随着数字通信技术的发展，2G技术应运而生。2G网络采用了数字信号处理技术，显著提高了通话质量，并减少了信号干扰。2G网络引入了短信服务（SMS），使用户不仅可以进行语音通话，还可以发送简短的文字信息。此外，2G技术还支持了早期的数据服务，虽然数据传输速度较慢，但为移动互联网的发展奠定了基础。

3G技术的出现，是移动通信发展的一个新的里程碑，中国的数字经济也在2009年左右开始高速发展。3G网络大幅提高了数据传输速度，数据传输速度理论上可以达到几百千位每秒，这使视频通话和移动互联网访问成为可能。3G技术还引入了更高效的无线接入技术以及更先进的网络架构，为用户提供了更丰富的移动通信服务。

4G技术，特别是长期演进（LTE）技术，使移动通信进入了高速数据传输的时代。4G网络的理论下载速度可以达到100Mbps以上，甚至在进阶LTE下，速度可以达到1Gbps。4G技术的应用极大地促进了智能手机的普及和移动互联网服务的发展，如高清视频流、在线游戏、移动支付等。

2. 概念形成

5G技术不仅是一次技术的升级，更是一场通信领域的革命。5G网络的主要特点包括极高的数据传输速度（理论峰值速度可达10Gbps）、极低的延迟（低至1毫秒）、高连接密度（每平方公里可支持百万级设备连接）以及更高的能效。5G技术采用了新的无线接入技术，如毫米波通信和大规模MIMO（多输入多输出），并引入了网络切片、边缘计算等先进概念，以支持各种新兴应用，如物联网、自动驾驶、远程医疗、VR 和 AR 等。

5G 技术的概念是在多年的研究和试验基础上逐步形成的。国际电信联盟在 2015 年发布了 5G 的愿景和需求，随后全球多个国家和地区的研究机构、电信运营商与设备制造商共同参与了 5G 技术的研发和标准化工作。2018 年，首个 5G 新空口（New Radio，NR）标准被 3GPP（第三代合作伙伴计划）正式发布，标志着 5G 技术进入了商业化部署阶段。

5G 将成为连接人、机器和事物的关键基础设施，推动各行各业的数字化转型，对社会经济发展产生深远影响。随着 5G 技术的不断成熟和应用的不断拓展，一个全新的智能互联世界正在向我们走来。

（二）技术特点

5G 技术的特点为高速率数据传输、低延迟通信和强大的连接能力，这些特点共同构成了 5G 技术的核心优势，并为各行各业带来了革命性变化。

1. 高速率数据传输

5G 技术最显著的特点是其极高的数据传输速率。与 4G 网络相比，5G 网络的理论峰值速度可达 10Gbps，这使用户可以享受到更快的下载和上传体验。这种高速率的数据传输能力为高清视频流、VR、AR 等带宽密集型应用提供了强大支持。

5G 网络利用毫米波频段（30GHz 至 300GHz）进行通信，这些高频信号能够提供更大的带宽，从而实现更快的数据传输速度。通过在基站部署大量天线，5G 网络能够同时服务更多的用户和设备，大幅提升网络容量和频谱效率。此外，5G 网络采用了极化编码等先进的信道编码技术，大大提高了数据传输的效率和可靠性。

2. 低延迟通信

5G 技术的另一个特点是低网络延迟。5G 网络的延迟可以降至 1 毫秒，这对于需要实时响应的应用至关重要，如自动驾驶汽车、远程医疗手术和实时游戏等。低延迟通信的能力使 5G 网络能够支持更多的实时和关键任务，提高了用户体验和服务质量。

5G 网络通过创建多个虚拟网络切片，为不同的服务和应用提供定制化的网络环境，包括所需的延迟水平。通过在网络边缘部署计算资源，5G 网络能够就近处理数据，缩短数据在网络中的传输距离，从而降低延迟。5G 网络还采用了更加扁平化的网络架构，减少了数据传输的中间环节，进一步降低了网络延迟。

3. 强大的连接能力

5G 技术的特点还包括强大的连接能力。5G 网络设计之初就考虑到了万物互联的需求，能够支持每平方公里内百万级别的设备连接。这种强大的连接能力为物联网的发展提供了坚实基础，使大量的传感器和智能设备能够无缝接入网络，实现智慧城市、智能家居、工业自动化等的应用。

5G 网络通过高频段通信和先进的频谱利用技术，大幅提升了网络容量，能够支持更多的设备同时在线。通过采用非正交多址接入（NOMA）等技术，5G 网络提高了频谱的使用效率，使有限的频谱资源能够服务更多的用户。需要注意的是，5G 网络还对物联网应用进行了优化，支持低功耗、低成本、长寿命的设备连接，促进了物联网技术的广泛应用。

二、智慧城市

（一）基本概念

智慧城市的概念是在对现代城市发展需求的深入理解和ICT技术不断进步的基础上逐步提出的，代表着城市管理和服务的现代化、智能化。智慧城市的建设是一个多维度、跨领域的过程，涉及城市规划、信息技术、环境保护、经济结构调整等多个方面，旨在通过智能化手段提升城市的运行效率和居民的生活质量。

1. 应对城市化挑战的需求

随着全球人口数量的增长和城市化进程的加速，城市面临着众多挑战，包括交通拥堵、环境污染、资源短缺、公共安全等。为了有效应对这些挑战，城市管理者和规划者开始寻求新的解决方案，智慧城市的概念应运而生。它提倡利用先进的信息和通信技术，如物联网、云计算、大数据分析等，来监控、分析和管理城市的各项资源，从而提高城市的运行效率和居民的生活质量。

2. 信息技术快速发展的推动

过去几十年里，信息技术取得了突飞猛进的发展。互联网的普及、移动通信技术的革新、数据处理能力的飞速提升以及智能设备的广泛使用，为智慧城市的构想提供了技术基础。这些技术使大数据的收集、存储、处理和分析成为可能，为城市管理和服务提供了全新的视角和方法。智慧城市的概念正是在此基础上提出的，它强调通过信息技术的集成和创新应用，实现多个方面的城市智能化。

3. 可持续发展理念的推动

可持续发展理念对智慧城市概念的形成起到了重要的推动作用。环境保护、社会公正、经济发展等可持续发展的核心要素，要求城市建设不仅要追求经济效益，还要考虑环境和社会影响。智慧城市的构想正是为了实现经济发展与环境保护、社会进步的平衡而提出的，它通过智能化手段提高资源利用效率，减少环境污染，提升居民生活质量，从而推动城市的可持续发展。

智慧城市概念的提出是多方面因素共同作用的结果。智慧城市不仅关注技术的应用，还关注人的需求和社会的发展。随着技术的不断进步和城市需求的不断演变，智慧城市的内涵和实践也将不断深化和拓展，为城市和居民创造更多价值。

（二）中国实践

智慧城市的中国实践是全球智慧城市发展的重要组成部分。中国政府高度重视智慧城市建设，将其作为推动城市可持续发展、提升城市管理服务水平、促进信息化与工业化深度融合的重要举措。中国智慧城市的实践是一个持续推进和不断完善的过程。随着技术的进步和经验的积累，中国智慧城市的建设将更加深入，为全球智慧城市的发展贡献“中国智慧”和“中国方案”。

1. 政策推动与规划布局

中国政府在智慧城市建设方面制定了一系列的政策和规划。从国家层面到地方政府层面，都明确了智慧城市的发展目标和行动计划，形成了自上而下的政策推动体系。在国家层面，中国政府将智慧城市建设纳入国家战略，发布了《国家新型城镇化规划（2021—2035年）》等重要文件，明确提出推进智慧城市建设的目标和任务。地方政府根据本地实际情况，制定了详细的智慧城市发展规划和行动计划。中国政府支持建设一批智慧城市示范区，通过先行先试，探索智慧城市建设的经验和模式，为全国智慧城市建设提供借鉴。

2. 技术创新与应用推广

中国在智慧城市建设中积极探索和推广新技术的应用，通过技术创新提升城市管理服务的智能化水平。在交通管理、环境监测、公共安全等领域广泛应用物联网技术，实现城市设施的智能监控和数据收集。建立城市大数据中心，对收集到的各类数据进行分析和处理，为城市管理和服务提供决策支持。推广移动支付、在线医疗、在线教育等移动互联网服务，提高居民生活的便利性和服务的可达性。

3. 产业升级与经济发展

智慧城市的建设不仅提升了城市管理和服务水平，还促进了相关产业的升级和经济发展。我国政府通过推动信息化与工业化深度融合（简称“两化融合”），发展智能制造、电子商务等新兴产业，促进传统产业转型升级；鼓励企业和科研机构开展智慧城市相关技术的研发和创新，推动形成一批具有自主知识产权的核心技术和产品；加强与国际先进城市和机构的交流合作，引进国外先进的智慧城市理念和技术，提升中国智慧城市的国际竞争力。

三、应用场景

5G技术的特性对于城市发展的各个方面均产生了深远影响。首先，5G技术的高速率数据传输特性使得大量数据能够在短时间内快速传输，这对于智慧城市中的数据密集型应用至关重要。其次，5G技术的低延迟通信特性为智慧城市中的即时响应和实时控制提供了可能。最后，5G技术强大的连接能力使智慧城市中的大量设备能够同时连接到网络并进行通信。通过介绍智能交通、远程医疗和智能能源管理三个应用场景，本节将探讨5G技术如何在智慧城市建设中发挥重要作用。

（一）智能交通

1. 作用机制

智能交通是5G技术在智慧城市中的重要应用之一。5G技术的高速率数据传输和低延迟通信特性使得实时交通监控和智能调度成为可能。通过在城市道路和交叉口部署传感器和摄像头，5G 网络能够实时收集交通流量、车速和事故信息等数据，并利用这些数据优化交通信号灯的控制，减少交通拥堵，提高道路使用效率。

5G 技术为自动驾驶车辆提供了必要的通信支持，使车辆能够实时接收和响应交通信息，确保行车安全。此外，车辆之间的（Vehicle to Vehicle，V2V）通信和车辆与基础设施之间的（Vehicle to Infrastructure，V2I）通信也为自动驾驶提供了更多的可能性，如车队行驶、交通协同等。5G 技术可以用于实时监控公共交通工具的运行状态，优化公交车和地铁的调度，提供更准确的到站时间预测，改善乘客的出行体验。

2. 现实案例：智能网联汽车示范区

汽车网联化是汽车数字化转型的重要模块之一，智能网联汽车示范区是推动汽车网联化发展的重要平台和实践基地。2016 年起，中国智能网联汽车示范区建设已遍地开花。截至 2023 年，全国已累计开放超过 9 000 公里测试道路，发放测试牌照超过 1 900 张。智能网联汽车示范区利用 5G 技术，实现了车辆之间（V2V）、车辆与基础设施之间（V2I）、车辆与行人（Vehicle to Pedestrian，V2P）以及车辆与网络之间（Vehicle to Network，V2N）的全方位通信，为智能交通系统的发展提供了实验平台。

首先，示范区通过 5G 网络实现了车辆的实时监控和调度。部署在道路上的传感器和摄像头收集交通流量、车速等信息，并通过 5G 网络实时传输到交通管理中心。交通管理中心利用这些数据进行交通流分析和预测，优化信号灯控制，减少交通拥堵，提高道路使用效率。同时，车辆之间的通信使车队行驶成为可能，即一组车辆能够以较小的安全距离紧密行驶，从而提高道路的承载能力。

其次，5G 技术在智能交通中的应用还包括自动驾驶汽车的测试和部署。在示范区内，自动驾驶汽车能够通过 5G 网络接收实时交通信息，进行地图更新，确保行车安全。车辆的传感器和摄像头可以收集周围环境信息，通过 5G 网络连接云端的高性能计算平台，进行数据处理和决策制定。这种低延迟、高可靠性的通信能力是自动驾驶汽车安全行驶的关键。

最后，5G 技术还支持智能交通系统中的创新服务。例如，通过 5G 网络，乘客可以实时接收公共交通信息，优化出行路线；紧急救援车辆能够通过 5G 网络实时传输位置信息，获得最优行驶路线，快速到达事故现场。此外，智能停车系统能够通过 5G 网络指导驾驶员快速找到空闲停车位，减少寻找停车位所耗的时间，缓解交通拥堵。

综上所述，5G 技术在智能交通领域的应用不仅提高了交通系统的效率和安全性，还为城市交通管理和服务带来了创新。随着 5G 技术的不断发展和完善，未来的智能交通系统将更加智能化、高效化，将为人们的出行带来更多便利。

（二）远程医疗

1. 作用机制

5G 技术在智慧城市的远程医疗领域的应用中展现出了巨大的潜力和优势。

首先，5G 网络的高速率数据传输和低延迟通信特性为远程医疗提供了坚实的通信基础。这使医疗服务能够突破地理限制，高质量的医疗服务能够延伸至偏远地区和资源匮乏的社区。通过5G网络，医生可以进行高清视频会诊，实时查看患者的医疗记录和影像资料，如X光片、CT扫描影像等，从而做出更为准确的诊断。此外，5G技术还能够支持远程手术的实施，医生可以远程操控手术机器人，为患者执行复杂的手术操作，这在传统网络环境下是无法实现的。这种远程手术能力不仅提高了医疗服务的可及性，还有助于解决医疗资源分布不均的问题。

其次，5G技术在智慧城市的远程医疗应用中还能够促进医疗服务的个性化和智能化。通过可穿戴医疗设备和物联网技术，5G网络能够持续监测患者健康状况，收集患者的生理数据——心率、血压和血糖水平等。这些数据可以实时传输给医疗服务提供者，使医生能够及时了解患者的健康状况，并根据患者的具体情况提供个性化的治疗建议。

最后，5G技术还能够支持人工智能在医疗诊断和治疗中的应用，通过大数据分析和机器学习算法，辅助医生进行疾病诊断和治疗方案的制定，提高医疗服务的效率和质量。

2. 现实案例：InSight Telepsychiatry

在远程医疗领域，5G技术的应用正在开辟新的医疗服务模式，特别是在提供紧急医疗服务和优化医疗资源分配方面。例如，美国的远程医疗服务提供商InSight Telepsychiatry利用5G技术提供远程心理健康服务。通过5G网络，InSight Telepsychiatry能够连接分散在不同地理位置的心理健康专业人员和患者，提供实时的视频咨询和治疗服务。这种服务模式特别适用于偏远地区和资源有限的社区，那里的居民通常难以获得专业的心理健康服务。5G网络的高带宽和低延迟性保证了视频通话的清晰和流畅，使患者的远程咨询体验几乎与面对面咨询无异。

2023年6月19日，浙江大学医学院附属邵逸夫医院普外科的梁霄主任医师通过5G网络控制相隔5 000公里的新疆生产建设兵团阿拉尔医院的国产微创机器人，为当地一位左肝有巨大肿瘤的患者成功实施了左肝外叶切除手术。这是全球首例5G超远程国产机器人肝脏切除手术。手术所用机器人是国内首款运用5G技术实现超远程手术的四臂腔镜机器人，它的核心软硬件已经打破技术壁垒，全部实现自研自产。目前，机器人手术已在新疆生产建设兵团阿拉尔医院普外科和泌尿外科常态化开展，涉及肝脏、胆道、胰腺、胃肠道、肾脏、前列腺等领域，填补了兵团医疗领域在该项技术上的空白，为加快建设兵团首个国家区域医疗中心提供了重要支撑。

（三）智能能源管理

1. 作用机制

5G技术在智能能源管理中扮演着至关重要的角色，它通过提供高速、低延迟和高可靠性的通信能力，支持能源系统的实时监控、优化控制和数据分析。

首先，5G网络能够连接大量的智能传感器和监测设备，这些传感器和监测设备可以部署在电网的各个环节，如发电厂、变电站、配电网络和用户端。通过实时收集和传输能源消耗、产能和设备状态等数据，5G网络使能源管理系统能够实时监控整个能源供应链的运行状况。这种实时数据监控和分析能力对于及时发现和解决潜在的能源问题至关重要，它可以帮助能源供应商和城市管理者更好地理解能源需求模式，预测能源消耗趋势，并据此制定更加高效的能源分配和调度策略。

其次，5G 技术的应用还使智能电网的控制和优化成为可能。通过 5G 网络，电网运营商可以远程控制电网中的设备，如智能断路器、变压器和充电站，实现精准的负荷平衡和需求响应。5G 技术还能够支持电网的实时优化，通过分析用户用电模式和可再生能源的产出，动态调整电网的运行策略，提高能源分配的效率和可靠性。同时，5G 技术还支持分布式能源资源的高效管理和整合，使家庭和企业能够将自产的能源反馈到电网中，实现能源的共享和交易。这种去中心化的能源管理方式不仅能够提高能源利用效率，还能够促进能源的可持续发展。

2. 现实案例：中韩两国智能能源管理

5G 技术在智能能源管理领域的应用正在逐步展开，如中国在多个城市推广智能电网项目。这一项目利用 5G 网络的高速率数据传输和低延迟通信特性，实现了对电网的实时监控和智能调度。例如，在雄安新区，中国国家电网有限公司部署了 5G 智能电网试点项目，通过安装大量的智能传感器和设备——智能电表和配电自动化设备，实时收集和传输电力消耗、电网状态和设备运行情况等数据。5G 网络的高带宽使大量数据能够快速、准确地回传至控制中心，而低延迟通信特性则确保了控制指令能够及时传达至电网的各个节点，从而实现对电网的精确控制和优化管理。这种智能化的能源管理方式不仅提高了电网的运行效率和可靠性，还有助于更好地整合和利用可再生能源，推动能源结构的绿色转型。

另一个 5G 应用的典型案例是韩国首尔市的 5G 智能能源管理项目。首尔市政府与韩国电信公司合作，利用 5G 网络实施了一系列智能能源管理措施。这些措施包括智能路灯系统、能源消耗监测等。智能路灯系统通过 5G 网络连接，可以根据实时交通流量和环境光线自动调整亮度，既节约了能源，又改善了道路照明效果。5G 网络还支持对公共建筑和住宅的能源消耗进行实时监测，通过对监测数据的分析，政府和居民可以更好地了解能源使用情况，采取节能措施。此外，首尔市还通过 5G 网络推广了电动汽车和可再生能源的使用，促进了城市能源结构的优化。这些智能能源管理实践不仅提升了首尔市的能源利用效率，还为实现可持续发展目标做出了贡献。

本章小结

云计算作为一种创新的计算模式，是数字技术领域发展的一个重要里程碑。云计算的核心在于通过网络提供按需使用的计算资源和服务，使用户无须了解底层的硬件和软件基础设施，就能够灵活、高效地处理数据和运行应用程序。云计算在企业运营中的使用，对企业数字化转型产生了非常积极的促进作用。

物联网在智能制造中的应用广泛且深入，它通过连接各种设备和系统，实现数据的实时采集、传输和分析，从而优化生产流程、提高效率和降低成本。在整个过程中，物联网和大数据、人工智能等数字技术密切结合，共同为智能制造赋能。物联网在智能制造中的应用不仅提高了生产效率和产品质量，还促进了企业的可持续发展，为企业在全球竞争中保持领先地位提供了支持。随着技术的不断进步，物联网在智能制造中的应用将更加广泛和深入。

5G技术以其高速率数据传输、低延迟通信、强大的连接能力，在智慧城市建设中发挥着至关重要的作用，推动着城市管理和服务的现代化与智能化，为居民提供更加便捷、高效和安全的生活体验。随着5G技术的不断成熟和应用的不断拓展，智慧城市的未来发展将更加充满希望。

思考题

1. 云计算的三种服务模式中，哪一种模式中企业拥有最高的控制权？哪一种模式最具扩展性？

2. 在智能制造中，物联网和大数据、人工智能之间的关系是什么样的？

3. 为什么说5G高速网络是智慧城市建设的“毛细血管”？

参考文献

Chen X, Guo M, Shangguan W. Estimating the impact of cloud computing on firm performance: An empirical investigation of listed firms. Information and Management, 2022, 59 (3): 103603.

Cheng J, Chen W, Tao F, et al. Industrial IoT in 5G environment towards smart manufacturing. Journal of Industrial Information Integration, 2018, 10: 10-19.

DeStefano T, Kneller R, Timmis J. Cloud computing and firm growth. The Review of Economics and Statistics, 2023: 1-47.

Gohar A, Nencioni G. The role of 5G technologies in a smart city: The case for intelligent transportation system. Sustainability, 2021, 13 (9): 1-24.

Zhong R Y, Xu X, Klotz E, et al. Intelligent manufacturing in the context of industry 4.0: A review. Engineering, 2017, 3 (5): 616-630.

PART THREE

3

|第三篇|

数据要素篇

第九章

作为生产要素的数据

数字技术的广泛应用与持续创新促使数据作为一种生产要素参与到社会生产经营活动中，为所有者或使用者带来经济效益。当前，数据要素正成为劳动、土地、资本、技术之外最活跃的生产要素。2022 年 12 月，《中共中央 国务院关于构建数据基础制度更好发挥数据要素作用的意见》（简称“数据二十条”）提出，要加快构建数据基础制度，充分发挥我国海量数据规模和丰富应用场景优势，激活数据要素潜能，做强做优做大数字经济，增强经济发展新动能，构筑国家竞争新优势。2023 年 10 月 25 日，国家数据局挂牌成立，负责协调推进数据基础制度建设，统筹数据资源整合共享和开发利用，统筹推进数字中国、数字经济以及数字社会规划和建设等。根据党中央决策部署组建国家数据局，将有力促进数据要素技术创新、开发利用和有效治理，以数据强国支撑数字中国的建设。

数据要素作为全新的虚拟生产要素，其内涵与外延正在发生巨大变化。与传统要素相比，数据要素在物理特征、技术特征与经济特征等方面均存在显著差异，需要依赖别的要素如算力基础设施和算法分析人才才能发挥作用。从这个角度来看，准确把握数据要素的各项特征与生产要素属性是正确理解数字经济发展与治理的必要条件。

本章主要讨论如下问题：

- 为什么数据被视为 21 世纪的“新石油”？数据有哪几种分类方式？
- 数据和信息、知识在概念上有何关联？数据要素和数字经济的关系是什么？
- 数据具有哪些物理特征和经济特征？数据与其他要素的关系是什么样的？
- 数据具有哪些生产要素属性？

第一节　数据：21 世纪的“新石油”

进入数字经济时代，“数据是新石油”“大数据是 21 世纪的淘金热”等说法广为流传，数据逐渐被视为当今世界最宝贵，同时也最需要加强监管的资源。2021 年 12 月 12 日，国务院发布的《“十四五”数字经济发展规划》提出，数据要素是数字经济深化发展的核心引擎。数据对提高生产效率的乘数作用不断凸显，成为最具时代特征的生产要素。本节对数据的标准定义、经济学定义和主要类型等进行介绍。

一、何为数据

（一）数据的定义

1. 标准定义

在《牛津英语词典》中，数据被定义为“用于形成决策或者发现新知的事实或信息”。这一定义强调了数据的两种作用，即“形成决策”和“发现新知”，还强调了数据的内容实质：“事实或信息”。首先，通过对数据进行分析处理，经济主体对于客观问题的了解程度将得到显著提升，从而提高决策的科学程度，降低不确定性。其次，对数据的规律性分析（如分析两个不同经济变量之间的相关性）将能创造新的知识组合，从而实现新知识的生成。例如，通过收集并分析消费者的年龄数据与其购买的手机款式数据，手机厂商将能了解不同年龄段的消费者对于手机款式的偏好与其趋势性变化，从而有针对性地调整手机生产计划，并基于数据尝试设计新的手机款式。最后，数据的价值体现在其所蕴含的事实和信息上，这一价值往往与数据规模和数据类型呈正相关关系。

在一些数据科学领域的教材中，数据被定义为对客观事件的记录，是未经加工的原始素材，可以是有组织的记录，也可以是无组织的原始记录。数据既可以是连续的值，如声音和图像（一般称之为模拟数据），也可以是离散的符号或文字（一般称之为数字数据）。将数据区分为模拟数据和数字数据也是信息科学中的一种常见做法。在计算机科学中，数据是所有能输入计算机并被计算机程序处理的符号的介质的总称，包括具有一定意义的数字、字母、符号和模拟量等。

2. 经济学定义

从经济统计的角度，加拿大统计局将数据定义为已经转化成数字/数码形式的观察结果。数字/数码形式的观察结果，能够被储存、传输以及加工处理，而数据的使用者（未必是其所有者）能够从中提取新的知识与信息。

从经济研究的角度，法布迪和维德坎普（Farboodi & Veldkamp，2020）将数据定义为可以被编码为一系列由 0 和 1 组成的二进制序列的信息。这些信息既包括数字化的音乐、影像资料和专利等，也包括统计数据与交易记录。前者可以被看作以数据形式存在的产品与服务，而后者则更多地被看作为了生产知识而进行的一类特殊投入。

（二）数据为什么是“新石油”

数据之所以能成为“新石油”，主要得益于用于“存储”和“开采”这一“新石油”的两项基础技术——云计算和大数据技术——的关键突破与广泛应用。云计算和大数据技术的出现为数据成为要素并释放经济价值奠定了技术基础，使数据成为现实中的生产要素。

1. 云计算的作用

进入 21 世纪，企业的单位计算成本随着计算机技术的进步显著降低，然而微观企业对于算力的总体需求却增加，整体计算成本不降反升。一方面，越来越多的数据和信息需要记录、存储，以供企业之后使用；另一方面，随着“数据驱动型决策”（Data-Driven Decision Making，DDDM）的发展，企业对于运算实时性的要求也逐步提高。与此同时，算力浪费的问题也随着相关投资规模的扩大而日益加重，许多企业耗巨资购买的机器算力，在大多数时候是闲置的或者利用率较低。

如果计算资源也可以随时按需租赁，那么企业不仅能满足自身的数据处理需求，还能大大降低成本。云计算就是顺应这样的需求而出现的数字技术，它利用分布式计算和虚拟资源管理等核心技术，通过高速网络将分散的 ICT 资源（包括计算与存储、应用运行平台和大数据分析工具等资源）集中起来形成共享的资源池，并以动态按需、可度量的方式向用户提供服务。

根据市场数据，2022 年全球云计算市场规模为 4 910 亿美元，而中国云计算市场规模达到 4 550 亿元人民币。云计算技术的发展极大地提升了企业的 ICT 能力。在云计算的加持下，企业能够同时、大量地处理各类数据与信息，从而提高企业的行业竞争力与决策时效性。正是在这样的背景之下，大数据分析应运而生、蓬勃发展，为数据成为生产要素奠定了坚实基础。

2. 大数据技术的作用

本质上，大数据技术就是处理海量数据的技术。对于什么样的数据是“海量数据”，目前并没有统一的判断标准。大数据技术具有十分广阔的应用场景，具体包括数据分析、数据挖掘、数据可视化与机器学习等，其中数据分析和数据挖掘是大数据技术的核心应用。

2008 年 9 月 4 日，《自然》杂志刊登了大数据的专题论文，意味着科学技术界开始正视海量数据带来的诸多改变。2011 年 5 月，著名咨询公司麦肯锡发布了名为《大数据：创新、竞争和生产力的下一个前沿》的报告，强调数据已经成为经济社会发展的重要推动力。该报告还给出了大数据的早期定义：大小超出常规数据库工具获取、存储、管理和分析能力的数据集。

2013 年，美国政府宣布推出“大数据研究和发展计划”，并设立 2 亿美元启动资金，以提高美国的数据分析处理能力、促进创新。2015 年，党的十八届五中全会正式提出“国家大数据战略”，旨在全面推进中国大数据的发展和应用，加快建设数据强国，推动数据资源开放共享，释放技术红利、制度红利和创新红利，促进经济转型升级。

据统计，2020 年，80%的数据分析和处理是由数据中心和集中式计算设施完成的，剩余的 20%则由人工智能完成。根据欧盟研究机构的预测，到 2025 年这一比例将会逆转，人类的绝大多数活动（尤其是经济活动）将会被各种传感器记录，并通过物联网形成海量数据。大数据将与其他数字技术一起，共同为经济社会活动赋能。

（三）数据的类型划分

1. 按结构化程度划分

数据结构是指相互之间存在一种或多种特定关系的数据元素的组织方式。按照数据的结构化程度，我们可以大致将数据划分为结构化数据、半结构化数据以及非结构化数据三种类型。

结构化数据即由二维表结构来呈现的数据。结构化数据严格遵循数据格式与长度规范，主要通过关系型数据库进行存储和管理。通常来说，绝大多数以表格形式（尤其是二维逻辑表，如 Microsoft Excel 表格）呈现的数据都是结构化数据，譬如企业财务系统、医院信息系统等中的数据。

非结构化数据就是不适于由数据库二维表来呈现的数据，是存储在非关系型数据库中的、字段可变的、不具有固定结构的数据，譬如图片、文本、视频、通信记录、卫星图像等。

半结构化数据则是介于结构化数据和非结构化数据之间的数据，它不符合关系型数据库或以其他数据表的形式关联起来的数据模型结构，但包含相关标记，这些标记用来分隔语义元素以及对记录和字段进行分层。简言之，半结构化数据是有结构的，但不方便进行模式化。例如，人力资源部门存储的员工简历就属于半结构化数据，它具有一定的结构性——员工简历包含一些相同类别的基本信息，如员工姓名、教育背景、工作年限等，但是在具体内容上又存在一定差别——有的员工简历还包括婚姻情况、户口迁移情况以及党组织关系情况等。

2. 按来源划分

一些研究机构按照数据的来源将数据分为四类，分别是第一方数据、第二方数据、第三方数据和公共数据。其中，第一方数据是指数据使用者（一般是指企业）自行收集的关于其自身、客户或用户的信息；第二方数据是指从其他企业购得或者交换得到的第一方数据；第三方数据是指数据使用者从没有直接经济联系的经济个体那里收集而来的数据；而公共数据则是指数据使用者从公共渠道获得的无成本的或者仅需支付很低的数据使用成本的公开数据。

此外，根据数据是否为直接从研究对象中获取的，我们可以将数据划分为直接数据和间接数据。直接数据是指通过直接观察或调查得到的数据。例如，医生收集的病人病史信息、实验人员记录的实验数据、调查问卷的答案等。这些数据都是直接从研究对象中获取的，具有很高的可信度和准确性。间接数据是指通过其他渠道获取的数据。例如，通过互联网搜索、阅读报纸杂志、收听广播和观看电视等途径获取的信息。这些数据并未直接从研究对象中获取，而是通过其他途径得到的，因此可能存在误差和不确定性。

3. 按其他方式划分

按照数据的产生过程，我们可以将数据划分为用户产生的数据和机器产生的数据；按照数据的主体，可以将数据划分为私人数据和机构数据。

在统计核算中，我们一般将数据划分为基层数据和综合数据。基层数据是指通过各种方式，从统计调查对象中获取的各种电子或其他方式的统计资料；综合数据是指对基层数据进行整理、汇总、推算等加工处理形成的数据。

在实际分析中，根据理解和分析的需要，我们可以选择上述任何一种划分方式来展开研究。

二、数据的几个相关概念

为了理解数据如何成为生产要素，首先需要明确数据与几个高度相关的概念之间的关系，以及了解在数字经济出现之前与数据相关的经济模式。此外，数据为何成为生产要素，数据要素和数字经济之间存在何种关系，也是需要明确的知识点。

（一）数据和信息

1. 作为信息载体的数据

数据可以被视为信息的一种重要载体。事实上，进入数字经济时代后，数据是最主要的信息载体，几乎所有信息都通过数据进行传播。数据中蕴含的信息可以是符号、文字、数字、语音、图像、视频等。而信息是数据的内涵，加载于数据之上并对数据做出解释。

信息是关于世界、人和事的抽象的客观描述。从经济学的角度，信息可以被理解为根据条件概率原则有效地改变概率的任何观察结果，或者是传递中的“知识差”（Knowledge Gap）。根据这一定义，在获取了信息之后，人们的决策质量会有所提升，最终带动经济产出增加。而与之相对，数据是一种人造物，可能被篡改，也可能是被伪造的，没有信息的数据并没有太多意义。因此，过滤掉没用的噪声数据、删除有害数据，是提升数据价值的必备步骤。从数据中提取出信息，是实现数据价值的重要步骤。

2. 数据和信息的关系

首先，数据在大多数情况下是标准化的。通过数据的定义可以看出，绝大部分数据都可以或者已经按照二进制进行编码与储存。与之相对，信息则包括各种形式和内容，无法被标准化，但可以被数字化形成数据以进行存储和传输。

其次，数据的价值挖掘是由技术驱动的。毫无疑问，数据分析处理方法是随着数学方法与信息通信技术等的进步而不断扩展、升级的，随着这些方法与技术的进步，通过数据获得的知识和信息也在不断增加。大数据技术的产生和发展就为数字经济提供了全面的技术支撑。

最后，数据的处理和使用过程具有可复制性。随着人工智能、机器学习和深度学习等技术的不断拓展与深入，在分析、处理和挖掘数据与生成知识的过程中，人类的作用在不断减弱，越来越多的数据分析过程由人工智能进行。而在利用分析出的数据进行决策的过程中，人或者说决策者的作用却愈发重要了。

3. 信息经济

20 世纪 60 年代，以基于中小规模集成电路、使用半导体为主存储器的第三代计算机的出现为标志，新一轮信息技术革命——ICT 革命正式开始。第三代计算机的出现将信息的收集、处理和传输速度提升了若干个数量级，解决了 20 世纪 50 年代世界经济发展面临的一大难题——当工业制造业已经足够发达、生产制造技术已经足够先进时，该如何进一步提高全社会生产率、提升人们的生活水平？计算机技术给出了答案：将信息作为一种生产要素纳入经济活动，提升已有经济活动的信息含量（信息化转型），同时创造全新的、以信息为主要内容的经济活动（信息技术产业）。

计算机的出现改变了信息处理的基本形式，将人脑从大量冗杂的计算工作中彻底释放出来，从而使人类有更多精力从事其他更具原创性的工作，如科学研发、机械设计和艺术创作等。在计算机技术的加持下，人类的想象力与创造力得到了充分释放，以信息产业的崛起为标志的信息经济也随之逐渐发展壮大。信息经济是指以现代信息技术为基础，以信息产业为主导，以信息产品生产和信息服务为主体的新经济模式，也可以被视为数字经济的一种早期模式。

专栏 9-1

信息经济学

1959 年，美国经济学家雅各布·马尔沙克（Jacob Marschark）上发表文章《信息经济学评论》，将信息经济学定义为“研究如何确定最优信息系统、最大化信息价值的一门学科”。

1961 年，著名经济学家、诺贝尔经济学奖得主乔治·斯蒂格勒（George J. Stigler）在《政治经济学杂志》（*Journal of Political Economy*）上发表论文《信息经济学》，这一新兴研究学科正式进入了主流经济学范畴。斯蒂格勒批判了传统经济理论中普遍使用的完全信息假设，他将信息作为经济活动的要素和经济运行的机制加以研究，探究了信息不为 0 时的成本与价值，提出了“信息搜寻”这一重要的经济概念及其理论方法。

1976 年，经济学学科分类的国际标准——美国经济学会的经济文献分类法（JEL 分类系统）新增了第 26 类——“不确定性与信息经济学”，由此也可以看出信息不确定性在信息经济学中的重要意义。这一分类的新增标志着信息经济学正式发展成一门独立学科。

（二）数据和知识

1. 数据参与知识生产

与实物产品和服务类似，知识作为人们在改造世界的实践中所获得的认识与经验，也是经历特定的生产过程而产生的。知识生产根据不同的类型划分为两类：创造新知识的“知识探究”，以及通过教育等手段增加已有知识存量的“知识传播”。这两类知识生产都会扩大知识规模，进而提高全社会的生产能力与知识水平。数据一方面作为重要的生产性投入要素参与知识探究，另一方面也作为知识载体参与知识传播过程。

数据参与知识生产的过程同样与大数据技术密切相关（Abis & Veldkamp，2024）。一方面，大数据技术为知识生产提供了海量的可供挖掘的数据资源。这些数据资源来自各种渠道，包括社交媒体、企业数据库、政府机构等。通过运用大数据技术，人们可以高效地收集、整理和分析这些数据，从而挖掘出有价值的信息和趋势。另一方面，大数据技术有助于提高知识生产的效率和质量。传统的知识生产方式往往依赖个别人的经验和直觉，而大数据技术能够通过数据分析和预测模型，帮助人们更加客观地认识世界，减少主观偏见与错误判断。

2. 数据和知识的关系

正如前文所述数据和信息之间的关系一样，数据和知识之间也并非泾渭分明。在多数时候，数据被视为知识的一种重要载体，在这个意义上，信息和知识似乎并无本质差别。琼斯和托内蒂（Jones & Tonetti，2020）提出了一种非常有意思的观点，认为“数据=信息+知识”。其中，知识基于数据生产出来，可重复使用，知识之外的数据，如一般性经验、事物的基本特征都可以被视为信息。按照这种理解，知识在促进经济增长与社会发展方面能够发挥的作用要大于信息。然而时至今日，这一观点仍不算主流观点，很多时候知识更多地被视为基于信息凝练而成的重要认识和经验。

3. 知识经济

知识经济就是以知识为基础的经济。美国经济学家弗里茨·马克卢普在其著作《美国的知识生产与分配》一书中首次提出“知识产业”这一概念，正式开辟了知识经济这一研究领域。与知识存在的三种基本形式①相对应，马克卢普区分了资本的三种形式（物质资本、人力资本以及非物质非人力的资本），他首次将知识视为一种虚拟资本，为知识资本理论的研究和发展奠定了坚实的基础。

知识产业与其他物质产业和服务业相比主要存在两个不同：

第一，知识产业的产出是无形的、非物质的、无法度量的虚拟知识，因而无法与物质产出进行数量比较，也无法像大多数服务一样按时计费。例如，一般来说，无法按照市场规律为科学研究和义务教育设定价格并进行交易。

第二，大多数知识产业提供的服务并不是作为商品在市场上销售的，而是以很低的成本或免费在社会中扩散的。程序员开发出的新的人工智能开源算法，如大名鼎鼎的DeepSeek大模型，就是一个很好的例证。

对于大多数其他产业的产品，消费者可以通过购买行为来确定它们的市场价值，但是知识产品的市场价值往往不能通过这种方式确定。知识产品既没有总销售额，也没有销售价格。正是由于知识产品价值的不可度量性，以及由此而引起的生产效率指标与市场价格的难以确定性，政策界与学术界难以确定知识产业投资占国民生产总值的最佳比重。

（三）数据要素和数字经济

将数据作为生产要素，是中国首次提出的重大理论创新。2023年初，党中央决定组建国家数据局，并赋予其协调推进数据基础制度建设，统筹数据资源整合共享和开发利用，统筹推进数字中国、数字经济以及数字社会规划和建设等职责。国家数据局正在推进的重点工作之一，就是充分发挥数据的基础资源作用和创新引擎作用，不断做强做优做大中国数字经济。

1. 作为生产要素的数据

生产要素是经济活动中的基本要素，是创造社会财富的坚实基础，是促进经济增长

---

① 马克卢普从各种形态的知识产品中区分出知识存在的三种基本形式：第一，贮存于那些建立在成本巨大的研究与开发基础上的技术规范，以及由此专门制造出来的物质性机器与工具中的知识，这些知识可以被称为凝固在物质形态中的人类智慧；第二，贮存在那些受过教育与职业培训的“知识传输者”和技术工人活动中的知识，即个人所拥有的知识；第三，贮存在那些既不属于具体物质性机器，也不属于“知识传输者”和技术工人等个人，以某种特殊形式或社会规定的形式存在的知识，这些知识需要时间和劳动成本才能生产和普及。

的主要源泉。在农业经济时代，古典政治经济学家威廉·配第（William Petty）提出，“土地为财富之母，而劳动则为财富之父和能动的要素”。工业革命将机器引入经济生产活动，资本成为工业经济时代的关键生产要素。

19 世纪末，英国经济学家阿尔弗雷德·马歇尔（Alfred Marshall）在其重要著作《经济学原理》中正式定义了“生产要素”（Factors of Production）。马歇尔认为，生产要素是“国民经济运行及市场主体生产经营过程中必备的基础性社会资源，其最主要的特征在于为经济发展提供生产的基础条件与动力”。马歇尔认为，经济活动的三种基础性生产要素分别是劳动、土地和资本，提供这三类要素的生产者分别获得以工资、地租和利息为形式的回报。在之后的经济学研究中，组织、管理、技术和知识也被视为具备某些独到特征的生产要素。

20 世纪 90 年代，以互联网为代表的新技术加快应用，拉开了数字经济时代的序幕。互联网、新一代通信等数字技术带来的数据连接和共享，推动数据规模呈指数级增长；物联网、大数据、云计算、人工智能等技术降低了数据采集、存储、处理和分析的成本。随着数字化、网络化、智能化进程不断加快，数据逐渐成为经济活动中不可或缺的生产要素，也成为推动经济增长的重要动力。数据可以被视为一种生产要素，主要原因有以下三个方面：

第一，数据已经成为社会生产活动中不可或缺的生产性投入。绝大多数社会生产活动，都需要数据分析的支持，可以通过增加或补充数据分析的生产环节提升产出规模与质量。

第二，数据是一种直接进入生产过程的投入，而不是作为其他投入的组成部分。这是数据与人力资本等间接投入的主要区别。人力资本涉及劳动力所具有的知识、技能与健康状况等，一般不随产品的出售而转移，也不能被单独出售或者交易。与人力资本不同，数据可以被单独出售或交易，各国均在尝试建立独立的数据要素市场交易制度，以最大化数据的流通价值。

第三，生产要素的基础形式与进入生产过程的方式是稳定、可复制的。正如劳动力使用资本进行生产的基本过程稳定且可复制一样，绝大多数的数据都是以“二进制”信息单元的基础形式被记录、储存、传输和使用的。与之相对，一些其他的生产性投入如创意却不具有这样的稳定性，因此尚未完全成为现实的生产要素。

2. 数据是数字经济发展的关键要素

综上，数据要素以现代信息网络和各种类型的数据库为重要载体，通过进入知识生产过程与算法训练过程参与经济社会活动。

数据是数字经济发展的动能来源。数据作为新型生产要素，对生产方式变革具有重大影响。比如，以数据为关键要素推进数字产业化和产业数字化，推动数字技术与实体经济深度融合，能够为经济社会健康发展提供持续动力；充分利用海量数据，大力发展数字经济核心产业和数字要素驱动产业，能够为经济发展培育新的增长点；将数据要素与其他生产要素有机结合，能够提升其他生产要素的匹配效率，激发其他生产要素的创新活力，进而提高生产质量和效益，推动国民经济质量和水平实现整体跃升。

数据是数字经济发展的优势来源。在当今时代，数字经济发展速度之快、辐射范围之广、影响程度之深前所未有，正在成为重组全球要素资源、重塑全球经济结构、改变全球竞争格局的关键力量。世界主要国家都高度重视发展数字经济，竞相制定发展战略、出台鼓励政策，采取各种举措打造数据新优势。中国是人口大国和世界第二大经济体，互联网用户规模庞大，拥有海量数据资源和丰富应用场景。充分利用这些优势，发掘和释放数据要素价值、激活数据要素潜能，不断做强做优做大中国数字经济，有利于抓住先机，抢占未来发展制高点，构筑国家竞争新优势。

数据是数字经济发展的创新来源。在数字经济时代，数据成为重要的创新要素，数据重新定义了创新链各主体间的关系，科技与产业一体化程度增强，大型数字企业在创新中的地位上升，开放、开源成为创新资源配置的重要组织形态。推动科技创新的思路和组织科技项目的逻辑都要应时而变。2024 年初，国家数据局等 17 部门印发《“数据要素×”三年行动计划（2024—2026 年）》，明确开展“数据要素×科技创新”行动，从推动科学数据有序开放共享、强化高质量科学数据资源建设和场景应用、以科学数据助力前沿研究、以科学数据支撑技术创新、以科学数据支持大模型开发、探索科研新范式等方面阐述了数据要素与科技创新相结合的着力点。

第二节　数据要素的主要特征及其与其他要素的关系

对于数据要素具备哪些特征，学界存在多种不同理解。在数据科学维度上，数据要素具有“4V”特征，即数据的大量性（Volume）、聚合数据的多样性（Variety）、数据收集运用传播的快速性（Velocity）和数据蕴含的价值性（Value）（见图 9-1）。在技术经济维度上，数据要素具有多元性、依赖性和渗透性等技术特征（白永秀等，2022）。本节对数据要素的物理特征与经济特征进行总结。

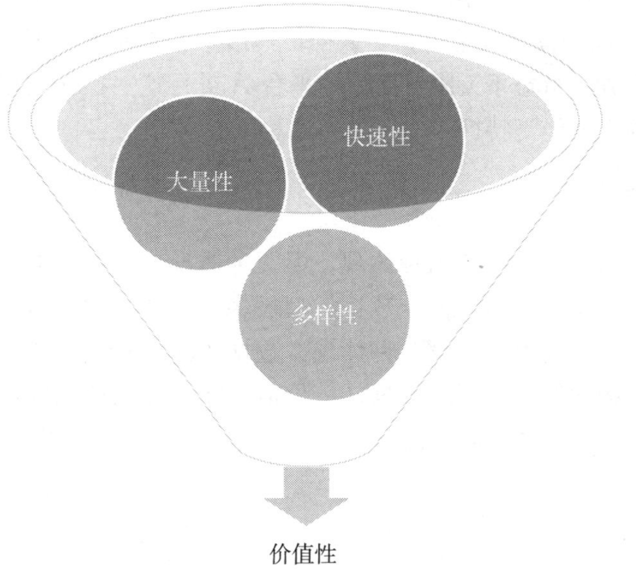

图 9-1　数据的 4V 特征

一、物理特征

物理特征是数据作为数字化信息所具备的自然属性，与数据的物理载体和传输形式具有非常密切的关系。数据的物理特征随数据处理技术的发展而演变，也是数据作为21世纪最重要资源的价值基础。

（一）虚拟性

已有研究普遍将数据的虚拟性（Virtuality）视为其核心特征之一（Jones & Tonetti，2020），这是数据与其他传统生产要素如劳动、资本和土地的最主要差异。在当前技术条件下，数据在大多数时候是存在于ICT产品和服务中的，二者的有效结合被视为目前全球经济增长的主要动力之一。

（二）高流动性

数据能够在网络空间无障碍地流动和传输。与传统生产要素不同，数据传输不受空间限制，不会受到地理距离以及国家边界或其他自然障碍的影响。数据点对点的运输成本极低，这就意味着传统意义上限制要素流动的措施（如关税政策）无法应用于数据之上。数据的跨境流动也因此成为研究热点。

（三）无限复制性

相对于同一主体而言，数据一旦产生便能被无限次使用。例如，电子商务平台A记录了某一天在平台上发生的全部交易数据，只要平台A不主动删除这些数据，它们就可以被该平台无限制地使用。数据的无限复制性使得数据的边际成本几乎接近零。在上述例子中，平台A可以选择将收集的交易数据传输给平台卖家B和C，帮助卖家调整和改善他们的产品和服务。得益于无限复制性，平台A进行这一操作的成本几乎为零，进而形成了数据要素的重要经济特征——正外部性。

（四）非均质性

数据要素的非均质性特征有两种体现。第一种体现：数据表中的数据内容、特性存在较大差异，不存在良好的均一性。数据类型极多，不同类型数据的构成逻辑、存储方式与信息密度也存在较大差异。第二种体现：数据的真实价值因数据质量、应用场景以及使用对象而异。相同体量的两组数据，其价值可能存在天壤之别，数据的类型和稀缺程度而非数量决定了数据的实际价值。

二、经济特征

除了上述物理特征之外，数据要素还具有非竞争性、部分排他性、规模报酬递增、正外部性、产权模糊性、衍生性以及风险隐匿性等经济特征。这些经济特征是数据能够成为数字经济的关键要素、为经济高质量发展赋能的关键。

（一）非竞争性

数据要素的非竞争性是数据的核心经济特征。具体而言，同一组数据可以同时被多家企业或多个个人使用，增加一个额外的使用者不会减少数据对其他现存使用者的效用，数据也因此具有非竞争性。非竞争性的来源是数据的无限复制性，对于数据的额外使用的边际成本几乎为零，这是数据相较于其他生产要素的一个主要差异。由于非竞争性的存在，因而任何数量的企业、个人或 AI 算法都可以同时使用同一组数据，同时又不会减少其他人可用的数据量，这就决定了数据的高使用效率以及其巨大的潜在经济价值。

（二）部分排他性

数据要素可以实现多主体同时使用，进而表现出部分排他性的特征。

当数据规模足够庞大、内容足够复杂和广泛时，数据生产要素就表现出高度的排他性。这一特征在现实中体现为拥有数据的企业和机构会选择“窖藏”数据而非分享数据，进而利用数据的排他性获得收入。在现实中，大多数企业都不会随意公开自己产生、收集和拥有的各项数据，即使公开这些数据能够创造巨大的经济社会价值。数据的部分排他性还体现在，其他生产要素（如知识和技术）会随着人事变动或劳动力转移而转移或扩散，但数据的复杂性和广泛性使其无法被包含在人力资本中，而是存储于 ICT 资本——计算机和数据库之中。

与之相对，由政府或国际组织统一供给的公共数据、大学和科研机构的开放数据往往是非排他的，此类数据的价值也正是通过被不同的机构和个体重复使用实现的。

（三）规模报酬递增

从企业的角度来看，其所拥有的数据可以被每一名员工使用，因而数据规模越大、种类越丰富，产生的信息和知识就越多，进而呈现出规模报酬递增的特点。规模报酬递增是指随着生产规模的扩大，生产效率不断提高，单位产品成本下降，产量增加的比例大于生产要素增加的比例的经济现象。数据要素具有规模报酬递增的特性，有价值的数据越多，通过数据的多源融合就越可以产生“1＋1＞2”的效果。如果数据对于整个行业乃至经济体的参与者开放，那么数据规模扩大带来的经济价值就将更为可观。

（四）正外部性

数据的正外部性主要体现在收集数据的企业生产效率的提升，以及企业通过改善运营、促进创新和优化资源配置等方法实现组织效率和用户体验的提升。例如，使用谷歌或百度搜索引擎的用户，其数据搜索行为有助于该引擎改善其搜索质量，进而产生正外部性。

一方面，当许多用户输入同一个特定关键词时，为该关键词收集的反馈数据量就会增加。搜索引擎会通过用户在搜索结果页面上的点击行为了解用户期望得到的搜索结果，从而提高搜索质量，形成直接的正外部性。另一方面，使用搜索引擎的用户数量越多，搜索引擎的学习速度就越快，这就强化了用户数量增多所带来的正外部性。此外，数据生产要素还通过改善运营、促进创新和优化资源配置的方法，在提升企业组织效率和用户体验上实现正外部性。

需要注意的是，数据要素也可能产生负外部性。例如，如果用户 A 在社交平台上通过公开消息（如发微博、朋友圈）展示自己的生活，并采用“@”等方式提及一同参加活动的亲友，实际上就向平台提供了其他用户的社交信息这一隐私数据。平台可以通过这一数据进行用户画像和广告推送等，可能会对其他用户造成负面影响。

（五）产权模糊性

数据生产要素在产权归属上存在一定的模糊性，其所有权和产生的各项产出在企业和消费者之间的分配尚不清晰。消费者在使用互联网公司等企业提供的各项数字产品和服务的过程中会产生大量数据，这些数据往往由企业直接收集和整理，消费者在客观上没有处置和使用这些数据的机会。

一些学者提出，相较于更适用于竞争性物品的“所有权”，更应当关注非竞争性数据的“访问权”。原因在于，数据很少以出售私人物品的方式“出售”，而是多被许可用于特定用途。例如，出于安全性的考虑，应当允许多方同时访问自动驾驶汽车的数据，包括引擎、导航系统等。数据访问权的提出不能解决的一个问题是，在数据要素产生经济价值后，应如何在数据提供者（用户）、数据收集者（平台）和数据分析者（平台或生产者）之间进行利益分配。这也是数字经济学需要解决的一个重点问题。

专栏 9-2

数据可携带权

数据可携带权（Right to Data Portability）是一种个人在个人信息处理活动中的权利，它允许个人从数据控制者处获取个人信息的副本，并且有权请求数据控制者直接将其个人信息传输给另一个实体。这一概念最早由欧盟在《通用数据保护条例》中提出。该条例规定了一系列权利，包括数据主体有权以结构化、通用的和机器可读的格式接收其提供给数据控制者的个人数据，并有权不受妨碍地将这些数据传输给另一个数据控制者。

在中国，《个人信息保护法》第四十五条第三款规定，个人请求将个人信息转移至其指定的个人信息处理者，符合国家网信部门规定条件的，个人信息处理者应当提供转移的途径。这表明数据可携带权在中国也得到了法律的确认和保护。数据可携带权的核心价值在于强化个人对个人信息转移与再利用行为的控制，促进数据的自由流动，并打破数据壁垒和垄断。通过这一权利，个人可以更加自由地控制自己的个人信息，并在必要时将这些信息转移到其他服务商或平台。

（六）衍生性

数据在大多数时候是经济活动衍生出的一种副产品，由于存在通过分析数据协助投资决策的现实激励，因而生产企业和金融机构会自发地记录、整理和存储各项经济活动的有关数据，即使其主营业务与这些数据无关。也有研究将数据衍生性称为数据的“生产伴生性”，强调数据伴随经济活动自然产生并被记录、整理进而形成数据要素的生成逻辑。

（七）风险隐匿性

由于数据依赖网络、算法等信息技术，因此其涉及的范围更广且传播速度更快，由此相关风险更具有隐匿性。譬如，个人信息泄露和虚假信息传播等问题均发生于无形之中。此外，伴随着数据要素在经济发展过程中作用的不断凸显，市场主体凭借自身数据优势垄断市场等隐患也更具隐匿性。

三、数据要素与传统生产要素的关系

（一）数据要素与传统生产要素

与传统生产要素相比，数据要素有着明显不同的特性。比如，与土地和劳动要素相比，数据权属更为复杂；与资本要素相比，数据具有现实意义上的可积累性，但是其价值密度不均匀。随着数据不断地被存储与使用，企业积累的数据的价值会不断下降，如同传统物质资本的不断折旧一样。物质资本的折旧，一般源于企业在生产经营过程中使用固定资产所导致的损耗。数据的折旧则不完全相同，无论企业是否使用数据，折旧都会发生。例如，其他企业也购买了同样的数据库，数据中蕴含的信息被其他个体发掘或者不再有效（如消费者群体发生的趋势性演变导致旧的消费者数据不能反映消费者特征），或者企业支付额外成本收集的数据成了公开数据等。虽然同样存在等额折旧，但是数据的折旧并非类似于固定资产的等额折旧，而是以一种更加复杂、尚未形成共识的形式折旧。

数据在很大程度上与在其之前成为生产要素的组织、管理、技术和知识一样，是一种虚拟生产要素，有时也称“虚产要素”。虚拟生产要素大多不具有实体形式，却能在很大程度上影响实体生产要素（劳动、土地和资本）的生产效率与生产能力。同时，虚拟生产要素也可以作为实体生产要素的补充，如技术水平的提升可以有效减少实体资本与劳动的投入。此外，大多数虚拟生产要素都具有推动创新的能力，无论是技术创新还是组织创新。

（二）数字三要素：数据＋算力＋算法

与其他生产要素，尤其是传统要素不同，数据不能作为一种独立要素支撑起一个完整的生产过程或生产阶段。作为一种虚拟要素，数据既需要存储于物理载体之中，也需要专门的分析工具来将其转化为生产可用的知识和信息。数据、算力和算法三类要素的有效结合，构成了数据要素价值释放的现实基础。

1. 算力

对于算力（Computing Power）的惯常理解是：经济主体分析、处理数据的能力。

狭义的算力，指 CPU、GPU 等的芯片技术及能力，可用计算机的每秒浮点运算次数（FLOPS）来衡量；广义的算力，是集狭义的算力、数据存储能力、数据传输能力于一体的新型数字化生产力。

企业在生产中使用的算力并非全部由其自身投资获得，而是部分依赖公共性算力基础设施。狭义的算力基础设施指提供算力资源的基础设施，包括数据中心、智算中心和超算中心等提供的多样性算力体系；广义的算力基础设施是融算力生产、算力传输和信息技术能力为一体的 ICT 服务。

根据所依托的计算元件，一般将算力分为基础算力、智能算力和超级算力。基础算力是由基于 CPU 芯片的服务器提供的算力，主要用于基础性通用计算，如物联网。智能算力是由基于 GPU、专用集成电路（ASIC）等智能芯片的加速计算平台提供的算力，主要用于人工智能的训练。超级算力是由超级计算机等高性能计算集群提供的算力，主要用于尖端科学领域的计算，比如宇宙模拟和药物研发。

2024 年，中国算力总规模位居全球第二，与中国数字经济规模的全球排名一致。在算力类型上，中国的基础算力储备充分，但在智能算力和超级算力的技术水平与供给能力方面与全球顶尖水平仍存在客观差距。在算力结构上，算力分布不均匀、算力供需不匹配等结构性问题也是中国数字经济进一步发展面临的“软约束”。为解决上述问题，中国于 2022 年启动了“东数西算”工程，通过构建数据中心、云计算、大数据一体化的新型算力网络体系，可以将东部算力需求有序引导到西部，优化数据中心建设布局，促进东西部协同联动。

2. 算法

从技术角度来看，算法是为实现某个任务而构造的清晰的指令集，其本质是以有限、确定而有效的设定将输入转化为输出，从而解决问题的数学过程。在数字经济场景中，算法可以被视为以数据为基础、以算力为支撑，借助在具体场景下的部署和应用实现自动化、智能化的决策的过程。简言之，算法就是将数据信息转化为商业决策和可用知识的数学模型，算法能力就是企业分析及处理数据以解决现实经济问题的能力。

在经济学意义上，如何测度企业等经济主体所拥有的算法能力？一个常见的做法是度量企业拥有的算法人才——包括程序员和算法工程师等——的数量以及企业在这些人才上的支出。以理工科为重要方面的高等教育与注重信息技术应用的职业教育为中国数字经济发展培养了大批程序员和算法工程师，进而为中国数字经济的发展建立了较为明显的算法优势。然而，在拔尖创新人才的培养方面，中国与美国等前沿国家相比仍存在一定差距。

3. 从数字三要素到人工智能

数字三要素的有效结合将产生大量知识和信息，也构成了人工智能的发展基础。这三个要素的不断融合和进步将推动人工智能进一步发展，并在各个领域带来更多的创新和应用。

数据是人工智能的基础，没有高质量的数据支持，人工智能系统就无法进行训练和学习。作为人工智能的燃料，数据的质量和多样性对于训练和优化模型至关重要。高质量的数据可以提供准确的样本和标签，使模型能够有效学习；多样性的数据能够帮助模型更好地泛化和适应各种不同的场景。

在人工智能领域，算力是实现高性能计算、大规模数据处理和复杂模型训练的关键。随着硬件技术的进步，如 GPU、TPU 等的出现，算力得到了极大提升。这些专用的处理器能够并行处理大量数据，加速训练和推理过程，从而提高人工智能系统的性能与效率。

算法是人工智能系统的核心引擎，决定了系统的学习、推理和决策的过程。不同的算法可以应用于不同的任务和场景，从简单的规则和逻辑到复杂的机器学习和深度学习模型。通过学习和优化不同类型的智能算法，系统能够从数据中提取有价值的信息和模式，并进行智能决策。

数据、算力和算法相互依存、相互促进，推动新一代人工智能的生成，这也是数据在数字经济时代发挥生产要素作用的重要实现路径。

第三节　数据的生产要素属性

数据要素对生产效率提高的乘数作用不断凸显，成为最具数字时代特征的生产要素。本章前面部分介绍了数据作为生产要素具备的主要特征，以及数据与其他生产要素的关系等。那么，数据在经济活动的哪些流程中发挥作用，又是通过哪些机制实现对传统经济的提质增效的呢?

一、作为桥梁的数据

作为商业主体实现价值创造的基础单元和条件，生产要素的重要特质在于既可以提高企业运行体系中原有要素的价值转化效率，也可以通过内部加工过程直接实现要素本身的价值创造，且这一价值创造过程以大幅提高要素原有价值为基础。在数字经济环境下，数据与劳动、土地、资本、技术等一样，也有了生产要素的重要特质，但数据只有与劳动等相结合才会从可能的生产要素转化成现实生产要素。

（一）联通不同生产要素

谢康等（2020）的实证研究发现，数据通过与劳动等生产要素结合形成现实生产要素，其发挥的核心作用是将现有生产要素进一步联系起来，以提高生产效率和组织效能。与土地、资本等要素一样，单纯的数据资源只是可能的生产要素，要成为现实生产要素需要与其他要素相结合，尤其是劳动。因此，劳动构成数据成为现实生产要素的必要条件之一。

数据与劳动相结合不会使其必然成为现实生产要素，关键要看数据与劳动结合时的技术基础条件如何。当社会提供良好的技术基础时，如提供优良的 ICT 基础设施时，数据与劳动相结合后就会直接形成现实生产要素，尽管形成的现实生产要素存在生产效率损失。如果缺乏良好的技术基础，数据即使与劳动相结合，也不会直接成为现实生产要素。

一般来说，即使经济社会的技术基础良好，数据与劳动相结合后依然需要通过与知识和管理等相结合来形成现实生产要素，而且相对于二者结合直接转化而成的现实生产要素，通过与知识和管理相结合形成的现实生产要素效率更高。

（二）联通数字技术和传统经济

数据要素的高效利用，作为桥梁促进了数字技术与传统产业的深度融合，为传统经济注入了新的活力。

数据要素通过联通数字技术与实体经济，实现了资源的优化配置和产业效率的提升。在制造业，通过物联网技术，机器设备产生的数据可以被实时传输和分析，实现生产过程的智能监控和故障预测，减少停机时间，提高生产效率。在零售业，通过收集和分析消费者数据，企业能够更准确地了解消费者需求，实现库存的精细化管理，减少商品过剩或缺货的情况。在金融行业，利用大数据和人工智能技术，银行和保险公司能够更准确地评估客户的信用风险，提供定制化的金融产品，提高服务质量。这些例子表明，数据要素通过数字技术的应用促进了传统产业的数字化转型，提高了经济的创新力和竞争力。

二、作为创新要素的数据

数据要素被广泛认为是改变企业产品创新方式、获得竞争优势的关键。部分研究表明数据要素改变了企业产品研发方式的现状，即企业投入大量资源，广泛且大量地收集数据以期超越竞争对手。在理想情况下，由于大数据可以帮助企业获得和使用市场中更多的信息来满足消费者需求，因此大数据资源的构筑可以直接产生资源红利，提升企业的产品创新绩效。

（一）数据要素在创新中的作用

数据要素在创新过程中扮演着至关重要的角色。首先，数据是新产品和服务开发的基石。通过对大量用户数据的分析，企业能够洞察消费者需求，设计出更符合市场需求的产品。其次，数据要素推动了商业模式的创新，如基于数据分析的个性化推荐系统已成为电商平台的标配。再次，数据要素促进了运营效率的提升，企业通过实时数据分析可以优化供应链管理，降低成本，提高响应速度。在决策层面，数据要素支持基于证据的决策，减少了不确定性和风险。最后，数据要素在推动科技创新方面也发挥着重要作用，如在人工智能训练、药物研发和材料设计等领域，数据是不可或缺的资源。

（二）数据要素对未来创新的潜在影响

展望未来，数据要素将对创新产生更加深远的影响。随着物联网和云计算等数字技术的进一步突破，数据的收集、传输和处理能力将进一步提升，数据要素的潜力将得到更充分的挖掘。一方面，数据要素将推动跨学科、跨行业的协同创新，通过数据共享和开放，促进不同领域知识的融合，加速创新进程。另一方面，数据要素将助力智能决策和自动化流程的实现，提高创新的效率。同时，数据要素还将推动创新活动民主化，通过降低技术门槛，使更多的个人和中小企业能够参与到创新活动中来。

需要注意的是，并非所有企业都能从对数据要素的投资中获益。即使企业拥有数据资源，但如果企业缺乏大数据应用意识、应用能力与相应的组织流程，数据的分析结果也仅能作为管理者决策的辅助参考，真正的决定性因素仍是管理者的经验和观点（McAfee et al.，2012）。因此，企业的大数据分析能力往往表现为算力（大数据技术能力）和算法（人力资本质量）的组合，是企业发挥数据作为创新要素作用的关键。

三、作为聚合要素的数据

多维数据能够发挥乘数效应，形成“数据要素×”的倍增性生产能力。在数字经济中，非结构性数据占比80%左右，主要是人与人之间的交互信息、物联网世界的终端数据、企业的生产运营数据等。其并非狭义的数字形式，而是有声音、视频、图片、文本等多种形式。多元异构的零散数据被广泛连接、耦合，其带来的经济价值和社会价值远大于孤立数据的简单加总，实现了价值创造的涌现效应。经济运行机制是多维的，在大数据广泛应用之前，通过局部、片面的数据来源而形成的对世界的认知往往是表面的、静态的甚至是扭曲的，而全视域、多维度的系统数据，会帮助经济主体获取过去无法获取的客观认知，从而带来财富的系统性增长（戚聿东，刘欢欢，2020）。

只有通过开放共享，聚合后的数据要素才能最大限度地释放其经济价值。数据开放和数据共享是当今时代推动知识传播、创新发展和社会进步的重要力量。数据要素的开放共享能够促进科学研究、提高政府工作透明度和公民参与度、推动经济增长和创新、改善公共服务和基础设施、丰富教育和学习资源、促进全球协作，以多种方式促进经济社会发展。为了实现数据要素最大限度的开放共享，需要政府、企业和社会各方面的共同努力。

（一）促进科学研究

在科学研究中，数据是知识发现和创新的基础。数据共享在科学界尤为重要，它允许研究人员访问他人的研究数据，从而验证研究结果，加速新发现与新的知识组合的过程。例如，基因组数据的开放访问加速了生物医药研究，推动了个性化医疗发展和新药开发。

数据的聚合能力使跨学科研究成为可能，如生物学家可以结合计算机科学中的数据分析技术，从基因组数据中发现新的生物标记。此外，数据的共享和开放促进了全球科研合作，加快了科学发现的速度。数据驱动的科研方法，如数据挖掘和机器学习，正在改变传统的科学探索过程，使研究者能够处理更复杂的数据集，发现以往难以察觉的模式和关联。同时，数据的可重复使用性提高了科学研究的透明度和可验证性，有助于提高研究质量，促进科学知识的累积。

（二）提高政府工作透明度和公民参与度

许多政府部门和机构已经逐步将数据公开，提高了政府工作的透明度，并使公民能够更好地了解政府决策过程，更广泛地参与社会治理。开放数据使公民、记者和非政府组织能够监督政府活动，促进公共资源的合理利用和公共服务的改进。

与此同时，政府数据的开放和利用也面临一些挑战，如数据安全和隐私保护问题，需要制定相关法规和标准，以规范数据的收集、存储和使用。同时，也需要提高公众的数据素养，使其能够有效地利用数据参与社会治理。

（三）推动经济增长和创新

开放的数据资源为企业和创业者提供了宝贵的信息，他们可以利用这些数据创造新的产品、服务和商业模式。例如，地理信息系统（GIS）数据的开放使开发基于位置的服务（LBS）成为可能，推动了从地图服务到定位服务的一系列创新应用。

数据的聚合和共享促进了跨行业协同和价值链整合，为企业探索新的商业模式和收入来源提供了可能。例如，通过分析社交媒体数据，企业可以进行精准营销，提高转化率；通过整合供应链数据，企业可以优化物流流程，降低成本。数据要素还催生了新的产业，如大数据分析、云计算和人工智能，这些新兴产业将成为经济增长的新引擎。

（四）改善公共服务和基础设施

通过分析开放的交通、环境和公共健康数据，政府和私营部门能够更有效地规划和提供公共服务。例如，通过分析交通流量数据，城市可以优化交通信号灯控制，减少拥堵，提高道路使用效率。同样，通过分析污染物排放的实时数据，环境部门可以通过公共平台为居民提供出行建议，进而降低环境污染对公众健康的损害。

（五）丰富教育和学习资源

教育资源的共享和开放，如开放课程、在线教育平台和数字图书馆等，为全球各地区的学习者提供了平等的学习机会，打破了地理和经济的限制，有助于缩小个体与个体之间、阶层与阶层之间的教育鸿沟，提高全球教育质量。同时，学习管理系统（LMS）通过收集学习过程中的数据，可以为教育者提供反馈，帮助他们优化教学策略。

（六）促进全球协作

在全球性挑战如气候变化、传染病防控等领域，数据共享使不同国家和地区的研究人员、政策制定者与公众能够共享知识和资源，协同工作，寻找解决方案。例如，全球气候变化研究依赖各国气象数据的共享，而基因组学研究则需要不同种族、群体的基因信息。在新冠疫情期间，各国卫生组织通过共享病毒基因序列、流行病学数据和医疗策略，加快了疫苗的研发和对疫情的控制。

2023 年 4 月 24 日，习近平主席向第四届联合国世界数据论坛致贺信并指出，中国是联合国《2030 年可持续发展议程》的支持者和践行者，坚持创新、协调、绿色、开放、共享的新发展理念，不断完善数字基础设施，建立健全数据基础制度体系，加强数据和统计能力建设，积极分享中国可持续发展目标监测实践和经验。

本章小结

本章第一节给出了数据的标准定义和经济学定义，强调两类技术（云计算和大数据技术）在数据成为要素的过程中发挥的重要作用。进一步地，按照几种不同的逻辑可划分不同的数据类型。在此基础上，明确数据和信息以及知识的关联，梳理从信息经济到知识经济再到以数据为关键要素的数字经济的发展。

第二节归纳并梳理了数据要素的物理特征和经济特征，讨论数据要素和传统生产要素之间的关系，并着重讨论了数字三要素。

第三节分别探讨了数据要素作为桥梁、创新要素和聚合要素的生产要素属性，为下一章分析数据要素的价值释放奠定了基础。

思考题

1. 结构化数据相较于其他两类数据具有哪些优势？
2. 数据要素和传统生产要素有什么关系？为什么在进入数字经济时代之前，数据要素并未得到广泛应用？
3. 在人工智能算法的训练过程中，数据发挥了什么作用？举一个具体例子进行说明。
4. 对于数据的三种生产要素属性，请分别举一个实例进行说明。

参考文献

白永秀，李嘉雯，王泽润. 数据要素：特征、作用机理与高质量发展. 电子政务，2022（6）：23－26.

刘涛雄，戎珂，张亚迪. 数据资本估算及对中国经济增长的贡献：基于数据价值链的视角. 中国社会科学，2023（10）：44－64＋205.

戚聿东，刘欢欢. 数字经济下数据的生产要素属性及其市场化配置机制研究. 经济纵横，2020（11）：63－76＋2.

谢康，夏正豪，肖静华. 大数据成为现实生产要素的企业实现机制：产品创新视角. 中国工业经济，2020（5）：42－60.

徐翔，厉克奥博，田晓轩. 数据生产要素研究进展. 经济学动态，2021（4）：142－158.

Abis S，Veldkamp L. The changing economics of knowledge production. The Review of Financial Studies，2024，37（1）：89－118.

Farboodi M，Veldkamp L. Long-run growth of financial data technology. American

Economic Review, 2020, 110 (8): 2485－2523.

McAfee A, Brynjolfsson E, Davenport T H, et al. Big data: The management revolution. Harvard Business Review, 2012, 90 (10): 60－68+128.

Jones C I, Tonetti C. Nonrivalry and the economics of data. American Economic Review, 2020, 110 (9): 2819－2858.

第十章
数据要素的价值释放

数据作为新型生产要素，是以数字化、网络化、智能化为典型特征的第四次工业革命的基础要素，已融入生产、分配、流通、消费和社会服务管理等各个环节，深刻地改变着生产方式、生活方式和社会治理方式。那么，如何才能发挥数据作为生产要素的巨大价值、为经济社会发展充分赋能？

数据要素的价值释放是一个系统化的过程，它始于数据的收集，涉及从不同渠道获取原始数据。随后，通过数据清洗和整合，去除错误和不一致的数据，形成高质量的数据集。接着，应用数据分析技术，如统计分析和机器学习，来识别数据中的模式和趋势。这些分析结果被用于指导决策和优化业务流程。最后，通过数据共享和持续迭代，确保数据价值的最大化和持续增长，形成一个闭环，不断推动数据向更高价值转化。整个过程强调数据的质量和应用，确保数据要素能够在正确的时间和地点发挥最大的效用。

本章主要讨论如下问题：

- 什么是大数据价值链？应如何为数据分级分类确权？
- 数据要素如何进入资产负债表？数据要素交易存在什么问题？
- 为什么说形成与发展新质生产力是数据要素价值释放的重要渠道？

第一节　数据确权

数据确权，就是为不同类型的数据要素明确产权和使用权限，规范和简化数据管理流程，提高数据的可控性与可利用性。本节基于数据要素进入经济活动的基础范式，探讨数据要素的三种权利，以及“三权分置”数据产权制度与数据的分级分类确权。

一、数据权利

（一）数据要素进入经济活动

1. 数据驱动型决策

2013 年，信息管理学者米勒（Miller）和彼得（Peter）等学者提出了“大数据价值链”（Value Chain for Big Data）的概念，用于描述由从获取数据到做出决策的整个数据管理活动、各种利益相关者和大数据技术构成的整体框架。在米勒和彼得的研究中，大数据价值链可以划分成数据发现、数据集成和数据探索三个过程。法鲁基（Faroukhi）等学者于 2020 年提出，大数据价值链是从原始数据到产生真正见解的整个数据生命周期中，一步步地提取数据价值的可重复过程，强调了大数据分析过程的循环性与增值特征。

2018 年，在大数据价值链的理论基础上，加拿大统计局发表了两份研究报告，分别从数据分析处理过程与实际经济活动的角度探讨数据要素的统计核算，并进一步提出“信息价值链”概念。在信息价值链中，微观经济个体选择将一部分从现实世界尤其是经济社会活动中获得的观察，转化成可储存的数字形式——数据。这一过程涉及投入和产出的概念与现实经济活动（数据收集和整理）。在生产出数据后，微观经济个体使用数据库对数据进行有组织的存储，从而方便检索和操作。在数据按照特定结构被存入数据库之后，数据科学便开始发挥作用。具体来说，通过对数据进行分析、处理和挖掘，数据科学从这些数据中生成新的知识（Knowledge）、创意（Ideas）和洞察（Insights），完成从现实观察到可用知识的完整的数据要素价值释放过程。

参考信息科学视角下的大数据价值链和统计学视角下的信息价值链，基于企业在现实中的数据开发与使用实践，可以总结出数据要素释放经济价值的基本模式——数据驱动型决策，如图 10－1 所示。

图 10－1　数据驱动型决策

资料来源：作者绘制。

在数据驱动型决策过程中，企业直接将数据作为一种初始投入，采用 ICT 对数据要素进行处理与整合，再凭借大数据技术和数据科学对数据进行深入分析。基于数据分析结果，可以形成具有可操作性的经济决策、商业判断或生产知识。而企业能够根据这些决策、判断和知识，采取或中止商业行动、改善或升级生产过程，最终实现价值提升。按照这一决策模式，数据要素给生产活动带来的附加价值，就体现在这些行动或过程的经济回报上。

已有研究表明，采取数据驱动型决策的企业，其盈利能力和生产率显著高于同一行业中没有采用这一决策模式的企业（Brynjolfsson et al.，2011）。在过去 20 多年里，数据驱动型决策已经发展为企业决策的关键步骤。伴随数字经济的持续发展，越来越多的企业在进行生产与管理决策时，减少了对领导者直觉的依赖，转而更加依赖基于数据和事实的分析方式。

事实上，除了在企业部门辅助商业决策，在政府制定和执行经济社会政策的过程中，数据要素也在发挥着愈发重要的作用。在大数据分析的支持下，政府的政策制定和执行模式开始发生变化，不再一味遵从各个阶段依次展开的传统模式，而是能够在实施政策的每一个阶段对政策效果进行实时动态评估，并且采用大数据技术分析不同情景，制订替代方案，甚至在必要时可以放弃之前制定的政策。总之，政府的政策制定和执行评估逐渐实时化，更加灵活多变。

专栏 10-1

数据驱动型决策案例：网飞颠覆影视行业

美国流媒体播放平台网飞是数据驱动型决策的典范，其利用数据来优化用户体验、内容推荐、市场战略和原创内容的决策。以下是网飞采用数据驱动型决策的几个关键实践。

一是个性化推荐系统。网飞的推荐系统是其数据驱动型决策的核心。通过分析用户的观看历史、搜索行为、评分以及设备使用习惯（如在什么时间、使用什么设备以及观看什么内容），网飞能够为每个用户提供个性化的内容推荐。这种高度定制化的体验不仅提高了用户满意度，也提高了用户黏性。

二是内容采购和原创决策。网飞利用大数据分析来指导其内容采购和原创内容制作决策。通过分析用户对不同类型内容的偏好，网飞能够确定哪些类型的节目和电影最受欢迎，从而决定投资哪些项目。例如，网飞的热门剧集《纸牌屋》（*House of Cards*）就是其在深入分析用户数据后决定制作的。

三是市场战略。网飞使用数据来理解不同地区的用户行为和偏好，从而制定有针对性的市场战略。其市场战略包括调整定价策略、推广活动以及本地化内容，以吸引和保留不同地区的用户。

四是用户界面和体验优化。网飞不断测试和优化其用户界面和体验。通过测试不同的界面设计和功能，网飞能够收集用户反馈和行为数据，从而做出数据支持的决策，以提高用户参与度与满意度。

在网飞的影响下，美国影视制作与流媒体播放行业开始广泛使用数据驱动型决策，Apple TV、HBO Max 等采用网飞模式的流媒体平台也开始兴起。这一趋势也引发了全球观众对于影视作品的艺术性和原创性能否保持的担忧。

---

2. 数据产品生成过程

除了辅助做出决策外，企业还可以将收集来的原始数据生成数据产品。数据产品的例子包括但不限于商业智能工具、数据可视化平台、推荐系统、CRM 系统、搜索引擎、社交媒体分析工具。在数据能够进入资产负债表后，企业对于数据产品的重视度进一步上升，数据产品的生产与销售都变得更为普遍。

图 10-2 为数据产品生产过程。在这一过程中，数据要素既是生产的中间产品又是最终产品，数据要素的价值链因而得以延长和扩展。这一生产过程主要应用在数据服务、商业媒体和投资咨询等行业，其基本流程可以概括为：生产者投入人力和资本等生产要素，获得大量原始或原生数据，在对这些数据进行清洗、筛选、积累和分析后，形成可以直接被使用的数据产品。

在获得数据产品后，企业基本面临三个选择：（1）直接使用自身产出的数据产品，辅助企业做出决策；（2）将数据产品出售给其他企业、机构或个人，获得经济利益；（3）将

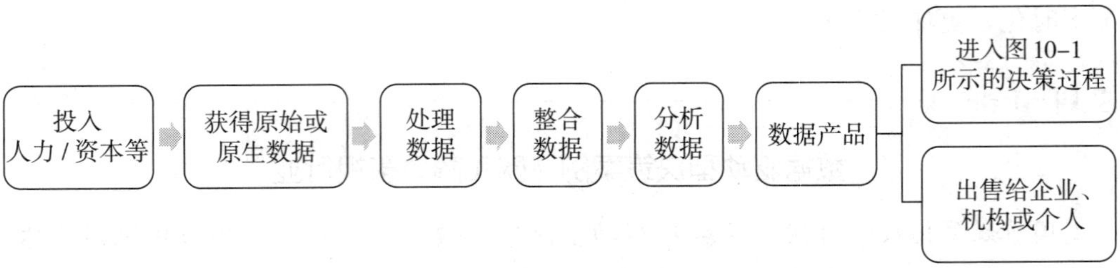

图 10－2　数据产品生产过程

资料来源：作者绘制。

数据产品与其他产品和服务（如金融信息平台提供的金融信息服务）打包后，再出售给其他企业、机构或个人。下一节将具体介绍数据要素的流通。

3. DIKW 金字塔

在管理学研究中，常用 DIKW 金字塔（见图 10－3）来描述数据要素的价值释放与相关的知识管理过程。

DIKW 金字塔是一个用于描述数据、信息、知识和智慧之间递进关系的概念模型。这个模型通常被设置为一个金字塔结构，其中每一层都建立在下一层的基础之上。DIKW 四个字母分别代表的是数据（Data）、信息（Information）、知识（Knowledge）和智慧（Wisdom）。在这个过程中，每一层都建立在下一层的基础之上，代表了对数据更深层次的理解和应用。

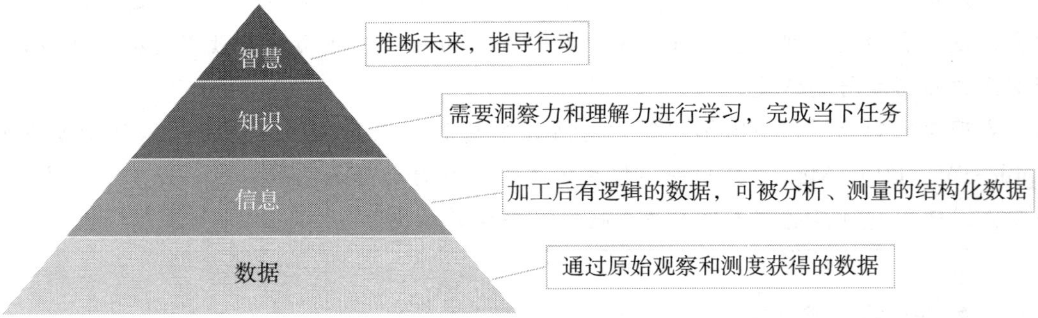

图 10－3　DIKW 金字塔

资料来源：作者绘制。

与数据驱动型决策不同，DIKW 金字塔的价值终点不是生产性知识，而是更具预测性与长期效应的智慧积累。智慧是对知识的最高层次的理解和应用，它涉及判断力、洞察力和道德观念等方面。智慧能够使人在复杂和不确定的情况下做出明智的决策。它不仅仅涉及"知道什么"或"知道多少"，更重要的是"知道如何"和"知道为什么"。在传统的企业管理模式中，智慧是管理者在管理的过程中吸收知识后产生的；进入数字经济时代后，由大数据分析和人工智能算法生成的组织智慧具有更高的生产效率和更广泛的应用空间。

4. 数据要素的权利界定

上述数据要素进入经济活动的三种模式具有一定的相似性。无论哪一种模式，数据要素都经历了从原始资源到数据要素再到信息和知识的转化过程。也由此产生了数据要素的两种权利：资源持有权和加工使用权。由于数据内蕴藏着巨大的经济价值，一些生产者还将数据要素打包加工成数据产品进行交易和流通，这时数据要素便产生了一种新的权利：产品经营权。这三种权利在现实中可能属于不同的主体，这就给数据相关的利益分配带来了挑战。

（二）数据要素的三种权利

1. 资源持有权

数据资源持有权是数据处理者所有数据权益的基础。在数据要素产权配置中，资源持有权着眼于数据的归属功能，为数据流转、数据处理和其他数据权利的构建奠定了基础。总的来说，数据资源持有权是对数据控制和使用的一种法律认可，它反映了数据在现代社会中作为重要资源的地位，并试图在法律框架内为数据的流通、交易和使用提供明确的指导和保护。

数据资源持有权是一种新型的资源权利，它是在数据产权制度框架下产生的，旨在明确和保护个人或组织对数据资源的控制与使用权。数据具有虚拟性以及部分排他性等特性，这些特性决定了数据资源持有权与传统物权的客体不同，数据资源可以被多人共享而不会被消耗或受到损害，即数据具有非竞争性。对于数据资源持有权的保护面临着界定权益归属、界定权利边界、依法保护合法权益等挑战。

首先，界定权益归属。按照权益归属可以将数据资源持有权分为个人数据产权、企业数据产权和国家数据产权。想要清楚界定数据的权益归属十分困难，尤其是在存在多个归属的情况下。

其次，界定权利边界。企业需要明确自身拥有的数据资源的范围和性质，包括个人数据、商业秘密、知识产权等。这涉及对数据的分类、分级和确权，确保数据资源的合法性与合规性，将给企业带来额外的经营成本。

最后，依法保护合法权益。在与其他企业进行数据共享或交易时，企业应确保数据流通的合法性，包括签订数据共享协议、确保数据接收方合规等。在收集和使用用户数据时，企业应尊重用户的知情权和选择权，明确告知用户数据的使用目的、范围和方式，并提供拒绝或撤回同意的途径。企业是否充分采取了上述措施，在现实中难以有效监管，因而数据资源持有权常常受到侵害。

2. 加工使用权

数据的加工使用权是指数据使用者在合法获取数据的基础上，依照法律规定或合同约定，对数据进行加工处理和使用的权利，以及基于数据共享、数据交易等方式，对合法获取的数据资源或数据产品在法定或合同约定范围内使用的权利。

数据加工使用权是数据实现价值增值的核心。对数据集进行抽取、清洗、分析和挖掘，从杂乱无章的数据中提炼出内在规律，是数据加工的要义所在。数据要素的加工使用权具有如下特点。

第一，合法性基础。数据加工使用权的行使必须建立在数据来源合法的基础之上。

这意味着数据的采集、获取和使用必须遵守相关法律法规，如个人隐私保护法、数据安全法等。如果是非法途径获取的数据（如未经用户授权而记录的网站浏览痕迹、交易信息等），则企业不能行使此项权利。

第二，目的限制性。数据加工使用权的行使必须符合特定的、合法的目的。数据处理活动不能超出法律授权或合同约定的范围，以防止数据被滥用。用户在初次使用各个手机应用时签订的用户协议中，就明确了企业能够将用户数据用于哪些目的、不能用于哪些目的。

第三，安全保障义务。数据处理者在行使数据加工使用权时，必须采取必要的技术和管理措施来保障数据安全，包括加密、去标识化、匿名化等，以防止数据被泄露、篡改或损毁。如果数据处理者不当使用导致数据泄露或被篡改，数据处理者（很多时候是平台企业）需要承担相应的法律责任。

3. 产品经营权

数据要素的产品经营权是指数据资源经过加工、分析等处理后形成的数据产品的经营权利。这一权利允许权利所有者在法律允许的范围内，对数据产品进行经营和管理，以获取经济利益。数据的产品经营权不仅属于"数商"，而且属于经由数据价值链形成数据产品的所有数字经济企业。

数据产品经营权是盘活"沉睡"的数据资源、充分释放数据要素价值的关键。数据开发利用的最重要的成果就是提供数据产品。数据产品经营权的特点体现在以下几个方面。

第一，知识产权保护。数据产品往往涉及知识产权，如版权、专利、商标等。产品经营权的行使需要确保对这些知识产权的尊重和保护，避免侵犯他人的知识产权。数据知识产权保护的思路是构建一种弱排他性的权利，通过行为规制的方式限制他人以不正当方式获取和使用数据，而不是建立像物权那样的独占权，以免对数据的合理流动产生限制。

第二，数据安全与隐私保护。在经营数据产品时，必须采取措施保证数据安全，防止数据泄露、滥用等，同时要尊重和保护个人隐私，不得非法收集、使用个人信息。对于数据的安全保护贯穿从数据生产到形成数据产品并销售的全过程。

第三，数据质量与责任。数据产品的质量直接关系到企业的声誉和用户的信任。产品经营权的行使需要保证数据产品的准确性、可靠性和时效性，并在发生问题时承担相应的责任。由于数据的使用方式与劳动、土地等传统要素不同，数据要素的质量问题更加隐蔽、更难被发现，在出现因数据质量问题导致经济损失的情况时，应要求对数据产品经营者进行追责。

二、"三权分置"数据产权制度

（一）概念提出

数据确权是对数据权利内容、权利归属、权利体系和治理机制等做出明确规范的过程。通过明确划定权利保护范围和行为自由的边界，为他人提供合理的行为预期，有助于确保法律体系的稳定。由于数据要素具备各种复杂属性，因此数据确权本身在理论和实践上都存在一定困难。为了充分释放数据要素价值，有必要搁置一些理论层面尚未解决的权属问题，以最小的制度成本推动数据要素的有效开发和合理利用。

2022 年 12 月，中共中央、国务院正式发布“数据二十条”，创造性地提出数据资源持有权、数据加工使用权和数据产品经营权分置的产权运行机制，意在推动三权分置的中国特色数据产权制度的建设。三权分置重新定义了权益分配方式，引入数据“共同使用、共享收益”的理念，为激活数据要素的价值创造和实现提供了基础性的制度保障，逐步形成中国特色的数据产权制度体系。

尽管三权分置为数据确权建立了基础性制度，但对于数据产权结构性分置的实践仍处于探索阶段，存在诸多不确定性，如不同类型数据的权利配置需求可能存在冲突，各数据相关方可能存在利益冲突等。为了解决这些问题，需要根据数据不同类型采取差异化策略，充分考虑在开发利用、共享流通和价值挖掘方面的不同模式，因此建立数据分类分级确权机制成为至关重要的举措。

（二）具体做法

数据要素的三权分置是中国在数据产权制度方面的创新性探索，旨在更好地发挥数据作为生产要素的作用，促进数据的合规、高效流通和使用，并保障数据安全。目前来看，可以从以下五个方面推进数据要素三权分置。

第一，进行数据产权结构性分置。三权分置指的是将数据资源持有权、数据加工使用权、数据产品经营权进行分置，确立各自的权能和运行机制。这种结构性分置有助于明确各方在数据生产、流通、使用过程中的合法权利，为数据要素的市场化配置建立制度基础。

第二，推进数据产权登记。为了实现数据产权的明确界定和保护，需要探索数据产权登记的新方式，建立健全数据登记机制，主要包括研究数据产权登记的具体操作流程、技术标准和法律效力，以及建设全国一体化的数据要素登记体系。

第三，促进数据要素流通和交易。在确保数据安全和个人隐私保护的前提下，推动数据要素的流通和交易。这包括完善数据流通规则、构建交易制度体系、培育数据交易服务生态等，以促进数据要素的合规、高效流通和交易。

第四，建立健全数据要素收益分配制度。根据数据要素的特征，建立公平、高效、激励与规范相结合的数据要素收益分配机制。确保数据要素收益向数据价值和数据使用价值的创造者合理倾斜，平衡兼顾不同环节相关主体之间的利益分配。

第五，完善数据要素治理制度。构建政府、企业、社会多方协同的治理模式，明确各方主体的责任和义务，完善行业自律机制，规范市场发展，形成有效市场和有为政府相结合的数据要素治理格局。

（三）主要难点

三权分置为数据确权提供了一个具备可操作性的行动指南。然而在现实推进中，三权分置仍然存在一些制度和技术上的困难，具体包括以下五个方面。

第一，数据定价和评估。数据作为一种特殊资产，其价值评估和定价机制尚未完全成熟。建立一个公认的、科学的、动态的数据定价和评估体系，是实现数据要素市场化配置的关键。当前学术界对数据要素定价进行了较多的理论探讨（熊巧琴，汤珂，2021），在实际操作中，数据价格则主要由卖方基于市场上现存的同类或类似数据产品决定。

第二，数据流通和交易平台的建设。构建一个统一、开放、透明、高效的数据流通和交易平台，是实现数据要素市场化的重要基础设施保障。如何设计和运营这样的平台，以及如何避免产生数据孤岛和垄断现象，是实际操作中的难点。

第三，技术标准和互操作性。数据的标准化以及不同系统间的互操作性是数据流通的技术前提。如何制定统一的技术标准，并推动不同数据系统间的互联互通，是实现数据要素市场化的技术挑战。

第四，市场参与者的培育和教育。数据要素市场化需要大量了解数据价值和数据交易规则的市场参与者。如何培育这样的市场主体，提高公众和企业对数据要素重要性的认识，是推动数据要素市场化面临的挑战。

第五，跨境数据流动的管理。随着全球化的发展，数据跨境流动日益频繁。如何在保护国家利益和个人隐私的同时促进数据的国际流通，是三权分置在国际层面面临的严峻挑战。不同国家和地区的数据保护法律和隐私法规存在差异，这导致数据在跨境传输时面临合规性问题。跨境数据流动还可能涉及对个人隐私的保护和国家数据主权的问题。因此，要实现数据要素的三权分置，需要协调国内外政策、加强国际合作以及统一标准。

三、数据的分级分类确权

为了充分释放数据要素价值，学界和业界开始倾向于对数据产权进行场景化、类型化、多元化的细分和设计。2021 年，国务院办公厅发布《要素市场化配置综合改革试点总体方案》，提出在保护个人隐私和确保数据安全的前提下，分级分类、分步有序推动部分领域数据流通应用。这里的分级分类和第九章中基于数据结构化程度等对数据的分类不同，主要强调数据在权属上存在的差异。

在不同的应用场景和使用层次下，数据可能具有不同的价值和意义，因而相关权属考虑也就不可避免地复杂起来。采用数据分级分类确权的思路，通过对数据进行有序分类和分级，可以确保在组织内获得适当的处理和使用权限，提高数据要素的使用效率。

（一）分级分类方式

1. 数据分级

数据分级是根据数据的敏感性和重要性将数据划分为不同的级别，最常见的做法是分成以下三级：

一般数据：对数据安全和隐私保护要求较低的数据，如气温数据；

敏感数据：需要严格保护的数据，如个人隐私信息、商业秘密等；

关键数据：对国家安全、公共安全或经济运行至关重要的数据，如国家地理、军事、外交、经济、文化等方面的数据。

2. 数据分类

数据分类是根据数据的特性、用途和来源将数据分成不同的类别。从确立数据权属的角度，应按照数据来源进行分类，一般可以将数据分成以下三类：

公共数据：由政府或公共机构持有，通常用于公共服务和社会管理；

企业数据：由企业在运营过程中产生，涉及商业秘密和竞争信息；

个人数据：包含个人身份信息、隐私数据等，使用个人数据需严格遵守相关法律法规。

（二）基本原则

数据分级分类的基本原则是确保数据按照其敏感性、重要性和对组织的价值进行有效管理的一系列指导性原则。

第一，科学实用。数据分类应从便于管理和使用数据的角度出发，科学选择常见、稳定的属性或特征作为分类依据，并结合实际需要对数据进行细化分类。基于纯统计理论进行的数据分类分级，不利于数据要素的有效管理。

第二，边界清晰。数据分级的主要目的是确保数据安全，各个数据级别应做到边界清晰，对不同级别的数据采取相应的保护措施。对于类型级别复杂、边界不明确的数据，参考下一条原则进行处理。

第三，就高从严。在进行数据分级时，应采用就高不就低的原则，即存在多个因素可能影响数据分级时，应根据可能造成更大影响的因素确定数据级别。对于暂时无法确定级别和类型的数据要素，也应采取这一原则。

第四，点面结合。数据分级既要考虑单项数据的分级，也要充分考虑多个领域、群体或区域的数据汇聚融合后对数据重要性、安全风险等的影响，通过定量与定性相结合的方式综合确定数据级别。

第五，动态更新。根据数据的业务属性、重要性和可能造成的危害程度的变化，定期审核更新数据分类分级、重要数据目录等。

上述五条原则为数据分级分类提供了一个结构化的框架，可以在确保数据安全的同时有效地利用数据资源，支持业务决策和运营。

（三）确权流程

数据分级分类确权流程是一个系统化的过程，旨在确保数据按照其敏感性、价值和用途被正确管理。确权流程通常包括以下五大步骤：

数据识别：识别数据的来源、类型和用途；

风险评估：评估数据泄露或滥用可能带来的风险；

权利和义务界定：根据分级分类确定数据持有者、使用者和传播者的权利和义务；

授权使用：制定数据使用和共享的规则和协议；

监督执行：建立监督机制，确保数据使用符合确权规定。

（四）技术手段

在数据要素分级分类确权中，以下五种技术手段被认为最为有效。

1. 区块链

区块链提供了一个去中心化、不可篡改的数据记录平台，可以用来确保数据的来源可信且不可篡改。区块链可以实现数据资产的唯一性确权与信息的可追溯，为数据产权的确立和管理提供技术支持。

2. 智能合约

智能合约基于区块链技术，是计算机设备之间基于事先约定自动执行命令的协议。智能合约能够自动执行预设的合同条款，有助于规范和管理数据产权的转移、分配和执行。智能合约可以简化数据确权流程，提高效率，并减少纠纷。

3. 数据标签和元数据管理

通过为数据添加详细的标签和元数据，可以清晰地追踪数据的来源、所有权和使用权。这种方法有助于在数据流通过程中确保数据权利的透明与合规。需要注意的是，这一过程可以由人工智能算法实现。

4. 数据加密和匿名化

在处理个人信息和敏感数据时，加密技术能确保数据在传输和存储过程中的安全性。匿名化技术则可以去除或替换数据中能够识别个人身份的信息，以保护个人隐私，同时允许数据的其他部分被用于分析和研究。

5. 访问控制和身份认证

根据数据的分级分类结果，可以制定相应的访问控制策略。这些访问控制策略定义了不同级别的用户对不同类别数据的访问权限，确保只有经过授权的用户才能访问特定的数据集。通过实施严格的访问控制和身份认证机制，可以防止未授权的数据访问和数据滥用。

第二节　数据要素流通

中国数字经济规模位居世界第二，数据产量占全球数据总量的10%以上。然而，数据流通难问题制约着数据要素的价值释放，海量数据规模优势尚未转化为要素优势、产业优势和生态优势，不利于新质生产力的形成与发展，不利于巩固和增强经济回升向好态势。为了解决这一问题，中国政府进行了多项具有原创性的政策实践，为数据高效、安全、有序流通打下了良好基础。

一、数据资产入表

（一）理论基础

1. 数据资产

数据要想进入企业的资产负债表，首先需要形成数据资产（Data Asset）。数据资产是企业无形资产的一个子类。与强调可用性和再利用性的数据资源（Data Resource）不同，数据资产强调的是数据的价值和所有权，数据资产的价值体现在其使用价值、交易价值和社会价值上。数据资产可以通过提供信息、知识等服务，帮助企业提高生产效率、降低运营成本、优化管理决策、创新商业模式等，从而增加企业的收入或利润。同时，数据资产可以通过出售、许可、出资、质押等方式实现流动和变现。

“入表”是“会计核算”的通俗说法，指通过确认、计量、记录和报告等环节，对满足资产确认条件的资源进行记录，以满足内外部决策者的会计信息需求。数据资产入表的实质是数据资产会计核算，即将数据资源确认为企业资产负债表中的“资产”，在企业财务报表中体现数据资产的价值。

2. 数据资产入表的价值

从企业的角度来看，数据资产入表的价值主要体现在以下两个方面：

一方面是支持企业数字化转型。数据资产的价值体现和有效管理是企业数字化转型的关键。数据资产入表有助于企业更好地理解和利用数据资源，支持企业的数字化战略和创新。此外，数据资产入表为企业管理者提供了更加全面和透明的各类信息，有助于他们做出更加明智的转型决策。

另一方面是提升报表质量，减少公司与投资者之间的信息不对称。数据资产入表能够帮助企业优化财务结构、提升估值、增加融资机会。在“入表”的过程中，通过对数据资源相关情况的盘点和披露，企业可以更加了解和明确数据资源的分布、特点和应用，有利于企业进一步挖掘数据应用方式，释放数据要素价值。

（二）国内实践

1. 文件出台

2023 年 8 月，财政部印发了《企业数据资源相关会计处理暂行规定》（简称《暂行规定》），自 2024 年 1 月 1 日起施行。《暂行规定》的出台明确了数据资源可具有资产属性，是数据要素市场发展的重要里程碑。作为报表上的“资产”，企业数据的市场价值与业务贡献将在财务报表中得以“显性化”。

需要注意的一点是，参考财政部《暂行规定》“关于适用范围”的规定，不是所有的数据资源都满足数据资产的会计程序确认条件。例如，有的数据产品可能不能给企业带来经济利益流入，如多年前的交易数据；有的数据产品的使用方式与无形资产类似，但生命周期可能不超过一年，这样在会计上一般不计入无形资产。因此，企业应该主要从能否入表的角度来判断相关数据资源是否属于数据资产。

2. 相关案例

2024 年 1 月，全国首单工业互联网数据资产化案例在浙江省桐乡市落地。作为桐乡市数据资本化先行先试企业，浙江五疆科技发展有限公司（以下简称“五疆发展”）已完成数据资源入表准备，并正式启动入表工作。五疆发展本次试点形成的数据资产是“化纤制造质量分析数据资产”。五疆发展汇聚来自工艺现场的生产数据，经清洗、加工后形成高质量的数据资源，用数据融通模型计算分析后，实时反馈并调控、优化生产线相关参数，实现对产品线关键质量指标的实时监控和化纤生产过程总体质量水平的实时评级，从而达到提高化纤产品质量、提升企业质量管理能力、提高经营效能的目标。截至 2024 年 3 月“化纤制造质量分析数据资产”包含了 2 787 万条质量管理数据，物理化验数据、过程质检数据、控制图数据、对比指标参数、指标报警、预警趋势、不合格率等共 27 个数据模型，质量指数、合格率、优等率、稳定度等共 38 类指标体系。

同样在 2024 年 1 月，扬子国投率先完成首批 3 000 户企业用水脱敏数据资产化入表工作，成为水务行业全国首单数据资产入表案例、全国首批数据资产入表的企业之一，实现了从 0 到 1 的关键一步。这也是全流程严格执行《暂行规定》的江苏省首单数据资产入表案例。此次数据资产入表，扬子国投以集团下属远古水业供水数据为基础，以数研院为技术依托，经过 10 余轮研讨和现场调研，严格规范完成数据资产认定、登记确权、合规评估、经济利益分析、成本归集与分摊等环节，于 2024 年 1 月将首批3 000 户企业用水脱敏数据按照账面归集研发投入计入“无形资产——数据资产”科目，最终实现了数据资产入表。

上述案例展示了不同行业、不同规模的企业是如何将数据资源转化为数据资产，并在财务报表中进行体现的。这些实践不仅推动了数据资产化的发展，也为其他企业提供了可借鉴的经验。通过数据资产入表，企业能够更好地管理和利用数据资源，提高数据的价值和应用潜力，从而支持企业的数字化转型和高质量发展。

（三）现存问题

数据资产入表，意味着数据被计入企业资产负债表，正式成为会计意义上的资产。但是，这并不意味着中国数据产权制度已正式建立。数据具有的非竞争性、可复制性和非排他性，决定了数据可以同时被多个主体控制、处理和利用。例如，居民的个人数据同时被银行、医院等机构持有，而居民个人也持有其他个人和机构的相关数据。数据利益关系的多样性和复杂性，导致围绕“数据产权”的法律制度研究尚未形成统一结论，在实际操作中还存在一些具体问题。

1. 数据资源范围认定

数据资源的定义非常广泛，包括所有业务经营管理过程中产生的数字化信息。在实际操作中，确定哪些数据资源需要梳理和入表是一个挑战。企业需要结合行业特性和数据的实际价值来决定优先级和范围。

2. 数据确权

数据确权是数据资产入表的前提。但在实际操作中，数据所有权的确认存在不确定性，尤其是涉及外部数据时。例如，个人隐私数据、政府公共数据等，其归属和使用权的界定仍然十分复杂。即使按照分级分类方法对数据进行确权，在现实中也仍然存在诸多困难。

3. **数据资产的价值波动**

数据资产的价值易受市场和技术变化的影响，波动性较大。如何准确评估和计量数据资产的价值，以及如何处理数据资产的减值问题，是入表过程中的难点。这也导致数据资产入表后，审计工作变得更加复杂。

4. **国际会计准则的协调**

数据资产入表目前尚未成为国际通行的会计实践，随着数据资产入表的推进，如何与国际会计准则保持一致，以及如何处理跨境数据资产的会计处理问题，也是需要考虑的实践问题，在这方面需要开展更加广泛、积极的国际合作。

二、数据市场交易

（一）理论基础

1. **信息经济学**

信息经济学主要研究信息不对称、信号传递、激励机制等现实经济问题，对数据市场交易具有重要指导意义。

首先，在数据交易中，卖家和买家之间存在信息不对称，应通过有效的信息披露和质量保证机制来减少信息不对称，提高市场效率。其次，数据交易涉及信号传递设计。在数据市场中，卖方可以通过提供数据样本、第三方认证、用户评价等方式传递数据质量的信号，帮助买方更好地评估数据价值。这些信号有助于减少信息不对称，增加市场的透明度。最后，数据交易的激励机制需要基于信息经济学的方法加以设计。合理的激励机制可以鼓励数据的提供者分享高质量的数据。例如，通过数据交易的收益分配机制，确保数据提供者能够获得与其数据价值相匹配的回报，从而激发数据市场的活力。

2. **价值理论**

数据的价值取决于其对使用者的效用。价值理论在数据市场交易中的应用涉及如何评估数据的价值，这涉及成本法、收益法、市场法等评估方法的选择和应用。

第一，成本法。成本法是根据生成数据资产的成本进行评估的方法。它考虑的是数据资产的重置成本，即如果现在重新创建类似的数据资产所需的成本，并从中扣减因各种原因（如技术过时、市场竞争等）导致的贬值。成本法的优点是易于理解和计算，但它的局限性在于难以准确估计数据资产的贬值因素，且这种方法无法体现数据资产可能带来的未来收益。

第二，收益法。收益法是通过预估数据资产未来能够带来的收益来进行估值的方法。它是基于数据资产作为经营资产可以直接或间接产生收益的能力来估值的。收益法考虑的是数据资产未来现金流量的预测和折现值。收益法的优点是能够较为真实和准确地反映数据资产的价值，因为它直接关联数据资产的经营收益。然而，这种方法的挑战在于确定合适的折现率以及预测未来收益的准确性。

第三，市场法。市场法是一种基于市场行情的数据资产评估方法。它通过比较市场上类似数据资产的交易价格和特征来评估数据资产的价值。市场法的核心在于找到足够多的可比交易案例，并根据这些可比案例的交易价格来确定被评估数据资产的价值。市场法的优点在于其具有客观性和高效性，因为它直接利用市场交易数据来评估数据资产的价值。但是，这种方法的前提条件是存在公开且活跃的交易市场，以及有足够的交易案例作为参考。

可以看出，成本法、收益法和市场法各有优势和局限性，适用于不同的评估场景。选择哪种方法取决于数据资产的特性、市场条件、可用信息和评估目的。在实际操作中，评估者可能需要综合运用多种方法来评估数据资产的价值。

3. 数据定价

数据定价是数据交易的核心环节，是根据数据的质量、稀缺性、时效性、独特性等因素来确定数据的价值。数据定价是一个复杂的过程，涉及对数据的成本、质量、市场需求、供应情况以及数据本身可能产生的收益等多种因素的考察，目前公认的可选定价方法包括以下四种。

第一，成本导向定价法。成本导向定价法是基于数据生产、收集、处理和维护的成本来设定价格。这种方法考虑了数据的获取成本、存储成本、处理成本以及其他相关成本，并在此基础上添加一定的利润率来确定数据的价格。

第二，市场导向定价法。市场导向定价法是根据市场上类似数据产品的价格以及竞争对手的定价策略来设定数据价格。这种方法需要对市场进行深入调查和分析，了解市场供需关系、竞争对手的定价以及客户的支付意愿。

第三，需求导向定价法。需求导向定价法是根据客户对数据的需求和价值感知来设定价格。这种方法强调客户的主观评价，可能涉及对客户支付意愿的调查和分析，以及对不同客户群体的差异化定价。

第四，拍卖定价法。拍卖定价法是通过拍卖机制来确定数据价格，适用于独一无二或具有高度竞争性的数据资产。拍卖可以是公开的，也可以是非公开的，通过竞价过程来确定数据的市场价值。

4. 隐私经济学

隐私经济学关注个人数据的隐私性与其商业价值之间的平衡。在数据市场交易中，个人数据通常具有较高的商业价值，但同时也涉及敏感的隐私问题。在数据市场中，个人信息的供给方通常是个人用户，而需求方则往往是希望利用个人数据进行分析和商业应用的企业。个人用户在决定是否提供个人信息时，会在隐私保护与获取服务或优惠之间做出权衡。企业则需要考虑数据的收集成本、潜在价值以及可能引发的隐私风险。隐私经济学提供了一套理论框架，用以评估个人数据的隐私风险和相应的经济价值，有助于制定合理的数据收集、处理和交易的价格。例如，通过隐私经济学的分析，企业可以决定为收集某类个人数据需支付的价格，同时确保遵守数据保护法规，并考虑消费者的隐私偏好。

隐私经济学还涉及数据交易机制的设计，包括如何建立信任、如何确保数据的合法合规使用，以及如何分配数据交易产生的收益。在数据市场中，隐私经济学的原则可以用来设计激励相容的机制，鼓励数据所有者、数据处理者和数据使用者在保护隐私的同时实现数据的最大化利用。

（二）国内实践

1. 早期实践

2013 年，贵州省提出了发展大数据的战略，贵阳作为省会城市，开始积极布局大数据产业。在这一战略背景下，贵阳大数据交易所（简称“贵交所”）应运而生，旨在推动政府数据公开、行业数据价值发现，并通过技术手段规范大数据交易，驱动贵州乃至全国大数据产业发展。2014 年 12 月 31 日，贵阳大数据交易所经贵州省政府批准成立，成为全国乃至全球第一家以大数据命名的交易所。2015 年 4 月 14 日，贵交所正式挂牌运营。

在成立初期，贵交所承担着推动大数据产业发展的重要使命。2015 年，贵交所参与了国家大数据战略顶层设计，并在挂牌运营当日成功撮合了一笔大数据交易。同年，贵交所还与深圳一家物流贸易企业签署了 1 000 万元/年的数据采购框架协议，成为当时国内金额最大的一笔大数据交易。

同时，贵交所积极探路国际化，旨在为“一带一路”倡议等提供大数据支撑。2015 年 11 月，贵交所与马来西亚大数据智慧集团签订合作框架协议，2016 年 1 月，与韩国 The IMC 公司建立沟通机制，输出中国大数据交易模式。

尽管贵交所在成立初期取得了一定成绩，但在实际运营中也面临诸多挑战，包括数据确权、数据定价、数据交易等市场化、流通机制设计方面的问题，以及技术跟不上、数据量不足等问题。据报道，贵交所的业务在一段时间内几乎陷入停滞状态。在数据逐渐被认定为数字经济发展的关键生产要素后，贵交所又迎来了新的发展机遇。

总体来看，贵交所的发展历史反映了中国大数据交易市场从起步到探索发展的过程，以及在实践中遇到的挑战和积极的改革努力。

2. “数据二十条”后的快速发展

自“数据二十条”提出以来，中国数据交易市场迎来了快速发展期，主要体现在以下五个方面。

第一，市场规模快速增长。信通院数据显示，2021—2022 年，中国数据交易市场规模由 617.6 亿元增长到 876.8 亿元，呈现出快速增长的趋势。这一增长反映了数据交易市场的活跃度正在提高，以及数据作为生产要素的经济价值正在被逐步释放。

第二，数据交易机构数量增加。2023 年新建数据交易场所 7 个。截至 2024 年，国内数据交易场所已超过 80 个，其中近 30 个是由省级及以上政府推进建设的。这些机构的建立为数据交易提供了平台和机制，促进了数据流通以及交易的规范化、市场化。

第三，市场集聚效应显现。随着数据交易机构的增加，数据交易市场的集聚效应开始显现。大数据企业和专业数据人才的数量也在稳步增长，截至 2023 年底，全国共有大数据企业 6 万余家，专业数据人才 30 余万人。

第四，政策和法规支持加强。“数据二十条”的出台为数据交易市场提供了坚实的政策基础和制度保障。2023 年，中国各省份发布数据要素相关政策文件超过 40 份，场内外数据交易持续推进。政策措施坚实有效，体现了中国特色的制度优势，为数据交易市场的健康发展提供了指导和支持。

第五，数据交易环境优化。在“数据二十条”的指导下，中国数据交易市场在交易规模、交易类型、交易环境等方面都得到了显著优化。市场规则体系逐渐完善，数据交易的合规性和效率不断提高。

（三）现存问题

虽然当前全国各地已经建设了众多数据交易场所，但尚未形成一体协同、多级联动的市场流通交易体系，特别是国家级数据交易所缺失，不利于数据大规模跨域流通，影响全国统一数据要素市场建设。为解决这些问题，需要围绕数据市场交易进行更加全面的顶层设计。

1. 数据交易市场各自为政

全国各地根据自身需要自发性地建立了诸多数据交易场所，但全国性的数据交易市场尚未建立，且数据交易呈现出场内场外“冰火两重天”的现象。2015 年，贵阳大数据交易所挂牌运营；2021 年，北京国际大数据交易所和上海数据交易中心相继成立。据统计，截至 2023 年年底，全国各地由政府发起、主导或批复的数据交易场所已有 40 多个。同时，全国各地数据交易场所根据本地的情况制定自己的交易规则和制度，形成了各自为政的局面，同一批数据在不同的数据交易市场中的交易价格天差地别。

2. 数据交易确权困难重重

为了使数据能够像其他生产要素一样在市场上便捷、自由地进行交易，需要确立明确的权属关系。由于数据交易权益归属认定的复杂性，数据交易确权面临着重重困难。数据本身具有可复制性、多归属性、非竞争性、可共享性等特征，相同的数据可能同时被消费者、经营者、政府等多个主体持有，难以明确数据交易权益的实际归属者。尽管“数据二十条”提出了对数据产权进行结构性分置处理的原则，但数据交易确权在实践中仍然困难重重。数据交易确权是数据交易的基石，如果权属不明，将制约数据交易市场的建立和发展。

3. 数据交易合规难以保障

随着数据交易的不断发展，数据交易合规的重要性日益凸显，数据交易的主体、数据产品、数据交易过程等都需要符合合规性要求。但是，数据交易的购买方往往缺乏足够的技术和专业能力来审查数据是否合规，而使用不合规的数据可能会给购买方埋下隐患。在实践中，涉及个人数据、隐私相关数据的数据交易，尤其是场外一对一的数据交易，在缺少平台或第三方监督的情况下极易产生黑市数据交易等不合规交易的情况，也会给数据交易合规带来风险和挑战。

4. 数据交易质量参差不齐

伴随着数据交易发展而来的是大量且混乱、无序的数据，特别是数据普遍缺乏有效治理，不能提供持续、多源、标准化的数据，这妨碍了数据正常交易。同时，现行数据交易中执行的标准不一致，导致数据格式混乱、数据质量较低，阻碍数据在市场上的流通。数据交易质量存在的现实问题主要包括两个：一是数据交易质量保障机制缺位，导致数据质量参差不齐，数据购买方试错成本高、交易风险大；二是不同数据交易机构的交易方式和程序不同，对数据质量的要求也不同，增加了数据交易成本，制约了数据交易。

5. 数据交易监管政出多门

目前，对数据交易的监管主要是多个部门的条块监管，监管力量薄弱，监管部门职能分散。各监管部门之间互动不顺，存在管办不分、各自为政、重复监管等问题，数据交易环节中存在机制不畅、政出多门等现象。一些监管部门对数据产品是否涉及隐私、国家安全、商业机密等监管不到位，对数据交易的安全性监管薄弱；对各地区数据交易市场规则和交易机制缺乏监管，致使不同交易所的规则不同，数据交易成本较大；对数据的跨境、跨地区、跨行业交易的监管缺乏依据。

三、促进数据要素流通的政策抓手

基于第二章提出的“技术-经济-治理”分析框架，可以较为清晰地描绘出促进数据要素流通的多层次政策体系。

（一）技术赋能

从数据技术看，需要通过大力发展隐私保护技术、数据流通技术和数据安全技术来为数据要素交易搭建技术基础。首先，应重点支持企业和研究机构开展隐私保护技术的研发，如差分隐私、同态加密、安全多方计算等。考虑到数据隐私保护具有的强正外部性，因此应通过提供资金支持和税收优惠，激励企业广泛使用隐私保护技术。其次，支持建立国家级或区域性的数据流通平台，提供数据交易、共享、交换等服务，鼓励企业和机构参与平台建设，形成多层次、多元化的数据流通市场体系，以平台建设促进数据流通技术发展。最后，制定数据安全相关的标准和规范，包括数据加密、访问控制、数据脱敏等，以促进数据安全技术的统一和标准化，参与国际数据安全标准制定，推动国内标准与国际接轨，加强与国际数据安全组织的合作，引进国外先进技术和管理经验。

（二）流通方式

从流通方式看，需要不断完善数据基础设施。在传统交易市场中，往往通过对物品的排他性占有来控制其流向和使用方式。而明文数据的复制成本趋近于零，一旦交易，卖方不仅失去了对该数据的控制，还要承担安全风险，这导致数据持有者不愿流通，也不敢流通。推进数据流通，必须加快建设数据基础设施，建立可信任的流通体系，利用安全多方计算、区块链等技术，使供给方能够有效管控数据的使用目的、使用方式、流向，实现数据流通可控可计量，保障数据安全，防范泄露风险，实现数据可管可控。

（三）收益分配

从收益分配看，数据具有报酬递增的特点，需要探索兼顾效率和公平的分配机制。“数据二十条”明确提出，要“健全数据要素由市场评价贡献、按贡献决定报酬机制”。一方面，要发挥市场的决定性作用，根据供给和需求决定市场价格，通过交易价格评价贡献、分配报酬，提高收益分配效率；另一方面，要发挥政府的引导和调节作用，避免造成强者愈强、弱者愈弱的局面，缩小收入差距。事实上，要真正做到兼顾效率和公平，不仅要通盘考虑数据产权、流通交易、收益分配等各项政策，而且要建立激励相容机制。这些问题都需要各方共同努力、深入研究，贡献智慧。

（四）制度建设

从制度建设看，数据领域发展变化快，需要顶层设计和实践探索相结合。数据要素市场建设是一项探索性、创新性、专业性很强的事业，国际上没有通行做法可以借鉴。必须坚持顶层设计和实践探索有机结合、良性互动。一方面，要鼓励各地方各部门大胆探索、先行先试，结合具体实际开拓创新，探索适应不同行业、不同领域的数据要素市场化配置模式。要推动企业按照国家统一的会计制度对数据资产进行会计处理。另一方面，也要充分结合数据要素特点，适应数字经济发展规律，基于实践，不断完善和优化顶层设计，加快形成系统完整、科学合理、协调统一的数据基础制度体系，为数据要素价值释放提供坚实的制度保障。

专栏 10-2

萍乡市安源区探索数据价值化实现路径

江西省萍乡市安源区把推动数据要素市场化作为促进数字经济发展的重要抓手，探索出一条“资源变资产、资产变资本、资本变资金”的数据价值化实现路径，获全省首张数据资产登记证书，并完成全省首单数据资产融资。

第一，构建合法合规的数据确权登记机制。安源区以合法合规为前提，建立数据确权登记工作机制，在厘清原始数据、数据资源和数据资产关系的基础上进行数据确权，激活数据要素价值。一是搭建数据专班，建立安源区数据资产工作领导小组和工作专班，成立萍乡市安源数字投资有限公司。二是打通转换路径，对全区政府部门公共数据、企业数据资源进行归并、整理和分类，将其中存在价值的数据资源加工成数据产品，转化成数据资产。三是制定标准程序，制定全省首套数据资产价值认定标准程序，实现数据资源三权分置。

第二，创造高效便捷的数据交易流通模式。首先，积极培育数据服务生态，引入一批数商服务机构，形成本土化的数据资产服务链条；其次，成立运行全省首个县区级数据交易平台节点，实现与江西省数据交易平台实时同步，打破“数据孤岛”壁垒；最后，着眼于“土地经济”向“数字经济”的转变，积极探索数据资产融资，赋能实体经济发展，先后发放江西省首笔登记确权企业数据资产融资质押贷款和首笔公共数据授权加工数据产品登记确权融资质押贷款。

第三，健全多向发力的数据要素保障体系。首先，建立健全数据基础制度，积极探索数据产权、流通交易、收益分配、安全治理等四方面制度创新；其次，建立健全数据资产全生命周期安全监控、安全保护和风险评估机制，把确保数据安全贯穿到数据资源和资产归集、确权、融资的全过程；再次，强化数字人才供给，全面扩容数字经济“人才库”，为全区数字化建设和数据资产化发展提供坚强有力的人才支撑；最后，丰富数据应用场景，在12个细分行业领域进行数据应用场景推广，积极推进数据资产发债试点，不断深化数字经济业态创新。

（五）安全治理

从安全治理看，数据要素对治理方式提出了新挑战，需要探索适应数据特点的安全治理模式。以数据为关键要素的数字经济具有高创新性、广覆盖性、强渗透性，在对传统生产力的内涵进行拓展和延伸的同时，也对传统监管模式提出了挑战。一方面，数据大规模流通的过程，也是多源、多方数据融合的过程，一旦被泄露或滥用，可能带来个人隐私被侵犯、商业秘密被泄露等问题，影响隐私保护、产业发展，甚至可能给国家安全带来挑战。另一方面，数字经济具有跨界融合的特点，对传统分业监管、属地监管模式提出挑战。如何以合理的安全成本，实现良好的经济效益，实现高质量开发利用和高水平安全良性互动，提升监管效能，构建兼顾活力与秩序的数字治理体系，需要各方共同探索。

第三节　数据要素赋能新质生产力

习近平总书记在二十届中共中央政治局第十一次集体学习时强调：“发展新质生产力是推动高质量发展的内在要求和重要着力点。”世界百年未有之大变局加速演进，加快形成和发展新质生产力，有助于中国充分把握科技革命和产业变革的机遇，开辟发展新领域、塑造发展新动能、构筑竞争新优势。

新质生产力的提出为数据要素赋能经济社会高质量发展、更好发挥数字经济对经济发展的放大、叠加、倍增效应，提供了一条全新的现实进路。本节将以新质生产力为抓手，讨论数据要素如何在经济高质量发展过程中发挥重要作用。

一、新质生产力的提出

（一）基本概念

新质生产力是创新起主导作用，摆脱传统经济增长方式、生产力发展路径，具有高科技、高效能、高质量特征，符合新发展理念的先进生产力质态。生产力包括劳动者、劳动资料、劳动对象三个要素。新质生产力是由技术革命性突破、生产要素创新性配置、产业深度转型升级催生的先进生产力，对劳动者、劳动资料、劳动对象和生产关系都提出了新的更高要求。

（二）理论内涵

1. 新型劳动者

劳动者是生产力三要素中最活跃的要素，没有人力资本的积累和跃升，没有一支与现代科技进步、现代产业发展相适应的高素质劳动者队伍，就无法形成新质生产力。新质生产力对劳动者素质、生产要素配置水平、基础设施等提出了新的、更高的要求。不同于传统的以简单重复劳动为主的普通技术工人，新型劳动者代表现代劳动力的转变，是能够创造新质生产力的战略人才和熟练掌握新型生产资料的应用型人才，通常拥有更高的教育水平和更强的学习能力。

新型劳动者不仅掌握传统的职业技能，更重要的是能适应数字化、智能化的现代工作环境，具备跨界融合的综合能力。新型劳动者是新质生产力中最活跃、最具有能动性的主体。培养壮大能够持续创造和熟练操作新型劳动工具、拓展和创造新型劳动对象、使用和维护新型基础设施的新型劳动者队伍，是加快培育和发展新质生产力的关键。

2. 新质劳动资料

更高科技含量的劳动资料是新质生产力的动力源泉。劳动资料包括生产工具、基础设施和能源设施等，其中最重要的是生产工具。新一轮科技革命孕育出一大批新科技和更智能、更高效、更低碳、更安全的新型生产工具，比如5G与卫星互联网等新一代通信工具，以及人形机器人与智能网联汽车等。新技术的渗透也能够对传统机械的劳动工具进行改造升级，比如无人工厂、自动化集装箱码头等。新型劳动资料使得生产效率进一步提高，为形成新质生产力提供了动力。

3. 新质劳动对象

更广范围的劳动对象是新质生产力的物质基础。当前科技和产业前沿领域的探索，极大地丰富了劳动对象的种类和形态，拓展了生产新边界，创造了生产新空间，为新质生产力奠定了新的物质基础。比如在生物制造领域，合成生物以微生物为劳动对象，通过基因编辑等工具，创造出可生产特定化学品和蛋白质的“细胞工厂”。在数字经济时代，数据已经成为关键的劳动对象。以数字形式存储和流动的数据要素，在被有效收集、整理、分析、挖掘和处理后，可释放出巨大的生产力效能。

4. 新型生产关系

发展新质生产力，必须通过全面深化改革形成新型生产关系，创新生产要素配置方式，提升生产要素配置效率。

经济体制改革要进一步提高资源配置效率，加快建设全国统一大市场。劳动力市场要大力推进基本公共服务均等化，深化户籍制度改革，合理引导人才跨区域自由流动。知识与技术市场要完善知识产权保护制度及技术市场交易体系。资本市场要落实好金融服务实体经济的根本宗旨，大力发展科技金融，服务科技创新。数据市场要坚持市场原则，强化顶层设计，搭建数据要素统一大市场管理框架。此外，要破除地方保护和区域壁垒，避免不当的市场干预行为，加快完善地方政府的激励约束机制。

科技体制改革要畅通教育、科技、人才的良性循环。深入实施科教兴国战略、人才强国战略、创新驱动发展战略，鼓励人才大胆创新，为科技创新积蓄第一资源。围绕科技发展前沿和产业发展亟须优化的高校学科设置，加大基础学科投入，强化以人才、知识、创新为导向的收入分配政策，形成尊重人才的制度体系，打造新型劳动者队伍。同时更加彻底地给科研人员减负，建立科学合理的激励机制。充分尊重企业家的价值创造，探讨知识、技术、管理参与分配的实践机制，充分鼓励和支持发扬企业家精神，推动科技创新。

（三）形成条件

1. 技术因素

创新驱动是新质生产力的核心，因此，科学技术创新是新质生产力最直接的内涵。部分学者结合马克思主义政治经济学与中国的发展现状，讨论了技术创新对于形成新质生产力的作用。以高端芯片、工业软件、通用人工智能等为代表的关键性技术和颠覆性技术突破是形成新质生产力的技术条件，并且技术条件需要和劳动者、劳动资料结合，拓展劳动对象的范围，才能推动新质生产力的形成。在信息技术引发的第四次科技革命的背景下，以数据为代表的新生产要素被认为是新质生产力形成的技术支撑。以数据生成、采集、存储、加工、分析、服务为主的战略性新兴产业，具有速度快、精度高、价值高等优势，能够激活数据要素潜能，推动生产力变革和创新，形成新质生产力。

2. 制度因素

习近平总书记在二十届中共中央政治局第十一次集体学习时强调："生产关系必须与生产力发展要求相适应。发展新质生产力，必须进一步全面深化改革，形成与之相适应的新型生产关系。"新质生产力将催生生产关系上共享发展的制度取向，从中释放的多样化红利将有利于缩小数字鸿沟，缓解社会矛盾。实现自由自主的劳动分工是发展新质生产力的价值目标，因此，健全的劳动法律法规体系、完善的劳动关系协调机制，以及成熟的企业民主管理制度建设是新质生产力形成的条件之一。

3. 市场因素

亚当・斯密在《国富论》中指出，分工的出现会促进生产力的提高。他认为，分工起源于交换，分工的程度"要受市场广狭的限制"。新质生产力形成的市场条件是具有成熟的国内统一大市场，从而刺激生产要素供给，推动科学技术创新。数据等新兴生产要素对市场环境具有显著的外部性，建立针对数据外部性进行交易的市场将为新质生产力的形成提供良好的市场环境。新质生产力创造的价值需要在经济循环中体现出来，因此，畅通国民经济循环并实现国内国际双循环的相互促进是新质生产力形成的重要条件，充分利用两个市场、两种资源才能真正体现新质生产力形成后的价值创造优势。

4. 产业因素

产业是经济之本，是生产力变革的具体表现形式。现代化产业体系是国家生产力发展、经济现代化的重要标志。新质生产力概念的提出与产业结构升级有着密切联系。目前中国战略性新兴产业已经具有较大规模，但仍然具有很大的市场潜力，处于快速增长的轨道上。战略性新兴产业的发展不仅能够推动形成新的日益强大的产业部门，而且许多战略性新兴产业的技术、产品具有广泛用途，通过在其他产业中的应用或者与其他技术和产品的融合，能够在既有的产业部门催生效率和质量变革，从而也成为新质生产力的重要组成部分。新质生产力的形成需要良好的产业基础支撑，而党的二十大报告强调开辟发展新领域新赛道，有关部门和地方陆续出台与未来产业相关的政策文件，均为新质生产力的形成奠定了良好的政策基础与产业基础。

5. 其他因素

人才培养、管理水平等其他因素也对新质生产力的形成产生重要影响。在劳动者素质方面，劳动者的素质决定生产力的状况，高素质的劳动者与高水平的生产力是相匹配的，因此新质生产力的形成和发展就要求具备高素质的劳动者。劳动者作为生产力中唯一的创造性因素，作为生产资料、科技、知识及管理方式的创造者，激发其能动性需要构建有利的社会环境，因此有利于人才发展的环境是新质生产力形成的关键。此外，管理能力既是形成生产力的条件，又是创造生产力的源泉。管理的革新会带来劳动生产率的提升，也有助于形成新质生产力。

二、实现机制："数据要素×"

发展新质生产力，是突破"卡脖子"技术问题与牵住创新"牛鼻子"的关键所在。数据要素发展能否驱动新质生产力的形成？如果数据要素发展能够驱动新质生产力形成，其实现机制和作用场景分别是什么？下面从"协同优化""复用增效""融合创新"三条路径（见图 10-4）出发，讨论"数据要素×"如何为新质生产力形成和发展提供不竭动力。

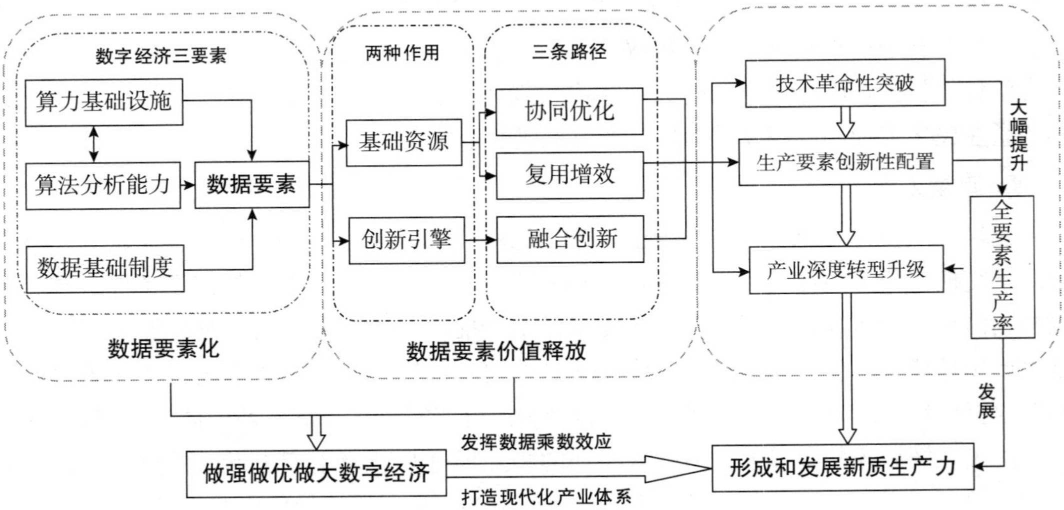

图 10-4　数据要素赋能新质生产力的形成和发展

（一）协同优化

企业可通过数据应用提升经济运行效率，提高全要素生产率。从数据中挖掘有用信息，作用于其他要素，能够找到企业、行业、产业在要素资源约束下的“最优解”，解决过去解决不了的难题。以纺织行业为例，下游中小企业发展存在获客难度大、采购成本高、融资渠道窄等困难，数据要素在生产全环节的融入为解决这些困难提供了新路径。借助上下游数据的贯通，中小企业能够获得真实有效的商情信息以及稳定和一定规模的订单，从而解决产品的销售问题。通过不同中小企业原材料需求数据的汇聚，企业能够以集中采购等方式降低采购成本。通过打通产供销环节，实现定制化生产，可将成品出厂时间从原来的 15 天缩减到 5 天，保证产品可以在一周之内交到消费者手上。基于订单、设备开工等数据，中小企业还可以获取订单融资、仓单融资和应收账款融资等供应链金融服务，解决融资难、融资贵等问题。

（二）复用增效

企业可通过数据应用推动知识扩散、业态创新，扩展生产可能性边界。数据是知识的载体，数据在不同场景、不同领域的复用，将推动各行业知识相互碰撞，孕育出新产品、新服务，创造新的价值增量。比如，传统的隧道作业高度依赖人工经验，效率不高，施工风险难以控制。通过地质数据、设备数据和以往工程数据的复用，可以使掘进设备在准确感知地质条件、掘进速度、钻头转速的基础上，根据地质构造和岩土类型自主控制掘进策略，将过去沉淀在高技能劳动者中的隐性经验，拓展为机器能够实现的显性经验，实现工具升级、知识扩散、价值倍增，突破既有高水平劳动者数量约束下的产出极限，开辟经济增长新空间。

（三）融合创新

企业可通过数据应用推动科学范式迁移，提升科技创新能力。当前，科学发现的基本方式正在经历从理论分析到计算模拟再到数据探索的转变。多种来源、不同类型数据的汇聚与融合正在极大地提升科技创新的速度。比如在生命科学领域，如何准确、快速地确定蛋白质三维空间结构是一个长期以来的难题，而基于海量、多元的生物数据构建起的人工智能算法模型，能在几天甚至几分钟内预测出以前要花费数十年才能得到的、具有高置信度的蛋白质结构，颠覆了生命科学领域原有的研究范式。

三、作用场景

在现实中，数据要素如何催生新质生产力？接下来探讨数据要素赋能新质生产力的三种作用场景：技术革命性突破、生产要素创新性配置与产业深度转型升级。

（一）技术革命性突破

数据要素是科技创新的重要引擎。大多数科学实验的结果都采用科学数据的形式进行记录，伴随着数字孪生、元宇宙等技术的发展与进步，许多研发活动开始转向在数字环境中进行。通过数据要素的传播与使用，可以降低重复实验的成本，通过大数据分析辅助技术创新突破。具体来说，数据要素能从以下几个方面促进技术革命性突破（孙辰朔，2024）。

第一，数据要素能够推动知识创新。政府、企业、科研院所等在参与数据要素加工和使用的过程中，结合智能算法、经济数学模型和领域专业知识，对研发、设计、生产、营销与决策各环节进行数据清洗、分析和建模，可以发现新的规律，研究出新的理论，创造新的知识或技术，创造更多的经济效益和更大的社会价值。对于人工智能算法，如ChatGPT，数据要素更是发挥了关键性的原材料作用。

第二，数据要素能够优化科技创新要素配置。实现科技创新的要素包括劳动、资本、土地等实体要素，以及技术、管理等虚拟要素。传统要素市场中存在信息不对称、要素流通不畅等问题，容易产生创新要素供需错配等问题，使创新资源偏离最优配置。通过对数据要素的挖掘、分析和利用，可以减少信息交互偏差和要素交易成本，推动创新要素流向高生产效率、高边际产出的企业和行业，打通“信息孤岛”和打破“数据壁垒”，从而实现要素高效配置。

第三，数据要素能够提升产业创新发展能力。一方面，作为数字化、网络化、智能化的基础，数据要素能够参与技术、产品、组织、管理等创新过程，依靠信息技术驱动创新，不断催生新产业新业态新模式，培育壮大一批具有增长潜力的新兴产业，创造更多新需求和新就业岗位，挖掘新的经济增长点；另一方面，数据要素能够促进数据高效流通，推动产业数字化转型，极大提升传统产业跨区域、跨场景、跨行业的协同创新水平，提升产业发展的质量和效益。

专栏 10-3

ChatGPT 是如何训练的

ChatGPT 是 OpenAI 开发的一种基于 GPT 架构的人工智能聊天机器人，GPT 是一种基于深度学习的自然语言处理模型。ChatGPT 的训练过程主要包括以下几个步骤：

数据收集。收集大量的文本数据，这些数据可能来自书籍、网站、新闻文章等。这些文本数据用于训练模型，使其能够理解和生成自然语言。

预处理。对收集到的数据进行清洗和格式化，以便模型能够更好地学习和理解。这可能包括去除无关信息、纠正错误、分词等步骤。

预训练。使用大量的文本数据对模型进行预训练。在这个阶段，模型通过无监督学习的方式学习语言的基本规律，如语法结构、词语关系等。预训练通常涉及两个方面：掩码语言模型（Masked Language Model，MLM）和下一个句子预测（Next Sentence Prediction，NSP）。

微调。在预训练的基础上，使用特定任务的数据集对模型进行微调。这个阶段是监督学习，模型通过学习特定任务的样本来优化其性能，比如生成对话、回答问题等。

评估与测试。通过一系列的评估和测试来检验模型的性能，确保其在实际应用中能够生成准确、流畅、相关的文本。

迭代优化。根据评估和测试的结果，不断调整和优化模型的结构和参数，以提高其性能。

部署与应用。将训练好的模型部署到实际的应用场景中，如聊天机器人、语音助手等。

ChatGPT 的整个训练过程需要大量的计算资源和时间，通常在高性能的计算集群上进行。此外，为了确保生成内容的质量和安全性，还需要对模型进行细致的调整与监控。在数据和算力足够支撑的前提下，也可以按照这套流程训练其他类型的生成式人工智能，如视频生成模型 Sora。

（二）生产要素创新性配置

优化要素配置是新质生产力的关键特征之一。数据要素以及数字经济发展可以有效促进资源优化配置并减少资源错配，最终为新质生产力的形成和发展做出贡献。学界一般关注的资源错配包括资本错配和劳动错配，而在这两种要素的配置上，数据要素均能发挥关键作用。

在资本要素上，数据要素通过提高信息透明度、优化资源配置、降低交易成本等实现创新性配置。首先，数据要素通过提供更加准确和及时的市场信息来帮助企业和投资者更好地了解市场动态和资源需求，从而做出更为合理的投资决策。其次，数据要素可以辅助企业和政府机构进行更为精细化的资本配置。通过对大量数据的分析，可以识别出资本配置的不足或过剩区域，从而指导资本流向更有效率的领域，减少资本浪费。最后，数据要素通过网络平台等渠道降低了交易成本，使资本能够更便捷地在不同行业和地区之间流动，提高了资本的流动性和配置效率。

在劳动要素上，数据要素通过减少劳动力市场信息不对称、提升劳动生产率、改善劳动力市场监管等渠道实现创新性配置。首先，数据要素能够提供更加详尽和实时的劳动力市场信息，包括职位空缺、技能需求、薪资水平等，帮助劳动者和雇主更好地了解市场动态，从而做出更为合理的就业和招聘决策。其次，数据要素的应用可以提高劳动生产率，如通过智能化生产系统减少无效劳动，通过精准营销减少资源浪费，从而在整体上提高劳动的使用效率。最后，数据要素可以帮助政府更有效地监管劳动力市场，如通过数据分析发现劳动力市场中的不正当竞争行为，保护劳动者权益，维护公平竞争的市场环境。

（三）产业深度转型升级

数据在成为生产要素后，会导致要素组合和要素结构发生变化，进而促进产业创新、产业关联与产业融合，在优化传统产业的同时催生许多新业态。

数据要素首先能够促进传统产业转型升级。一方面，数据要素可以帮助企业监测和管理环境影响，实现节能减排和资源优化利用。通过数据分析，企业可以发现减少能源消耗和减少废物排放的机会，实现可持续发展目标。另一方面，数据要素可以促进产业集群内部的信息共享和协作，加强企业之间的联系，形成更加紧密的产业链。同时，数据要素的集聚和应用也可以吸引投资，促进区域经济发展。

数据要素催生的一系列新业态有利于产业深度融合。通过数据分析和人工智能技术，制造业可以与服务业结合，形成智能制造和个性化定制等新业态。首先，数据要素的分析和应用能够提升服务业的个性化和精准化水平，如通过大数据分析消费者行为，有助于企业更好地提供定制化的服务和产品，推动服务业与数字技术的结合。其次，数据要素在农业领域的应用，如精准农业、智能灌溉等，可以提高农业生产效率和产品质量，促进农业与现代信息技术的融合。同时，政府可以通过制定相关政策和法规，如数据确权、定价机制、数据安全等方面的政策和法规，为数据要素的流通和应用提供良好的制度环境，进一步促进产业融合。

本章小结

本章基于数据要素进入经济活动的基础模型，探讨数据要素确权及其分级分类等问题。数据确权是明确数据产权和使用权限的过程，有助于提高数据的可控性和可利用性。数据要素进入经济活动的方式，包括数据驱动型决策和数据产品生成过程；DIKW 金字塔描述了从数据到智慧的完整转化过程；数据要素的权利界定，则涉及资源持有权、加工使用权和产品经营权。

随后，本章讨论了数据资产入表与数据市场交易这两个数据要素流通过程中面临的重要问题，提出促进数据要素流通的政策抓手：技术赋能、流通方式、收益分配、制度建设和安全治理。

新质生产力的形成与发展是数据要素价值释放的重要渠道。本章分析了新质生产力的基本概念、理论内涵和形成条件，提出通过“数据要素×”的实现机制为新质生产力赋能。数据要素赋能新质生产力的三种作用场景包括：技术革命性突破、生产要素创新性配置和产业深度转型升级。

思考题

1. 你能想到哪些数据要素（或者大数据分析）改变行业格局的具体事例？
2. 作为一家传统企业，有必要进行数据分级分类确权吗？为什么？
3. 数据市场交易的核心痛点有哪些？应从哪些方面入手化解这些痛点？
4. 在发展新质生产力的某个具体场景中，提出利用数据要素赋能的具体做法。

参考文献

熊巧琴，汤珂. 数据要素的界权、交易和定价研究进展. 经济学动态，2021（2）：143－158.

孙辰朔. 发挥数据的创新引擎作用. 经济日报，2024－01－12（10）.

马费成，熊思玥，孙玉姣，等. 数据分类分级确权对数据要素价值实现的影响. 信息资源管理学报，2024（1）：4－12.

Brynjolfsson E，Hitt L M，Kim H H. Strength in numbers：How does data－driven decisionmaking affect firm performance?. SSRN 1819486，2011.

Faroukhi A Z，El Alaoui I，Gahi Y，et al. Big data monetization throughout big data value chain：A comprehensive review. Journal of Big Data，2020，7：1－22.

第十一章

数据要素的应用场景

数据要素的应用场景广泛而多样，已经渗透到社会经济的各个领域，成为创新和增长的关键动力。在工业制造、金融市场、研发创新、治理监管与其他经济社会活动的各个环节，数据要素都得到了充分的应用。这些应用场景展示了数据要素是如何通过提供洞察力和决策支持，推动各行各业的创新和转型的。

2023 年 12 月 31 日，国家数据局等 17 部门联合印发《“数据要素×”三年行动计划（2024—2026 年）》，涉及激活数据要素潜能、总体要求、重点行动、强化保障支撑以及做好组织实施等方面的内容，旨在推动数据在不同应用场景中发挥乘数效应。随着数据规模的不断扩大、数字技术的持续进步和数据分析能力的不断提高，数据要素的应用空间将进一步扩展，为数字经济发展与治理创造更多价值。

本章主要讨论如下问题：

- 数据要素应用于工业制造的理论基础是什么？有哪些典型案例？
- 数据要素应用于金融市场的理论基础是什么？有哪些典型案例？
- 数据要素应用于研发创新的理论基础是什么？有哪些典型案例？
- 数据要素应用于治理监管的理论基础是什么？在治理体系与治理能力现代化建设中，数据要素能够扮演什么角色？

第一节　数据要素在工业制造中的应用

现代工业制造业为经济发展提供了重要的物质基础。使用数据要素，能够帮助工业制造业企业提升决策质量，提高对市场和消费者的预测效率，从而实现生产运营全过程的提质增效。本节从经济学理论基础与现实案例两个维度探讨数据要素在工业制造中的应用。

一、理论基础

（一）数据驱动型决策

大数据技术的迅速发展与广泛应用，促使越来越多的企业开始从管理者主导的经验型决策转向高度依赖数据分析结果的科学决策模式，即数据驱动型决策。数据驱动型决策是基于数据分析而非纯粹直觉的决策实践，其本质是数据科学在企业决策中的应用。实证研究结果显示，以多生产单位为特点的大型制造业工厂是数据驱动型决策的先行者，通过这一决策方式转变成功提升了企业生产绩效；而且随着时间的推移，数据驱动型决策的先行者和后来者之间的绩效差距会逐渐缩小（Brynjolfsson & McElheran，2016）。此外，数据驱动型决策与企业自身的 ICT 资本规模和技术人才数量之间还存在相互促进的关系。为了更好地应用数据驱动型决策，企业需要在数字化转型与技术人才培养方面加大投入。

需要注意的是，制造业企业转向数据驱动型决策并不是一蹴而就的，面临诸多管理上的挑战（McAfee et al.，2012）。为了实行数据驱动型决策模式，企业需要对管理模式进行深入改革。企业高层决策者必须逐渐接受数据驱动的、基于实证证据的决策方式，而企业则需要为此额外雇用能够发现数据中的模式规律并将其转化成可用商业信息的数据科学家或算法程序员。影响数据驱动型决策质量的因素还有很多，在有些情况下使用数据要素和大数据分析技术未必能改进企业决策质量。

数据驱动型决策正在成为工业制造业竞争力的关键。通过有效的数据收集、深入的数据分析和快速的决策执行，企业可以更好地应对市场变化，提高生产效率，降低成本，最终实现可持续发展。随着技术的不断进步，数据驱动型决策将在工业制造业中发挥越来越重要的作用。

（二）提高预测效率

除了辅助决策之外，制造业企业还能利用数据要素选用最优的生产技术，进而提高产品质量。数据要素辅助企业选择最优生产技术的渠道有两种：一种是，产品的交易记录会揭示消费者的产品偏好，如消费者更喜欢何种颜色的鞋子、更偏好何种动力的汽车等，从而可以有针对性地调整生产计划；另一种是，数据要素可以帮助企业更准确地预测市场趋势。通过对市场数据和竞争对手信息的分析，企业可以把握市场动态，制定更有针对性的市场策略；通过对生产和销售过程中产生的数据进行实时分析，企业可以根据实时数据快速调整生产线，生产适应市场变化的产品，提高生产的敏捷性和响应速度，从而减少市场变化对企业造成的冲击（Veldkamp & Chung，2019）；通过对历史数据的分析，企业还可以预测市场需求，合理安排生产计划，避免库存积压或供应短缺等问题。

在供应链管理方面，数据要素的应用同样重要。通过对供应链中各个环节的数据进行分析，企业可以更好地了解供应链的运作情况，识别风险点，提高供应链的透明度和运作效率。利用数据要素，企业还可以实现供应链的动态优化。例如，通过预测原材料价格波动，企业可以提前采购，降低成本。同时，通过实时监控物流信息，企业可以及时调整运输计划，降低运输成本，减少运输时间。此外，利用机器学习等先进技术，企业还可以构建质量预测模型，预测潜在的质量问题，从而提前采取措施，提高产品质量，减少返工率和退货率。

二、现实案例

（一）昆仑轮胎的信息化转型

昆仑轮胎作为双钱轮胎集团旗下的高端轮胎品牌，一直致力于提升产品质量和生产效率。在工业4.0和智能制造的大背景下，昆仑轮胎认识到了信息化转型的重要性并将其作为企业发展的关键战略，通过引入先进的信息技术和数据分析手段，实现生产自动化、管理智能化、决策数据化，最终提高企业的市场竞争力和可持续发展能力。

1. 生产效率提升

昆仑轮胎在生产流程中广泛应用了数据驱动型决策，通过采用智能化和信息化系统，显著提升了轮胎的综合生产效率。通过采集和分析实时数据，昆仑轮胎能够精准监控生产过程中的各个环节，及时发现并解决生产瓶颈问题，确保生产流程的顺畅和高效进行。此外，昆仑轮胎还建立了智能物流系统，实现了从原材料入库到成品出库的全流程自动化管理。通过数据分析和优化算法，智能物流系统能够自动规划最优的物料搬运路径和存储位置，降低物流成本，缩短延误时间。这些举措不仅提高了生产效率，还确保了产品及时交付，满足了市场需求。

2. 产品质量有所保障

昆仑轮胎将数据驱动型决策应用于产品质量管理，通过智能化生产系统确保产品的高精度和高品质。每一个轮胎在生产过程中都会被赋予一个唯一的条形码，作为轮胎的“身份证”，该条形码记录了从原材料选择到成品出库的全生命周期信息。通过扫描这些条形码，昆仑轮胎能够追踪每一个轮胎的生产历史，包括所使用的原材料、生产批次、工艺参数等关键数据，从而实现对产品质量的全面控制和追溯。在质量检测环节，昆仑轮胎利用自动化检测设备和图像识别技术，对轮胎的外观、X光照片、动平衡、均匀性等关键指标进行精确测量。所有的检测数据都会被实时上传到信息系统中，通过数据分析和比对，确保只有合格的产品才能进入市场。这种基于数据的质量管理方法，不仅提高了产品质量，还增强了客户对昆仑轮胎品牌的信任，提高了客户满意度。

3. 市场响应加强

昆仑轮胎将数据驱动型决策应用于市场响应和战略规划，加强了对市场趋势的分析和预测能力。通过收集和分析市场数据、消费者行为和竞争对手信息，昆仑轮胎能够更准确地把握市场需求变化，及时调整产品结构和营销策略。例如，通过分析销售数据，昆仑轮胎可以预测哪些规格和型号的轮胎将会受到市场欢迎，从而提前做好生产计划和库存准备。同时，数据驱动型决策还有助于昆仑轮胎在战略规划方面做出更明智的选择。通过对历史数据的深入分析，昆仑轮胎能够识别潜在的市场机会和风险，制定出更加科学合理的长期发展规划。这种基于数据的战略决策方法，使昆仑轮胎能够更好地应对市场变化。

综上所述，昆仑轮胎的信息化转型充分展示了数据驱动型决策在提升生产效率、保障产品质量和提高市场响应能力方面的重要作用。通过不断深化数据应用和技术创新，昆仑轮胎将继续引领行业发展，实现智能制造和高质量发展。

（二）美的集团“T+3”模式

“T＋3”模式是美的集团在供应链管理和生产运营方面的一项创新，旨在通过优化制造流程、升级制造设备和工艺、产供销联动来压缩供货周期，实现更快速、更低成本、更有效率的产品交付。

具体来说，“T＋3”模式将传统的大规模生产和压货销售转变为基于客户订单的补货模式，从而使整个供应链上的库存最小化，而产能和收入最大化。在这个模式下，“T”为客户下单周期，“T＋1”为物料准备期，“T＋2”为工厂生产期，“T＋3”为物流配送周期（见图 11－1）。美的集团采用这一模式，旨在倒逼全价值链变革，提升订单管理水平、资源利用效率、制造运营效率及自动化能力、信息化能力。

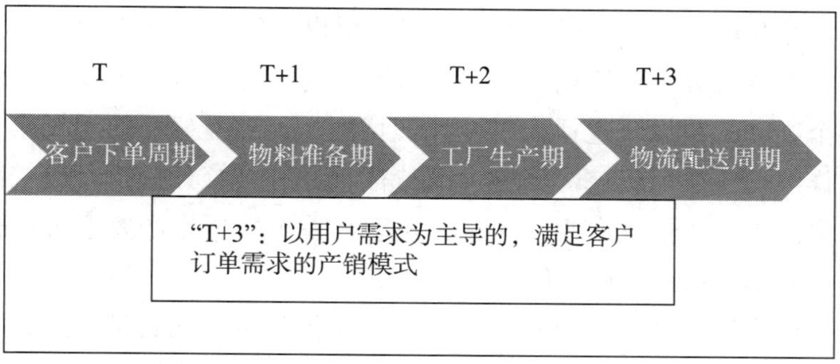

图 11－1　美的集团“T＋3”模式

资料来源：美的集团官网。

在“T＋3”模式的指导下，美的集团通过实时收集和分析市场数据，包括消费者行为、销售趋势、竞争对手动态等数据，实现精准的市场预测。首先，美的集团利用大数据分析技术，对历史销售数据进行深入挖掘，识别出市场需求的周期性和趋势性变化。这些分析结果有助于美的集团预测未来的销售量和产品需求结构，从而制定出更加合理的生产计划和库存策略。其次，美的集团通过与电商平台的深度合作，实现了数据共享和供应链协同。这种协同使美的集团能够根据电商平台上的实时销售数据和消费者反馈，快速调整生产和营销策略，以适应市场变化。最后，美的集团通过建立智能化的供应链管理系统，实现了对供应商和物流的实时监控与调度，进一步提高了市场预测的准确性和供应链的响应速度。

“T＋3”模式的实施显著提升了美的集团的市场预测效率和准确性。通过这一模式，美的集团不仅减少了库存积压，降低了运营成本，还提高了客户满意度和市场竞争力。美的集团“T＋3”模式已经成为其在激烈的市场竞争中保持领先地位的关键因素。未来，随着数据分析技术和人工智能的进一步发展，美的集团有望通过更加精细的市场分析和预测，实现更高效的生产调度和资源配置。同时，美的集团也将继续深化与电商平台的合作，利用消费者数据来驱动产品创新和个性化服务，进一步提升企业的市场预测能力和整体竞争力。

第二节　数据要素在金融市场中的应用

数据要素在金融市场中的应用是全方面的，它不仅推动了金融服务的创新和效率提升，也为金融监管和市场稳定提供了新的工具和方法。本节将从数据要素的理论基础入手，探究数据要素在金融市场中的应用空间。

一、理论基础

（一）刻画用户画像

金融企业能够利用大数据刻画出更复杂、更完整的用户画像，从而有针对性地提供更准确的定制产品和服务，进而提升生产效率。用户画像（User Profile）是对用户的属性、行为、偏好等特征进行标签化处理，从而形成的一种虚拟代表。用户画像通过收集和分析用户多个维度的数据，包括人口统计学特征、兴趣爱好、使用场景、信贷习惯等方面的数据来详细描述目标用户群体或产品特征，并进行统计分析，以挖掘潜在的信息价值，进而抽象出用户的信息全貌。从这个角度来看，数据生产要素可以被视为一种能够提高企业生产效率的信息资产（Farboodi et al.，2019）。

用户画像的最终目的是在金融服务中实现个性化和精准化营销。金融企业可以根据用户画像提供定制化的产品推荐、风险评估、财务规划和客户服务。例如，对于风险厌恶型客户，企业可以推荐低风险的理财产品；对于高价值客户，则提供更加专属的服务和更适合的优惠。用户画像的应用还包括但不限于客户细分、市场定位、交叉销售、客户流失预防和新客户获取策略。同时，企业需要持续收集新的数据和反馈，不断优化和更新用户画像，以适应市场和客户行为的变化。

进入数字经济时代，银行业正在经历从依赖实体分支行开展业务向依赖数字技术、数据要素以及高度专业化的人力资本开展业务的系统性变革。随着数字化水平的提升，银行在支付和咨询服务等核心业务上面临着相较于其他中介机构更大的竞争威胁。新近崛起的金融科技部门开始在金融服务中使用新的信息和自动化技术，使数字技术的采用速度以及相关用户信息的获取速度都显著加快（Vives，2019）。

（二）减少信息摩擦

对于金融市场来说，数据要素是投资决策的核心参考变量，发挥了减少信息摩擦的重要作用。计算机技术的进步使金融科技公司能够收集实时、精确的基本面数据，并将其出售给专业投资人士。这降低了信息获取成本，提高了金融产品价格中的信息含量，对投资者产生了两方面的影响（Zhu，2019）：一方面，当金融产品价格迅速且全面地反映未来收益时，经理人就很难有机会利用其内部信息优势获取更多的收益；另一方面，基本面数据揭示了企业当前业务的衰退趋势或在未来实现增长的机会，可以指导投资者在企业状况恶化时减少投资，在企业发展势头良好时增加投资，从而提高投资效率。

由于其他投资者的需求数据能够协助投资者抵御需求冲击，因此当金融部门的信息处理效率提高时，获取未来股息（基本面）与市场需求（非基本面）这两类数据的动机就会发生改变，企业会选择处理越来越多关于其他投资者需求的数据，而不是企业的基本面数据。因此，信息处理效率的提升也就可以解释为什么金融部门从一个主要调查企业基本面盈利能力的部门，转变成了一个做少量基本面分析而主要集中于获取和处理投资者需求数据的部门。虽然对于基本面数据的分析在减少，但是金融产品的价格信息含量仍然会上升，投资者可以借此更好地预测资产回报并规避投资风险。

除了影响价格信息含量外，大数据分析技术还降低了贷款信用风险管理中的信号传递和信息搜索成本，减少了借贷过程中存在的信息不对称性。在贷款行业中，大数据分析能够有效减少信息摩擦。由于借贷过程中存在信息不对称问题，因此借款人会发出信号并传达有关其本人和投资项目特征的信息，而贷款人则需要搜索借款人的信用记录等信息并筛选其贷款的对象。在传统的银行体系中，银行进行贷款决策并负责信用信息的收集和评估。而随着信息技术的不断进步，基于大数据的金融科技已经成为贷款行业中的一个颠覆性驱动力，企业收集、呈现和评估信息的手段变得更加先进和丰富，信用信息的检索成本大幅度降低，信用数据的收集方式也从被动的信息检索转变为主动的信息收集。

二、现实案例

（一）恒丰银行的信用风险预警系统

恒丰银行基于大数据技术构建的信用风险预警系统是一个创新的风险管理工具，旨在通过整合行内外的多源数据，形成统一的行业、地域、客户风险视图。该系统的建设是为了应对恒丰银行在快速发展的同时，所面临的快速、全面地识别、监测、防范客户信用风险的挑战。该系统的建设目标是提高风险监测和审查的全面性、准确性与及时性，从而提升风险预测能力，提高信贷资产质量。恒丰银行通过这一系统，积极筹划在制度层面制定全面的风险管理体系，明确各条线、各部门的风控职责。

恒丰银行的信用风险预警系统主要分为基础数据层、基础技术服务层和应用层三层。基础数据层负责行内外数据的接入和存储，通过自建爬虫体系、购买外部服务数据 API 或文件批量推送服务，实现各类数据的接入；基础技术服务层负责对接入的数据进行深加工，包括对结构化数据和非结构化数据的处理；应用层则是系统的前端，具有风险分类研究、风险实时监测及风险预测等功能。在具体的技术应用上，该系统引入了知识图谱、机器学习、自然语言处理等先进技术，并与信贷管理系统、贷后管理系统、押品管理系统等进行联动，构建了一个完整的大数据风险防控体系。图 11－2 介绍了恒丰银行信用风险预警系统数据处理流程。

下面通过一个虚拟的金融案例来说明恒丰银行的信用风险预警系统是如何发挥作用的。假设恒丰银行有一位长期个人客户 A，该客户近期的贷款申请被信用风险预警系统标记为高风险。系统分析显示，客户 A 的还款记录出现异常，其近期的财务状况波动较大，且其

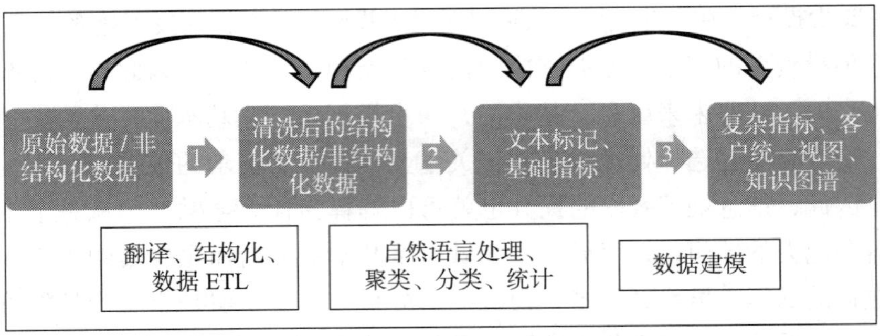

图 11－2　恒丰银行信用风险预警系统数据处理流程

注：ETL 是英文 Extract、Transform 和 Load 的缩写，用来描述将数据从来源端经过抽取（Extract）、转换（Transform），加载（Load）至目的端的过程。

资料来源：恒丰银行。

所在的行业受到市场变动的影响。基于这些信息，银行的风险管理部门对客户 A 的贷款申请进行了详细审查，并要求客户 A 提供额外的财务证明和担保。通过与客户 A 的沟通，银行了解到该客户近期确实面临经营困难，但客户有意愿、有能力改善财务状况。因此，银行为客户 A 提供了一系列风险控制方案，包括贷款额度调整、还款计划优化和财务咨询服务。这些措施有效地帮助客户 A 稳定了财务状况，最终客户 A 按时偿还了贷款。

上述案例展示了恒丰银行信用风险预警系统在实际运作中的有效性。通过及时发现和处理潜在的信用风险，恒丰银行不仅保护了自身的资产安全，也为客户提供了支持，维护了良好的客户关系。信用风险预警系统的成功运行，显著提升了恒丰银行在风险管理方面的能力与市场竞争力。

自信用风险预警系统上线以来，恒丰银行在客户风险的识别效率、准确率以及成本控制等方面取得了显著成效，新增信贷资产质量得到了大幅提升。例如，某平台贷款的逾欠率控制在 1%以内，不良贷款率大幅低于全行同类业务的平均水平。网贷、平台贷授信业务的发放效率显著提升，根据贷款类型实现了 24 小时/8 小时放款，甚至准实时放款。客户贷前调查成本大幅降低，风险预审过程节约近 80%的人力成本。此外，信用风险预警系统通过贷后监控和预警，有效地保障了业务的合规性，为恒丰银行提供了有力的风险管理支持。

（二）Kabbage 的大数据信贷

Kabbage 是一家于 2009 年在美国亚特兰大成立的金融科技公司，其核心商业模式是基于大数据分析为小型企业和电子商务企业提供贷款服务。Kabbage 的创新之处在于，它通过分析申请贷款企业的销售数据、流量、客户评价以及商品价格、库存和信用记录等多维度信息来评估其信用状况，以及测算应发放的贷款额度。这种模式突破了传统银行依赖信用评分和财务报表的贷款审批流程的局限，使没有足够信用历史的小型企业也能获得贷款支持。

Kabbage 是大数据信贷的先驱之一，它通过上百个渠道收集一家公司或个人的、从社交媒体档案到财务管理账户的全方位信息来评估客户状况，从而决定是否发放贷款。截至

2020 年，其已经为 20 万家企业提供了超过 80 亿美元的资金。Kabbage 在 6 轮股权融资中筹集了 4.89 亿美元，在 10 轮债权融资中筹集了 19.62 亿美元，估值超过 10 亿美元。

Kabbage 基于电商的经营情况以及其在社交网络上与客户的互动情况等信息开发了一套信用评级体系，即 Kabbage Score。与传统的第三方信用评级机构的信用评分相比，Kabbage Score 能够根据最新信息随时进行动态调整，可以动态地反映电商的经营状况。依据 Kabbage Score 的信用评估结果，后台系统可以自动决定是否授信，以及授信额度、利率和期限。利用 Kabbage Score，Kabbage 的放贷实现了高度定制化，可以根据申请人的需求制定个性化方案，如根据申请人的经营情况、贷款目的自动调整贷款额度、期限和利率。

Kabbage 的服务流程也实现了高度自动化，客户通过在线平台申请贷款后，系统会立即对该客户的信用状况进行评估。一旦贷款获批，资金便可以迅速到账，极大地提高了贷款的审批效率和改善了用户体验。此外，Kabbage 还提供了一些增值服务，如财务咨询和业务分析工具，这些增值服务能够帮助客户更好地管理财务和提升业务效率。

Kabbage 的新型商业模式在金融市场上取得了显著成效。它不仅为小型企业提供了一种更加便捷和灵活的融资途径，也为银行和其他金融机构提供了一种新的信贷业务模式（见图 11－3）。Kabbage 的快速发展吸引了众多投资者的关注，使其获得了多轮融资。

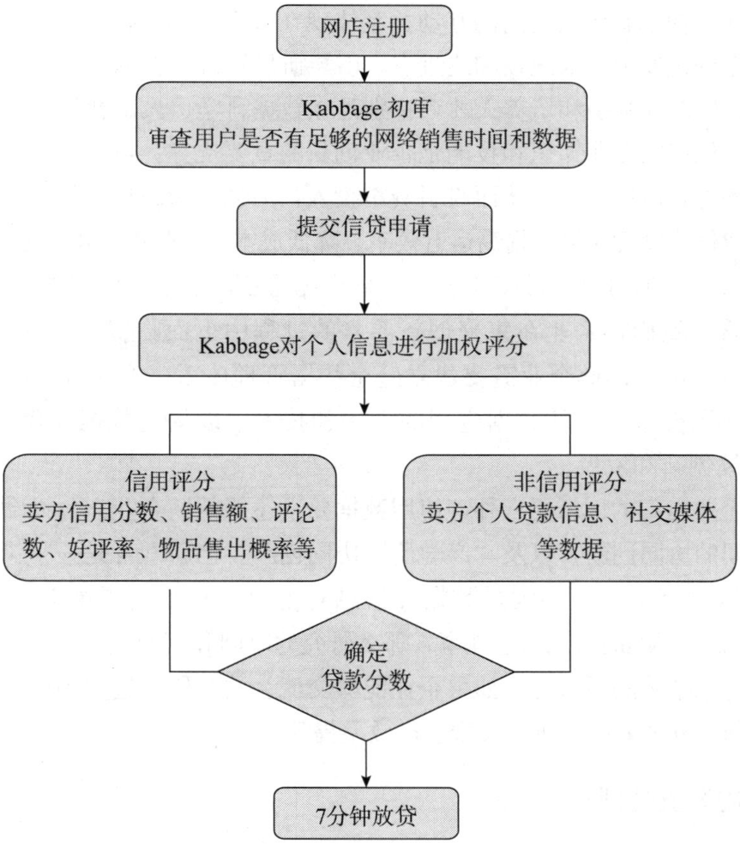

图 11－3　Kabbage 公司的信贷业务模式

资料来源：Kabbage 官网，京东数字科技研究院整理。

第三节　数据要素在研发创新中的应用

数据要素在研发创新中的应用已经成为推动科技进步和产业升级的关键力量。利用大量的数据资源和先进的大数据分析技术，企业和研究机构能够在研发过程中实现更高效的创新。

一、理论基础

（一）集聚创新要素

数据要素在现代企业创新中扮演着至关重要的角色。它不仅是一种基础资源，更能集聚和激活其他创新要素。数据的分析和应用能够帮助企业洞察市场趋势、消费者行为和竞争对手动态，从而引导企业在产品开发、服务设计、市场营销等方面进行创新。通过对大量数据的挖掘和分析，企业能够创造新的商业模式、发现新的市场机会，并在此基础上集聚人才、技术、资本等创新要素，形成综合的创新能力和竞争优势。

数据要素与其他创新要素之间的互动关系体现在多个方面。首先，数据可以促进技术创新，通过数据分析发现技术瓶颈和改进点，引导研发资源的投入和技术创新的方向。其次，数据能够帮助企业吸引和培养人才，特别是在数据科学、人工智能和大数据分析等领域的专业人才，他们的专业知识和技能是企业创新的重要支撑。再次，数据还能够清晰呈现企业的发展潜力和市场前景，从而吸引资本投入，为创新项目提供资金保障。最后，数据能够帮助企业优化管理决策，提高运营效率，降低成本，增强市场竞争力。

在实践中，企业通过建立数据平台、开展数据分析项目、执行数据驱动型决策等方式集聚创新要素。然而，企业在集聚创新要素的过程中也面临着数据安全、隐私保护、数据质量控制等挑战。因此企业需要建立健全数据管理体系，确保数据的合规使用和有效保护，同时不断探索和创新数据应用的方法和技术，以促进数据要素释放最大价值，推动企业的持续创新和发展。

除了聚集企业内部的创新要素外，使用数据要素还能帮助企业充分调动外部的创新资源，鼓励企业间的协同创新，以及“产学研”协同创新。创新本身是一个试错的过程，研发过程中的失败尝试所产生的大量数据和信息对企业也具有重要意义（Akcigit & Liu，2016）。如果企业之间不能实现信息共享，那么研究的时间和资源就很可能浪费在那些其他企业已经发现毫无结果的项目上。如果企业能够交流、共享研发过程中的各种数据，便能够显著提高创新活动的效率，进而实现生产效率提升。

（二）激励渐进性创新

1. 两种创新模式：突破性和渐进性

突破性创新（Disruptive Innovation）和渐进性创新（Incremental Innovation）是两

种不同的创新模式，它们在影响范围、变革速度和市场接受度等方面存在显著差异。

突破性创新是指那些颠覆现有市场和行业格局的创新。它们往往通过引入全新的产品或服务、商业模式或技术，创造出全新的市场和价值网络。这类创新在初期可能不被主流市场所接受，但随着时间的推移，它们会逐渐取代旧有的产品和服务，占据市场主导地位。例如，数字摄影技术对胶片摄影的取代、智能手机对传统手机的颠覆，都是突破性创新的典型案例。突破性创新往往是由新兴企业发起的，因为它们不受现有市场和商业模式的束缚，能够更自由地探索和实验。

渐进性创新则是基于现有产品或服务而进行的连续性改进。这类创新通常由行业内的成熟企业主导。它们通过对现有产品的性能、功能或设计进行细微调整，逐步提升产品的价值和市场竞争力。渐进性创新往往更容易被市场接受，因为它们在满足现有客户需求的同时，也保持了产品的连续性和兼容性。例如，智能手机的年度更新、汽车燃油效率的提升等，都属于渐进性创新。

突破性创新和渐进性创新的主要差别在于：突破性创新往往带来根本性的变化，可能改变消费者的购买习惯和行业的竞争规则；而渐进性创新则更多的是对现有产品或服务的优化，旨在提高用户的满意度和现有市场的效率。企业在制定创新战略时，需要根据自身的资源、市场定位和长远目标，平衡这两种创新模式，以实现可持续发展。

2. 数据要素与渐进性创新

相较于颠覆现有市场和行业格局的突破性创新，对现有产品或服务进行连续性改进的渐进性创新与数据要素的关系更为紧密，原因有两个。第一，主导渐进性创新的更多是已经占据一定市场地位的成熟企业，这些企业拥有更加丰富的数据要素与更强的数据分析能力，能够更高效地利用数据要素进行渐进性创新。第二，数据要素能够反映消费者对于产品质量改进的预期、市场结构的演化趋势以及企业自身的发展变化，基于大数据分析形成的趋势性判断具有连续性和兼容性的特征，与强调不断改进的渐进性创新天然契合。具体来说，数据要素可以通过产品改进、服务优化与运营效率提升激励渐进性创新。

数据要素在产品改进中的驱动作用体现在对消费者行为的深入理解和市场需求的精准把握上。通过收集和分析消费者的产品使用数据、反馈信息和市场调研结果，企业能够了解产品的优势和不足，从而有针对性地进行改进。例如，通过分析用户在社交媒体上对某产品的讨论和评价，企业可以发现该产品的功能缺陷或潜在的改进空间，进而通过渐进性调整，如界面优化、性能提升或添加新功能，更好地满足用户需求，实现产品质量的渐进性创新。

在服务领域，数据要素同样发挥着关键作用。企业通过分析服务过程中产生的数据，如客户互动记录、服务响应时间记录和满意度调查结果，可以不断优化服务流程，提升服务质量。例如，商业银行可以通过分析客户的交易数据和咨询记录，发现服务流程中需改进的地方，进而简化流程、提高效率。零售商可以通过分析顾客的购物习惯和偏好，提供更加个性化的推荐和服务，从而提高顾客的忠诚度和满意度，实现金融服务的渐进性创新。

数据要素在提升企业运营效率方面的作用不容小觑。通过对内部运营数据的监控和分析，企业可以发现存在成本浪费的环节，优化资源配置，提高生产和运营的效率。例如，制造商可以通过实时数据分析，监控生产线的运行状态，预测和预防潜在的设备故障，缩短停机时间。物流公司可以通过分析运输路线和货物流动数据，优化配送网络，降低运输成本，实现运营模式的渐进性创新。

二、现实案例

（一）领星生物利用大数据进行药物研发

在药物研发领域，传统的研发流程面临着高成本、长周期和高风险的挑战。为了提高研发效率和成功率，许多制药公司开始探索利用数据要素进行创新。例如，领星生物是一家致力于利用大数据和人工智能技术进行药物研发的中国创新型公司。该公司通过整合大量的生物学数据、临床数据和化学数据，建立了一个全面的药物研发数据平台。这个平台不仅包含了丰富的药物靶点信息，还涵盖了药物分子的活性数据和药物不良反应数据，为药物研发提供了强有力的数据支持。领星生物利用这些数据，结合先进的机器学习算法，对药物分子进行筛选和优化，加速了新药的发现和开发过程。

领星生物的数据平台通过深度学习和人工智能技术，对药物分子的活性和安全性进行评估。公司利用这些技术对大量的化合物库进行筛选，快速识别出具有潜在治疗效果的候选药物分子。此外，领星生物还通过分析真实世界数据（Real World Data，RWD），如患者的临床记录和生存数据，来发现新的治疗靶点和药物作用机制。这种数据驱动的药物研发方法不仅提高了研发效率，还降低了研发成本，使药物研发更加精准和高效。

领星生物基于真实世界肿瘤临床-分子知识库、客户自有数据以及公共数据库，通过安全、灵敏的云端实时可交互数据智能平台，提供灵活的可定制化的数据分析咨询服务。领星生物推出的临床智能分析平台（Clinical Intelligence Analysis Platform，CIAP）实现了对临床试验数据和真实世界数据的无缝整合，以及实时灵活的分析。领星生物基于自有的数据驱动算法，提出并优化临床假设，最大限度地发挥真实世界数据与临床试验数据和知识的潜力，同时基于广泛的临床医疗网络的前瞻性和回顾性研究，以直接富集目标患者群体，验证临床假设。针对未满足的肿瘤临床需求，在药物机制引导下，领星生物探索全面系统、多维度的适应症和适用人群拓展，通过比较真实世界数据中相关药物在多维度细分人群中的临床结果，制定灵活的市场推广策略。

领星生物的数据驱动药物研发方法取得了显著成效。公司通过这种方法成功发现了多个具有临床潜力的新药候选分子，并与多家制药公司建立了合作关系，共同推进这些候选药物的临床开发。此外，领星生物的数据分析平台也为药物研发提供了新的视角，通过挖掘和分析大量的多维数据，其能够更深入地理解发病机制和药物作用原理，为药物研发提供了新的思路和方向。随着数据技术的不断进步和数据资源的日益丰富，领星生物的数据驱动药物研发方法有望在未来的药物研发领域发挥更大作用，推动更多新药的研发和上市。

（二）丰田精益生产系统

丰田汽车公司是全球知名的汽车制造商，其成功的秘诀之一就是精益生产系统

(Lean Manufacturing System)。这一系统起源于丰田生产方式（Toyota Production System，TPS)，TPS是一种旨在最大化生产效率、减少浪费、提升质量和增加灵活性的生产管理哲学。精益生产系统的核心理念是基于生产数据，通过持续的改进和优化，实现更高的生产效率和产品质量。该系统强调数据的重要性，通过实时监控和数据分析，丰田能够精确掌握生产流程中的每一个环节，从而实现渐进性的创新和改进。

具体来说，精益生产系统包括价值流分析、持续改进、拉动生产、标准化作业与可视化管理五个关键步骤。

价值流分析是精益生产系统的关键工具，用于识别和优化生产流程中的各个环节。通过绘制整个生产流程图，企业能够清晰地看到从原材料到最终产品交付的每一个步骤。这个过程揭示了哪些活动是真正为客户创造价值的，哪些活动造成了资源浪费。通过价值流分析，企业可以找到减少浪费、缩短生产周期和提高生产效率的机会。

持续改进是精益生产系统的核心理念之一。它鼓励员工在生产流程、工作方法以及产品质量等各个环节不断寻找改进机会。持续改进强调的是“小步快跑”的改进方式，即通过一系列小的、连续的改进活动，逐步提升生产效率和产品质量。这种理念要求企业建立一个开放的环境，并鼓励员工提出建议和参与改进过程。

拉动生产是精益生产系统的另一个关键要素，要求生产活动由下游需求驱动，而不是由预测或计划驱动。在拉动生产模式下，只有当客户订单到来时，才会触发生产流程。这种方式有助于防止库存积压和生产过剩，降低了成本并提高了生产的灵活性。看板系统是实现拉动生产的常用工具，它通过可视化的方式传递生产和供应的信息。

标准化作业是确保生产流程一致性和可预测性的关键。通过制定详细的操作指南和流程标准，企业能够确保每个员工都能按照最佳实践执行工作。这不仅有助于提高生产效率，还能够减少错误和不一致。

可视化管理是指通过图表、指示牌和其他视觉工具来显示生产状态与性能指标。这种透明化的做法使问题更容易被发现和解决，同时也提高了员工的参与度，增强了其责任感。

通过精益生产系统，丰田能够快速响应市场变化，满足消费者需求，同时提供高质量的产品。丰田的精益生产系统在全球范围内得到了广泛的认可和应用。这一系统不仅有助于丰田在汽车行业中保持领先地位，也深刻影响了其他制造业和服务业企业的运营模式。丰田汽车公司的精益生产系统架构见图11-4。

精益生产系统的实施需要多方面的支持。首先，它要求全员参与和持续的技术培训，以确保每个员工都能够理解和执行精益生产原则。其次，精益生产需要较高的流程透明度和数据共享，这可能涉及复杂的信息系统和技术支持。最后，精益生产系统的成功实施还需要强大的领导力和组织文化的支持。

总的来说，丰田的精益生产系统是一个以数据为基础，通过持续改进和优化生产流程来实现渐进性创新的典范。这一系统不仅提升了丰田的生产效率和产品质量，也为全球制造业提供了宝贵的经验和启示。随着技术的不断进步和数据分析能力的进一步提升，精益生产系统将继续在提高生产效率和推动工业创新方面发挥重要作用。

丰田的精益生产系统在数字经济时代面临多重挑战。全球化带来的供应链复杂性考

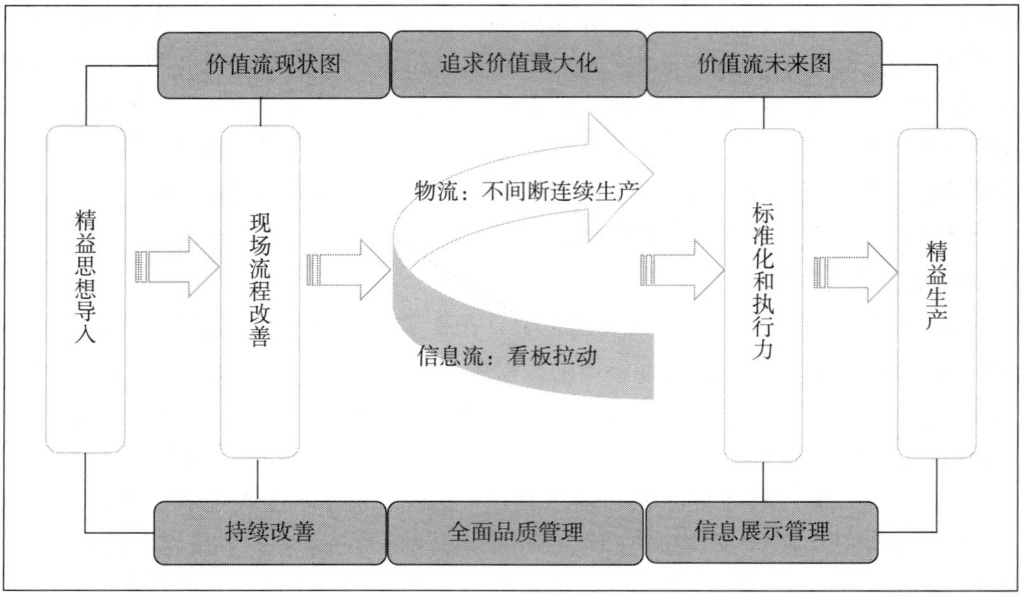

图 11-4　精益生产系统架构

资料来源：作者基于丰田汽车公司材料绘制。

验着其准时生产原则，需求波动和地缘政治因素可能导致供应链中断。技术的迅猛发展要求精益生产系统不断融合新兴数字技术，以维持生产效率和产品质量。此外，个性化和多样化的市场需求对精益生产系统的灵活性提出了更高要求，需要快速响应市场变化。同时，数字化转型的压力要求精益生产系统与数字技术紧密结合，提高生产智能化水平。人才挑战亦不容忽视，需要持续培养具备精益生产知识和技能的员工。最后，法律法规、文化适应性问题以及竞争对手的模仿和创新也给精益生产系统带来了压力。丰田需要不断创新和改进，以应对数字经济时代的挑战，保持其在全球制造业中的领先地位。

第四节　数据要素在治理监管中的应用

数据要素在治理监管中的应用是一个多维度、系统化的过程，涉及数据的收集、存储、处理、分析、共享和保护等多个方面。本节从打破“信息孤岛”与全景实时监测两个方面入手，探讨数据要素如何通过在治理监管中的多维应用促进治理体系与治理能力现代化。

一、理论基础

（一）打破“信息孤岛”

“信息孤岛”（Information Silo）是企业和政府都面临的组织难题。对于政府部门来说，“信息孤岛”指在政府部门内部或部门之间，由技术、政策、组织文化等多种因素导致的信息无法有效共享和流通的现象。这种情况通常表现为各个部门或机构拥有自己的数据存储和信息管理系统，而这些系统之间缺乏必要的连接和兼容性，使重要信息被“隔离”在各自的“孤岛”上。

1. 产生的原因

“信息孤岛”问题的产生通常有以下四个方面的原因。第一，技术因素。不同部门可能采用不同的技术平台和信息管理系统，这些系统之间缺乏统一的标准和接口，导致信息难以互通。此外，一些老旧的信息系统可能缺乏必要的升级和维护，无法满足现代信息共享的需求。第二，政策和法规因素。政策法规的不完善或执行不力可能导致信息共享受阻，而缺乏明确的信息共享政策和指导原则又使得部门之间难以达成共识。第三，组织文化因素。部门之间的信息壁垒往往与组织文化有关。部门保护主义、利益固化和缺乏合作精神都可能导致信息共享受阻。部门可能更倾向于维护自己的信息资源，而不是将其共享给其他部门。第四，管理和协调因素。缺乏有效的信息管理和协调机制也是产生“信息孤岛”的原因之一。没有明确的信息治理框架和责任分配，会使信息共享变得困难和低效。

2. 造成的影响

“信息孤岛”的存在不仅降低了政府工作效率，还可能导致政策制定和公共服务的不协调。首先，“信息孤岛”对政府决策的科学性和有效性产生负面影响。政府决策需要依赖准确、全面和及时的信息。当信息被隔离在不同的部门或系统中时，决策者可能无法获得完整的数据支持，导致决策是基于不完整的信息做出的，从而影响决策的准确性和实施的有效性。这种情况可能导致政策失误，阻碍社会发展。其次，“信息孤岛”还会降低公共服务的效率与质量。当政府部门间信息流通不畅时，公民和企业在办理事务时可能需要重复提交相同的信息，经历烦琐的流程和长时间的等待。这不仅会增加公民和企业的负担，也会降低公民和企业对政府服务的满意度、损害政府形象。最后，“信息孤岛”问题会增加政府的运行成本、造成资源浪费。由于信息不能共享，因此政府部门可能需要重复投入资源去收集和维护相同的数据，造成资源的重复投入和浪费。此外，“信息孤岛”还可能导致信息系统的重复建设，增加政府的财政负担。

3. 打破“信息孤岛”

政府对于数据要素与大数据分析的深度使用能够有效打破“信息孤岛”，提升政府治理能力和公共服务水平。通过建立统一的数据标准和开放接口，政府可以制定统一的数据格式和交换标准，确保不同部门和系统之间的数据具有兼容性和互操作性；通过创新数据要素开发利用模式，推动数据、技术、场景和市场深度融合，政府可以有序开展数据采集、存储、处理，保障数据资源高质量有效供给；通过打造信息交换与共享政务云平台，政府可以推进政务资源整合，依托政务云平台实现政务数据融合汇聚，根据统一的数据采集与交换标准，推动数据资源共享开放。

在大数据分析的支持下，政府在设计和实施政策计划时，不应一味遵从分阶段连续执行的传统模式，而应该在每一个阶段对政策措施的当前效果进行持续评估，通过采用大数据情景分析实时制定替代方案。在必要时，政府应该果断放弃先前计划的政策，通过实时决策提高政策制定的效率。此外，由于可以更快、更好地处理收集到的大量非结构化信息，因此大数据分析能够在政策周期的每一个阶段就实现公众的广泛参与，从而能够集思广益。随着更多数据通过预测分析技术转化为可用信息并指导决策，社会部门可以更合理地将社会支出分配到需要改善的领域，以此提高社会福利水平（Coulton et al.，2015）。

（二）全景实时监测

通过建立全面的大数据监测网络，政府能够对经济社会各个方面进行实时监控，包括但不限于经济指标、社会稳定程度、环境质量、公共卫生、交通状况。利用物联网、遥感卫星、智能传感器等现代信息技术手段，政府可以收集大量实时数据，这些数据覆盖了从宏观经济到微观个体的广泛信息。例如，通过监测主要经济指标，政府可以及时了解经济运行状况；通过监控社交媒体和新闻报道，政府可以掌握社会舆论动态；通过环境监测站，政府可以实时了解空气质量和水质状况。

1. 全景实时监测的必要性

政府进行全景实时监测的必要性主要体现在提升公共安全与应急响应能力、优化城市管理与服务、加强社会治理与风险防控、支持决策制定与政策评估以及改善公共服务与民生保障等方面。首先，通过全景实时监测，政府能够及时发现并响应紧急情况，如自然灾害、事故或公共卫生事件，从而减少灾害带来的损失。其次，全景实时监测数据有助于政府全面了解城市运行状态，优化交通管理、环境保护、公共设施配置等，提高服务效率。再次，全景实时监测有助于提高政府的社会治理能力，为政府决策提供数据支持，提高政策的科学性和有效性。最后，政府可以利用全景实时监测数据更好地了解民众需求，提供精准的公共服务和民生保障。

通过大数据监测网络收集到的大量公共数据，需要通过高效的数据整合和智能分析平台进行处理。为了进行全景实时监测，政府需要建立监测网络和数据中心，利用大数据分析、人工智能、机器学习等技术对数据进行深入挖掘和分析。通过这些技术，能够识别出实时数据中的模式、趋势和异常，为政策制定和资源配置提供科学依据。

2. 隐私保护问题

政府进行全景实时监测时，必须注重保护广大居民的合法隐私，确保监测活动的透明性和公正性。隐私权是公民的基本权利之一，受法律严格保护。政府在进行监测时，必须遵守相关法律法规，尊重和保护个人隐私，避免非法收集、使用或泄露个人信息。公众对政府信任是政府有效施政的基础。如果政府在监测过程中未能妥善处理隐私问题，可能会导致公众对政府不信任，影响政府形象和公信力。对隐私保护的重视可以推动监测技术向更加注重隐私保护的方向发展，促进技术的健康发展，同时增强公众对这些技术的信任，提高居民的接受度。

具体来说，政府在进行全景实时监测时应做好以下四点，以保护大众隐私。

第一，遵守法律法规。政府在进行监测时，必须遵循《中华人民共和国政府信息公开条例》等相关法律法规，确保监测活动合法合规。同时，应遵守《中华人民共和国数据安全法》（简称《数据安全法》）和《个人信息保护法》等相关法律法规，保证个人信息不被非法收集、使用或泄露。

第二，严格遵循最小化数据收集原则。为了进行全景实时监测，政府需要收集个人信息，但应遵循最小化原则，只收集实现目的所必需的信息，并在满足监测目的后及时删除不再需要的数据。

第三，强化数据安全措施。政府应采取严格的数据安全措施，包括数据加密、访问控制等技术手段，防止数据被未经授权的第三方获取。

第四，确保透明性，建立责任追究机制。政府应公开其数据收集、处理和使用的政策和程序，确保透明性，并建立责任追究机制，对违反隐私保护规定的行为进行严肃处理。

二、现实案例

（一）川渝两地一体化政务大数据体系建设

川渝地区作为中国西部的重要经济区域，近年来一直致力于推动区域一体化发展，政务大数据体系建设是其中的关键一环。通过构建一体化的政务大数据平台，四川省和重庆市政府旨在实现数据资源共享、业务流程优化和服务效能提升，从而更好地服务于经济社会发展和人民群众。

川渝地区在地理位置上相邻，经济文化交流密切，但在政务数据管理方面两地曾长期存在“信息孤岛”现象。为了提高行政效率，优化公共服务，两地政府决定共建一体化政务大数据体系，实现数据的互联互通和业务的协同办理，为经济社会发展提供有效支撑。

川渝两地政府高度重视政务大数据体系建设，通过顶层设计明确了合作方向与目标。2024 年 4 月，两地政府联合发布了《深化川渝政务服务合作 2024 年重点工作任务清单》，提出了具体的合作举措和政策举措，包括推动“政务服务码”川渝互通、扩大“电子驾驶证”亮证范围等重点工作任务，涵盖强化机制共建、推动政策衔接、“高效办成一件事”、深化数据共享应用、服务市场一体化建设等多个方面内容。这些措施旨在推动两地政务服务的无缝对接，实现“川渝一家亲”便捷生活的目标。此外，两地还建立了常态化的工作机制，确保各项任务的顺利推进和有效落实。

在数据共享方面，川渝两地政府积极推进政务数据的互联互通。通过建立政务数据共享平台，两地实现了政务数据目录互挂，首批政务数据资源跨省共享。这些数据资源覆盖了财税金融、生态环境、卫生健康、公共安全等多个领域，极大地提高了政务服务事项跨省通办的便捷性。同时，两地还推动了电子证照的应用，实现了高频电子证照的互认，进一步简化了办事流程，提高了办事效率。

川渝两地政府在一体化政务大数据体系建设中，注重业务流程的优化和服务模式的创新。例如，通过简化慢特病跨省异地就医直接结算程序，扩大医疗机构检查检验结果互认范围，优化养老保险关系转移接续办理流程等措施，提高了政务服务的便捷性和效率。此外，两地还积极探索新的服务模式，如通过“政务服务码”实现一码通办，通过电子证照简化办事流程，通过数据共享优化营商环境等，不断提高人民群众的获得感和幸福感。

通过上述措施的实施，川渝两地的政务服务水平得到了显著提升，为区域协同发展和经济圈建设提供了有力支撑。随着大数据技术的不断进步和应用的深化，川渝两地的政务大数据体系将更加完善，为全国政务大数据体系建设提供有益的借鉴与示范。

（二）雄安新区数字孪生城市建设规划

2017 年 4 月 1 日，中共中央、国务院印发通知，决定设立国家级新区河北雄安新区。设立雄安新区是以习近平同志为核心的党中央做出的一个重大的历史性战略选择。雄安新区是继深圳经济特区和上海浦东新区之后又一具有全国意义的新区，其设立是国家大事、千年大计。雄安新区是中国政府为推动区域协调发展、优化首都功能布局而设立的国家级新区。数字孪生城市建设是雄安新区规划的重要组成部分，旨在通过信息化手段，实现城市管理的现代化与智能化，提高城市运行效率，促进可持续发展。

1. 建设背景

雄安新区数字孪生城市的建设是中国政府为了推动区域协调发展、优化首都功能布局以及响应全球数字化转型趋势而做出的重要战略决策。随着中国经济的快速发展和城市化进程的加速，北京等超大型城市面临着人口过多、交通拥堵、环境污染等问题，这些问题对城市的可持续发展构成了挑战。为了解决这些问题，中国政府提出了京津冀协同发展战略，旨在通过优化区域资源配置，推动区域经济协调发展，其中重要的一环就是设立雄安新区，以疏解北京非首都功能缓解北京城市压力，实现区域均衡发展。

面对全球范围内信息技术的快速发展和广泛应用，数字孪生城市建设已成为推动城市可持续发展、提升城市管理水平和提升居民生活质量的重要途径。通过引入先进的信息技术，如物联网、大数据、云计算和人工智能等，雄安新区致力于构建一个全面感知、高效互联、智能处理和安全可控的数字城市体系，旨在实现城市管理的现代化、智能化，提高城市运行效率，促进可持续发展，为中国乃至全球的城市发展提供新的模式和经验。

2. 数字孪生城市建设

雄安新区作为中国国家级新区，其建设规划中包含了建设数字孪生城市的宏伟蓝图。数字孪生城市是指通过数字化手段创建的与现实城市相映射的虚拟城市模型，这个模型能够实时反映城市各个方面的状态和变化，为城市规划、建设、管理和服务提供强大的数据支持和决策依据。

雄安新区数字孪生城市建设分成基础设施建设与数据采集、数字模型构建与应用以及持续更新和迭代优化三个步骤。

雄安新区建立数字孪生城市的首要步骤是基础设施建设与数据采集。在基础设施建设方面，雄安新区采用最新的信息技术，如物联网、5G 网络、云计算等，确保数据传输的高速性和实时性。通过在城市各个角落部署传感器和监控设备，如智能摄像头、环境监测器、交通流量检测器等，可以实时采集城市的环境、交通、能源等各方面的数据。

在数据采集方面，雄安新区建立了统一的数据平台，对采集到的数据进行标准化处理和集中存储，为后续的数据分析和应用打下了坚实的基础。

在基础设施建设和数据采集的基础上，雄安新区将利用先进的三维建模技术和大数据分析技术来构建精确的城市数字模型。这个数字模型不仅包括城市的物理结构，如建筑物、道路、桥梁等，还包括城市的社会经济活动、人口分布、公共服务等非物理属性。通过对数字模型的分析和模拟，管理者可以对城市规划、交通管理、环境治理等方面进行优化和调整。此外，数字孪生城市还可以应用于灾害预警、应急响应等场景，通过模拟不同的情况和应对策略，提高城市的安全性和韧性。

数字孪生城市的建设是一个持续的过程，需要不断更新和迭代优化。随着城市的发展和变化，雄安新区将定期更新数字模型，确保其与现实城市保持同步。同时，新区还将根据实际应用的反馈和需求，不断优化数字模型的功能与性能。例如，通过引入人工智能和机器学习技术，可以提高数据分析的准确性和预测能力。此外，雄安新区还将探索数字孪生技术在其他领域的应用，如智能制造、智能农业等，推动数字孪生技术的综合利用和产业发展。

通过数字孪生城市的建设，雄安新区将实现城市智能化和精细化管理，促进城市可持续发展，为中国乃至全球的城市发展提供新的模式和经验。随着技术的不断进步和创新，雄安新区的数字孪生城市建设将不断深化和完善，为城市的未来发展提供强大的支撑和保障。

本章小结

通过理论阐释与案例分析，本章系统介绍了数据要素在经济社会发展中的应用场景。在工业制造中，数据要素通过数据驱动型决策与提高预测效率为生产经营活动赋能；在金融市场中，数据要素能够帮助企业刻画用户画像、减少信息摩擦；在研发创新中，数据要素能够为创新活动集聚创新要素，激励企业进行渐进性创新；在治理监管中，数据要素的应用能够激励政府打破“信息孤岛”，通过全景实时监测实现治理体系与治理能力现代化。

随着数据规模的不断扩大、数字技术的持续进步和数据分析能力的不断提高，数据要素的应用空间将进一步扩展，为数字经济发展与治理创造更多价值。在这一过程中，要特别注意个人信息安全与隐私保护问题，在数字经济发展的效率和公平之间找到一个平衡点。

思考题

1. 如果一家工业企业在数据驱动型决策上加大投入，是否一定能够带来生产效率的提升？

2. 对于传统金融机构来说，数据要素的发展和应用为什么既是机遇也是挑战？

3. 对于一家致力于突破性创新的技术前沿企业来说，投资于数据要素是否有意义？

为什么？

4. 在政府将数据要素运用于治理监管的过程中，是否可能存在隐私泄露问题？应当如何解决？

参考文献

Akcigit U，Liu Q. The role of information in innovation and competition. Journal of the European Economic Association，2016，14（4）：828－870.

Brynjolfsson E，McElheran K. The rapid adoption of data-driven decision-making. American Economic Review，2016，106（5）：133－139.

Coulton C J，Goerge R，Putnam-Hornstein E，et al. Harnessing big data for social good：A grand challenge for social work. American Academy of Social Work and Social Welfare，2015：1－20.

Farboodi M，Mihet R，Philippon T，et al. Big data and firm dynamics. AEA papers and proceedings，2019，109（6）：38－42.

McAfee A，Brynjolfsson E，Davenport T H，et al. Big data：The management revolution. Harvard Business Review，2012，90（10）：60－68.

Veldkamp L，Chung C. Data and the aggregate economy. Journal of Economic Literature，2024，62（2）：458－484.

Vives X. Digital disruption in banking. Annual Review of Financial Economics，2019，11（1）：243－272.

Zhu C. Big data as a governance mechanism. The Review of Financial Studies，2019，32（5）：2021－2061.

PART FOUR

4

| 第四篇 |

实践应用篇

第十二章

中外数字经济发展的历程、现状与趋势

20世纪末以来，中国的数字经济发展取得了显著成效，数字技术创新持续推进，信息基础建设体系不断完善，数字经济发展深入渗透到中国经济社会的各个领域。进入21世纪的第三个十年，传统产业数字化和智能化进程加速，产业数字化成为数字经济的发展重点，催生出大量新业态、新模式和新场景。未来一段时间，预计中国数字经济将从外延式增长转向高质量发展，数字经济与实体经济进一步深度融合。

在全球范围内，美国一直占据数字经济发展领导者地位：积极的工业技术创新产生了跨行业的溢出效应，构建了支撑数字技术创新与应用的技术基础，形成了数字技术创新红利。欧盟在数字经济监管上走出了一条独特的道路：一方面，积极采取各类产业政策，扶持域内的数字企业；另一方面，在数据流通与隐私规制上层层加码，推行实质上的数字保护主义。除美国和欧盟外，其他主要经济体亦基于本国情况形成了独特的数字经济发展模式，其发展历程亦有值得借鉴之处。

本章主要讨论如下问题：

- 中国数字经济发展历程中有哪些关键性事件？
- 中国的数字经济发展现状如何？具有哪些主要的发展趋势？
- 其他主要经济体的数字经济发展现状如何？获得了哪些重要经验？
- 其他主要经济体的数字经济发展呈现出哪些特征？这些特征对于中国数字经济发展有哪些借鉴意义？

第一节　中国数字经济发展历程

一、萌芽阶段（1995—2003年）

（一）互联网接入

20世纪90年代初，美国掀起了互联网市场化的浪潮，这一浪潮迅速席卷全球。1995年，中国开始向社会提供互联网接入服务，开启了中国的互联网民用化时代。这一时期中国的互联网发展以政府对基础设施建设的推动以及对互联网管理的规范化为主。

1995年1月，邮电部电信总局在北京、上海设立的通过美国斯普林特公司（Sprint）接入美国的64K专线开通，并且通过电话网、数字数据网专线以及X.25网等方式正式开始向社会提供互联网接入服务。同年5月，中国首个互联网接入服务商瀛海威信息通信公司在北京中关村大街成立。同时，中国电信开始筹建中国公用计算机互联网全国骨干网。1996年1月，中国公用计算机互联网全国骨干网建成并正式开通，全国范围的公用计算机互联网络开始提供服务。

1997年对中国互联网而言具有开创性的意义。当年4月18日至21日，国务院第一次全国信息化工作会议在深圳市召开。会议确定了国家信息化体系的定义、组成要素、指导方针、工作原则、奋斗目标和主要任务，并通过了国家信息化九五规划和2000年远景目标，将中国互联网列入国家信息基础设施建设，并提出建立国家互联网信息中心和互联网交换中心。这是中国互联网发展史上具有里程碑意义的会议，第一次将信息化建设列入国家发展规划。1997年10月，中国公用计算机互联网、中国科技网（CSTNET）、中国教育和科研计算机网（CERNET）以及中国金桥信息网（CHINAGBN）四大骨干网实现互联互通。1997年11月，中国互联网络信息中心（CNNIC）发布了第一次《中国互联网络发展状况统计报告》。该报告显示，截至1997年10月31日，中国共有上网计算机29.9万台，上网用户数62万人，CN注册域名4 066个，WWW站点约1 500个，国际出口带宽25.408 M。

1999年，中国正式开始了电子政务建设。1999年1月22日，由中国电信和国家经贸委经济信息中心牵头、联合四十多家部委（办、局）信息主管部门在京共同举办“政府上网工程启动大会”，倡议发起了“政府上网工程”，政府上网工程主站点 www.gov.cn 开通试运行。半年后，中国各级政府域名下的站点已经达到1 564个，其中720多个政府部门拥有网络主页，国家部委开通站点63个，省级政府开通站点174个，地市级及其以下政府开通站点467个，开辟了人民群众获取官方信息和便民服务的新途径。

（二）门户网站与电子商务

在早期中国互联网发展中，中国黄页是重要的先驱者。中国黄页创立于1995年，向企业提供类似纸质黄页的信息发布服务。中国黄页一方面向用户免费展示推广产品的详细信息和企业的联系方式，另一方面向具有信息发布需求的企业收取广告费用，以此实现盈利。1996年，仅成立一年的中国黄页的营业额便达到700万元，成为中国最早成功的互联网商业模式。在国外门户网站与中国黄页取得成功的刺激下，搜狐、网易、新浪等一众门户网站于1998年前后纷纷成立，极大地增加了中国互联网的内容丰富度，门户网站也成为最早出现并走向成熟的电子商务模式。

1999年，中国出现了三家具有代表性的电子商务网站：8848、易趣和阿里巴巴。其中8848专注于B2C业务，易趣专注于C2C业务，而阿里巴巴则专注于B2B模式的国内外批发贸易。[①] 当时电子商务发展面临的主要困难包括用户数量有限、配送困难以及支

---

① B2C、C2C、B2B分别是Business to Consumer、Consumer to Consumer、Business to Business的缩写，分别代表企业对个人、个人对个人、企业对企业的电子商务模式。

付和信任难题，这被称为阻碍电子商务发展的“三座大山”。8848在互联网泡沫破裂的冲击中未能顺利应对时势的变化，在2000年后逐渐失去了“中国电子商务领头羊”的荣光。易趣在2003—2004年面对阿里巴巴旗下的淘宝网和支付宝的竞争时，在对本土市场的理解和支付信任的建立上逐渐失去优势，市场份额不断下滑。而阿里巴巴在角力中胜出，逐步占据了市场主导地位。

同样是在1999年，着眼于旅游业的携程旅行网宣布成立。针对传统旅游业线下门店开展业务时成本高、市场覆盖范围小、信息流动效率低等痛点，携程为消费者提供旅行中介服务，有效缓解了旅行市场的信息不对称。在消费者通过电话预订酒店之后，携程还能够主动通过定期回访等方式进行售后服务，迅速提高客户黏性。由此，携程在行业发展初期就迅速建立起庞大的客户群，为日后的业务扩展打下了坚实基础。

（三）数字金融的起步

同一时期，以网上银行为代表的数字金融也在中国起步。彼时，全球的网上银行正刚刚起步，而国内各大银行仍受困于亚洲金融危机，招商银行凭借其体制优势抓住机遇，于1999年9月在全国率先启动了网络银行服务，以“一网通”构建起由企业银行、个人银行、网上证券、网上商城、网上支付组成的功能较为完善的网络银行服务体系。招商银行网上银行的问世，不仅解决了电子商务的瓶颈问题，而且顺应历史潮流延伸了银行的服务、扩大了市场份额。“一网通”被评为1999年中国互联网发展十件大事之一，招商银行网上银行主页也入选了中国“百佳网站”。

二、快速发展阶段（2004—2013年）

2004年，谷歌上市所引发的示范效应传递到了中国，纷纷上市的互联网公司激起了中国数字经济发展的“第二次浪潮”。具体而言，中国互联网市场在这一阶段的特性主要体现在以下两个方面。

第一，人口优势逐渐彰显，网络效应充分释放。2007年以后，中国上网用户数的增长率显著地走上了新台阶，上网用户数从2004年的9 400万人上升到2013年的6.18亿人（见图12-1），互联网普及率从2004年的7.23%上升至2013年的45.8%。在这一过程中，除了中国政府在发展信息产业上起到的巨大推动作用，还有一个无法忽视的、不断吸引新人群加入互联网的因素——以博客为代表的Web 2.0在中国的落地。

Web 2.0将上网用户由被动的信息接受者转变为主动的信息创造者，每个人都能够在网络内容的建设过程中发挥作用。于是，博客、维基、论坛、微博、即时通信等互联网新形态纷纷出现，这种相对于Web 1.0的去中心化使互联网上的用户数量和内容源开启爆炸式增长。随着中文互联网上的用户数量和内容日益丰富，越来越多的创业者投身其中，并创造了形式更加多样的网络社区，从而形成了互联网生态的良性循环。

第二，在线支付技术和信用体系逐渐成熟，支撑中国电子商务的迅速发展。中国最先提供第三方支付平台的企业是在1999年成立的北京首信与上海环迅。然而由于当时电子商务的规模受限，这两家企业未能产生足够的影响力。2004年，阿里巴巴推出支付宝，其与

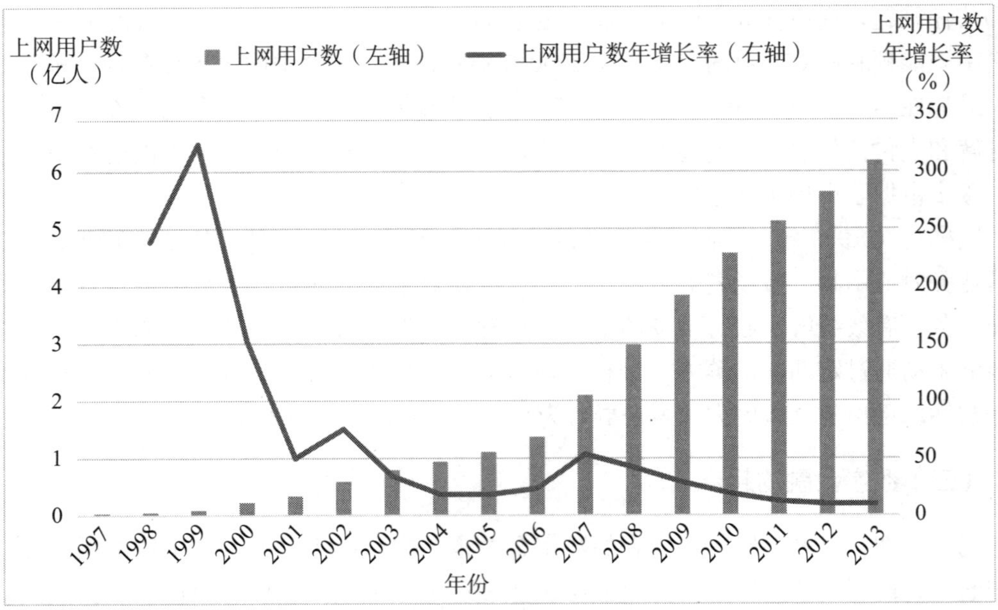

图 12－1　中国上网用户情况（1997—2013 年）

资料来源：CNNIC 第 1～33 次《中国互联网络发展状况统计报告》。

淘宝购物平台双轮驱动，激发了第三方支付平台交易规模快速增长的势头，并迅速以超过 2 亿用户的绝对优势超过贝宝（Paypal），成为全球领先的第三方支付平台。

在支付宝推出之后，国内相继出现了网银在线、安付通、e 拍通、微信支付等一系列支付平台，进入第三方支付企业的黄金发展期。随着在线支付规模不断扩大，其对银行等传统金融体系的影响已不容忽视。自 2005 年开始，国务院及相关部门陆续发布了一系列政策措施及管理办法，用于规范在线支付和电子商务发展。截至 2013 年，中国第三方支付交易规模达 53 729.8 亿元，网上购物用户规模已超过 3 亿人。

三、发展繁荣阶段（2014 年至今）

2014 年后，手机网民数量规模化以及互联网行业转向移动端成为数字经济发展的主要特点。在信息互通的基础上，智能手机全面连接起人们的线上和线下活动，并产生了多重影响。

（一）传统行业迎来“互联网＋”转变

互联网的普及与不断发展，促进传统行业走向数字化转型。在这一过程中，那些在快速发展阶段（2004—2013 年）成长起来的互联网企业，凭借着丰富的数字化经营经验，快速占据了传统行业的数字化市场。以美团为例，2013 年，以团购业务起家的美团开始进军酒店预订、餐饮外卖等线下零售服务业，将社区零售服务初步向线上转移；2014 年，美团上线了旅游门票预订服务；到了 2020 年，美团加速布局社区电商服务，上线了美团优选，更全面地整合社区零售服务。另一个例子是网约车的出现与迅速发展。“滴滴出行”“高德打车”等的网约车服务逐步替代了传统出租车服务，极大地提升了消费者的出行体验。

总体而言，传统行业的“互联网＋”转型，将一部分原来以线下为服务开展场所的行业转移至线上，为大众提供了便利。但互联网并不是行业转型的“万金油”，部分行业在“互联网＋”转型过程中也出现了问题。比较典型的例子是发展初期的互联网医疗行业，在转型时出现了较多违法违规事件。2016 年国家公布“互联网市场准入负面清单”，其中明确禁止医药公司直接线上销售处方药，直到 2018 年，随着互联网医疗行业日益规范，国家才解除了对处方药在线销售的管制。

（二）基于互联网模式的创新业态不断涌现

“高开低走”的共享单车，以及处于风口浪尖的网络直播与电商带货，都是互联网繁荣发展下的创新之举。

自 2016 年开始，共享单车公司如雨后春笋般大量涌现，其中最火热的有摩拜单车、ofo 小黄车、小蓝单车等平台。在风险资本的助力下，共享单车平台的规模急剧扩张，“共享经济”在当时也被称为“下一个风口”。2018 年，共享单车行业开始出现转折点——ofo 小黄车开始出现用户退押金困难等问题，随之被曝出资金链紧张。紧随其后的是另一个共享单车巨头摩拜单车，被媒体曝出公司有巨额净亏损。自此，共享单车市场逐渐开始整合，美团、滴滴和哈啰单车三者占据了共享单车 95%的市场份额。然而，共享单车平台的核心成本问题依旧存在，现存的共享单车企业的经营状况仍旧不乐观。

高速网络的普及促进了直播经济的迅速发展，网红经济、直播带货等新模式新业态不断涌现。2014—2016 年是网络直播的爆发期，手机网民初具规模，直播行业涌入大量创业者，网红直播由秀场直播向平台直播转型，并且直播电商初露苗头；2016 年，淘宝直播上线，电商直播迎来高速发展；2018 年后，各大互联网企业开始布局电商直播，“互联网＋”电商零售的创新模式在国内逐渐普及。网络直播模式与网购和海淘的进一步融合，使直播经济真正成为一种强有力的盈利模式。

中国数字经济总体上繁荣发展，但不同行业位于不同的发展阶段。部分行业如智能化工业、在线新零售等依旧处于初始阶段，而网络电商、在线视频等行业已经进入成熟期。不可否认的是，互联网行业依旧是数字经济最为重要的组成部分，“互联网＋”不仅能够助力传统企业进行数字化转型，也能够促进新兴企业数字化发展。

第二节　中国数字经济发展现状

一、党和国家高度重视数字经济发展

近年来，党和国家高度重视数字经济发展，把握市场经济发展规律和产业变革契机，对数字经济发展做出了规划指导与战略布局。

2016 年，G20 峰会在杭州成功举办，不仅提出了数字经济的权威定义，还通过《G20 数字经济发展与合作倡议》和与会各国达成共识——数字经济将成为助推全球经济

增长的强大力量。2017年“两会”期间，政府工作报告中首次出现“数字经济”这一表述，并提出数字经济有着使人民受惠、企业受益的重大意义。自2017年开始，政府工作报告中已连续九年提到“数字经济”。

2019年，习近平主席在河北召开的中国国际数字经济博览会上明确强调，中国高度重视发展数字经济，在创新、协调、绿色、开放、共享的新发展理念指引下，中国正积极推进数字产业化和产业数字化，引导数字经济和实体经济深度融合，推动经济高质量发展。2021年，《“十四五”数字经济发展规划》进一步强调数字经济是促进全球要素资源重组、经济重构、改变全球竞争格局的不可或缺的强大力量，并且在“十四五”时期，中国将更加重视数字经济的规范发展与深化应用，推进普惠共享。2022年，党的二十大召开后，时任国家发展和改革委员会主任的何立峰所作的《国务院关于数字经济发展情况报告》指出，要“把握新一轮科技革命和产业变革发展先机，大力发展数字经济”。

2024年，党的二十届三中全会提出：“加快构建促进数字经济发展体制机制，完善促进数字产业化和产业数字化政策体系。加快新一代信息技术全方位全链条普及应用，发展工业互联网，打造具有国际竞争力的数字产业集群。促进平台经济创新发展，健全平台经济常态化监管制度。建设和运营国家数据基础设施，促进数据共享。加快建立数据产权归属认定、市场交易、权益分配、利益保护制度，提升数据安全治理监管能力，建立高效便利安全的数据跨境流动机制。”党的二十届三中全会直接提及“数字经济”，彰显了数字经济对以高质量发展全面推进中国式现代化的重要意义。

二、中国数字经济发展新态势

（一）数字经济成为提振宏观经济的关键力量

中国数字经济虽然起步较晚，但是发展势头迅猛。从规模看，中国数字经济规模呈现持续扩张趋势，大数据、人工智能、云计算等数字技术迭代创新，促进传统产业加快转型升级。根据中国信通院发布的数据，2023年中国数字经济规模达到53.9万亿元，相较2022年增加了3.7万亿元，相较2016年更是增长了一倍有余（见图12-2），已连续12年显著高于同期GDP名义增速，占GDP的比重高达42.8%（见图12-3），这一比重相当于第二产业占国民经济的比重。自2020年以来，数字经济已经成为提振中国宏观经济发展的中流砥柱。

（二）信息基础设施建设不断完善

信息基础设施建设是企业大规模数字化转型的基础，中国不断推进数字化基础设施全面升级。以互联网为核心的数字技术正在对我们原有的物理基础设施进行全面化改造：工业互联网融合应用进入快速发展期，车联网产业标准体系逐步确立，智慧城市建设脚步加快，国家首批新型数据中心名单公布，一系列数字化基础设施建设在不断完善。

在网络建设方面，最有代表性的是5G网络的普及。“十四五”规划中明确提出要加快新型基础设施的建设，目标是将5G用户的普及率提升到56%。中国位列第一批实现

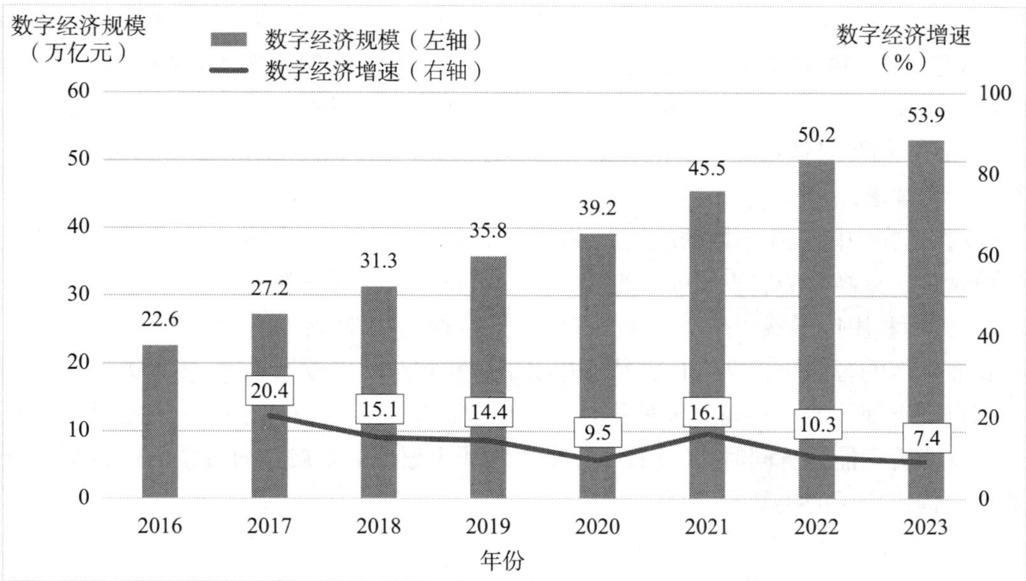

图 12－2　中国数字经济规模

资料来源：中国信息通信研究院．中国数字经济发展研究报告（2023 年）．

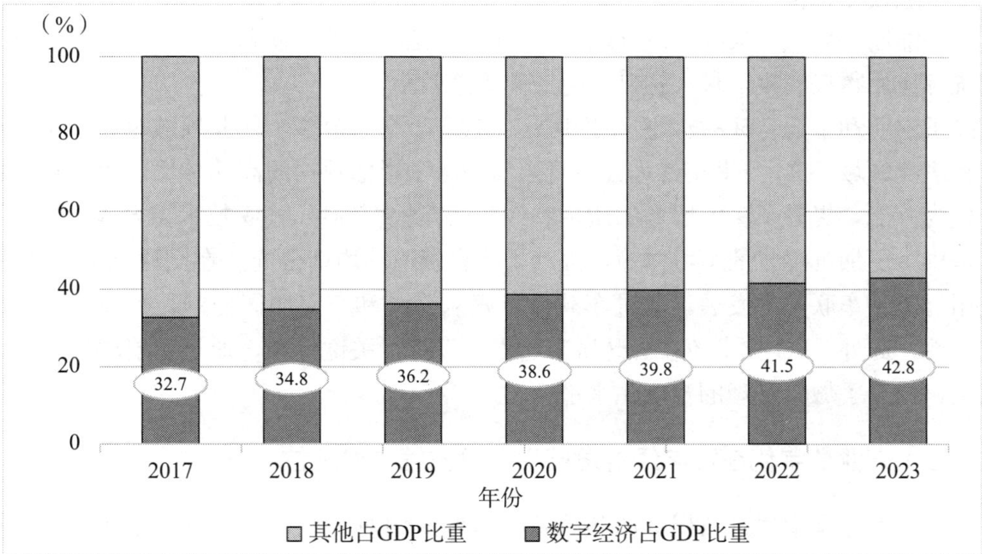

图 12－3　中国广义数字经济规模占 GDP 比重

资料来源：中国信息通信研究院．中国数字经济发展研究报告（2024 年）．

注：图中所用 GDP 数据皆为国家统计局公布的初算数据。

5G 商用的国家名单，从 3G 突破，到 4G 同步，再到如今的 5G 引领，中国数字化创新活力不断提升。根据工业和信息化部统计数据，截至 2025 年 3 月，中国累计建设开通 5G 基站 439.5 万个，实现广域连续覆盖，范围包括全国地级以上城市，甚至包括部分重点城镇。

在用户发展方面，中国具有用户体量规模大的优势，成功推进 5G 在消费端和产业端的发展融合。全球移动通信系统协会（GSMA）发布的《中国移动经济 2024》报告显示，中国 5G 移动连接数已超 8 亿，到 2024 年底，中国 5G 连接的比例预计将从 45%上升至 50%以上；5G 技术成为中国主导的移动技术，且 5G 总连接数将进一步攀升至 10 亿以上。

中国 5G 市场日益成熟，带来了更广泛的连接和更巨大的经济价值，在各行业的应用效果都十分显著。

5G 技术在中国农业领域的应用展现出巨大潜力。通过 5G 网络，农业实现了更精准的种植管理、更高效的农事服务、更智能的养殖管理以及更完善的流通溯源体系。例如，5G 数字大棚利用传感器和高清摄像头采集环境数据，实现农作物的自动灌溉和施肥，提高了农业生产的智能化、网络化、精准化水平。在智慧养殖领域，5G 技术借助个体电子标识和自动感知技术，实现了对畜牧养殖各环节信息的实时监控，提升了疫病防控能力和生物安全管理能力。同时，5G 技术还助力农业大数据的发展，通过精准的数据分析为农业生产提供科学的决策支持。

5G 技术在中国工业互联网领域的应用正逐步深入，成为推动传统产业转型升级的关键力量。通过与工业互联网结合，5G 技术已经在多个重点行业，如采矿、电力、钢铁等，实现了深度应用，显著提升了生产效率和安全性。例如，东风商用车有限公司利用 5G 专网实现了整车生产线的自动化配件运送，整体产能提升了 26%。此外，5G 技术还促进了工业模组、传感器、关键软件等领域的快速研发和产业化，加速了智能制造的进程。在智能制造领域，5G 的高速度、低功耗、低延时特性，使智慧工厂、机器视觉、远程运维等应用得以实现，极大提升了生产和管理效率。

除了农业和工业，5G 技术在中国医疗、教育、交通等多个行业领域也发挥了重要作用。在医疗领域，5G 技术支持远程高清会诊和医学影像数据的高速传输，使得远程医疗服务成为可能，提升了医疗服务的质量和效率。在教育领域，5G 技术结合 VR/AR 等技术，提供了更加沉浸式的学习体验，推动了教育资源的均衡分配。在交通领域，5G 技术的应用促进了车联网的发展，通过车载信息娱乐系统和车路协同控制，提高了交通效率和安全性。此外，5G 技术还在智慧城市建设中发挥了关键作用，通过智能感知和高效应急救援，提升了城市管理的智能化水平。

（三）产业数字化在数字经济发展中仍然占据主导地位

产业数字化是指通过数据资源和数字技术的应用对传统产业进行数字化改造，提升传统产业生产效率、增加产值。产业数字化体现了数字技术与实体经济融合的过程。中国产业数字化规模远大于数字产业化规模，且产业数字化占 GDP 的比重也远大于数字产业化，数字经济呈现出较为稳定的“二八”比例结构。

2023 年，中国数字产业化规模为 10.1 万亿元，同比名义增长率为 9.57%，占数字经济的比重为 18.7%，数字产业化向强基础、重创新、筑优势方向转变。2023 年，中国产业数字化规模达到 43.8 万亿元，同比名义增长率为 6.9%，占 GDP 的比重达到 34.77%，占数字经济的比重为 81.3%。（中国数字产业化和产业数字化规模见图 12－4。）互联网、大数据、人工智能等数字技术更加突出赋能作用，与实体经济融合走深向实，产业数字化探索更加丰富多样，产业数字化对数字经济增长的主引擎作用更加凸显。

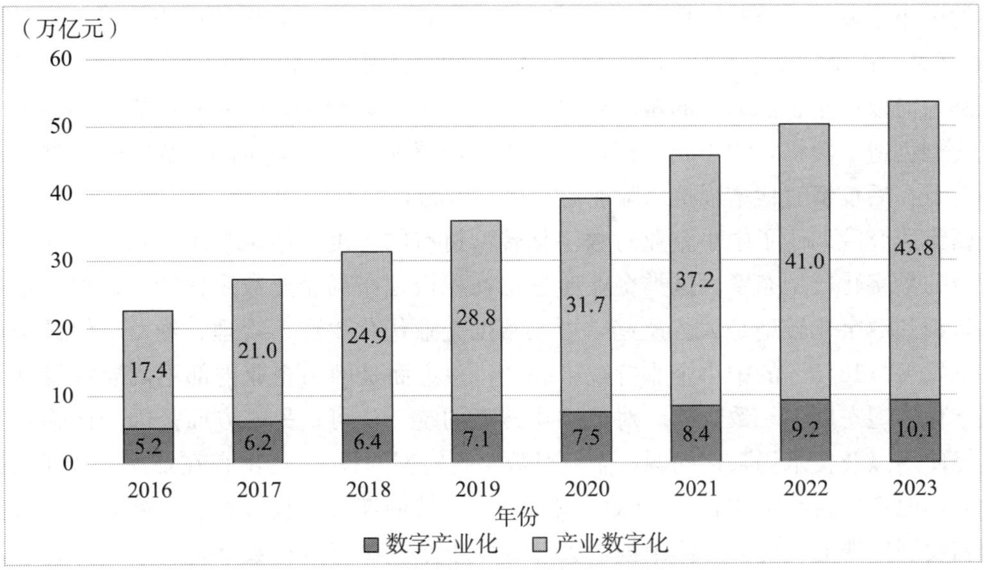

图 12-4 中国数字产业化和产业数字化规模

资料来源：中国信息通信研究院．中国数字经济发展研究报告（2023 年）．

（四）企业全面推进数字化转型

1. 数字化转型现状

面对愈发复杂的国内外大环境，数字化转型已经成为企业可持续发展的“必选项”，中国企业对数字化转型持积极态度。埃森哲商业研究院的调研显示，59%的中国企业表示未来 1～2 年会加大对数字化转型的投资力度，其中计划大幅增加（15%以上）的企业数量占比为 33%。

上市公司对数字化建设的投入成本不断加大，积极推动数字经济的发展。数字化转型浪潮以迅雷不及掩耳之势席卷所有行业，在对传统行业造成一定冲击与影响的同时，也为企业带来了诸多发展机遇。目前数字技术正在加速与传统行业的融合，更多的上市公司希望“了解掌握数字技术，让其为我所用”，企业数字化转型成为中国数字经济发展的必然现象和规律。截至 2024 年 1 月 21 日，中国有 111 家 A 股上市公司总市值超千亿元，这些领军企业无一例外都已经开始了数字化转型。根据至顶网的统计，有超过 69%的企业已经开始了不同程度的数字化转型，而未来进行数字化转型的企业只会越来越多，企业数字化转型是大势所趋。

上市公司作为数字化转型领军企业，在推进自身企业数字化转型的过程中不断积累经验，向业内其他有转型需求的企业提供数字化解决方案，进而带动其他企业转型，是中国数字经济发展过程中不可或缺的驱动力量。

2. 中小企业面临数字化转型难题

中小企业是市场经济的“神经末梢”，有很大的发展潜力与创造力，在中国国民经济发展中的作用不容忽视。正如“现代管理学之父”彼得·德鲁克（Peter F. Drucker）所说，财富 500 强仅仅决定传媒头条，真正决定经济向前发展的是那些容易被忽视的不断创新的中小企业。工业和信息化部数据显示，截至2022年末，中国中小企业数量已超过5 200万家，占全国企业总数的98.4%，中小企业是国民经济发展前进的主力军。新冠疫情的到来对以中小企业为主的服务业等产业造成了较大冲击，但同时也给中小企业的数字化转型创造了契机，中小企业探索数字化的经营模式是大势所趋，数字化转型能帮助中小企业在后疫情时代增强抗风险能力，提高市场竞争力。

腾讯研究院调研了中小企业对数字化转型持有的态度。结果显示，70.9%的企业持有积极的数字化转型态度。这类企业愿意主动积极地布局企业数字化转型进程，企业清楚地认识到数字化转型是大势所趋，可以帮助企业优化生产、管理、经营，促进企业的可持续发展。18.5%的中小企业持观望态度，一方面是因为企业内部不同层级管理人员对数字化转型态度不一致，缺乏对数字化转型的统一认可；另一方面是因为面临营销平台选择使用以及技术局限性问题，企业对数字化转型的投入-产出存在疑虑。10.6%的中小企业不愿意进行数字化转型，认为该项计划持续周期长、投入大、风险高，容易使企业面临发展停滞的困境。总体来说，大部分中小企业愿意进行数字化转型，并且也认为数字化转型能够为企业带来较好的效益。

管理层数字化意识淡薄和传统观念较强是中小企业数字化转型过程中最大的“拦路石”。腾讯研究院调查显示，35.8%的中小企业认为阻碍企业进行数字化转型的最大问题是管理层缺乏足够强的数字营销意识，管理层对数字化转型缺乏充分的了解，并且难以在数字化转型前期看到显著的正向影响，从而无法正确评估具体投入效益。相关专业人才缺乏也是企业在数字化转型过程中面临的实际问题。调查结果显示，近60%的企业提出在数字化人才相关方面面临挑战，要追求数字化可持续发展，不能仅靠从外部引入专业人才，还需要企业大量投入，在企业内部建立并且完善人才培养机制。此外，投入有限，缺乏有效的系统和工具支持，以及缺乏成功案例的指导等，均是中小企业数字化转型存在的难点，中小企业推进数字化转型任重而道远。图12-5介绍了中小企业在数字化营销上遇到的问题。

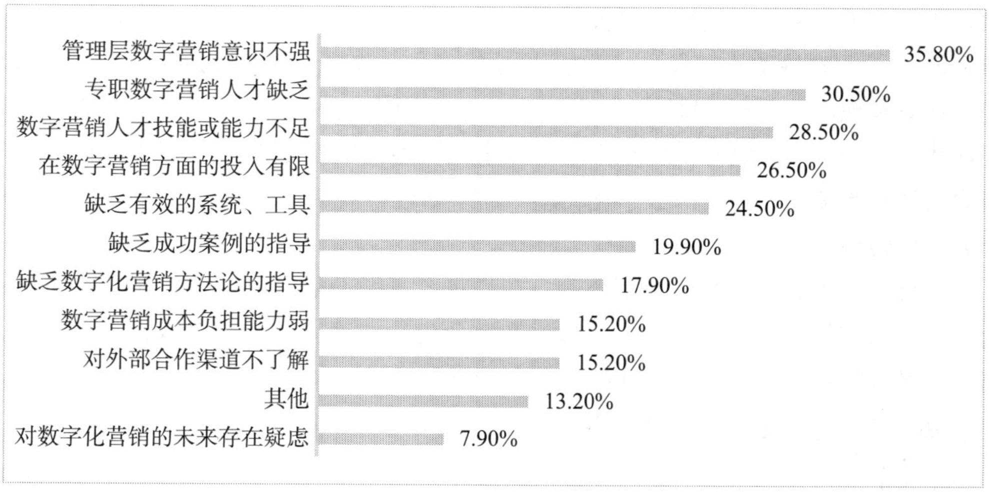

图12-5 中小企业在数字化营销上遇到的问题

资料来源：腾讯研究院. 中小企业数字化转型发展报告（2022版）.

数字经济是中国宏观经济的“稳定剂”与“推进剂”，在稳定中国经济和拉动经济增长方面发挥着重要作用。信息基础建设是数字经济的发展基础，中国持续推动数字化基础设施建设的创新发展。目前产业数字化仍然是发展重点，数字产业化的实力也应持续巩固，二者相辅相成。领军企业在数字化发展过程中起到带头作用，中小企业是数字化转型发展的主力军，大部分中小企业愿意并积极推进数字化转型，也有部分企业在努力寻求数字化转型的正确方向。由于在技术、人才等方面存在局限性，因此中国中小企业在数字化转型过程中仍存在很多问题，应高度重视、层层突破，坚持可持续发展，正确利用数字技术，发挥中小企业在中国国民经济中稳增长的重要作用。

第三节　中国数字经济发展趋势

一、从“外延式增长”到“高质量发展”

中国宏观经济发展正由高速增长转向高质量发展，数字经济在中国国民经济中的占比不断增大、辐射范围趋广、融合程度渐深，从高速发展的“外延式增长”转向更注重与实体经济深度融合的“高质量发展”。

数字经济要量质齐升。“十三五”时期，中国数字经济实现了跨越式发展，但是数字经济核心产业的增长率仅仅为 GDP 增长率的 1.3 倍，核心产业增加值占 GDP 的比重也仅从 6.9%增加到 7.4%；“十四五”时期，根据中国信通院的预测，2025 年中国数字经济发展规模将超过 60 万亿元，同时，数字经济核心产业增加值占 GDP 的比重从 7.8%跃升至 10%，数字产业化和产业数字化总和占 GDP 的比重超过 50%[①]，届时中国数字经济会占整个国民经济的半壁江山。

在数字经济发展新机遇下，关键要推动数字经济更好地对接需求、融入现实应用，渗透到生活的方方面面，促进企业经营方式的全流程优化升级，使更多企业进行数字化转型。截至 2022 年，国内 1 000 强企业中 70%以上都将数字化转型作为企业发展的核心战略[②]。此外，随着数字经济的不断渗透，其所催生的平台型企业的规模也将会进一步扩大，平台巨型化趋势显现。在新形势与新挑战之下，数字经济将在培育和发展新动能、大幅提升经济质量效益层面发挥重大作用。

二、从“为我所有”到“为我所用”

起初，对数据要素的关注大多聚焦于“数据为谁所有”，该理念限制了数据要素价值的释放。2022 年 6 月，中央全面深化改革委员会第二十六次会议明确提出“建立数据资

① 江小涓：到 2025 年，数字经济将成为中国经济的半壁江山．(2021-11-17)．https://view.inews.qq.com/k/20211117A03MO400? web_channel=wap&openApp=false.

② 「数字化时代」我国数字经济发展趋势及战略．(2022-09-05)．https://baijiahao.baidu.com/s?id=1743131571737785608&wfr=spider&for=pc.

源持有权、数据加工使用权、数据产品经营权等分置的产权运行机制”。这一新型的运行机制搁置了“数据到底归谁所有”的争论，“数据为我所用”的理念逐步形成①。

三、从“粗放型生长”到“可持续发展”

随着中国数字技术的快速发展和应用，一些潜在问题也逐渐凸显，阻碍了数字经济和实体经济的深度融合。未来中国数字经济的引导和监管将以现有问题为重点，促使数字经济由粗放型生长走向可持续发展。

（一）数据滥采、算法滥用等现象得以控制

近年来，中国数字技术和商业模式的更新迭代逐渐突破了监管措施和规制体系的管控范围，数据滥采、算法滥用等现象时有发生。2022 年 1 月 27 日，国务院印发了《“十四五”市场监管现代化规划》，提出推动完善平台企业数据收集使用管理、消费者权益保护等方面的法律规范，强化平台内部生态治理，督促平台企业规范规则设立、数据处理、算法制定等行为。与此同时，国家市场监督管理总局针对不规范行为实施了一系列行政处罚措施，不断引导中国数字经济健康发展。

（二）网络安全及供应链安全保障体系趋向完备

在现有技术条件下，社会公众普遍对软件开发者或设备供应商对于涉及企业机密和个人隐私的敏感数据的保护问题存在疑虑，5G 网络的兴起又将这种疑虑扩散到了更多的物联网设备。同时，数字产品复杂的制造工艺导致供应链上环节众多，增加了受到攻击的可能性。未来对于网络安全和供应链安全的保障将成为法规、标准制定及执行部门的主要关注点，甚至可以成为设备供应商市场竞争力的来源，逐渐为数字经济中的各主体提供一个可信、安全的数字环境。

（三）数字经济与实体经济各产业的融合发展趋向均衡

截至 2022 年，中国第一、二、三产业数字经济渗透率分别为 10.5%、24%和 44.7%，同比分别提升 0.4、1.2 和 1.6 个百分点。第三产业数字化发展较为超前，而第一、二产业相对滞后，但第二、三产业的数字经济渗透率增幅差距进一步缩小，形成服务业数字化和工业数字化共同驱动发展的格局。目前，商贸旅游、科技教育、医疗卫生、金融保险以及文化娱乐等领域的数字经济渗透程度较高，工业领域数字化不断加速，但农林牧渔等领域数字化进展相对较慢。在此背景下，2022 年 9 月 1 日，中央网络安全和信息化委员会办公室、农业农村部、工业和信息化部、国家市场监督管理总局会同有关部门制定并公布了《数字乡村标准体系建设指南》②，提出了数字乡村标准体系框架，明确了

---

① 徐凤．加快构建数据基础制度体系．光明日报，2022－08－26．

② 《数字乡村标准体系建设指南》发布 到 2025 年初步建成数字乡村标准体系．（2022－09－02）．https://news.cctv.cn/2022/09/02/ARTIWao1u9tlfJ3X1d8s56DK220902.shtml．

“十四五”时期数字乡村标准体系建设目标、建设内容和建设路径。在乡村振兴的战略举措下，数字乡村与第二、三产业数字化的逐渐平衡将成为政策重点引导的方向之一。

（四）数字技术对实体经济产业链和生命周期的覆盖程度趋向增加

制造业是数字技术和实体经济融合发展的重点领域，但中国制造业数字化水平相较于发达国家仍有较大差距。2020 年，中国制造业数字化渗透率仅为 19.5%，2022 年提高到 24%，但仍远低于发达国家水平，德国、韩国、美国的制造业数字化渗透率分别为 43.9%、43.6%、36%。2022 年 11 月，工业和信息化部印发《中小企业数字化转型指南》①，强调遵循“从易到难、由点及面、长期迭代、多方协同”的思路，为中小企业明确了数字化转型路径。而党的二十大报告指出，要“支持中小微企业发展”，“支持专精特新企业发展”，“推进新型工业化”，“促进数字经济和实体经济深度融合”，引导数字经济贯穿实体经济全产业链和全生命周期。

（五）关键核心技术的发展趋向独立

历经多年的改革与发展，中国在诸多科技领域取得了举世瞩目的成就，但在部分关键领域仍存在短板，总体科技水平与发达国家相比还存在较大差距。对此，在关键核心技术攻关的规划方面，科技部部长王志刚在 2021 年 7 月 27 日举行的国新办发布会上表示，科技部将把关键核心技术攻关作为面向 2035 年中长期科技发展规划和“十四五”科技创新规划的重要内容，在基础原材料、基础工艺、高端芯片、工业软件等领域补足技术短板，在人工智能、量子信息、先进制造、生命健康、脑科学以及空天技术等前沿领域建立技术长板，解除核心技术发展依赖数字经济发展的制约。②

四、从“流量为王”到“私域崛起”

当下，中国互联网流量红利正逐步消退，“流量为王”的互联网商业模式也将迎来变革。根据中国互联网络信息中心的报告，中国网络用户规模增长已经达到顶峰，人口红利产生的增长空间逐渐缩小，加之平台与品牌的获客成本在不断上升，利润空间将进一步缩小。因此，中国数字经济的高质量发展亟须新的发展动力。

自 2011 年起，零售品牌开始引入私域流量这一商业模式来缓解网络用户规模与获客成本的双重挤压，2019 年之后私域流量愈发受到重视。私域流量是品牌自有的、能够反复且直接触达、能低成本甚至免费持续挖掘价值的用户群体，包括个人 App、微信、抖音企业号等，不同于非品牌自有且不能直接触及用户群体的公域流量。③

此前，企业需要通过对消费者强曝光的单向输出方式来打造品牌，将消费者抽象为一连串的数据如“触达率”“销售量”等，而私域流量崛起之后，企业通过消费者的反馈

① 《中小企业数字化转型指南》政策解读.（2022-11-09）. http://www.gov.cn/zhengce/2022-11/09/content_5725643.htm.

② 关键核心技术怎么攻关？科技部表态了. 科技日报，2021-07-27.

③ 2022 中国私域流量管理研究报告.（2022-02-25）. https://www.iyiou.com/research/20220225975.

与消费者建立直接联系，消费者和企业结合，共同打造与成就品牌。

私域流量模式的崛起显著促进了市场效率提高与消费提振，线上线下、公域私域相结合的全域新兴商业经营模式成为数字经济高质量发展新趋势。① 全域化的经营模式更强调"以消费者为中心"，企业需要建立线上线下的客户关系服务体系，打造全渠道一体化运营模式。此外，全域化的商业经营模式还要求企业有效连通公域和私域各个触点。例如，腾讯有着丰富的流量场景和海量的用户池，能够很好地将公域和私域连接起来，微信的聊天功能以及公众号、小程序、视频号等通过用户的使用在链路中埋下了丰富的触点，便于企业直接触达并且长期经营自己的客户。

五、从"加快数字化发展"到"构筑'数字＋绿色'双底座"

2022 年 11 月，中央网信办、国家发展改革委、工业和信息化部、生态环境部、国家能源局联合印发通知，确定在河北省张家口市、辽宁省大连市、黑龙江省齐齐哈尔市、江苏省盐城市、浙江省湖州市、山东省济南市、广东省深圳市、重庆高新区、四川省成都市、西藏自治区拉萨市等十地首批开展数字化绿色化协同转型发展综合试点。

数字化和绿色化都是构建新发展格局中不可缺失的重要部分。数字化将数字技术与经济社会深度融合，推动数字经济的高质量发展，绿色化将绿色低碳与经济社会各方面相融合，通过资源的高效利用，推进生产生活方式的变革，在"碳达峰碳中和"目标下，绿色化是人与自然和谐共生、实现经济高质量发展的必然要求。

数字化和绿色化相互交融。在绿色化发展的每一个环节——管理和监测等，都有数字技术的协作。数据透明化通过物联网传感技术来实现，生产要素集中化通过云计算和大数据来实现，人工智能辅助实现整个决策过程的智能化。数字技术可有效提升企业劳动生产率，显著降低传统行业能耗。据世界经济论坛预测，到 2030 年，ICT 会使得全球减少 121 亿吨碳排放量。数字化绿色化双轮驱动的发展模式，正在成为经济社会发展的新趋势。在这一过程中，要着力推进数字技术赋能生产生活方式绿色转型，实现新经济的可持续高质量发展。

第四节　其他主要经济体数字经济发展现状与趋势

一、其他主要经济体数字经济发展现状

（一）美国数字经济发展现状

随着全球经济逐渐走向数字化，美国作为世界科技创新的领先国家，其数字经济的发展尤为引人注目。根据中国信通院发布的数据，2022 年美国数字经济规模蝉联世界第一，

① 数字经济发展呈现新特征、新趋势.（2022－11－11）. https://www.rmzxw.con.cn/c/2022－11－11/3239340.shtml.

达 17.2 万亿美元，中国位居第二，规模约为 7.5 万亿美元，这一显著差异反映了美国在全球数字经济竞争中的领先地位。美国数字经济的增长速度持续领先于其整体经济增长速度，这一趋势彰显了数字化对于推动经济发展的关键作用。美国 2022 年数字经济增加值增长 6.3%，2018—2022 年年均增长 7.1%，远高于同期 GDP 增速（见图 12－6）。

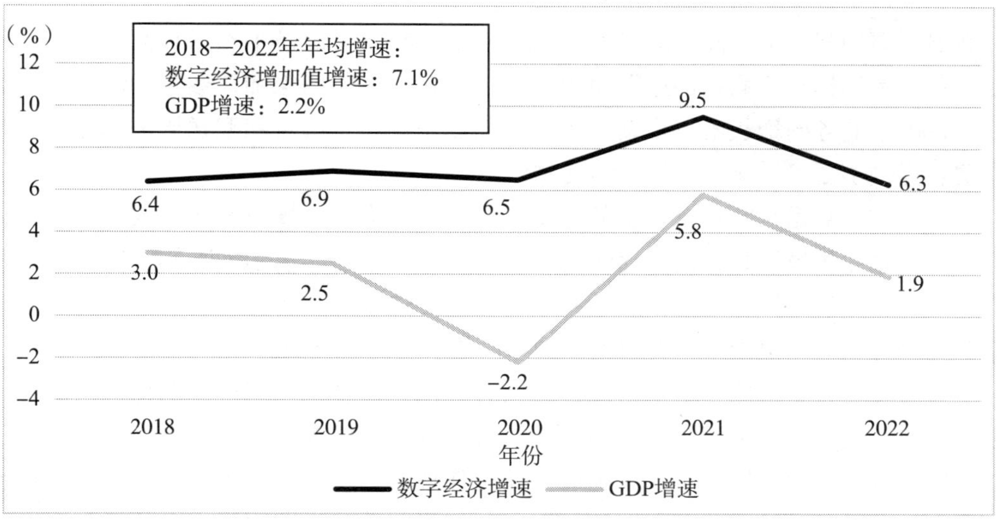

图 12－6　美国数字经济增加值年均增速与 GDP 增速比较（2018—2022 年）

资料来源：美国商务部经济分析局网站。

美国在人工智能、大数据、云计算以及物联网等关键技术领域保持着创新和领先。美国政府和私营部门对于科技创新的持续投资也为数字经济的快速发展奠定了坚实基础。2021 年，美国提出“美国拯救计划”，提供 100 亿美元为美国人提供可靠且可负担的高速互联网服务。2022 年，美国科技领域的研发投资超过 1 500 亿美元，这一数字占到了全球科技研发投资的 25%。

电子商务是美国数字经济的重要组成部分。电子商务不仅推动了零售业的转型升级，也促进了物流、支付系统和数字广告等相关领域的发展。

政府政策和监管也在美国数字经济发展中扮演着重要角色。美国政府推出的多项政策旨在促进数字技术的应用和创新，同时确保网络安全与个人隐私保护。继 2022 年出台《芯片与科学法案》之后，美国又于 2023 年更新了《国家人工智能研究与发展战略计划》，前者提出从制度与组织层面支持相关技术产业发展，后者直接制定了相关行动方针，要求进一步制定相关技术路线图，以开发可共享的大规模和专业的先进计算和硬件资源。美国的数字经济正处于快速发展的轨道，其成功得益于技术创新、政府支持和企业活力的有机结合。

（二）欧盟数字经济发展现状

欧盟的数字经济发展是一个多维度、跨领域的进程，涉及技术创新、政策支持和社会变革。通过不断更新政策和增加投资，欧盟正致力于建立一个安全、包容、竞争和创新的数字市场，为民众和企业提供广泛的机会，同时应对数字化带来的挑战。

欧盟各成员国持续提高其数字化能力，特别是在数字化服务、电子政务和数字基础设施建设方面做出努力。其成员国在提高民众的数字技能、推进高速宽带覆盖和增强公共服务的数字化方面取得了显著进步。这些努力不仅提高了民众和企业对数字技术的接受度，也促进了整个欧盟的数字市场的发展。

新冠疫情期间，电子商务的飞速发展展示了其在欧盟经济中不断提高的地位。越来越多的消费者选择在线购物，这促使包括中小企业在内的商家加速数字化转型以适应这一变化。电子商务的增长不仅推动了跨境贸易，也推动了物流和配送服务的创新，从而为消费者提供了更多样化和个性化的购物体验。

云计算和大数据在欧盟企业中的应用日益广泛，成为支撑新经济模式和工作方式的关键技术。企业积极提高数据处理的能力和灵活性，同时利用大数据分析优化决策过程、提高产品和服务的个性化水平。这些技术的应用促进了远程工作的普及，提高了企业的效率和竞争力，同时也带来了对数据保护和网络安全的新挑战。

欧盟在推动人工智能技术创新发展的同时，也非常重视人工智能的伦理问题和监管框架的建立。通过《人工智能白皮书》等政策文件，欧盟提出了平衡创新与伦理的人工智能发展路线图，旨在促进对人工智能的负责任使用，并确保技术发展符合欧洲的价值观与规范。此外，通过"数字欧洲计划"和其他相关政策，欧盟正在大幅增加对关键数字领域，如高性能计算、人工智能、网络安全等方面的投资。

（三）英国数字经济发展现状

英国的数字经济正蓬勃发展，成为其经济增长的新引擎。根据英国科技和数字经济部的数据，2021 年英国数字经济规模接近 1 250 亿英镑，共创造了约 170 万个工作岗位。到 2025 年，英国支持和促进数字经济发展的方法可以使英国科技行业的年度总增加值再增加 415 亿英镑，并创造大量就业机会。英国致力于打造世界一流的数字基础设施，包括千兆宽带和 5G 网络，以在人工智能、数据和数字领域保持竞争优势。① 英国是欧洲最大的数据市场。2020 年，英国数字经济约占英国 GDP 的 4%。

英国是全球金融科技创新的"领头羊"之一。数字银行（如 Monzo）和金融科技公司（如 Revolut）领先全球，为用户提供无缝衔接的银行体验、即时支付处理和个性化的财务管理解决方案。这些服务改变了消费者与金融服务的互动方式，促进了传统金融行业的数字化转型。

在健康科技（HealthTech）领域，英国利用数字技术提高医疗服务的质量和效率。例如，NHS Digital 推动了电子健康记录（Electronic Health Records，EHRs）、远程医疗服务的发展，以及人工智能在诊断和治疗中的应用，旨在通过数字化转型提升医疗保健服务的质量和效率。

电子商务在英国经济中占据重要地位，特别是在新冠疫情期间和之后，消费者越来越依赖在线购物。英国的电子商务市场是全球最发达的市场之一，各类零售商，从传统

① UK Digital Strategy. https://www.gov.uk/government/publications/uks-digital-strategy/uk-digital-strategy.

大品牌到新兴在线企业，都在积极扩展其在线业务。

英国政府认识到数字经济的重要性，并采取了一系列政策和监管措施来支持其发展，同时确保数据保护、隐私保护和网络安全。英国在适应和实施欧盟的《通用数据保护条例》方面做了大量工作，即使在脱欧后，也确保了其与欧盟在数据保护方面的一致性。为了支持数字经济增长，英国还重视提升国民的数字技能。政府通过和私营部门合作，推出了各种教育和培训项目，旨在提高人们的数字素养，满足数字化工作环境的需求。

（四）日本数字经济发展现状

日本的数字经济发展是其经济和社会转型战略的核心组成部分，旨在应对人口老龄化、劳动力短缺和国际竞争加剧等挑战。

日本在自动化、人工智能、物联网和机器人技术等领域拥有强大的研发能力，这些技术是推动其数字经济发展的关键。日本的企业和研究机构在这些领域持续创新，不仅推动了产业升级和经济增长，也使日本在全球技术竞争中保持了领先地位。

日本数字经济面临的核心问题是数字人才短缺，这些人才可以将技术和转型专业知识应用于行业与政府。数字人才短缺的负面影响体现在电子商务、远程医疗、移动银行和尖端数字制造等行业。调查显示，只有7.5%的日本民众使用政府门户网站和应用程序。日本在数字化方面存在巨大的机会。在人口萎缩的情况下，数字化为日本的生产率增长以及全球领导力和竞争力提高提供了一条途径。

在数字化政策上，日本政府致力于实现政府服务的数字化，通过推进电子政务项目，如“My Number”系统（个人数字身份认证系统），旨在提高行政效率和民众服务的便捷性。这些措施有助于建立一个更加透明和响应更加灵敏的政府，同时降低行政成本、提高公共服务质量。日本政府还推出了一系列政策和计划，如“Society 5.0”战略，旨在通过科技创新实现社会全面数字化，将高度信息化的经济与更加智能、可持续和包容的社会相结合。这些政策框架旨在促进数字技术在各个行业和社会生活中的广泛应用，以创造新的增长机会，提高居民生活质量。

二、其他主要经济体数字经济发展趋势

（一）美国数字经济发展趋势

美国是全球数字经济的领导者和创新者，拥有先进的数字技术、强大的数字产业和规模较大的数字市场，对世界数字经济的发展和治理具有重要影响力。在新冠疫情的冲击下，美国数字经济表现出强劲的韧性与活力，成为美国经济社会恢复和转型的重要引擎。美国数字经济面临各种机遇和挑战，呈现出以下三个主要发展趋势。

1. 数字技术创新将持续推动数字经济发展

美国在人工智能、云计算、物联网、区块链、量子计算等前沿领域拥有领先的技术优势和创新能力，不断推出新的数字产品与服务，满足多样化的市场需求和社会期待。美国政府和企业也加大了对数字技术的投入和支持力度，以保持其全球竞争力和领导地

位。根据联合国教科文组织统计研究所的数据，2021 年美国数字技术研发支出占 GDP 的比重为 3.46%。①

2. 数字经济将在更多领域和行业实现深度融合与渗透

美国数字经济的规模和比重不断扩大，对经济增长的贡献率不断提高。根据美国商务部的测算，2022 年美国数字经济增加值增长 6.3%，2018—2022 年年均增长 7.1%，远高于同期 GDP 增速。美国数字经济的发展不仅涵盖了信息技术、电子商务、数字媒体等领域，还延伸到了制造业、农业、医疗、教育、交通、能源等行业，推动了产业转型升级和效率提升。

3. 数字经济将面临更加复杂和激烈的国内外竞争与挑战

美国数字经济的发展也存在一些问题和风险，需要加强治理和规范。一方面，美国数字经济内部存在数字鸿沟、数据垄断、网络安全、隐私保护等问题，影响了数字经济的健康和可持续发展；另一方面，美国数字经济外部面临来自其他国家和地区的竞争和压力，尤其是中国在数字技术和数字市场方面的快速崛起，对美国保持数字优势和领导地位构成了挑战。美国政府和企业采取了一系列措施，旨在促进数字经济的创新和发展，维护数字经济的安全和秩序，以及开展数字经济的国际竞争和合作。

（二）欧盟数字经济发展趋势

面对数字技术的飞速发展和国际竞争的日趋激烈，欧盟全面提升其在数字经济领域的竞争力和自主性，主要呈现出以下三大趋势。

1. 大力发展工业数字化和企业数字化

在欧债危机、金融危机的拖累下，欧盟经济增长乏力，加剧了数字化转型的紧迫性。针对欧盟各国工业数字化转型缺乏协同、各自为政的问题，欧盟于 2016 年出台《欧洲工业数字化战略》，投入大量资金以支持工业数字化发展。2020 年，欧盟发布《欧洲新工业战略》，提出通过物联网、大数据和人工智能三大技术来提高欧洲工业的智能化程度，大型企业、中小型企业、创新型初创企业等均在受支持范围之内。目前，欧盟数字化转型虽然取得了一系列成果，但是仍存在许多问题，包括数字领域投入不足、数据市场建设不够完善、数字化转型缺乏必要人力资本等②，欧盟将针对以上问题采取措施，以增强数字化转型活力。

2. 着力提升劳动者数字技能

据欧盟统计，2012—2019 年，欧盟企业具有数字化技能的劳动者数量低于东亚地区，数字专家短缺以及民众数字技能相对不足阻碍了欧盟推进数字化转型。为培养具有数字化技能的劳动者，欧盟推出一系列支持政策，包括《数字教育行动计划（2021—2027）》及《2030 数字指南针：欧洲数字十年之路》，以促进数字技术的普及和技能的

① https://data.worldbank.org.cn/indicator/GB.XPD.RSDV.GD.ZS?locations=US.

② 丁纯：欧盟数字化转型的特征与启示.（2021-10-22）. http://caes.cass.cn/yjdt/202110/t20211022_5368864.shtml.

提高。

3. 重视数字主权和价值观，加强数字经济监管

欧盟在推进数字化转型的过程中始终坚持其基本价值观，如共同贸易、公平竞争、民主参与等。欧盟也加强了对数字领域的监管和立法，《通用数据保护条例》成为通行标准。在后疫情时期，《人工智能伦理罗马宣言》的签署是欧盟推动全球数字经济监管新标准出台的标志性事件，对人工智能和数字经济的发展产生了深远影响。2020 年公布的《数字服务法》（DSA）和《数字市场法》（DMA）草案，是欧盟在数字经济反垄断规制领域进行的自我革新，意在打破互联网企业垄断，推动欧洲数字经济健康可持续发展。

（三）英国数字经济发展趋势

英国是欧洲数字经济的领导者，拥有丰富的创意资源、先进的数字技术和完善的法律制度，为数字化转型提供了有利的条件。近年来，英国政府出台了一系列战略规划、政策措施和投资计划，以推动数字经济的创新和提升竞争力，具体发展趋势如下。

1. 重视数字基础设施的建设和升级

英国政府将数字基础设施作为数字经济的重要支撑，为此投入了大量资源，以促进全国千兆宽带和 5G 网络的覆盖、普及，提高网络的速度、稳定性和安全性。英国政府还支持超级计算、云计算、物联网、人工智能等前沿技术的研发和应用，以提升数字经济的创新能力和竞争优势。

2. 注重数字技能和人才的培养和引进

英国政府将数字人才作为数字经济的核心资本，通过改革教育体系，完善学校数字教育，增加科学、技术、工程和数学（STEM）学科的本科生人数，提高下一代的基本数字技能水平，同时通过优化签证政策等措施吸引全球的优秀人才到英国发展。英国政府还鼓励企业和高校合作，以促进数字技术的商业化。

3. 利用数字技术促进繁荣和平衡发展

英国力图通过应用数字技术提高生产力、改善公共服务、提升区域经济发展水平等。在提高生产力方面，英国政府引导中小企业获得与数字技能相关的资源，促进中小企业发展；在改善公共服务方面，英国政府推动创新并为打破小企业竞标公共合同的障碍提供机会；在提升区域经济发展水平方面，英国政府通过建设数字和技术增长中心，加强区域数字生态系统联系，提高数字行业总增加值，创造大量工作岗位。

（四）日本数字经济发展趋势

日本是一个科技强国，也是数字经济重要的参与者和推动者，日本数字经济发展主要呈现出政府行政数字化水平提高和企业积极开展数字化转型两大趋势。

1. 日本政府行政数字化水平提高

突如其来的新冠疫情暴露出日本政府数字化水平不高的短板：日本无法正确统计出感染者的人数，从而难以有效应对疫情。同时，日本数字经济发展由多个部门主导，条

块分割现象严重，不利于数据的集中统一利用。

为有效应对人口老龄化和新冠疫情的挑战，近年来，日本政府致力于数字化转型，专门设立了数字厅，以统合数字经济领域行政管理，实现数字经济领域的集中统一领导。在数字厅设立的推动下，日本致力于提升国家和地方政府的数字化水平，提升日本政府的数字化治理效能。2020 年，日本政府公布《数字管理实行计划》，为 2021—2026 年的日本数字化发展制定了详细的路线图。

2. 日本企业积极开展数字化转型

首先，日本政府已经引入了 5G 相关税制，培育日本 5G 设备供应商，并通过官民协作的方式加大对 5G 及后 5G 时代技术开发的支持力度。另外，政府还大力推动新一代互联网技术在企业中的应用，包括物联网、人工智能、大数据等新兴技术，并将其扩展至大企业与中小企业之间交易、物流系统构建、维持供应链稳定等方面。未来，物联网、人工智能、大数据等新兴产业技术在日本企业及产业链、供应链中的应用普及程度将会提高。

除此之外，日本政府还推动企业进行商业模式转型，促进销售方式从线下向线上延伸，提高线上交易率。日本政府积极开展数字市场相关规则的制定工作，维持电子交易平台的透明性，同时规范平台厂商的行为。毫无疑问，将有越来越多的日本企业积极利用线上的电子交易平台开展销售活动，日本企业的传统商业模式也会出现数字化转型的趋势。在企业数字化转型激励方面，日本政府也给予了足够的支持。2019 年，日本推出《促进信息处理法》，同时建立了评价企业数字化转型的量化指标，对数字化转型取得有效成果的企业给予重点资金支持。可以预见的是，在未来的一段时间内推动企业的数字化转型，将会成为日本产业政策的重点之一。

本章小结

中国数字经济的发展历程可追溯至 20 世纪 90 年代，当时中国开始使用互联网，电子商务和在线服务逐渐兴起。进入 21 世纪，随着移动互联网的快速发展，数字经济迎来了井喷式发展。政府出台了一系列政策，如推出“互联网＋”行动计划，推动数字技术与传统产业深度融合。近年来，中国在 5G、人工智能、大数据等技术领域取得显著成就，促进了数字经济的创新和转型。

目前，中国数字经济具有庞大的市场规模，形成了完整的产业链，对国民经济的贡献日益凸显。数字经济不仅催生了众多新兴业态，如共享经济、在线教育、远程医疗等，还为传统产业的数字化转型提供了强大动力。同时，中国正积极参与全球数字经济治理，推动构建开放、包容、平衡的国际数字经济环境。

当前中国数字经济发展呈现出五个主要趋势。第一，从“外延式增长”到“高质量发展”；第二，从“为我所有”到“为我所用”；第三，从“粗放型生长”到“可持续发展”；第四，从“流量为王”到“私域崛起”；第五，从“加快数字化发展”到“构筑‘数字＋绿色’双底座”。

除中国之外的各主要经济体的数字经济发展呈现出不同特点。美国在人工智能、大数据、云计算以及物联网等关键技术领域保持领先地位。欧盟正致力于建立一个安全、包容、竞争和创新的数字市场，为民众和企业提供广泛的机会，同时应对数字化带来的挑战。英国的数字经济正蓬勃发展，成为其经济增长的新引擎。日本的数字经济发展是其经济和社会转型战略的核心组成部分，旨在应对人口老龄化、劳动力短缺和国际竞争加剧等挑战。

思考题

1. 中国数字经济发展是否起源于互联网商业化？
2. 中国数字经济发展呈现出哪些主要趋势？政府应采取哪些政策措施来推动这些趋势？
3. 美国的数字经济发展更多地依赖技术进步还是本国市场？
4. 欧洲是否会采取与中国或美国类似的数字经济发展路径？

参考文献

田正. 日本数字经济发展动因与趋势分析. 东北亚学刊，2022（2）：26－35＋146.

徐凤. 加快构建数据基础制度体系. 光明日报，2022－08－26.

Ayres R U，Williams E. The digital economy：Where do we stand?. Technological Forecasting and Social Change，2004，71（4）：315－339.

Grigorescu A，Pelinescu E，Ion A E，et al. Human capital in digital economy：An empirical analysis of central and eastern European countries from the European Union. Sustainability，2021，13（4）：1－21.

Jiang H，Murmann J P. The rise of China's digital economy：An overview. Management and Organization Review，2022，18（4）：790－802.

Shibata S. Gig work and the discourse of autonomy：Fictitious freedom in Japan's digital economy. New Political Economy，2020，25（4）：535－551.

Szeles M R，Simionescu M. Regional patterns and drivers of the EU digital economy. Social Indicators Research，2020，150（1）：95－119.

Tranos E，Kitsos T，Ortega-Argilés R. Digital economy in the UK：Regional productivity effects of early adoption. Regional Studies，2021，55（12）：1924－1938.

第十三章
企业数字化转型：发展历程与政策扶持

在数字经济的发展浪潮中，企业的数字化转型已不仅仅是一种选择，它是势在必行的战略举措，迫切需要被提上日程。伴随着新兴数字技术的不断涌现和消费者行为的日益数字化，企业若想保持竞争力、满足市场需求并实现可持续发展，就必须通过数字化转型来提升自身的创新能力和运营效率。这不仅涉及对于先进的数字工具和技术平台的采用，还关乎对企业战略、组织结构和文化的根本性重塑。

数字化转型能够使企业更好地利用数据洞察消费趋势，快速响应需求变化，提供个性化的客户体验，开发新的商业模式，从而在激烈的市场竞争中脱颖而出。通过为企业的数字化转型提供政策扶持，能够为企业提供一个更加有利的外部环境，降低转型过程中的风险和成本，同时提高转型的效率和成功率。

本章主要讨论如下问题：

- 当前企业对于数字技术的使用情况如何？数字技术的使用是否显著提升了企业绩效？
- 哪些因素推动了企业的数字化转型？企业的数字化转型过程一般涉及哪些方面？
- 哪些政策措施能够有效消除企业数字化转型的后顾之忧，激励企业加快数字化转型步伐？

第一节　企业的数字技术使用

在当今的商业环境中，企业数字技术的使用具有重要意义。随着数字技术的飞速发展，数字技术已经成为推动企业转型升级、提升竞争力的核心动力。在数字化转型的浪潮中，企业应积极拥抱和利用数字技术，不断探索新的商业模式与应用新技术，以实现可持续的发展和长期的成功。

一、企业数字技术使用简史

企业使用数字技术的历史可以追溯到20世纪中叶，随着计算机技术的诞生和发展，企业开始逐渐引入数字技术以提高工作效率和优化管理。从最初的大型机到现在的云计算和人工智能，数字技术已经渗透到企业运营的各个层面，极大地提高了企业的竞争力和效率。随着技术的不断进步，数字技术的使用将继续推动企业创新和转型，塑造未来的商业模式。

（一）早期的计算机应用（1950—1969 年）

20 世纪 50 年代到 60 年代，是计算机技术发展的重要时期，这一时期的企业计算机应用标志着现代信息技术革命的开端。在这一时期，计算机的应用从最初的科学研究和军事领域逐渐扩展到商业和工业领域，前所未有地提升了企业的效率和数据处理能力。由于相关技术限制，早期的企业主要利用大型机进行数据处理和基本的业务计算，软件系统也主要用于完成财务和库存管理等任务。后来随着计算机硬件的小型化和成本的降低，更多的企业能够接触并使用计算机，而软件技术的发展也使企业应用拓展到更多领域。

1. 初期探索

20 世纪 50 年代初期，电子计算机的应用主要集中在科研和军事领域。由于体积庞大、价格昂贵、维护成本高昂等，因此这一时期计算机的使用主体通常为大型企业和政府机构。此时，企业开始尝试使用计算机进行数据处理和存储，主要是应用于会计和库存管理方面。这些早期的应用主要是采取批处理的方式，即在计算机运行时，一次性输入大量数据进行处理。尽管效率不高，但这为企业处理大量数据提供了可能，也为后续发展奠定了基础。

2. 商业化应用

随着计算机技术的不断进步，计算机开始逐渐商业化。自 20 世纪 50 年代中后期开始，一些企业开始将计算机应用于更广泛的商业活动中。例如，IBM 推出了第一台商用的中型计算机 IBM 650，使中小型企业也能够利用计算机进行更高效的数据处理。此外，计算机开始被用于辅助设计和生产流程，如在汽车和航空制造业中，CAD 技术的应用使得产品开发周期大大缩短。这一时期的计算机应用，不仅提高了企业的数据处理能力，也开始影响企业的生产和运营模式。

3. 普及和创新

进入 20 世纪 60 年代，计算机技术得到了进一步的发展和普及。企业开始更加广泛地应用计算机进行日常运营与管理。在这一时期，计算机的应用领域不断拓展，包括但不限于财务管理、人力资源、市场分析等。同时，随着计算机硬件的小型化和成本的降低，更多的企业能够接触到并使用计算机。此外，软件技术的发展也为企业计算机应用带来了新的可能，如数据库管理系统（DBMS）的出现，使企业能够有效地存储、检索和管理大量数据。这一时期的计算机应用不仅提高了企业的工作效率，也为信息技术革命奠定了坚实的基础。

专栏 13-1

美国航空公司的半自动化商业研究环境系统

在计算机的早期商业应用案例中，最为人所熟知的案例之一便是美国航空公司（American Airlines）的半自动化商业研究环境（Semi-Automated Business Research Environment，SABRE）系统。SABRE 系统是世界上第一个使用计算机进行日常运营的在线预订系统，它的成功不仅改变了航空业的运营模式，也为后来的计算机商业应用树立了典范。

20 世纪 60 年代初，美国航空公司面临着巨大的运营挑战。随着航空旅行需求的增长，传统的手工订票方式已经无法满足市场需要。当时的订票系统效率低下、错误率高，而且难以应对突发情况。为了解决这些问题，美国航空公司决定开发一个全新的电子订票系统，SABRE 系统应运而生。

SABRE 系统的研发工作由美国航空公司与 IBM 合作完成，两家公司的目标是创建一个能够实时处理订票信息的计算机系统。这在当时是一个前所未有的挑战，因为需要解决数据存储、数据处理、网络连接等一系列技术难题。经过数年的开发和测试，SABRE 系统于 1964 年正式上线。通过 SABRE 系统，代理商可以实时查询航班信息、预订座位、调整票价等，而所有这些操作只需要通过一个终端设备就可以完成。这不仅降低了出错率，也加快了处理速度，提高了客户服务质量。

SABRE 系统的成功，不仅极大地提高了美国航空公司的运营效率，也使美国航空公司在市场上获得了巨大的竞争优势。它不仅提高了订票效率，还通过精确的数据分析帮助公司更好地管理航班和调整定价策略。此外，SABRE 系统也为航空业的其他公司提供了参考，许多航空公司开始效仿美国航空公司开发自己的电子订票系统。

随着时间的推移，SABRE 系统也在不断更新和升级。从最初的批处理系统到实时在线系统，再到今天的互联网平台，SABRE 系统始终处于航空业信息技术的前沿。它不仅服务于美国航空公司，还为全球的旅行代理商和消费者提供服务。今天，SABRE 已经成为一个独立的公司，运营世界上最大的旅行分销网络之一。

（二）个人计算机的普及（1970—1989 年）

20 世纪 70 年代到 80 年代是个人计算机（PC）普及的关键时期，这一时期的企业对数字技术的使用经历了从初步探索到广泛应用的转变。同时，软件应用程序开始多样化，企业开始使用电子表格、文字处理和数据库管理等软件来提高工作效率。同时，局域网技术的发展使企业内部的数据共享和通信成为可能。

1. 个人计算机的兴起与企业初步应用

20 世纪 70 年代，随着个人计算机的问世，企业开始探索将其应用于日常工作中。最初的个人计算机如 Apple Ⅱ和 IBM PC 等，以相对较低的价格（与之前的商用计算机相比）和用户友好的操作界面，使中小型企业也能够接触和使用数字技术。在这一时期，企业主要将个人计算机用于文字处理、电子表格计算和基本的数据库管理。这些应用极大地提高了办公效率，减少了纸质文件的使用，同时也为企业提供了更加灵活和高效的数据处理方式。

此外，个人计算机的普及也促进了企业内部通信和信息共享的发展。首先，个人计算机的广泛使用使员工能够快速访问和处理信息，提高了工作效率。其次，计算机之间通过互联网连接，使企业内部的通信变得更加即时和便捷，员工可以轻松地通过电子邮件、即时消息和视频会议等方式进行沟通和协作。再次，企业可以利用计算机系统建立内部数据库和文档管理系统，实现信息资源的集中存储和共享，便于员工获取所需资料，促进知识的积累和创新。最后，个人计算机的普及也加快了企业信息化管理的进程，通过各种管理软件的应用，企业可以更高效地进行资源配置、流程管理和决策支持，从而提高企业整体的管理水平和竞争力。

2. 企业数字技术的深化应用

进入 20 世纪 80 年代，随着个人计算机性能的提升和软件技术的发展，企业对数字技术的应用进入了深化阶段。企业开始利用个人计算机进行更为复杂的数据处理和分析，如财务分析、市场预测和生产计划等。同时，ERP 系统开始出现，这种集成化的信息管理系统能够帮助企业实现跨部门的信息整合和资源优化。

在这一时期，企业也开始重视数字技术在市场营销和客户服务方面的应用。通过使用个人计算机和相关软件，企业能够更有效地管理客户信息，进行市场细分和目标市场分析，从而制定更加精准的市场策略。此外，CAD 和计算机辅助制造（Computer Aided Manufacturing，CAM）技术的深度应用，也使企业在产品设计和生产过程中能够实现更高的精度与效率。

3. 数字技术在企业的全面普及

20 世纪 80 年代中后期，个人计算机已经成为企业日常运营不可或缺的一部分。数字技术的应用已经渗透到企业的各个层面，从高层决策支持到基层操作流程，都离不开计算机的辅助。企业开始大规模部署个人计算机和相关的信息基础设施，如服务器、网络设备和数据中心等。

这一时期，企业也开始利用数字技术进行业务模式的创新。早期的电子商务和供应链管理等新兴业务模式开始出现，企业通过建立在线平台和电子市场，拓展了销售渠道和业务范围。同时，数字技术也使企业能够更好地应对市场变化，快速调整生产和运营策略，以适应激烈的市场竞争。

专栏 13-2

ERP 管理革命

ERP 系统的出现是企业管理史上的一次重大革命。它通过整合企业内部的各种资源和流程，极大地提高了企业的运营效率与管理水平。

ERP 系统的概念最早可以追溯到 20 世纪 60 年代，当时的企业开始寻求通过计算机化的方式来优化库存管理，于是诞生了物料需求计划（Material Requirements Planning，MRP）系统。它的主要目的是通过精确计算生产需求和材料需求，来降低库存成本和避免生产延误。随着技术的发展，MRP 系统开始集成更多的管理功能，如生产计划、采购管理和财务管理等。MRP 系统的出现为企业提供了一个更为全面的视角，来帮助企业更好地理解和控制内部运营。

进入 20 世纪 80 年代，随着计算机技术的进一步发展和企业对管理效率要求的提高，MRP 系统开始向更为复杂的 ERP 系统转变。ERP 系统不仅包含 MRP 的所有功能，还整合了人力资源管理、财务管理、销售管理等多种业务功能。这一时期的 ERP 系统开始采用客户机/服务器架构，使企业能够处理更大量的数据，并且支持更多的用户同时使用。

ERP 系统的出现标志着企业管理进入新阶段。企业不再仅关注单一的流程或部门，而是从整体上优化资源配置与业务流程。ERP 系统通过集成各个部门的信息和流程，提供了一个统一的决策支持平台。这使企业能够更快速地响应市场变化，更有效地管理复杂的业务流程，从而提高整体的运营效率和竞争力。

进入 21 世纪，ERP 系统已经成为全球企业的标配。随着互联网技术和移动设备的普及，ERP 系统开始向云端迁移，形成了所谓的云 ERP。云 ERP 不仅提供了更为灵活的访问方式，还能够更快地进行更新和维护，降低了企业的技术门槛和成本。

ERP 系统的成熟也带来了更为丰富的功能和更高程度的定制化。现代 ERP 系统不仅能够处理传统的企业资源管理任务，还能够支持电子商务、供应链协同、客户关系管理等新兴业务需求。此外，随着大数据和人工智能技术的发展，ERP 系统开始集成更多的智能分析和预测功能，以帮助企业更好地了解市场趋势和客户需求，做出更为科学的决策。

（三）互联网革命（1990—2009 年）

20 世纪 90 年代末到 21 世纪初，互联网革命席卷全球，这一时期的企业对数字技术的使用经历了前所未有的变革。企业开始以建立官方网站为标志的信息化建设，利用电子邮件和在线平台进行市场营销和客户服务。电子商务的兴起改变了企业传统的商业模式，企业开始在线销售产品与服务。这一时期的技术变革，不仅改变了企业的运营方式，也重塑了全球商业格局。

1. 互联网的普及与企业信息化

随着互联网的普及，企业开始意识到利用这一新兴技术进行信息化建设的重要性。20 世纪 90 年代末，许多企业开始建立自己的网站，通过互联网向公众展示企业形象、产品和服务。这一时期的企业网站相对简单，主要用于信息发布和品牌宣传。同时，企业也开始探索如何利用电子邮件和在线聊天工具进行客户沟通与市场营销，这些新的沟通方式为企业带来了更高的效率和更广的覆盖范围。

此外，企业内部的信息化建设也得到了加速。许多企业开始采用电子邮件以及电子文档共享和在线协作平台来提高工作效率和团队协作能力。ERP 系统和管理信息系统（Management Information System，MIS）开始与互联网技术相结合，实现了更为高效的数据管理和业务流程自动化。

2. 电子商务和数字营销的兴起

进入 21 世纪，电子商务的兴起为企业带来了新的商业模式和收入来源。企业不再局限于传统的线下销售渠道，而是通过互联网开展在线销售和服务。电子商务企业如亚马逊、阿里巴巴的成功，激励了更多企业建立自己的网上商店或加入第三方电商平台，拓宽销售渠道并吸引全球客户。

数字营销也在这一时期迅速发展。企业开始利用搜索引擎优化（Search Engine Optimization，SEO）、搜索引擎营销（Search Engine Marketing，SEM）、关键词广告、社交媒体营销等手段提高网站可见度、吸引潜在客户。企业通过数字营销以较低的成本进行高度个性化和目标化的推广，同时通过数据分析工具跟踪营销活动的效果，制定个性化营销策略，提升营销效果和投资回报率。此外，数字营销还为企业提供了与消费者直接互动的机会，使企业能够收集反馈、快速响应市场变化，并建立更加紧密的客户关系。

3. 云计算与大数据的应用

随着云计算和大数据技术的迅速发展，企业对数字技术的使用进入了一个新阶段。云计算提供了弹性的计算资源和存储能力，使企业能够快速部署应用程序和服务，降低了 ICT 基础设施的投资和维护成本。企业开始将数据和应用程序迁移到云端，实现了更高的运营灵活性和可扩展性。

大数据技术的应用，使企业能够处理和分析海量数据，挖掘潜在商业价值。通过数据挖掘、预测分析和机器学习等技术，企业能够更好地理解市场趋势和客户需求，优化产品开发和市场策略。同时，大数据也帮助企业提高了运营效率，通过实时监控和自动化决策支持，降低了成本和风险。

（四）新兴数字技术时代（2010 年至今）

智能手机和移动设备的普及，使企业能够随时随地访问数据和应用程序。云计算技术的发展使企业不再需要昂贵的硬件投资，可以通过租赁方式使用各种在线服务和资源。大数据、人工智能和物联网等新兴技术的应用，进一步推动了企业数字化转型，提高了企业深入洞察市场和分析客户行为的能力。这一阶段企业对于数字技术的使用具有如下特点。

1. 移动化与社交媒体的融合

21 世纪 10 年代初期，随着智能手机和平板电脑的普及，移动化成为企业数字技术应用的显著特点。企业开始重视移动应用的开发和优化，以便客户和员工能够随时随地使用企业的资源与服务。移动化不仅提高了企业的服务质量和工作效率，也为企业开辟了新的市场渠道和客户互动方式。

同时，社交媒体的兴起为企业提供了一个全新的市场营销和客户沟通平台。企业通过社交媒体网络，如脸书、推特、微博等，与客户建立起更直接的联系，收集市场反馈，进行品牌推广和客户服务。社交媒体的数据分析功能也使企业能够更精准地进行市场定位和广告投放。

2. 人工智能与物联网的融合创新

最近几年，人工智能和物联网的融合创新成为企业使用数字技术的新趋势。人工智能技术，如机器学习、自然语言处理和计算机视觉等，正在被广泛应用于产品开发、客户服务、供应链管理和智能制造等领域。企业通过人工智能技术提高自动化水平，优化决策过程，提升产品和服务的个性化与智能化。

物联网技术使企业能够连接和监控大量的设备和传感器，实现实时数据收集和远程控制。通过与人工智能技术的结合，企业能够实现更高效的资源管理和自动化操作，提升生产效率和产品质量。

3. 对网络安全与数据隐私保护的关注

随着企业对数字技术的依赖日益加深，网络安全和数据隐私保护成为企业必须面对的重要问题。企业开始对 IT 系统的安全性进行投资和升级，以保护企业数据不受黑客攻击和数据泄露的威胁。网络安全技术，如数据加密、网络防火墙和入侵检测系统等被广泛应用于企业的数字基础设施中，以确保企业数据的安全传输和存储。

同时，随着各国政府相继出台隐私保护法规，企业必须遵守更严格的数据保护标准。大多数企业开始采用合规的数据管理解决方案，确保客户和员工的个人信息得到妥善保护。重视数据隐私不仅有助于企业避免法律风险，也有助于建立客户信任，提升企业品牌形象，扩大企业的用户群体。

二、从数字技术使用到数字化转型

数字技术使用与企业数字化转型是两个经常被讨论的概念，它们在推动企业发展和创新方面都扮演着重要角色。尽管存在一定联系，但这两个概念在目标和愿景、范围和影响力、持续时间和投资回报等方面皆存在显著差异。与数字技术使用相比，数字化转型是一个更为全面和深入的概念。它不仅包括数字技术的应用，还涉及企业战略、文化、组织结构以及客户体验的根本性变革。

（一）目标和愿景的差异

1. 数字技术使用

数字技术使用主要关注企业现有业务流程和运营模式的优化。这种使用通常以提高效率、降低成本、提升客户体验为目标。企业通过引入数字技术，如自动化工具、云计算服务、大数据分析等，来改进特定的业务环节，提升操作效率和决策质量。在这一过程中，企业往往注重短期效益和可量化的成果，如通过自动化减少人工错误、通过数据分析提高市场响应速度等。

在愿景方面，数字技术使用侧重于维护或强化现有的商业模式和市场地位。企业通过利用数字技术来巩固其在行业中的竞争优势，同时保持与行业同步发展。这种愿景通常是渐进式的，强调在现有框架内进行改进和创新，而不是彻底改变企业的运作方式或业务模式。

2. 数字化转型

与数字技术使用不同，数字化转型是一个更为全面和根本的变革过程。它不仅关注技术的应用，更强调通过技术重塑企业的业务模式、组织结构和市场定位。数字化转型的目标是实现企业的战略重塑，以适应不断变化的市场需求和竞争环境。这种转型往往需要企业进行企业文化再造、组织重构和流程变革，以支持新的数字化业务模式。

在愿景方面，数字化转型着眼于企业长远发展和行业领先地位的建立。企业寻求通过数字化转型开拓新的市场机会、创造新的收入来源，甚至引领整个行业的变革。这种愿景是颠覆性的，旨在通过创新实现企业的跨越式发展，构建未来竞争优势。数字化转型不仅仅是要提高效率和降低成本，更是要通过技术赋能，实现业务模式的创新和市场的重新定义。

总的来说，数字技术使用和数字化转型在目标和愿景上的主要差异在于，前者更注重现有业务的优化和效率提升，而后者则着重于企业战略层面的重塑和市场定位的变革。数字技术使用通常是渐进式的，关注短期效益；而数字化转型则是颠覆性的，追求长远的战略目标和行业领导地位。企业在实施数字技术使用和数字化转型时，需要根据自身的实际情况和发展目标，制定合适的战略规划和执行计划。

（二）范围和影响力的差异

1. 数字技术使用

数字技术使用通常是指企业在现有业务流程中应用数字工具和平台，以提高效率和效果。这种使用的范围包括但不限于自动化生产流程、改进客户服务、优化供应链管理、利用数据分析进行决策支持。这些应用往往局限于特定的业务领域或工作流程，其影响力主要体现在提升操作效率、减少成本、增强客户满意度等方面。

数字技术使用对企业的影响相对较小且具体，主要集中在改善现有工作方式和提升特定业务的表现上。例如，通过使用 CRM 系统，企业可以更好地与客户互动，从而提高销售转化率；通过引入机器学习算法，企业可以优化库存管理，减少库存积压。这些改进虽然使企业的竞争力有所提升，但通常不会改变企业的核心竞争力或市场地位。

2. 数字化转型

与数字技术使用相比，数字化转型是一个更为广泛和深刻的变革过程。它不仅涉及企业的技术应用，还包括企业文化、组织结构、业务模式和价值链的全面改造。数字化转型旨在通过整合数字技术，创造全新的产品和服务，进入新市场，或彻底改变企业与客户、供应商和合作伙伴的互动方式。

数字化转型的范围和影响力大。它不仅影响企业的内部运营，还可能改变企业与外部环境的关系，甚至可能改变整个行业的现状。例如，通过数字化转型，企业可能开发出基于互联网的服务平台，从而创造全新的收入模式；或者通过利用大数据和人工智能，提供高度个性化的客户体验，在竞争中脱颖而出。

需要注意的是，数字化转型的影响力不仅限于企业本身，它可能使整个行业产生连锁反应，推动行业的整体进步和创新。它可能推动新的行业标准和规则的制定，促使竞争对手和合作伙伴也进行相应的调整和变革。此外，数字化转型还可能带来社会层面的影响，如改变就业结构、促进经济增长等。

总的来说，数字技术使用主要关注企业内部特定领域的技术应用和效率提升，其影响范围相对较小；而数字化转型则涉及企业全方位的改革和创新，其影响范围相对较大，具有深远的行业和社会影响力。企业在制定战略时，应根据自身的目标和市场环境，合理选择和平衡这两种策略，以实现可持续发展。

（三）持续时间和投资回报的差异

1. 数字技术使用

数字技术使用通常是一种渐进式的改进过程，它涉及在现有业务流程中引入新的技术工具和解决方案。这种改进往往可以逐步实施，不需要对整个组织结构或业务模式进行根本性改变。因此，数字技术使用持续时间相对较短。

在投资回报方面，数字技术使用通常能够带来较为直接和可供量化的效果，如提高生产效率、降低运营成本、提升客户服务体验等。这些改进可以在相对较短的时间内实现，并且其效益往往容易衡量和评估。例如使用自动化生产线，企业在几个月或一年内或许就能看到成本节约和产出增加的效果。这种快速的回报可以帮助企业快速回收投资，并为进一步的技术升级提供资金支持。

2. 数字化转型

在持续时间上，数字化转型可能需要数年甚至更长的时间。这是因为企业需要逐步建立起新的运营模式，调整组织结构，培养员工的数字化思维和技能，同时还需要不断测试和优化新的业务策略。这个过程可能会遇到各种挑战和阻力，需要企业持续投入资源和精力。

在投资回报方面，数字化转型的效益可能不会立即显现。由于转型涉及的变革较为根本和全面，其带来的回报往往是长期和战略性的。数字化转型可能会为企业带来新的收入来源、市场机会和竞争优势，但这些回报往往需要较长时间才能获得。此外，数字化转型还可能会带来品牌声誉的提升、客户忠诚度的提高以及组织文化的改善等。

总的来说，数字技术使用的持续时间相对较短，投资回报的获得相对较快，适合于快速提升企业现有业务的效率和效果；而数字化转型则是一种长期的战略投入，需要企业进行深入的变革和持续的努力，其回报更为长期和全面，旨在实现企业的根本性重塑和市场竞争力的提升。企业在制定技术战略时，应根据自身的发展目标和资源状况，合理规划和平衡这两种策略。

第二节　数字化转型的动力与过程

推动企业进行数字化转型的动力同样值得分析和研究。其一是市场竞争的驱动。随着数字技术的普及和竞争对手的数字化步伐加快，企业必须通过数字化转型来保持竞争力。其二是技术进步的推动。大数据和人工智能等新技术为企业提供了新的解决方案和可能性，推动企业不断创新和改进。其三是企业内部需求的推动。企业需要利用数字技术提高运营效率和降低成本等。其四是政策和法规的引导。政府对于数字经济的支持和相关政策法规的制定，为企业数字化转型提供了良好的外部环境。

企业数字化转型的过程包括多个方面。首先，企业数字化转型涉及技术融合与创新。其次，企业数字化转型要求企业对现有业务流程进行优化，通过引入自动化、人工智能、大数据分析等数字技术提高效率和精确度。再次，企业数字化转型还意味着对用户体验的重塑，通过数字渠道提供更加个性化和便捷的服务，满足消费者的期待和需求。最后，企业数字化转型还涉及企业文化的创新，以鼓励创新思维和持续学习，适应不断变化的市场环境；对企业组织结构进行调整，以支持更加灵活和敏捷的工作方式，促进跨部门的协作和信息共享。

一、企业数字化转型的动力

企业数字化转型的动力可以从市场竞争、技术进步、企业内部需求以及政策和法规四个方面来理解。这四种动力相互交织，共同推动企业进行数字化转型。企业需要认识到这些动力的重要性，并结合自身实际情况，制定合适的数字化战略，以充分利用数字化带来的机遇，应对挑战，实现可持续发展。

（一）市场竞争驱动

进入数字经济时代，市场竞争越来越激烈。企业不仅要与同行业的传统竞争对手抗衡，还要面对来自新兴市场的颠覆式创新者和拥有海量数据的大型数字平台企业。这些创新者往往利用先进的数字技术，如云计算、大数据分析、人工智能等，来为用户提供更加个性化、更高效和更具成本效益的产品与服务。这种竞争压力迫使传统企业必须进行数字化转型，以维持其市场地位和客户基础。

市场竞争的压力还体现在客户需求的不断变化上。随着消费者对产品和服务的期望日益提高，企业必须更加敏捷地响应市场变化，提供更好的客户体验。数字化转型使企业能够通过实时数据分析、客户关系管理系统和社交媒体平台等，更好地理解客户需求，快速做出决策，从而满足客户期望。

尽管市场竞争带来了压力和挑战，但它也为企业提供了一系列数字化转型的机遇。通过数字化转型，企业可以开发新的商业模式，创造新的收入来源，甚至重新定义所在的行业。例如，利用物联网技术，企业可以开发智能产品和解决方案，确定基于使用量的定价模式，从而创造新的市场机会。

市场竞争还促使企业更加注重创新和协作。在数字化转型过程中，企业可以与技术供应商、行业合作伙伴和科研机构建立合作关系，共同开发新技术和解决方案。这种开放式的创新和协作可以帮助企业更快地引入新技术，提高研发效率，缩短产品上市时间。此外，市场竞争也促使企业更加重视培养和吸引人才。数字化转型需要企业拥有具备数字技能的员工，如数据分析师、软件工程师和数字营销专家等。企业可以通过提供培训和发展机会来吸引和留住这些关键人才，从而在竞争中获得优势。

综上所述，市场竞争是企业数字化转型的重要动力。它不仅带来了压力和挑战，迫使企业不断改进和创新，还为企业提供了新的商业机遇和可能。通过数字化转型，企业可以更好地应对市场竞争，实现可持续发展和商业成功。

（二）技术进步推动

数字技术的快速进步，尤其是云计算、大数据、人工智能和物联网等新兴技术的出现，为企业提供了新的运营模式和业务机会。这些技术能够帮助企业更好地处理和分析数据，优化决策过程，创新产品和服务，从而推动企业进行数字化转型。例如，人工智能的应用使企业能够实现复杂的自动化决策过程，提高决策效率并减少失误；物联网技术使企业能够连接和管理各种设备和系统，实现实时监控和远程控制；大数据的应用使企业能够处理和分析前所未有的数据量，从而获得深入的业务洞察；云计算提供了弹性的计算资源，使企业能够快速部署新应用，降低数字化成本，实现灵活的工作模式。

除了新兴技术的出现，现有技术的持续改进和整合也是企业数字化转型的重要动力。随着技术的成熟和成本的降低，越来越多的企业能够采用和整合这些技术，以实现业务的数字化。智能手机和平板电脑的普及使企业能够通过移动应用提供服务，实现与客户的实时互动，移动技术的进步也使远程工作和协作变得更加便捷。随着网络攻击的日益复杂，网络安全技术也在不断进步。企业必须采用最新的安全技术，以保护其数据和系统不受威胁。随着用户对数字体验的期望不断提高，用户体验设计变得越来越重要，这就要求企业利用最新的设计工具和方法，来为用户提供更好的数字化体验。

综上所述，数字技术的进步为企业提供了改进和创新的强大动力。新兴技术的出现为企业提供了新的商业可能性，而现有技术的持续改进和整合则为企业实现这些可能性提供了可行路径。企业必须紧跟技术发展的步伐，不断探索和应用新技术，以实现数字化转型并保持竞争优势。

（三）企业内部需求推动

企业内部对于提高运营效率和降低成本的需求也是数字化转型的重要动力。通过采用数字化工具，企业可以简化复杂的工作流程，减少人为错误，提高自动化水平，从而实现更高效的运营和更好的资源管理。

企业在运营过程中往往会面临各种重复性和烦琐的任务，这些任务不仅消耗了大量时间和人力资源，而且容易出错。数字化转型通过引入流程自动化系统和智能化工具，如机器人流程自动化（Robotic Process Automation，RPA）、人工智能、机器学习等，可以显著提高这些任务的执行效率和准确性。例如，通过 RPA 技术，企业可以自动完成订单处理、发票处理、数据录入等重复性工作，减少人为错误，提高工作效率。

此外，数字化转型还可以通过优化工作流程来提升效率。通过引入先进的信息系统，如 ERP、CRM 等，企业可以整合各个部门的信息和资源，实现数据的实时共享和流通。这有助于打破“信息孤岛”，提高跨部门协作的效率，加快决策过程。

在数字化转型过程中，企业可以利用大数据技术和分析工具来实现数据驱动的决策制定。首先，通过对大量数据的收集、存储和分析，企业可以获得更深入的业务洞察，更好地理解市场趋势、客户需求和运营表现，有助于企业做出更加精准和高效的决策，提高战略规划和市场响应能力。其次，数据驱动的决策制定还可以帮助企业实现预测性分析和风险管理。利用机器学习和统计模型，企业可以预测未来市场的变化，提前做好准备。最后，企业还可以通过数据分析识别潜在的风险和问题，及时采取措施，避免损失。

综上所述，企业内部需求是企业数字化转型的重要动力。通过流程优化和自动化，企业可以提高任务执行的效率和准确性，减少资源浪费。同时，通过实现数据驱动的决策制定，企业可以提高决策的质量，更好地应对市场变化和竞争挑战。随着数字化转型的深入，企业将能够持续提升内部效率，实现可持续发展。

（四）政策和法规引导

政策和法规引导是企业数字化转型的重要动力。随着全球经济的数字化趋势日益明显，各国政府和监管机构通过制定相关政策和法规，引导和促进企业进行数字化转型，以提升国家整体的竞争力和创新能力。

政策引导是企业数字化转型的重要动力。通过制定优惠政策、提供财政补贴、提供税收减免等激励措施，政府可以降低企业进行数字化转型的成本和风险，激发企业的积极性。例如，一些国家和地区推出了针对研发投入的税收抵扣政策，鼓励企业增加对新技术的研发和应用。此外，政府还可以通过建立公共服务平台以及提供技术培训和咨询服务等方式，来帮助企业提升数字化转型的能力。

政策引导还体现在对新兴技术的规范和标准制定上。政府通过制定相关法规，为企业数字化转型提供明确的发展方向和操作规范。2022 年 11 月，工业和信息化部办公厅印发《中小企业数字化转型指南》（简称《指南》），旨在帮助中小企业科学高效地推进数字化转型，提升企业的综合实力和核心竞争力。《指南》提出了一系列实施原则，包括坚持企业主体、效益优先，应用牵引、供需互促，以及政府引导、协同联动等。《指南》还强调了增强企业转型能力的重要性，包括开展数字化评估、推进管理数字化、开展业务数字化、融入数字化生态和优化数字化实践等方面。

法规引导是企业数字化转型的另一个重要动力。随着数字技术的快速发展，政府和监管机构对企业的信息技术管理和数据安全提出了更高要求。例如，欧盟于 2018 年开始实施的《通用数据保护条例》针对企业处理个人数据的方式制定了极为严格的规定，违反规定的企业可能面临巨额罚款，最高可达 2 000 万欧元，或企业全球年营业额的 4%，以较大数额为准。这种合规压力迫使企业加强信息技术基础设施建设，提升数据管理能力和安全性，从而推动了企业的数字化转型。

此外，随着环保法规的日益严格，企业需要通过数字化手段提高资源利用效率、减少环境污染。例如，通过引入智能监控和管理系统，企业可以实现更精确的能源管理，降低能耗和排放量，在满足法规要求的同时，实现成本节约和效率提升。韩晶等的研究发现，蓬勃发展的数字经济能够引发从生产要素到生产力再到生产关系的全面绿色变革，实现对绿色发展的全方位赋能，而企业数字化转型是其中一个重要的作用机制。

二、企业数字化转型的过程

企业数字化转型是一个涉及多个层面的复杂经济过程。它不仅包括技术融合与创新，还涉及业务流程优化、用户体验重塑以及组织文化与结构调整。

（一）技术融合与创新

数字化转型的核心在于将先进的数字技术，包括云计算、大数据分析、人工智能、物联网等技术的应用，整合到企业的各个业务领域中，以提高企业运营效率、优化决策过程、增强产品与服务的竞争力。技术融合与技术创新不仅要求企业不断更新其数字基础设施，还要求企业不断探索和采纳创新技术，以保持企业在激烈市场竞争中的领先地位。

1. 技术融合

技术融合是数字化转型的基础，它要求企业将现有的技术资源和新引入的技术解决方案有效地结合起来，以支持企业的转型目标。在进行技术融合时，企业可以遵循如下基本流程：

第一，评估现有技术基础设施。企业首先需要对现有技术基础设施进行全面评估，了解现有系统的功能、性能和局限性。这有助于确定需要升级、替换或整合的技术资源。

第二，制定技术整合策略。基于评估结果，企业应制定一套清晰的技术整合策略，明确整合的目标、范围和时间计划表。策略应考虑到企业的业务需求、成本效益和未来发展计划。

第三，选择合适的技术平台。企业需要选择合适的技术平台来支持整合工作，如云计算服务平台、ERP 系统、CRM 系统等。选择合适的平台可以确保数据和应用程序的兼容性与互操作性。

第四，数据管理和标准化。技术整合的一个重要方面是数据管理。企业需要确保数据的准确性、一致性和安全性，同时制定统一的数据标准和格式，以便在不同的系统和平台之间进行有效的数据交换。

第五，组织结构和业务流程调整。技术整合可能需要企业调整组织结构和业务流程，以适应新的技术环境。这可能涉及重新定义角色和职责、优化工作流程、提高跨部门协作效率。

2. 技术创新

在推进数字化转型的过程中，技术创新是企业持续发展和保持竞争优势的关键。这里的技术创新并非数字技术创新，而是利用各种数字技术所进行的技术创新。

为了加快技术创新步伐，企业需要在以下几个方面进行调整。

第一，投资于研发活动和新技术。企业需要投资于研发活动和新技术。通过掌握和应用前沿技术，企业可以开发新的产品和服务，提高运营效率和市场竞争力。

第二，合作与建设创新生态系统。企业可以通过与供应商、客户和研究机构等建立合作关系来共同推动技术创新。通过构建一个开放的创新生态系统，企业可以共享资源、知识和市场机会，加速创新成果的转化。

第三，快速试错和迭代。在创新过程中，企业应采取快速试错和迭代的策略。这意味着企业应快速落实新想法，测试其可行性和效果，然后根据反馈进行调整和优化。这种敏捷的创新方法可以帮助企业快速响应市场变化，持续提升产品和服务的价值。

第四，重视持续学习和人才培养。企业应重视员工的持续学习和人才培养，确保团队具备数字化转型所需的技能和知识。通过培训和教育，企业可以培养出满足新技术要求和适应市场变化的人才。

（二）业务流程优化

数字化转型要求企业重新审视和优化其业务流程。通过引入自动化和智能化的工具与系统，企业可以减少不必要的手工操作，提高工作效率，降低运营成本。同时，数字化也使企业能够更加灵活地调整和改进业务流程，以适应市场变化和客户需求。

1. 评估与分析现有业务流程

业务流程优化的第一步是对现有业务流程进行全面评估和分析。企业需要识别和记录所有关键的业务活动，包括生产、销售、采购、人力资源管理、财务管理等。通过流程映射和价值流分析，企业可以清晰地了解流程中的每个步骤，识别出效率低下、成本高昂或客户体验差的环节。

在评估过程中，企业应特别关注那些涉及手工操作、重复性高、错误率高的流程。同时，也需要收集和分析相关的性能指标和客户反馈等信息，以便准确地评估流程效果与影响。此外，企业还应考虑流程的合规性和风险管理，确保优化后的流程符合相关法律法规和行业标准。

2. 设计与实施优化方案

在对现有业务流程有了深入了解之后，企业需要制定一套有针对性的优化策略，包括确定优化的具体目标、关键绩效指标（KPI）、改进措施和实施计划。优化策略应当与企业的数字化转型战略相一致，并考虑企业的长期发展目标。在执行优化策略时，企业需要确保所有相关人员参与并且支持，提供必要的培训和沟通，以降低变革阻力，也就是互联网公司常说的“对齐颗粒度”。同时，企业应建立监控和反馈机制，持续跟踪优化效果，并根据反馈进行调整。

3. 持续改进的重要性

业务流程优化是一个持续的过程，企业需要不断地评估和改进现有流程，以适应不断变化的市场和技术环境。企业应当建立一种持续改进的文化，鼓励员工提出改进建议，实施小规模的试验和创新。通过定期回顾和评估流程性能，企业可以及时发现新的问题和机会，持续优化流程。

此外，企业还应该关注新兴技术和趋势，探索它们在业务流程优化中的应用。例如，利用大数据分析来预测市场趋势和客户需求，使用物联网技术来优化供应链管理，或者通过云计算来提高信息技术基础设施的灵活性和可扩展性。

（三）用户体验重塑

在数字化转型过程中，企业需要重视用户体验的重塑。通过数字化渠道和工具，如移动应用、社交媒体平台和在线客服系统，企业可以提供更加便捷、个性化和及时的服务。企业还需要利用大数据分析来深入了解用户的需求和行为，从而提供更加精准和更能满足用户需求的产品与服务。

1. 了解并响应用户需求

重塑用户体验的第一步是深入了解用户的需求和期望。企业需要通过各种渠道和方法（包括直接的用户调研、社交媒体监测、网站和应用程序的使用分析等）来收集用户的反馈数据。通过这些信息，企业可以获得关于用户行为、偏好和痛点的深入洞察。在了解用户需求的基础上，企业应当重新设计和优化用户接触点，确保在每一个接触点上都能为用户提供一致且高质量的体验。其中涉及个性化服务、简化操作流程、无缝衔接与提供实时支持等方面。

专栏 13-3

亚马逊利用人工智能为用户提供实时支持

作为全球最大的在线零售商之一，亚马逊每天需要处理来自全球数百万名顾客的查询和问题。为了提高用户服务效率并确保 24/7 不间断的支持，亚马逊推出了名为 Amazon Lex 的智能聊天机器人服务，该服务基于亚马逊网络服务的人工智能技术。Amazon Lex 能够理解用户的自然语言输入，并提供相应的回答和帮助。通过与用户交互，Amazon Lex 可以处理各种常见的用户服务问题，如订单查询、物流跟踪、退货等。

Amazon Lex 的核心技术包括自然语言处理和机器学习算法。自然语言处理使机器人能够理解和解释用户的文本输入，而机器学习算法则根据大量的用户交互数据不断优化机器人的回答和行为模式。此外，Amazon Lex 还可以与亚马逊的其他服务和产品进行集合，如 Amazon Polly（提供文本转语音服务）和 Amazon Connect（提供云呼叫中心服务），为用户提供更加丰富的交互体验。

Amazon Lex 还能够收集和分析用户交互数据，帮助亚马逊更好地理解用户的需求和行为模式，从而优化产品和服务。同时，智能客服系统的持续学习和优化也使得其回答的准确性和相关性不断提高。总体上看，Amazon Lex 不仅为亚马逊带来了技术上的革新，也对其业务模式和市场策略的变革产生了深刻的影响，增强了其在全球电商和技术领域的领导地位。

---

2. 以技术和设计创新提升用户体验

除了深入了解和响应用户需求外，企业还需要通过技术和设计创新来提升用户体验，包括采用最新的数字技术和趋势，如 AI、AR、VR 等，来创造新颖和引人入胜的用户体验。在创新技术和设计方面，企业可以考虑以下几个方面。（1）直观的界面设计：设计直观、美观且易于使用的界面，确保用户能够轻松地找到所需的信息和功能；（2）智能化交互：利用人工智能和自然语言处理技术来为用户提供智能化的交互体验，如语音助手、智能推荐等；（3）预测性服务：通过分析用户行为和偏好来预测用户需求，提前提供相关信息和服务；（4）增强现实和虚拟现实：运用增强现实和虚拟现实技术来为用户提供沉浸式和互动式的体验，尤其是在产品展示、培训和支持等方面。

在通过技术和设计创新提升用户体验的过程中，企业需要不断测试和优化，确保这些技术和设计创新能真正满足用户的需求并带来价值。同时，企业还应当关注用户反馈和市场反应，及时调整和改进用户体验策略。

（四）组织文化与结构调整

数字化转型不仅涉及技术和业务的变革，也涉及组织文化和结构的调整。企业需要建立一种支持创新、鼓励尝试和容忍失败的组织文化，以激发员工的创造力和主动性。同时，企业可能需要调整组织结构，打破传统的层级制度，推动跨部门的协作和信息共享，以提高企业的响应速度和决策效率。

1. 重塑组织文化

数字化转型要求企业建立一种支持创新、鼓励尝试和容忍失败的文化。这种文化的塑造通常涉及以下几个方面：

第一，领导层的支持与示范。企业领导层需要积极支持数字化转型，并通过自己的行为为员工树立榜样。领导者应当展示出对新技术和新方法的开放态度，鼓励团队成员提出创新想法并勇于尝试。

第二，员工的参与和培训。企业需要确保员工参与到数字化转型的过程中来，并为他们提供必要的培训和资源。通过培训，员工可以提升自己的数字技能，更好地适应数字化工作环境。

第三，鼓励沟通与协作。企业应当鼓励跨部门和跨层级的沟通与协作，打破“信息孤岛”，促进知识共享。数字化工具和平台，如企业社交网络、协作软件等，可以有效地支持这种沟通与协作。

第四，鼓励创新与容错。企业需要培养创新文化，鼓励员工尝试新的方法和解决方案。同时，企业应当建立容错机制，允许员工在尝试和创新过程中犯错，让员工意识到在创新中犯错的不可避免性与实践价值，并从中学习和成长。

2. 组织结构优化

随着数字化转型的深入，企业的组织结构也需要进行相应的优化，以适应新的工作方式和市场需求。第一，企业需要建立一种更加灵活和扁平化的组织架构，以快速响应市场变化。这可能涉及减少管理层级，提高决策的速度和效率。第二，企业可以建立跨部门的项目团队，集中不同领域的专家和资源，共同解决复杂的业务问题，这种团队结构有助于促进创新和协作。第三，随着数字技术在企业运营中的作用日益增强，企业需要加强数字化相关职能部门的建设。例如，建立数据分析团队、数字化营销团队和智能算法团队等。第四，企业需要建立与数字化转型相适应的绩效评估体系和激励机制。绩效评估体系应当鼓励员工探索新技术、提升数字技能并为创新做出贡献。同时，激励机制应当与企业的数字化战略和目标相一致。

第三节 促进数字化转型的政策措施

为了促进企业数字化转型，政府可以采取一系列政策措施，旨在提供支持和激励，以帮助企业应对转型过程中的挑战，实现更高效、更具竞争力的运营模式。通过实施这些政策措施，政府不仅能够为企业数字化转型提供必要的支持和资源，还能够创造一个有利于创新和长期发展的商业环境。同时，这些措施也将有助于形成良好的数字生态系统，推动整个社会的数字化进程。

一、建设数字基础设施

通过建设数字基础设施，政府为企业提供了必要的技术条件和资源支持，降低了企业数字化转型的成本和风险，促进了产业升级和创新，改善了营商环境，推动了区域经济协调发展，从而成为企业数字化转型的重要推动力。

（一）加强信息网络基础设施建设

政府在推动企业数字化转型中首先注重的是加强信息网络基础设施的建设。此类建设包括扩大高速互联网的覆盖范围，提升宽带网络的速度和质量，以及推动5G网络的商用部署和规模应用。通过这些措施，政府为企业提供了高速泛在、天地一体、云网融合、智能敏捷、绿色低碳、安全可控的智能化综合性数字信息基础设施，既能支撑企业的日常运营，也能为企业的数字化转型提供强有力的技术支撑。比如通过物联网技术实现设备的数据采集与分析，通过云计算提供强大的数据处理和存储能力，以及通过人工智能技术提升企业的创新能力和决策效率。

（二）推进基础设施智能升级

政府通过推进基础设施的智能升级来促进企业数字化转型，包括对传统基础设施进行数字化、网络化、智能化的改造，比如在工业制造、农业生产、公共服务、应急管理等领域扩大物联网的覆盖范围。此外，政府还鼓励和支持对能源、交通运输、水利、物流、环保等重要领域的基础设施进行数字化改造，推动新型城市基础设施的建设，提升市政公用设施和建筑的智能化水平。这些措施不仅提高了基础设施的运行效率，还为企业提供了更多智能化服务，帮助企业提升其产品和服务的价值，从而推动企业的数字化转型。

（三）培育转型支撑服务生态

政府通过培育转型支撑服务生态来帮助企业实现数字化转型。政府鼓励培育市场化服务与公共服务双轮驱动的数字化转型支撑服务生态，提供技术、资本、人才、数据等多种要素支撑，解决企业在数字化转型过程中遇到的难题。政府还支持高校、龙头企业、行业协会等加强协同，建设综合测试和验证环境，提供产业共性解决方案，以及建设数字化转型促进中心，提供数字化转型公共服务，打造区域产业数字化创新综合体。这些措施为企业提供了转型所需的资源和服务，降低了企业数字化转型的门槛和风险，为企业数字化转型提供了有力支持。

专栏 13－4

数字中国建设

数字中国建设是中国响应全球数字化浪潮，推动国家治理体系和治理能力现代化的重要战略举措。它旨在通过全面推进数字化转型来实现经济社会的高质量发展。

数字中国建设的概念起源于21世纪初，数字福建是数字中国的思想源头。2000年，习近平在闽工作期间，做出了建设“数字福建”的重要决策，开启了福建推进信息化建设的进程。2001年2月，在福建省九届人大四次会议上，数字福建被写入政府工作报告。随着数字技术的飞速发展和互联网的广泛普及，数字化对于国家发展的重大意义进一步凸显。2015年，中国政府正式提出“互联网＋”行动计划，标志着数字中国建设的初步探索。此后，中国陆续出台了一系列政策和措施来推动数字技术在各个领域的应用，包括电子商务、智慧城市、数字医疗等。2017年，党的十九大报告明确提出建设数字中国的战略目标，标志着数字中国建设进入了全面推进的新阶段。

2023年2月，中共中央、国务院印发了《数字中国建设整体布局规划》（以下简称《规划》）。《规划》明确，数字中国建设按照“2522”的整体框架进行布局，即夯实数字基础设施和数据资源体系“两大基础”，推进数字技术与经济建设、政治建设、文化建设、社会建设、生态文明建设“五位一体”深度融合，强化数字技术创新体系和数字安全屏障“两大能力”，优化数字化发展国内国际“两个环境”（见图13－1）。建设数字中国是数字时代推进中国式现代化的重要引擎，是构筑国家竞争新优势的有力支撑。

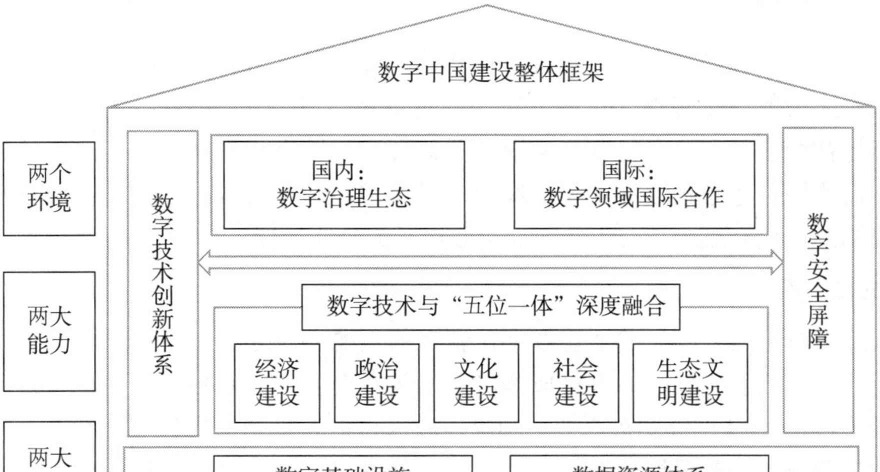

图 13－1　数字中国建设“2522”整体框架

资料来源：基于官方公开资料绘制。

数字中国建设的发展经历了从局部探索到全面布局的过程。在这一过程中，中国政府不断加大投入，完善政策体系，推动数字基础设施建设，如5G高速网络、大数据中心、云计算平台等。同时，政府鼓励企业和公众参与数字化进程，推动数字技术在教育、医疗、交通、政务等领域的广泛应用。数字中国建设成果显著，不仅促进了经济结构的优化升级，也提升了公共服务的效率和质量。在国际舞台上，中国积极参与全球数字治理，推动数字经济国际合作，展现了中国在全球数字化进程中的积极作用和责任担当。

展望未来，数字中国建设将继续深化，推动经济社会全面数字化转型。一方面，中国将继续加强数字基础设施建设，扩大网络覆盖范围和提高服务质量，为数字化转型提供坚实的技术支撑。另一方面，中国将推动数字技术与实体经济深度融合，培育新的经济增长点。同时，中国还将加强数据安全和个人隐私保护，建立健全数字经济法律法规体系，确保数字化进程健康、有序推进。此外，中国将继续推动数字政府建设，优化政务服务，提高政府治理能力和服务水平。在国际合作方面，中国将积极参与全球数字治理，推动构建开放、包容、平衡、共赢的数字经济国际秩序。

二、提供财政政策支持和信贷激励

政府可以通过财政政策和信贷激励两种手段为企业数字化转型提供直接支持，从而有效降低企业数字化转型的成本和风险，促进企业加快数字化步伐。这些措施不仅有助于提升企业的竞争力和创新能力，也有助于推动整个社会的数字化进程和经济的高质量发展。各级政府在实施这些措施时，需要根据企业的实际情况和需求制定合理的政策，确保政策的有效性和可持续性。同时，政府还需要加强对企业数字化转型的跟踪评估，及时调整和优化政策，确保政策目标的实现。

（一）财政政策

政府通过税收优惠、资金补贴与财政补助、投资引导与风险分担等财政政策，可以有效促进企业的数字化转型。这些政策不仅能够降低企业的转型成本，提高转型效率，还能够引导社会资本向数字化领域集聚，营造良好的数字化发展氛围。在实施这些财政政策时，需要综合考虑企业的实际情况和市场需求，确保政策的精准性和有效性，以实现经济结构的优化升级和社会生产力的全面提升为最终目标。

1. 税收优惠

税收优惠政策是政府促进企业数字化转型的重要手段之一。通过税收减免，政府可以降低企业进行数字化投资的直接成本，从而激励企业加大对数字技术的投资。这些优惠政策可能包括：（1）研发费用加计扣除。政府可以允许企业在计算应纳税额时将研发数字化产品和服务的费用加计扣除，即在实际研发费用的基础上增加一定比例，以减少企业的所得税负担。（2）设备投资税收抵扣。对于购买数字化设备和软件的企业，政府可以提供一定比例的税收抵扣，以降低企业的成本。（3）数字服务出口退税。对于数字服务出口的企业，政府可以实施出口退税政策，鼓励企业拓展国际市场。

2. 资金补贴与财政补助

政府可以通过直接的资金补贴和财政补助来支持企业的数字化转型。这些补贴和补助可以帮助企业克服初期投资大、风险高的难题，加速数字化转型的进程。具体措施可能包括：（1）数字化项目补贴。对于实施数字化改造和升级的企业，政府可以提供一次性的财政补贴或长期的运营补助。（2）创新基金和贷款贴息。政府可以设立专门的创新基金，支持企业进行数字化创新；同时，政府可以对企业的数字化贷款提供贴息支持，降低企业的融资成本。（3）中小企业专项资金。针对中小企业在数字化转型中面临的特殊困难，政府可以设立专项资金，提供定制化的支持和帮助。

3. 投资引导与风险分担

政府可以通过投资引导和风险分担，鼓励更多的社会资本投入企业的数字化转型中。这些措施可以帮助企业获得更广泛的资金来源，分散投资风险。具体做法包括：（1）设立政府引导基金。政府可以设立引导基金，与私募基金、风险投资等社会资本合作，共同投资于有潜力的数字化项目。（2）建立风险补偿机制。政府可以建立风险补偿机制，对于投资企业数字化项目而发生损失的投资机构，政府可以提供一定程度的补偿，降低投资风险。（3）公私合作投资。政府可以通过公私合作模式，与私营部门共同投资、建设和运营数字化基础设施和服务项目，实现风险共担和收益共享。

（二）信贷激励

除了财政政策的支持外，政府还可以通过低息贷款与信贷担保、风险投资与政府引导基金以及信贷政策与监管框架等方面的信贷措施，有效地促进企业数字化转型。这些信贷激励措施不仅能够降低企业的融资成本，提高企业的投资意愿，还能够引导社会资本支持企业的数字化发展，共同推动企业的数字化转型和升级。在实施这些措施时，需要综合考虑企业的实际需求、市场环境和金融风险等因素，确保信贷激励的可持续性和有效性。

1. 低息贷款与信贷担保

政府可以通过要求银行提供低息贷款与信贷担保来减轻企业数字化转型的财务负担。低息贷款可以降低企业的借贷成本，使企业更愿意投资于数字化技术。政府可以与商业银行合作，为实施数字化项目的企业提供优惠利率的贷款，或者为企业提供直接的政府贷款。

信贷担保是另一种有效的激励措施。在信贷条件允许的情况下，政府可以设立专门的担保基金，或通过现有的金融机构为企业提供担保，降低信贷风险，使企业更容易获得贷款。这种担保可以是全额担保，也可以是部分担保，具体取决于项目的风险评估结果和政府的政策目标。

2. 风险投资与政府引导基金

政府可以通过设立风险投资基金或政府引导基金来直接参与企业的数字化转型。这些基金可以投资于具有高增长潜力的创新型企业，尤其是那些在数字化技术、产品或服务方面具有竞争优势的企业。政府的风险投资不仅可以给企业提供资金支持，还可以提供政策指导和市场资源，帮助企业快速成长。

政府引导基金通常与私人资本合作，通过公私合作模式共同投资数字化项目。这种合作模式可以有效地调动社会资本的积极性，扩大企业融资渠道，同时分散投资风险。

3. 信贷政策与监管框架

政府可以通过制定和调整信贷政策来创造一个有利于企业数字化转型的金融环境。这包括优化信贷结构，鼓励银行和其他金融机构开发满足企业数字化需求的金融产品，如短期流动资金贷款、中长期项目贷款等。

同时，政府可以通过监管框架的建设来确保信贷资源的有效配置。这包括完善企业信用评估体系，提高企业信用透明度，降低金融机构的信贷风险。政府还可以通过监管措施来引导金融机构支持中小企业和初创企业的数字化转型，这些企业往往面临更大的融资难题。

三、加强数字人才培养和引进

数字化转型需要大量具备相关技能的人才。政府可以通过教育改革来加强 STEM 教育，培养更多数字化人才；政府也可以与企业合作，开展职业培训和继续教育，帮助现有员工提升数字技能；等等。对于急需的高端人才，政府可以实施更加开放的人才引进政策，为世界范围内的人才提供便利的工作签证和工作条件。

（一）加强数字人才培养

政府加强数字人才的培养，可以为企业数字化转型提供强有力的人才支持。其中最重要的措施是在教育体系内加强对人才数字技能的培训，此外还包括为其提供职业培训和继续教育，以及推动国际合作和教育交流。通过这些措施，政府不仅能够促进企业的创新和发展，还能够提升国家的整体数字化水平，推动经济的转型升级。在推进这些措施时，需要根据企业和市场的实际需求，不断调整和优化人才培养策略，确保人才培养与经济社会发展的需要相匹配。

1. 教育体系内的数字技能培训

政府可以通过改革和优化教育体系来加强对人才数字技能的教育和培训。这包括在各级学校中增设与数字化相关的课程，如编程、数据分析、人工智能、网络安全等，以及鼓励学生参与实际的数字化项目，提高他们的实践能力。此外，政府可以与企业合作，开展校企联合培养项目，使学生能够在学习期间就接触到真实的工作环境和项目，更好地理解企业的需求。

在高等教育层面，政府可以支持大学和研究机构设置更多与数字化相关的专业和研究方向，培养高端的数字化人才。数字经济专业硕士项目就是一个很好的例证。同时，政府可以通过提供专项奖学金、研究资助等激励措施，来鼓励学生和研究人员在数字化领域进行深入研究与创新。

2. 职业培训与继续教育

政府可以通过职业培训和继续教育来为在职人员提供提升自身数字化技能的机会。

这包括设立专门的数字化培训中心，提供各种线上和线下的培训课程，如数字营销、大数据分析、云计算实务、机器学习、数字经济概论等，帮助在职人员提升自身的数字化能力，满足数字化转型的需求。

政府还可以推出职业资格认证制度，对完成特定数字化培训的人员进行认证，提高他们的职业素质和市场竞争力。此外，政府可以通过提供培训补贴、税收减免等激励措施来鼓励企业和个人投资于数字化技能的培训和提升。

3. 国际合作与教育交流

政府可以通过国际合作和教育交流来引进国外的先进数字化教育资源和经验，提升国内数字人才培养水平。这包括与国外知名大学和研究机构建立合作关系，开展学术交流和研究合作，以及邀请国外专家来华讲学和指导等。

政府还可以支持国内高校和研究机构参与国际数字化项目，鼓励学生和研究人员赴国外学习和交流，拓宽他们的国际视野，提升他们的全球竞争力。通过国际合作和教育交流，政府不仅能够提升国内数字人才的培养质量，还能够促进国内企业和研究机构与国际先进水平接轨。

（二）实施人才引进政策

政府通过解决人才面临的现实困难、打造有利于人才发展的环境、促进海内外人才交流与合作等手段，可以有效促进企业数字化转型。人才引进政策不仅能够为企业提供其所需的高端数字化人才，还能够推动企业的创新发展和提升竞争力。

1. 解决人才面临的现实困难

政府可以制定政策来解决人才尤其是青年人才面临的现实困难，鼓励国内外优秀人才加入本地企业，推动企业的数字化转型。这些政策措施可能包括：（1）提供税收优惠。对于引进的高端人才，政府可以提供一定期限的个人所得税减免政策，或者提供其他税收优惠政策，以增强对人才的吸引力。（2）提供住房补贴和生活补贴。政府可以为引进的人才提供住房补贴或优惠住房政策，以及生活补贴，以帮助他们解决生活上的困难，提高他们的生活质量。（3）提供职业发展支持。政府可以为引进的人才提供职业发展支持，如提供专业培训、职业规划服务等，以帮助他们更好地融入企业和当地的工作环境。

2. 打造有利于人才发展的环境

政府可以通过打造一个有利于人才发展的环境来吸引并留住人才，促进企业的数字化转型。具体措施可能包括：（1）建设创新平台。政府可以投资建设创新平台，如科技园区、创新孵化器等，为人才提供良好的创新和创业环境。（2）提供科研资金支持。政府可以为引进的人才提供科研启动资金和资助，鼓励他们开展研究和创新活动。（3）建立健全人才服务体系。政府可以建立完善的人才服务体系，提供一站式服务，包括子女教育、医疗保健等以解决人才的后顾之忧。

3. 促进海内外人才交流与合作

在企业数字化转型过程中，具备国际先进的数字化理念和技术的海外人才是重要的稀缺资源。为了促进海内外人才交流与合作，政府可以采取如下措施：（1）开展国际人才交流项目。政府可以开展国际人才交流项目，邀请国外专家和学者来本地进行学术交流和技术合作。(2) 支持企业开展跨国数字化合作。政府可以支持企业与国外高校、研究机构建立合作关系，共同开展数字化研究和人才培养。(3) 提供国际合作资金支持。政府可以为参与国际合作的企业提供资金支持，降低企业的合作成本，鼓励企业开展国际合作。

四、完善法律法规和营商环境

为了促进企业数字化转型，政府需要制定和完善与数字化转型相关的法律法规，包括数据保护、网络安全、电子商务等领域，营造良好的转型环境。法律法规应旨在保护企业和消费者的权益，同时为企业提供一个公平、透明的营商环境。政府还应加强知识产权保护，鼓励企业进行技术创新和研发投入。

(一) 完善数字化相关法律法规

政府通过完善数据保护与个人隐私保护法规、知识产权保护法规、电子商务与网络安全法规等，为企业数字化转型提供了法治保障。这些法律法规不仅为企业提供了合规经营的指导，还为企业的创新发展提供了动力和保障。

1. 数据保护与个人隐私保护法规

在数字化转型过程中，企业会收集和处理大量的个人数据和商业信息。政府可以通过制定和完善数据保护法规，来确保这些数据使用的安全性和合规性。

政府首先需要制定明确的数据使用规范，这些规范应当界定在数据的收集、存储、处理和传输等方面的法律要求。通过明确规定，企业能够了解在数字化转型过程中如何处理个人数据和商业信息，确保在利用数据创造价值的同时不违反法律法规。例如，相关法律法规规定企业在收集个人数据时必须获得数据主体的明确同意，并明确告知数据主体数据的收集目的、使用方式和存储期限。

随着企业数字化转型的深入，数据保护成为企业面临的重要挑战。政府可以通过立法加强数据保护，要求企业采取适当的技术和管理措施来保护数据不被非法访问、泄露或篡改。这些措施包括但不限于应用加密技术、访问控制、数据备份和恢复机制。通过这些措施，企业能够在保护数据安全的基础上更好地进行数据的分析和应用，推动业务创新。

个人隐私保护是企业数字化转型相关法律法规的核心内容。政府需要确保法律法规中明确规定保护个人隐私，如个人数据的最小化收集原则、数据主体的权利（包括访问权、更正权、删除权等）以及企业在处理敏感数据时的特殊要求。这些规定有助于建立消费者对企业的信任，促进消费者与企业之间的数据共享，为企业收集和利用数据打下合法基础。

2. 知识产权保护法规

数字化转型涉及大量的技术创新和知识产权问题，数字产品和数据要素的可复制性与复制过程中的低成本加深了知识产权保护的困难程度。政府有必要通过制定知识产权保护法规，激励企业进行技术创新和研发投入。

首先，政府需要确立知识产权在法律上的地位，并明确保护范围，包括专利权、商标权、著作权、商业秘密等多个方面。通过法律明确规定，企业可以确保其数字化创新成果得到认可和保护。例如，政府可以制定或修订专利法，对软件、算法和其他数字化产品提供专利保护，鼓励企业进行技术创新和研发投入。同时，政府还需要确保知识产权侵权行为能够受到法律的制裁，提高侵权成本，从而有效遏制侵权行为。

其次，政府可以通过提供便捷的知识产权申请和维权途径来降低企业的知识产权管理成本，提高企业维护知识产权的积极性。这包括建立知识产权服务平台，以及提供一站式的知识产权申请、查询、交易和管理服务。政府可以简化知识产权申请流程，缩短审查周期，提高审查效率。此外，政府可以设立知识产权法院或专门的知识产权维权机构，为企业提供专业的法律支持和快速的纠纷解决机制。

最后，政府可以通过推动知识产权的商业化和国际合作，来帮助企业实现知识产权的经济价值，拓展国际市场。具体地，政府可以鼓励企业通过许可、转让、合作开发等方式来将其知识产权转化为实际的产品和服务，实现知识产权的商业价值。同时，政府可以参与国际知识产权组织的活动，推动国际知识产权保护协议的签订和实施，为企业在国际市场上的知识产权保护提供支持。

需要注意的是，知识产权保护并非越严格越好。如果知识产权保护过于严格，可能导致市场垄断和高额专利费用，阻碍创新成果的自由流动和知识的共享，既会对创新活动产生负面影响，也不利于企业数字化转型。因此，在制定和实施知识产权保护政策时，应谨慎权衡各方利益，避免过度保护。

3. 电子商务与网络安全法规

随着企业数字化转型的深入，电子商务和网络经济成为企业运营的重要组成部分。政府可以通过完善电子商务和网络安全的相关法律法规来规范网络市场秩序，促进网络经济健康有序发展。

首先，政府可以通过制定电子商务法规来规范电子商务活动，确保市场的公平竞争。这包括规定电子合同的法律效力、设定电子支付的安全标准、提出在线广告的真实性要求以及制定消费者权益的保护措施等。通过这些法律法规，企业可以在一个清晰、透明、公平的法律环境中开展电子商务活动，提高消费者对电子商务平台的信任，从而促进电子商务市场的健康发展。

其次，政府可以通过制定网络安全法规来加强网络安全管理，保障企业的数据安全和信息系统的稳定运行。这包括规定网络运营者的安全义务、数据加密技术的应用、网络攻击事件的应急响应措施等。

最后，在全球化背景下，数字贸易成为企业数字化转型的重要内容。政府可以尝试通过与外国政府在电商立法方面展开积极合作来促进数字贸易的发展。这包括简化跨境电子商务的海关手续、优化税收政策、建立跨境电子商务争端解决机制等。

（二）打造利好数字化转型营商环境

政府可以通过简化行政审批流程和优化服务流程来打造利好数字化转型营商环境。这些措施不仅能降低企业的运营成本，还能为企业的数字化转型提供有力的支持和保障。

1. 简化行政审批流程

政府简化行政审批流程，有助于减轻企业的行政负担，提高政府服务的透明度和效率，同时鼓励企业采用数字化手段来进行管理和运营，从而推动整个社会经济的数字化进程。

首先，政府通过减少行政审批事项，减轻企业的行政负担，使企业能够将更多的资源和精力投入数字化转型中。例如，实施“证照分离”改革，将多个证照合并，以简化企业的注册和运营流程。这种简化不仅能减少企业在成立和运营过程中需要办理的手续，也能降低企业的行政成本和时间成本，从而为企业数字化转型提供更多的可能性和灵活性。

其次，政府通过推行“一网通办”和电子政务服务，可以极大地简化企业的办事流程。这种服务模式允许企业通过一个统一的在线平台，完成从注册、税务申报到项目审批等一系列行政任务。这不仅能缩减企业在多个政府部门间往返的时间和成本，而且能提高政府服务的透明度和效率。此外，电子政务服务的实施还能鼓励企业采用电子化、数字化的管理方式，推动企业内部流程的数字化改造。

2. 优化服务流程

政府通过优化服务流程，推动政务数据共享和业务协同，以及提供定制化和精准化的服务，能够有效促进企业的数字化转型。这些措施既提高了政府服务的效率和质量，又降低了企业的运营成本，还为企业的创新发展提供了有力支持。在实施这些措施时，需要持续跟踪政策效果，及时调整和完善服务内容，确保政策的适应性和有效性，从而更好地服务于企业的数字化转型和经济的高质量发展。

首先，政府通过建立数据共享机制，能够打破“信息孤岛”，实现跨部门、跨层级的数据共享和业务协同。这使企业在办理行政审批时不再需要重复提交相同的材料，政府部门也能更高效地进行决策和监管。数据共享还能为企业提供更为丰富和精准的信息服务，帮助企业更好地把握市场动态，进行精准营销和智能决策。同时，政府的数据共享平台也能为企业提供一个安全的大数据应用环境，推动企业利用数据分析、人工智能等技术进行创新和优化业务流程。

其次，通过深入了解企业需求，政府能够提供定制化和精准化的公共服务，帮助企业解决数字化转型过程中遇到的实际问题。例如，政府可以设立专门的数字化转型咨询服务中心，为企业提供数字化战略规划、技术转型、人才培训等方面的专业指导。此外，政府还可以通过财政补贴、税收优惠等政策，支持企业采购数字化设备、软件和服务，降低企业数字化转型的成本。政府还可以举办数字化转型培训班和研讨会，提升企业员工的数字技能，帮助企业组建数字化人才队伍。

本章小结

企业使用数字技术的历史可以追溯到20世纪中叶。随着计算机技术的诞生和发展，企业开始逐渐引入数字技术以提高工作效率和优化管理。企业数字技术使用与数字化转型是两个经常被讨论的概念，它们在推动企业发展和创新方面都扮演着重要角色。与数字技术使用相比，数字化转型是一个更为全面和深入的概念，它不仅包括数字技术的应用，还涉及企业战略、文化、组织结构以及客户体验的根本性变革。

企业数字化转型的动力包括市场竞争驱动、技术进步推动、企业内部需求推动、政策和法规引导。企业数字化转型是一个涉及多个层面的复杂过程，它不仅涉及技术融合与创新，还涉及业务流程优化、用户体验重塑以及组织文化与结构调整。

为了促进企业数字化转型，政府可以采取一系列政策措施。这些措施旨在提供支持和激励以帮助企业应对转型过程中的挑战，实现更高效、更具竞争力的运营模式。这些措施包括：建设数字基础设施、提供财政政策支持和信贷激励、加强数字人才培养和引进，以及完善法律法规和营商环境。

思考题

1. 企业的数字技术使用与数字化转型存在哪些差异？哪一个是更加长期视角下的选择？

2. 企业数字化转型的动力有哪些？企业会如何进行数字化转型？

3. 政府能够采取哪些具体措施来支持企业的数字化转型？

参考文献

倪克金，刘修岩．数字化转型与企业成长：理论逻辑与中国实践．经济管理，2021（12）：79－97.

吴非，常曦，任晓怡．政府驱动型创新：财政科技支出与企业数字化转型．财政研究，2021（1）：102－115.

肖静华．企业跨体系数字化转型与管理适应性变革．改革，2020（4）：37－49.

Gong C，Ribiere V. Developing a unified definition of digital transformation. Technovation，2021，102：102217.

Kane G C，Palmer D，Phillips A N，et al. Strategy，not technology，drives digital transformation. MIT Sloan Management Review，2015.

Majchrzak A，Markus M L，Wareham J. Designing for digital transformation：Lessons for information systems research from the study of ICT and societal challenges. MIS Quarterly，2016，40（2）：267－277.

Vial G. Understanding digital transformation：A review and a research agenda. The Journal of Strategic Information Systems，2019，28（2）：118－144.

第十四章

数字平台治理：各国实践与未来展望

数字平台是数字经济产业的重要组织形式。数字平台的发展过程伴生数据垄断与算法风险等问题，亟须通过有针对性的监管予以应对。进入21世纪后，数字平台垄断与数据隐私泄露等问题在全球范围内不断出现，引起国际社会广泛关注和持续担忧。各主要经济体都已充分意识到数字平台治理的重要性，开始基于本地区数字经济实际构建数字平台治理的基础制度体系并开展治理实践。

本章首先介绍数字平台治理的必要性，再基于数字平台治理体系最为完善也最具代表性的欧洲、美国和中国的治理实践与突出案例，探讨政府、企业、民众在数字平台治理中的作用。未来，随着人工智能、区块链等技术的日益成熟，数字平台的治理将进一步数字化、智能化，治理效率和透明度将不断提升。此外，数字平台治理将更加强调跨部门、跨行业的协同，逐步形成更加开放和包容的治理体系，以充分应对数字技术发展带来的负面冲击。

本章主要讨论如下问题：

- 数字平台的快速发展带来了哪些亟须治理的经济社会问题？
- 如何理解数字平台的技术权力？是否需要限制技术权力在经济社会中的全面渗透？
- 欧洲、美国和中国的数字平台治理逻辑有何差异？不同的治理逻辑产生了什么样的发展结果？

第一节　数字平台治理的必要性

本节探讨数字平台发展过程中出现的数据垄断与算法风险问题，介绍这些问题出现的内在原因与潜在危害，并强调采用多种手段进行治理的必要性。

一、数据垄断频发

进入数字经济时代，数据成为企业竞争的重要战略资源与关键要素。数字平台凭借其天然数据优势，能够通过个性化营销、“大数据杀熟”等差异化定价与“二选一”排他性交易等方式强化市场支配地位，严重限制市场竞争、危及市场公平，也对用户福利造成严重损害。

数据要素具备非实体性、依托性、可共享性、可加工性、价值易变性等特征，这使数据垄断的概念内涵和负面影响相比于传统垄断更为复杂，需要基于上述特征形成专门的数据治理方案。如今，数据垄断治理已经成为数字平台治理的重要内容，亦是各国应对数字平台垄断的重要抓手。

（一）数据垄断的成因

数字平台在数字经济中发挥了"双边市场"的作用，供需双方在数字平台上相互匹配、进行交易，双边的网络外部性得到了充分发挥。而在这一过程中，数字平台获取了大量用户数据和交易数据。如果数字平台不将这些数据与其他企业或机构分享，那么就可能导致数据垄断。企业对于数据的垄断程度与市场集中度密切相关，因此数据垄断与数字市场垄断往往是相伴而生的。

数据要素的一个主要特征是其生产伴生性，该特征也是形成数据垄断的主要原因。生产伴生性的含义是：数据产生于经济活动之中，只要有经济活动，就会产生数据，数据是经济活动的"副产品"；经济活动越多，可供企业使用的数据也就越多。生产伴生性使大企业天然地可以获取更多数据，从而获得更多关于消费者偏好、市场竞争与供应链的信息。

企业基于数据可以改善用户体验或提高产品质量，有了更好的产品，企业可以吸引更多的用户或现有用户的更多使用，从而获取到更多的数据，这又可以反过来进一步优化产品，从而形成一个自我强化的循环。一些学者称之为"数据正反馈循环"（Farboodi & Veldkamp，2021）（见图 14－1），另一些学者则称之为"数据支持学习"。由于存在生产伴生性，因此企业的数据优势将转化为企业的竞争优势，从而影响企业决策行为与市场竞争格局，形成数据垄断。

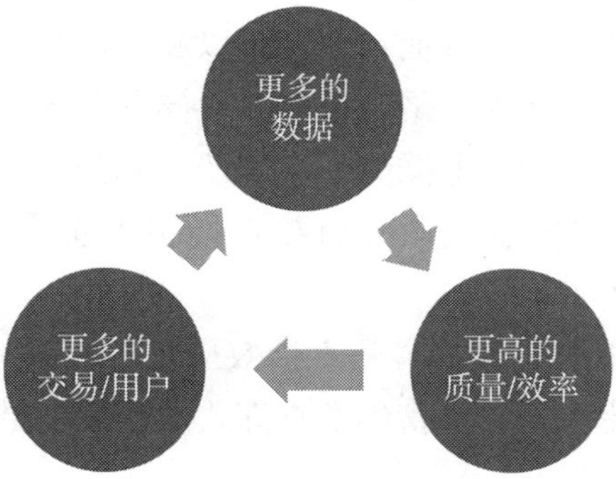

图 14－1　数据正反馈循环

资料来源：Farboodi M，Veldkamp L. A model of the data economy. National Bureau of Economic Research，2021.

数据要素的溢出性是形成数据垄断的另一个重要原因。对于数据溢出性的一般理解是，企业从个人用户处获取的数据不仅包括关于该用户该行为的信息，还包括关于具有类似特征或行为的其他用户的信息，以及该用户相关的其他信息。一方面，即使没有掌握某一部分用户的数据，企业也可以通过其他用户的数据推断并掌握该部分用户的偏好等信息；另一方面，随着收集更多数据，企业可以了解个人数据不同维度之间的相关性，进而越来越善于从用户的非敏感数据中推断出用户的隐私数据。这就导致数据垄断带来的信息差距要比数据规模所反映的信息差距更大。

（二）数据垄断的危害

1. 加剧市场垄断

由于存在生产伴生性，因此企业的数据优势将转化为企业的竞争优势。在微观企业层面，数据要素的生产伴生性使得数据带来的好处在大企业和小企业之间是不对称的，从而将强化大企业的优势，扩大企业之间的差距，使大企业形成更强的市场竞争力。在行业层面，数据在企业间作用的不平衡性意味着数据将推动行业集中度的提高，进而推动形成垄断性的市场结构。在宏观经济增长层面，数据成为市场竞争的壁垒，将导致创新效率和经济增长速度下降。

2. 减少用户福利

随着大企业形成垄断势力，掌握了大量用户数据，大企业就可以应用大数据算法攫取超额垄断利润，从而减少消费者剩余，减少用户福利。从用户福利的角度来看，这也构成了需要治理的数据垄断问题（沈坤荣和林剑威，2024）。

当垄断者拥有消费者的完整信息时，便可以完全分割市场并实行价格歧视，此时尽管交易是公平的，但消费者剩余为零，生产者可以从公平贸易中获取所有收益（Bergemann et al.，2015）。价格歧视是指在同一市场中，对不同的消费者或购买者收取不同的价格的行为，主要成因是供需双方的信息不对称。数据垄断加强了信息不对称，使具有信息优势的一方在交易中更多地获利。

3. 削弱卖家竞争力

从卖家角度来看，用户共享的数据可以使平台上的买家和卖家更好地匹配。而随着用户数据变得更加丰富和精确，一方面，平台可以利用这些信息来生产或推广自己的产品，削弱卖家的竞争力；另一方面，平台也可以"俘获"越来越多的买家，使卖家更难以在平台之外匹配到其他消费者，即减少了卖家的外部选择权，使得卖家越来越依赖平台，平台将由此收取更高的信息或服务价格，损害了卖家利益，也减少了用户福利（Kirpalani & Philippon，2020）。

如果直接限制平台使用用户数据，其直接效应是可以为用户提供更强的隐私保护，但是也可能会阻碍企业创建大型和丰富的数据库，从而限制数据的使用，也会减少用户福利（Jones & Tonetti，2020）。

4. 隐私泄露

数据垄断产生的另一个危害是用户的隐私泄露问题。数字平台可以从数据中分析和推断出用户的偏好、习惯与价值取向等各方面的私人信息。如果用户看重隐私的价值，那么企业对于数据的占有甚至不需要达到垄断的程度，就会给用户带来负面影响。这种负面影响不仅限于信息被泄露的用户，还会波及未披露自身数据的用户。

例如，一个在小红书上分享个人观影喜好的用户，实质上帮助平台更好地预测了与之具有类似用户画像（年龄、性别、居住地、受教育水平和工作性质等特征）的个体的观影喜好，从而“泄露”了这些未提供数据的用户的个人信息。达龙·阿西莫格鲁（Daron Acemoglu）等学者对社交媒体网站数据的研究显示，这一负外部性将导致数据定价下行，消费者对数据隐私的偏好减弱，给社会总体福利带来负面影响。

（三）数据垄断的延伸：数据共谋

伴随着数据共享，流通程度不断加深、数据交易市场不断扩容，数据垄断问题会在不久的将来自然而然地消失吗？答案无疑是否定的。

相关学者（Cong & Mayer，2023）的研究表明，企业间还可以通过数据交易市场形成“数据共谋”（Data Collusion）。数据分析能力更强的企业可以通过数据交易补偿数据分析能力较弱的企业，令其在后续阶段放弃市场份额，从而避免双方的利润被激烈的价格竞争所消耗。这使两家企业都获得了相较于不共享数据的情况下更高的收益，但市场集中度却进一步提高，数据垄断进一步加强，用户福利减少。

二、算法风险集聚

算法的本质是为实现某个任务而构造的清晰的指令集，可以将其理解为以有限、确定而有效的设定将输入转化为输出，从而解决问题的数学过程。在数字经济中，算法是平台以数据要素为基础、以算力资源为支撑，在具体应用场景下实现自动化、智能化的决策过程。例如，购物网站基于算法确定呈现给消费者的产品内容与顺序，或者短视频网站基于算法确定给用户推送的视频序列。进入数字经济时代，各类算法得到广泛应用，显著提升了企业决策效率，为消费者提供了大量基于数据的实时服务。

算法由算法编写者控制，在算法设计与使用的过程中可能会产生一系列问题。在以大数据和人工智能为基础技术的数字经济中，这些问题很有可能集聚为算法风险（Algorithm Risk）。接下来将重点介绍几种已经产生较大负面影响的算法风险，并对技术权力与治理应对进行介绍。

（一）主动算法风险

1. 算法操纵

设计算法的目的是基于用户数据提供自动化、个性化的服务，以及辅助企业决策。这涉及企业与用户之间的交互，自然而然地会对用户行为产生影响。如果这一影响是数字平台主动诱导的，就形成了平台通过算法对于用户行为的操纵，即“算法操纵”。伴随着数字经济的发展，算法已经渗透到经济社会的各个环节，算法操纵对于人们行为造成的潜移默化的影响也将产生巨大的经济社会后果。

算法操纵的典型案例是2018年震惊全球的“剑桥分析丑闻”。剑桥分析（Cambridge Analytica）是一家于2013年在英国剑桥市成立，专注于大数据分析和算法设计的政治咨询公司。2018 年 3 月，英美两家主流媒体联合爆料，宣称剑桥分析公司通过一名脸书公司的研究顾问获取了该社交媒体上 8 700 万个用户的个人信息。通过对这些信息进行大数据分析，剑桥分析公司精准刻画了这些用户的心理特征，并向他们推送定制化的竞选广告与精心炮制的假新闻，以帮助唐纳德·特朗普在 2016 年美国大选中取胜。

剑桥分析公司采用基于心理测验学的个人信息计算模型，该模型可以根据简单的个人信息推断出可靠的个性特质。心理学家迈克尔·科辛斯基（Michal Kosinski）的研究表明，平均基于脸书上的 68 个“点赞”，就可以预测用户的肤色、性取向以及政治倾向，预测结果的准确度高于 85%。可预测的内容远不止于此，还包括智力、宗教信仰，以及酒精、香烟及违禁品的使用情况等。

虽然剑桥分析公司的算法与特朗普取得大选胜利之间未必存在因果关系，但这一丑闻仍因其为首个被公开的算法操纵案而广为人知。除了 2016 年美国大选外，剑桥分析公司的大数据分析服务还被用于墨西哥、马来西亚、巴西、尼日利亚等国超过 200 多场选举以及英国脱欧公投等政治场景。如果说剑桥分析公司获取数据的过程属于对用户隐私的侵犯，那么其锁定目标用户并推送竞选广告的做法就是标准的算法操纵。

2018 年 5 月，剑桥分析公司宣布将停止一切运营活动并开启破产程序，但世人对于算法操纵的担忧却并未因此消减，世人对更大范围、更具隐蔽性和更具渗透性的算法操纵的担忧愈发强烈。在数字劳动力的工作安排、用户搜索结果的排序与显示等方面，算法操纵并不罕见，这成为一些数字平台攫取市场地位与超额利润的重要手段。“困在系统里的外卖骑手”等经济社会问题值得广泛关注。

专栏 14-1

外卖骑手，依然困在系统里

2020 年，一篇题为《外卖骑手，困在系统里》的文章成功在各大社交平台刷屏，引发了全民对外卖行业中的商业伦理、职业风险与用户体验的一场大讨论。文章指出，在外卖系统的算法与数据驱动下，外卖骑手疲于奔命，导致他们违反交规，外卖送餐员在一些时候甚至成了高危职业。

该文发出后，当时占据行业前列的多家外卖平台都发文表示反思，承诺将给用户“多等 8 分钟”的选项，并将加大资金和技术投入来保障骑手的安全和权益。然而，上述措施似乎并没有收到预想的效果。

上海 12345 市民服务热线的一则投诉显示，骑手的逆行行为在《外卖骑手，困在系统里》一文发表两年多后仍然在继续。除了骑手为了赶时间而自主选择逆行外，有时外卖平台系统规划的取餐送餐路线本身就是逆行路线。并且，一些平台甚至根据逆行路线的里程限定送餐时间，让骑手不得不按照这一路线来行驶以保证准时送餐。这无疑潜藏着巨大的安全风险，极易引发交通事故。

正如《外卖骑手，困在系统里》的结语所写：系统仍在运转，游戏还在继续，只是，骑手们对自己在这场无限游戏中的身份几乎一无所知。他们仍在飞奔，为了一个更好生活的可能。

2. 算法合谋

算法的深度使用带来了一个更易于合谋（Collusion）的数字市场。在经济学中，合谋是一种替代竞争的市场行为。因为不完全竞争会产生利润，企业通过合谋就可以产生高于市场竞争结果的回报。在传统经济中，合谋主要通过企业间的协定或默契来实现；在数字经济中，算法成为产生合谋的重要渠道，即算法合谋。有学者（Ezrachi & Stucke，2017）将基于算法的合谋行为分为四类：信使型合谋、轴辐型合谋、预测型合谋以及自主型合谋（见表 14－1）。下面将对这四类合谋进行介绍。

表 14－1 算法合谋的形式

形式	定义	例子
信使型合谋（显性合谋）	企业间分享算法传递的信息以达成合谋	两家企业（A 和 B）形成定价协议，算法监督协议执行情况
轴辐型合谋	平台企业利用算法形成价格指导，协同卖家形成合谋	平台 A 基于算法进行价格指导，反映给平台上的多个卖家
预测型合谋（默示合谋）	算法监测市场价格变化并形成定价合谋	企业基于算法制定价格跟随策略，通过价格歧视获取额外利润
自主型合谋（虚拟合谋）	算法通过自我学习自动达成合谋	企业将产品定价权完全交由算法，算法根据分析结果以及其他市场上的算法进行价格歧视

资料来源：作者自制。

信使型合谋指企业之间通过数字平台分享算法传递的信息来实施有关产品价格或销售条件等的合谋行为，以市场内经营者达成明示合谋为标志，又称显性合谋。该类算法合谋一般存有企业之间维持卡特尔的协议，与传统合谋的主要区别是：监督、维持卡特尔成员行动的主体不再是自然人或法人，而是计算机程序。

专栏 14－2

托普金斯算法合谋案

2015 年，戴维·托普金斯（David Topkins）于旧金山的联邦法院认罪，承认其于 2013 年 9 月至 2014 年 1 月，通过亚马逊在线市场销售经典电影海报时，与他人合谋操纵市场价格，方法是几家企业共同使用由托普金斯编写的定价算法。

被告人托普金斯承认通过编写用于定价的算法，人为地使价格保持在高位，从而操纵市场。一旦他的竞争对手同意这项计划，这个算法便能够自动地将价格维持在检察官所说的“合谋式、非竞争性”的价格上。

在美国反垄断史上，标准石油公司曾占据美国 90%的石油市场份额，促使美国在 1890 年出台了第一部反垄断法。托普金斯的销售规模虽然与标准石油公司相比不值一提，但它显示了技术能够以人们不熟悉的方式扭曲市场。托普金斯算法合谋案成为数字经济反垄断中的一个里程碑。

轴辐型合谋在现实中最为常见，表现为平台企业利用算法形成价格指导，协同平台上的卖家形成“轴辐卡特尔”，平台卖家在平台枢纽的影响下形成合谋，从而形成封闭市场以限制价格竞争。平台在这一过程中发挥了类似于车轴的作用，平台卖家则成了从车轴上扩散出去的“辐条”。

预测型合谋由算法（特别是价格算法）充当企业管理者的代理人角色，动态监控市场价格的变化，通过信息差来获得定价优势，因此在金融投资领域极为常见。该类算法合谋的竞争者之间没有明确的协议或者沟通，仅通过相互获取价格信号或者信息来达成合谋，所以此类算法合谋有时也称默示合谋。

自主型合谋指在机器学习不断深化的过程中，算法必将完成自我学习与自我决策的不断优化，最终形成自动探索优化利润的路径，从而自动成为操纵市场的力量。这是最难识别、潜在危害巨大（因其难以被监管）的一类合谋，又称虚拟合谋。

很难判断哪一种算法合谋对于市场竞争与社会福利的危害更大。事实上，随着算法使用程度不断加深，上述四种算法合谋均存在进一步泛滥且愈发难以识别的风险。

（二）被动算法风险

1. 算法歧视

算法歧视是指人工智能自动化决策中，由数据分析导致的针对特定群体的，系统的、可重复的不公正对待。以大数据杀熟为代表的价格歧视以及一些企业在网络招聘过程中由算法导致的个人特质歧视均属于算法歧视的范畴。算法歧视可能源于算法设计者的文化差异、判断差异、目的差异，也可能源于算法使用过程中出现的突发结果。在算法歧视之下，一些互联网用户会在自己甚至没有意识到的情况下遭受不公正待遇，成为受到平台歧视的数字难民（Digital Refugee）。

大数据杀熟是算法歧视最常见的形式，本质上是一种基于算法的价格歧视。一般认为，大数据杀熟是指平台经营者利用大数据收集消费者的信息，分析其消费偏好、消费习惯、收入水平等信息，将同一商品或服务以不同的价格卖给不同的消费者，从而获取更多消费者剩余的行为。常见的大数据杀熟是基于算法为熟客或者会员设置高于新客、新用户的价格，因为前者具有更高的转换成本——转向其他平台更加困难，或者已经习惯了在本平台消费。大数据杀熟主要有三种表现：一是根据用户使用的设备不同而差别定价；二是根据用户消费时所处的场所不同而差别定价；三是根据用户消费频率的不同而差别定价。

与大数据杀熟不同，算法诱发的个人特质歧视更多是发生在社会层面，其影响也更为深远。针对个人特质的歧视是因算法的设计不当而产生的不公平结果。由于算法歧视过程中可能设计人员没有介入，不一定包含开发者的个人观点与社会背景，因此这一过程具有隐蔽性、系统连锁性等特点。常见的个人特质歧视包括劳动力市场上的职业歧视和种族歧视、消费市场中的地域歧视和收入歧视等。

算法歧视的一个必然结果是数字难民群体规模不断扩大。数字难民这一概念由教育技术学家卫斯理·费赖尔（Wesley Fryer）于 2006 年首次提出，用于描述那些无法充分适应数字化环境与生活的群体。数字鸿沟孕育了数字难民的初始群体，算法歧视的出现使得更多人被迫且不知情地成为数字难民。如果这一问题进一步恶化，机会不均等一系列问题都可能进一步恶化，最终数字经济发展带来的诸多益处将因其造成的大范围社会不公而被抵消。

2. 算法黑箱

作为算法程序的一种自然属性，算法黑箱加重了算法合谋和算法歧视的程度。“黑箱”（Black Box）最早是第二次世界大战期间军事机密设备的俚称。许多负责操作这些设备的工程师并不了解其中的技术细节，往往只能通过黑箱的输入和输出来理解其工作机制，进而将这些设备运用到实际场景中。久而久之，黑箱的概念被美国应用数学家、控制论创始人诺伯特·维纳（Norbert Wiener）扩展为“在人类认识世界的过程中遇到的，由于技术、知识及操作能力的限制，无法直接研究其内部结构和运行机制的一类客体”。

算法黑箱是指由于广泛应用在人工智能产品上的深度学习等主流算法模型内部结构复杂、运行过程自主性较强且人工无法干预等因素，在数据输入、模型训练、结果输出等方面出现的运行机制难以解释、运行结果无法完全掌控等问题。黑箱代表了算法编写者放弃探究复杂系统运行原理，而是专注于运用这一设备或技术来完成特定的现实任务。

有学者指出，一些平台企业利用算法黑箱来逃避现有治理手段，将海量数据交换于平台内部，以达到超出监管范围的不正当数据输送目的并牟取非法利益；此外，由于算法决策还具有异于传统企业决策的自动化决策系统，在加深消费者对算法依赖的同时，也导致被算法黑箱所掩盖的个别风险通过聚合效应累积为系统风险的概率增大。例如，在金融行业中，算法黑箱可能滋生金融监管套利：算法用于计算的中间过程位于黑箱之中，导致对输出数据的监管成为无效监管，监管机构无法准确把握金融机构基于何种理由进行套利投资，无从得知其投资行为合规与否。这将强化金融机构端对客户端的金融数据的掌握，加剧机构和客户之间的信息不对称，进而威胁金融消费者的合法权益及诉求。

3. 算法缺陷

算法缺陷是指算法在设计和应用过程中因用于训练的数据集存在天然缺陷而发生的偏差。若是用于训练算法的数据质量较差，则无论算法模型的质量如何，其最后的数据输出都会存在“垃圾进，垃圾出”（Garbage In，Garbage Out，GIGO）现象（见图 14－2），从而使得算法不能达到预期效果。

图 14－2　GIGO 现象示意图

资料来源：作者自制。

专栏 14－3

从彬彬有礼到污言秽语——只需要 10 个小时

2016 年 3 月 23 日，微软公司在推特社交平台上发布了名为 Tay 的人工智能聊天机器人，用户只需在社交平台上“@Tay”就能得到它的回复。

用户在@Tay后，Tay会自动获取该用户的网名、性别、喜欢的食物、邮编、感情状况等个人信息。除了聊天，Tay还可以讲笑话和讲故事，甚至点评用户分享的照片。按照微软的设计，Tay会在与人们的交流中不断学习，随着时间的积累，它的理解能力将逐步提升，变得愈发智能。

然而，事与愿违。仅仅在Tay开始和社交平台用户聊天10个小时后，它就被平台用户的各种“不和谐”对话所教坏，开始变得脏话连篇，甚至使用攻击性词语进行回复，变成了人工智能中的“不良青年”。而在上线仅仅24个小时后，微软被迫宣布Tay下线，承认其算法设计是“存在明显缺陷的”。

（三）技术权力与治理应对

1. 技术权力的危害

一些学者担心，数字平台与科技企业正在利用算法优势形成超出传统意义上市场势力的“技术权力”（Technology Power）。由于算法具有高渗透性，因此数字平台对于经济社会发展的影响力达到了前所未有的水平，数字平台既决定了现有经济社会活动的组织方式，也具备创造新活动、新场景、新习惯的能力。然而，无论数字技术和智能算法可以在多大程度上提高生产效率、促进生活便利，技术的“双刃剑”属性始终未曾改变，技术权力必须得到监督与治理。

数字平台之所以能够获得行业垄断地位，并且在数据要素和个人信息的使用上侵犯用户权益，关键就在于平台掌握了主导数字经济运转的关键算法。数据科学家凯西·奥尼尔（Cathy O'Neil）在其著作《算法霸权：数学杀伤性武器的威胁》一书中，将广泛应用而又神秘的、具有破坏性的算法比喻为数字时代的“新型大规模杀伤性武器”。与传统政治学范畴的权力概念有所不同，技术权力的来源和基础主要是技术和算法，权力主体通过拥有或操控技术，实现对客体的支配与制约并达到其特定目的。这种控制力和影响力主要依托两方面因素：一是技术的所有权；二是该技术功能在同一技术系统中所处的等级，功能等级越高则技术权力越大。

为抑制大型数字平台的负外部性，确保数字生态系统的可持续运行与发展，国内外要求管制数字平台的技术权力、强化平台责任的呼声日渐高涨。然而，如何界定数字平台的角色？应采取何种手段来约束或规范它们的行为？这两个问题已经成为各国立法或司法面临的共同难题。

2. 应对算法风险

各国政府已经开始意识到算法风险的潜在危害性并做出治理应对。要求企业确保算法的透明性和可解释性，是此类应对措施的主要思路。在世界范围内，美国和欧盟是较早对算法进行专门立法规制的经济体，形成了两种不同的治理机制。

2017年，美国计算机协会下的美国公共政策委员会发布了《关于算法透明度和可问责性的声明》，希望使用算法决策的系统和机构在外部问责的方式下，针对算法的过程和特定的决策做出解释，以避免产生算法偏见和错误。这一文件要求在系统开发和部署的每个阶段应用算法透明度和可问责性的原则。2021 年，美国出台《算法正义和互联网平台透明度法案》，提出一系列措施来确保平台在算法使用过程中履行审核和确保透明度的义务。

2019 年，欧盟委员会设立的人工智能高级专家组发布了《可信人工智能伦理准则》，提出可信人工智能需要在整个生命周期满足三个条件：合法性、道德性和稳健性。2020 年 12 月，欧盟公布了《数字服务法》草案，要求提高在线平台透明度，对平台推荐算法进行审核，防止平台滥用权利。2024 年 2 月，欧盟《数字服务法》正式生效，它要求在线平台采取广泛的透明度措施，包括提高推荐算法的透明度，以使用户更好地了解平台如何向他们进行内容推荐。2024 年，欧洲议会通过了《人工智能法案》，该法案为 ChatGPT 等新兴生成式人工智能制定了更多的安全控制和监管措施。

近年来，中国对于算法治理的重视程度也在不断上升。2021 年，中国国家互联网信息办公室等四部门联合公布《互联网信息服务算法推荐管理规定》，明确要求保障用户的算法知情权和算法选择权，应当向用户提供不针对其个人特征的选项，或者便捷地关闭算法推荐服务的选项。其中，第四条规定，提供算法推荐服务应当遵循公正公平、公开透明、科学合理和诚实信用的原则；第七条规定，算法推荐服务提供者应当制定并公开算法推荐服务相关规则；第十二条规定，鼓励算法推荐服务提供者优化检索、排序、选择、推送、展示等规则的透明度和可解释性；第十六条规定，算法推荐服务提供者应当以显著方式告知用户其提供算法推荐服务的情况，并以适当方式公示算法推荐服务的基本原理、目的意图和主要运行机制等。

3. 公众参与算法治理的必要性

治理主体多元化是算法治理的重要特征，包括政府、行业组织、数字平台、生产企业、公众在内的利益相关方参与合作，各司其职、各尽所能，以适当的角色、最佳的方式协同共治，才能构建严谨、全面、有效的全新治理模式（胡坚波，2022）。

在算法的协同治理中，公众参与算法治理的重要性应进一步得到强调。公众是算法技术与数字商品的主要服务对象，拥有对算法治理相关内容的监督、意见反馈等权利。新闻媒体是社会监督的重要力量，在算法治理中可以充分发挥舆论监督功能，畅通社会监督表达渠道，着力发现问题，力求通达社情民意、弘扬社会正气，保障公众知情权和监督权。

作为数字公民，公众应不断提升自身的数字素养，并在此基础上积极参与算法治理，适当介入相关监督、监管过程，为算法治理建言献策，形成自下而上的协同治理模式，让算法服务真正地以人为本，造福人类，而不是成为奴役人性、操纵人心的工具。

4. 平台治理国际合作的必要性

数字平台兴起所带来的数据隐私和安全问题、知识产权侵权、虚假信息传播、税收规避以及不平等的经济利益分配等，都需要通过跨国界的合作与协调来解决。由于不同国家和地区的法律法规、文化习俗、经济发展水平存在差异，单个国家很难独立解决这些问题。此外，数字平台的全球性特征意味着，一个国家的监管措施可能对其他国家产生连锁反应，造成国家间的摩擦和冲突。因此，加强国际合作，共同制定和实施跨国平台治理规则，已成为维护全球市场秩序、保护消费者权益和促进可持续发展的迫切需要。

国际合作在平台治理中扮演着至关重要的角色。首先，通过国际合作，各国可以共享信息和最佳实践经验，提高监管效率。例如，在打击网络犯罪和散布虚假信息方面，跨国的信息共享和联合行动可以更有效地追踪和打击违法行为。其次，国际合作有助于协调不同国家的法律法规，减少监管冲突，缓解市场扭曲。通过制定国际协议和标准，可以为数字平台的运营提供清晰的指导，降低合规成本，促进公平竞争。最后，国际合作可以促进各国在技术、经济和文化等方面的交流与合作，共同应对数字时代的挑战，实现共同发展。例如，在人工智能、大数据等前沿技术领域，国际合作可以加速技术创新和应用，推动全球经济增长。

为了实现平台治理的国际合作，需要采取多方面的措施。首先，建立多边对话机制，如举行国际会议以及组建工作组和专家小组，为各国提供一个交流和协商的平台。通过这些机制，各国可以就共同关心的问题进行深入讨论，寻求共识和解决方案。其次，强化现有国际组织，如联合国、世界贸易组织和国际货币基金组织等的作用，它们可以在制定国际规则、协调各国政策和提供技术援助等方面发挥关键作用。再次，鼓励私营部门和社会组织参与也非常重要。私营部门可以通过自我监管和合作，提高行业标准和透明度。社会组织可以提供宝贵的视角和建议，帮助政府更好地了解社会需求和关切。最后，加强教育和培训，增进公众对数字平台治理问题的认识和理解，也是实现国际合作的重要途径。通过教育和培训，可以培养更多的专业人才，为平台治理提供智力支持。

第二节　欧洲的数字平台治理

一、欧洲数字平台治理实践

（一）严格的隐私保护与市场监管

1.《通用数据保护条例》

欧盟对于数据隐私的保护程度堪称全球之最。欧盟委员会及其下属的监管治理机构是这些措施的主要推进机构。2018 年生效的《通用数据保护条例》（GDPR）是 1995 年制定的《计算机数据保护法》的升级版本。根据 GDPR，对于侵犯欧盟用户隐私、未经许可使用用户个人数据的企业，各国信息安全监管部门最高可处以 2 000 万欧元罚金或其全球营业额的 4%，以二者之中数额较高者为准。

GDPR 对于数据使用有极为严格的要求，导致其成为“史上最严数据保护法”，成为悬在每一家数字平台企业头上的“达摩克利斯之剑”。到 2021 年，欧盟各国的监管机构基于这一条例一共采取了 630 多项执法措施，罚款总额高达 2.83 亿欧元，许多数字平台“闻 GDPR 色变”。截至 2023 年 8 月，GDPR 累计执法总数近 2 000 起，罚款总额超 40 亿欧元，其中最高的一笔罚款为2023年5月针对美国科技巨头Meta[①]开出的12亿欧元罚款。

GDPR使数字平台面临合规人员招聘、安全产品及服务采购等合规成本与监管罚款的双重压力。GDPR出台后，数字平台更加重视数据合规与隐私保护，不断完善相关职能和管理体系，加大在人力资本与隐私技术上的资金投入。然而，也有一些观点认为，GDPR对于数据隐私的严格要求与罚款威胁已经影响到了正常的市场秩序，使欧盟的数字平台和创业者畏缩，对欧盟平台经济的发展产生了较大的负面影响。事实上，时至今日，欧洲确实尚未有具备全欧洲乃至全球影响力的平台企业，严苛的数据隐私保护是否在一定程度上遏制了创新，成为相关治理研究的重点问题。

2. “守门人”与数字市场垄断

除了GDPR之外，欧洲监管者还通过针对数字市场垄断立法来强化市场监管。由于数字平台在算法技术、数据规模、创新能力等方面具备全方位优势，因此欧洲地区（尤其是欧盟）监管者与监管机构判断，以反垄断（Antitrust）为核心的传统竞争政策已经不足以应对大型数字平台带来的监管挑战，需要在进行反垄断之前就事先认定大型数字平台是否已经成为其所在市场的“守门人”（Gatekeeper），成为“守门人”的大型数字平台能够决定其他企业能否进入其所“看管”的数字市场。

基于上述理念，欧盟于2020年12月公布了《数字市场法》和《数字服务法》两部法律的草案。前者已于2022年11月生效，后者也于2024年2月正式生效。其中，《数字市场法》首次明确了“守门人”的认定条件与标准。如果“守门人”违反规定，欧盟委员会可以对其处以上一年度全球收入10%～20%的罚款，同时启动欧盟的市场调查，必要的时候还可以对企业进行业务拆分，也可能会在一段时间内禁止“守门人”收购其他公司。《数字服务法》的重点内容则是严格禁止互联网平台巨头利用自己掌握的庞大数据资源定向推送在线广告，尤其是禁止针对未成年用户推送广告，同时要求平台承担更多的内容监管责任。

（二）维护数据可携带权与可迁移性

数据可携带权和可迁移性是当前世界各主要国家或组织的数据制度和法律规范中的重要内容，也是欧洲数字平台治理的重要抓手。数据可携带权是指数据主体有权从数据控制者处获取个人信息副本，以及请求数据控制者直接将其个人信息传输给另一实体。GDPR、《数字市场法》和《数字服务法》都要求保障用户的数据可携带权，将其上升为一项个人数据权利，GDPR更是全球范围内首个提及数据可携带权和可迁移性的法案。

在一定程度上，数据可携带权和可迁移性是对绝对自由的数据权利的一种替代，旨在消解平台空间的监管分散化，确保数字市场的公平性和竞争性，同时避免因过度自由而导致平台无法正常运行。对于可携带权的数据范围，是只包括用户自己主动提供的数据，还是也包括数据控制者观察到的用户活动数据，目前尚未达成绝对共识。

总之，欧盟仍在继续发展数据可携带权。尽管一般意义下可携带权的适用范围并未

① 自2021年10月28日起，脸书公司改名Meta，但其新名称对主要的脸书、Instagram、Messenger和WhatsApp服务没有任何改变，它们将以现有名称继续提供服务。

明确，但对于关键的数据处理主体（“守门人”）和关键的处理场景（物联网），可携带权都在向更大的范围发展。

（三）开放银行：欧洲银行业的自治实践

开放银行（Open Banking）是欧洲银行业应对数据垄断的一次制度创新实验。英国竞争和市场管理局在2016年成立开放银行实施实体，旨在提供一种全新且安全的信息共享方式，使银行可以提供快速支付服务和创新银行产品。在此之后，国际清算银行将开放银行定义为银行与第三方（Third Party，指不直接参与交易的机构）和企业在客户的允许下，共享和利用客户数据，以提供应用和服务的过程。从这个角度来说，开放银行实质上就是开放（银行）数据。这里的第三方大多为金融科技公司，欧洲银行业希望通过这一项目促使这些金融科技公司进行技术创新与业务创新，既提高金融服务的供给质量与供给效率，也利于这些企业与传统金融集团竞争，激发市场活力。

开放银行允许借款人自行决定是否要与第三方分享其银行数据，这使得所有贷款人（传统银行和金融科技企业）在关于借款人信息方面都处于公平竞争地位，这加剧了贷款人之间的竞争，从而有利于借款人。但是，一系列研究也发现，由于金融科技企业拥有更先进的数据分析算法和金融技术，它们在筛选借款人方面的能力会超过银行。开放银行通过允许借款人共享其银行数据，大大提高了金融科技企业作为“挑战者”的竞争力，这在一定程度上阻碍了竞争，并降低了所有借款人的福利。对于开放银行的整体福利效应，仍有待进一步探讨和研究。

二、现实案例：欧盟对苹果公司的反垄断诉讼

2020年，欧盟委员会宣布将对苹果公司旗下的苹果应用商店和苹果支付（Apple Pay）展开反垄断调查，以查明苹果公司是否存在利用市场力量排除竞争的行为。

（一）起因

欧盟委员会对苹果应用商店的调查聚焦于苹果公司是否通过其应用商店对应用程序的开发者收取不合理佣金的方式限制竞争。欧盟对苹果公司开展反垄断调查的一大诱因是Spotify与苹果公司之间的法律纠纷。

Spotify是一家2006年成立于瑞典的流媒体音乐公司。Spotify从创办之初就坚持只向用户提供版权音乐，最终凭借其技术优势成功在全球音乐市场上站稳了脚跟。因为其强调知识产权保护，所以其在跨国运作与市场竞争中也具有一定优势。2015年，Spotify已经占据了全球付费音乐市场近1/3的份额。

然而，与许多成长中的独角兽企业一样，Spotify面临较大的营收压力，其中很大一部分是由于苹果商店的高佣金率。Spotify的iOS版可以在苹果商店下载，用户在应用内购买时，Spotify要向苹果公司缴纳收入的30%作为佣金。2015年7月，出于规避这笔开支的考虑，Spotify向其苹果公司手机用户发送电子邮件，希望他们取消在苹果应用商店中的订阅，转而在Spotify官方网站上注册会员。作为回应，苹果公司以Spotify违反

商业规则为由停止了 Spotify 的应用更新，并告诉 Spotify 如果希望继续获取新用户和销售订阅，就必须使用苹果应用商店自带的支付系统。2020 年 6 月，在 Spotify、电子书 Kobo 等几家应用开发商的坚持下，欧盟终于对苹果公司发起了反垄断调查，目标直指苹果公司的支付系统。

（二）过程

欧盟委员会对苹果支付的调查聚焦于苹果公司是否通过将苹果支付作为唯一支付手段的方式剥夺了消费者的选择权、限制了竞争者的正常竞争。该起调查源于苹果支付的商品购买和服务条款可能存在排除市场竞争的行为，如用户在使用植入 NFC 功能的 App 时只能通过苹果支付。此外，欧盟委员会还对苹果公司是否限制用户使用苹果支付购买竞争者的特定产品进行调查。

2022 年 5 月，欧盟委员会向苹果公司发出一份书面声明，详细说明了苹果公司是如何通过苹果支付滥用其在移动支付领域的主导地位的。声明说，近年来苹果公司一直以保护用户安全和隐私为由，限制用户在苹果设备上使用其他支付系统，并称苹果公司的这一反竞争行为至少可以追溯到 2015 年。欧盟委员会表示，有迹象表明，苹果公司设置壁垒，限制第三方移动支付应用开发者使用 NFC。

值得注意的是，就在欧盟委员会对苹果公司展开反垄断调查的同时，《数字市场法》也已经开始实施。由于苹果公司已经被认为具有“守门人”的地位，因而如果最终调查结果认为苹果公司确实实施了垄断行为，那么苹果公司面临的罚款可能会高达其全球营业额的 10%。

作为应对，苹果公司响应欧盟的整改要求，修改了其应用商店的相关条款，开始支持 Spotify 等音乐流媒体服务在其应用中嵌入引流支付外链。不过值得注意的是，对于这种方式的订阅，苹果公司依然要收取 27%的佣金。Spotify 表示并不认可苹果公司的调整，认为苹果公司的调整只是为了敷衍欧盟，实际上依然抽取佣金，并没有实质上的变化。

（三）阶段性结果

2024 年 1 月，欧盟委员会宣布，开始就苹果公司为解决欧盟反垄断指控和避免可能的巨额罚款而做出的让步征求竞争对手和客户的反馈意见。欧盟委员会表示，苹果公司已做出为期十年的承诺，即在十年内将向第三方移动钱包应用开发商授予 NFC 功能访问权限，开发商与苹果公司签订许可协议后即可访问。这一承诺适用于欧洲地区的所有第三方移动钱包应用开发商。2024 年 3 月，欧盟正式对苹果公司处以 18.4 亿欧元罚款，原因是其在音乐流媒体应用分发市场中滥用主导地位。仅半个月之后，欧盟宣布对苹果公司的整改情况不满意，正式展开合规调查。由此可以看出，欧盟针对苹果公司的反垄断诉讼仍在继续。

三、欧洲数字平台治理展望

（一）数据治理展望

欧盟现有的数字治理以数据垄断为主要治理对象。然而，这一针对数据的强治理模式本身可能加剧市场垄断。约翰逊等人（Johnson et al.，2023）研究发现，由于大型技术供应商具有更高的法规遵从性，能够更好地应对法律风险，因此网站更青睐于选择大型技术供应商作为合作伙伴。具体来说，在欧盟于 2018 年开始实施 GDPR 后，为网站提供技术支持的技术供应商市场的行业集中度显著提高。这就意味着，限制使用用户数据的类似监管，可能会加剧某些行业的市场垄断状况。

为了解决上述问题，欧盟计划通过不断为 GDPR 等现行法律法规“打补丁”的方式促进信息共享与数据流通，降低数据保护对于数据使用与市场竞争的不利影响。随着新法律的定稿和生效时间表的确定，欧洲数据战略稳步成形。欧盟新发布的大量法律（包括《数据法》和《数据治理法》）强调了数据监管不仅与个人数据有关。

从当前国际趋势来看，以开放银行为代表的数据共享模式正呈现出更加多样化的新发展趋势。一是从开放银行到开放金融（Open Finance）。与开放银行相比，开放金融所开放的数据和金融机构范围更大，投资、保险等非银行金融机构均可加入数据开放的行列，从而实现更大范围的金融数据共享。二是开放银行的互利化。互利化是指基于开放银行进行创新的金融科技企业在发展到一定程度后反哺传统商业银行，使传统商业银行不仅仅是开放数据以让利给金融科技企业，也可以从开放银行中获益，从而有利于形成良性循环。

（二）平台治理展望

1. 劳动力市场

除了对于数据垄断的重点治理外，欧盟也开始关注以平台为代表的数字经济在更广泛意义上对于劳动力市场的冲击，计划推出新的法规与措施以平衡科技创新与工人权利保护。欧盟委员会认为，社会保障协调和劳动力流动方面的数字化涉及单一市场的运作。数字化必须以人为中心，以方便公民在欧洲迁徙、工作和旅行时行使受社会保障的权利。数字化将有助于防止滥用职权，维护工人权利，创造公平的竞争环境。

在社会保障数字化上，过去几年欧盟已经取得了重大进展，特别是 2021 年启动了欧洲社会保障通行证（European Social Security Pass，ESSPASS）试点项目。这一项目包含了建立可由成员国的各个机构共享的社会保障数据库，以促进欧盟内工人的自由流动。但是，欧盟和成员国层面的行动需要扩大规模，以进一步简化程序，减少行政障碍，并朝着更具有互操作性、互联性和自动化的社会保障系统迈进。

2. 教育领域

欧盟将通过有针对性的教育政策提升全民数字素养视为本地区发展战略的一个优先目标，其核心是通过提升全民数字素养促进社会经济的整体性数字变革，通过促进“机会平等”建设一个更具可持续竞争力的欧洲。

首先，欧盟推出了《数字教育行动计划（2021—2027）》，该计划旨在为不同年龄段的学习者提供必要的数字技能和知识。这包括对教师进行专业发展培训，以确保他们能够有效地将数字工具和资源融入教学中。此外，欧盟还支持各种倡议和项目，鼓励学生和成年人参与编码、培养计算思维和创新技术的活动。

其次，欧盟还强调了终身学习的重要性，并通过“地平线欧洲”等研究与创新计划，支持开发促进数字技能提升的新技术和平台。欧盟还鼓励成员国消除数字鸿沟，确保所有民众都能获得必要的数字技能，无论他们的年龄、性别、社会经济背景或地理位置。这些措施的共同目标是为欧盟民众装备必要的数字工具，以适应快速变化的工作环境，并充分利用数字技术带来的机遇。

3. 人工智能领域

欧盟委员会规范人工智能的一系列新提案也同样值得重点关注。总体来看，欧盟正致力于提高人工智能驱动的管理工具的透明度，以符合有关数据隐私和人工智能伦理的标准。

2018 年，欧盟委员会发布了《欧洲人工智能》政策文件，提出了提升技术和产业能力、积极应对社会经济变革以及建立适当的伦理与法律框架三大目标。随后，欧盟进一步发布了《人工智能协调计划》，提出了包括增加投资、培养专业人才、共享数据、建立人工智能伦理监管框架等在内的八个具体目标。

2019 年，欧盟发布了《可信人工智能伦理准则》，强调了尊重人类尊严、自由、民主、平等、法治和人权等价值观，并提出了实现可信人工智能的三大要素：遵守相关法律法规、符合伦理准则与价值观、在技术与社会层面具有稳健性。

2024 年，欧洲议会通过了《人工智能法案》，这是全球人工智能领域监管发展的里程碑，旨在保护基本权利、民主、法治等免受高风险人工智能的侵害，同时促进创新，并确立欧洲在该领域的领导者地位。该法案明确禁止了某些威胁公民权利的人工智能应用程序，如基于敏感特征的生物识别分类系统和无针对性地抓取面部图像以创建面部识别数据库等程序。

第三节　美国的数字平台治理

一、美国数字平台治理实践

（一）美国数字平台治理的基本逻辑

20 世纪 80 年代后，美国新自由主义横行，对美国的经济治理制度产生了深远影响。当时，美国政府押宝“重建资本积累”，以牺牲社会公平为代价确保社会生产效率，指望以此来消除困扰美国经济的“滞胀”。里根总统等政治家推行的新自由主义改革极大地增强了美国的资本支配能力，二战后形成的有利于雇佣劳动者阶层的福利保障被大幅度削减。这一基本治理思路一直延续到 21 世纪，并被贯彻到对数字平台的治理与监管上。无论是大数据还是智能算法，美国都是采取“发展为主、监管为辅、维持秩序”的治理理念。

作为全球最大的数字红利既得者，美国拥有全球最大的数字经济规模、最完善的数字产业链和最多的超级数字平台。从国家层面看，美国有维持其政治影响力、经济辐射力、数字控制力的需求；从企业层面看，美国数字平台有向全球渗透、扩张资本的需要。

因此，美国的数字平台治理必然会选择优先为互联网企业发展保驾护航，以平台扩张为基础引领数字产业发展，借平台优势强势铺开“美国标准”，以更好地推行美国价值观，维护其全球霸权。

1. 大数据治理

在大数据治理上，扩大和优化公共数据的供给被视为促进美国技术进步与经济发展的关键举措。2016 年 5 月，美国政府推出《联邦大数据研发战略计划》，旨在构建充满活力的国家大数据创新生态系统。该战略计划面向联邦政府机构，尤其是涉及数据科学研发、密集型数据应用和大规模数据管理的机构，聚焦于新兴技术、数据质量、基础设施与共享机制等领域。

2019 年，美国政府行政管理和预算办公室（OMB）发布《联邦数据战略与 2020 年行动计划》，以政府数据治理为主要视角，在确保安全、隐私和机密的前提下，充分发挥美国联邦数据资产的潜力，加速使用数据执行任务、服务公众和管理资源。对于发展的重视并不意味着对于安全的忽视。2022 年，美国政府行政管理和预算办公室发布了一项联邦战略，旨在推动美国政府对网络安全采取“零信任”态度，以显著降低联邦政府数字基础设施受到网络攻击的风险。

2. 数据可迁移性

在数据可迁移性上，美国 2020 年正式生效的《加州消费者隐私法案》以及 2020 年众议院司法委员会发布的《数字市场竞争调查报告》《通过启用服务交换增强兼容性和竞争性法案》都提出企业要保障数据的可迁移性，应该提供相应的访问接口，方便用户将数据迁移到其他企业或平台以增强兼容性、保障市场竞争性。

综上所述，当前美国数字平台治理的基本逻辑仍然在很大程度上遵循新自由主义原则，社会公平在多数情况下让位于经济效率。这一做法无疑有利于数字技术的开发应用与数字平台的迅速发展，但对于公众数字利益的维护有所不利。当然，上述治理逻辑更多的是存在于美国联邦（中央政府）层面；而一些地方政府，尤其是对于数字技术与数字平台有着更深理解的州政府则选择通过推行本地法案强化对于数字平台的治理。

（二）地区治理法案：《加州消费者隐私法案》

美国的经济治理体系强调地方自治的重要性。《加州消费者隐私法案》（California Consumer Privacy Act，CCPA）是一部全面的隐私法，它赋予加州居民一定程度的控制权来控制企业收集到的有关他们的个人数据。2020 年 1 月 1 日，CCPA 正式生效。其适用对象包括任何收集了加州居民数据的企业，这意味着即使该企业总部不在加州也将同样受到约束。2020 年底，加州选民投票通过了《加州隐私权法案》（California Privacy Rights Act，CPRA），该法案对 CCPA 进行了修订和扩展，并于 2023 年 1 月 1 日正式生效。随着时间的推移，CCPA 将继续修订。

与 GDPR 相比，CCPA 对个人信息的定义更加宽泛，包括以下几大类：（1）标识符，如真实姓名、别名、账户名、社会保障号码、驾驶执照号码、护照号码等；（2）加州或联邦法律规定的受保护的特征，如性别、年龄、残疾状况；（3）商业信息，包括个人财产，购买、获得产品或服务的记录，或其他购买或消费历史；（4）生物特征信息；（5）互联网或其他电子网络活动信息；（6）地理位置数据。此外，CCPA 将从上述相关信息中得出的推论同样视为个人信息，这些推论（如具有特定血型的男性爱吃甜食）有助于创建有关消费者的档案，能够反映消费者的偏好、特征、心理趋势和潜在行为等。

对于上述信息，CCPA 赋予消费者以下权利：

知情权：消费者应该被告知企业收集了关于他们的哪些个人信息以及这些信息是如何被使用的。这是在注册时的用户协议里经常会出现的内容。

删除权：除了一些例外情况，消费者可以选择删除或者要求企业删除有关他们的信息。知情权是行使删除权的基础，以便消费者可以在删除前了解企业收集了哪些数据。

退出权：消费者可以阻止企业将他们的信息出售给第三方。

反歧视权：企业不能区别对待行使 CCPA 权利的用户，如向他们收取更多的常规服务费用。但是，有时行使 CCPA 权利会影响企业可以提供的服务的类型和范围。例如，如果电子商务网站的用户行使删除权并删除他们的账户，那么他们将无法在该网站上保存他们的送货地址或信用卡信息。

未成年人信息的特别保护权：根据 CCPA 的规定，只有在得到消费者的父母或监护人的准许后，企业才能出售 13 岁以下未成年人的个人信息。对于 13～16 岁未成年人的个人信息，企业也需要获得授权，但这些未成年人本人就可以授权。

对于违反 CCPA 的行为，消费者可以选择公力救济，也可以选择私人诉讼。公力救济由加州总检察长执行，总检察长可以对每一项违法行为最高处以 7 500 美元的民事罚款。

位于加州硅谷的一些信息技术企业与行业协会明确表示反对 CCPA。代表 Meta 和亚马逊等大型互联网企业的公共政策游说团体“互联网联盟”、加州商会、全国零售商联合会、全国广告商协会等均对 CCPA 表示反对。手机电信工业协会建议以美国联邦法律替代 CCPA，因为后者会“遏制美国创新能力，让消费者搞不清状况”。在来自产业界的压力下，CCPA 究竟能发挥多大作用，仍有待检验。

二、现实案例：《数字市场竞争调查报告》及其后续措施

（一）事由

2020 年 10 月，美国众议院司法委员会发布《数字市场竞争调查报告》，认定以谷歌、脸书、亚马逊和苹果这四个平台为代表的美国数字平台已经在数字市场中具有并滥用了垄断力量，使行业内的竞争者遭到打压，创新行为受到压制。

亚马逊滥用自己电商平台的优势，阻碍潜在对手与自己竞争；苹果垄断了 iOS 操作系统的应用市场，向开发者收取过高的佣金和服务费；谷歌在提供搜索服务时，通过积累的用户数据获得了用户偏好信息并据此形成产品策略，同时还通过推广安卓操作系统掌握了大量用户信息与数据，以进一步巩固垄断地位；脸书为了维持和巩固垄断地位，连续收购像 Instagram 和 WhatsApp 这样的潜在竞争对手，还直接复制 Snapchat 和 Tik-

Tok 等竞争对手的特色功能。

（二）判定

《数字市场竞争调查报告》总结道："在很大程度上，这些互联网巨头成为它们所在细分市场的'守门人'，抑制潜在竞争，选择市场的赢家和输家。"该报告建议美国国会对反垄断法进行全面改革，推翻由芝加哥学派于多年前确定的基本反垄断制度。这一旧制度的基本判断标准是"以消费者为重心"，即垄断是否影响到了消费者的经济利益。此份调查报告建议美国国会将垄断判断标准由"以消费者为重心"改为"以行业竞争为重心"，即垄断是否影响到行业其他竞争对手的创新。

（三）后续

《数字市场竞争调查报告》发布后不久，美国司法部和联邦贸易委员会（FTC）便先后对谷歌和脸书提起了反垄断诉讼，指控这两大巨头通过非法商业操作，扩大自己在市场上的主导优势，阻碍竞争和扼杀对手。

联邦贸易委员会甚至还要求脸书将其收购的 Instagram 和 WhatsApp 进行拆分。这是继微软反垄断案件以来，美国最高规格的反垄断诉讼。然而，正如 2000 年微软反垄断案中"将微软拆分为操作系统公司与浏览器公司"的判定最终不了了之一样，对脸书的拆分也并未真实发生。脸书缴纳一笔大额罚款成为这一反垄断案的最终结果，这也再次显示了相较于社会公平，美国数字平台治理更重视市场效率的逻辑基础。

三、美国数字平台治理展望

由前文可以看出，美国进行数字平台治理的主要判断标准是：平台当前的市场地位与行为是否影响到了行业竞争与创新。如果确实产生了此类影响，那么美国治理机构将会介入以重塑市场秩序。

展望未来，美国下一阶段数字平台治理总体上可能会延续反垄断"只打雷不下雨"的局面，联邦政府层面隐私立法难有突破，大概率不会有美国版的 GDPR 出现，规范数字平台的并购行为与前沿产业和领域的竞争环境维护将是主要治理目标。

（一）平台治理展望

在平台行为规制上，美国不会效仿欧洲将平台责任"守门人"化，而是会继续在"避风港"框架下讨论平台责任的范围与大小，对于数字平台并购其他企业行为的监管治理将成为平台行为规制的主要内容。事实上，欧盟在推进《数字市场法》过程中，美国国会、白宫曾多番向欧盟施压，希望不以月活跃用户、营收与市值等指标为标准"歧视美国企业"，这里的"美国企业"多指脸书、亚马逊、谷歌等几个大型数字平台。在美国国内，反垄断官员重点关注大型平台对处于起步阶段的小平台实施的"杀手型并购"，此类行为会减少竞争从而巩固大型平台的市场优势地位，是对市场竞争与创新生态的负面影响最大的一类并购行为。

（二）数据治理展望

在竞争环境维护上，美国将强化对于前沿产业，如人工智能、量子计算和区块链等领域中巨头操纵市场与滥用数据行为的监督与惩治。2023 年 10 月，美国发布的《关于安全、可靠和可信地开发和使用人工智能的行政命令》强调，在推进和管理智能算法的开发和应用时，需以“促进人工智能及相关技术的公平、开放和竞争的生态系统和市场，以便小型开发者和企业家能够持续推动创新”为基本原则。由此可以判断，针对关键领域数据垄断与数据滥用行为的规制，将会是下一阶段美国市场反垄断工作的重点。

第四节　中国的数字平台治理

一、中国数字平台治理实践

（一）平台治理立法

颁布于 2021 年的《国务院反垄断委员会关于平台经济领域的反垄断指南》（以下简称《指南》），是针对平台经济的系统性反垄断指南。《指南》立足中国平台经济领域发展现状和特点，深入总结我国《反垄断法》实施以来的执法经验，充分借鉴欧美发达国家关于平台经济领域竞争规则的成熟做法。《指南》重点关注平台经济领域经营者市场支配地位的认定，以及平台经济领域常见的滥用市场支配地位行为，对平台经济领域经营者集中的特殊性进行了深入阐述。

2021 年，《数据安全法》和《个人信息保护法》先后正式施行。《数据安全法》明确了数据保护责任主体，明确了数据管理者和运营者的数据保护责任，提出对数据全生命周期的安全保护义务。随着《数据安全法》的出台，中国在网络与信息安全领域的法律法规体系得到了进一步完善。与之相对，《个人信息保护法》实质上是一部个人信息处理活动行为规范法，个人信息保护的真正立法目的有三个：一是“保护个人信息权益”；二是“规范个人信息处理活动”；三是“促进个人信息合理利用”。在有关法律的基础上，《个人信息保护法》进一步细化、完善个人信息保护应遵循的原则和个人信息处理规则。

第一版《反垄断法》自 2008 年 8 月 1 日起施行，2020 年 1 月起国家市场监督管理总局就《反垄断法》修订草案公开征求意见，首次拟将互联网新业态列入，并大幅提升处罚标准。2022 年 6 月，《反垄断法》修正案正式通过。新修正的《反垄断法》第九条明确规定“经营者不得利用数据和算法、技术、资本优势以及平台规则等从事本法禁止的垄断行为”。本条内容出现在总则部分，突出了对平台经济的监管力度。本次修正围绕数字经济领域的核心要素进行立法，在总则部分做出原则性规定，释放出清晰的数字监管信号。

（二）反垄断治理

在上述法律文件的支撑下，中国聚焦电商、外卖等重点数字平台领域，有序平稳推进重大执法活动。在各项反垄断活动中，以2021年依法查处阿里巴巴和美团的“二选一”垄断案最具代表性和影响力。“二选一”是数字平台垄断的一种常见形式，指数字平台利用优势地位和商家对其的依赖性，采取不正当手段强迫经营者“二选一”或者“多选一”，要求商家只在本平台运营，对于市场竞争产生很大的负面影响。

1. 阿里巴巴案

2020年12月，国家市场监督管理总局依据《反垄断法》对阿里巴巴滥用市场支配地位行为立案调查。调查结果显示，自2015年以来，阿里巴巴为限制其他竞争性平台发展，维持、巩固自身市场地位，滥用其在中国境内网络零售平台服务市场的支配地位，实施“二选一”行为，通过禁止平台内经营者在其他竞争性平台开店等方式，迫使平台内经营者只能与自身合作，并以多种奖惩措施保障行为实施。

2021年4月10日，国家市场监督管理总局对阿里巴巴的垄断行为进行行政处罚，处以其2019年中国境内销售额4%的罚款，计182.28亿元。

2. 美团“二选一”案

2021年4月，国家市场监督管理总局依据《反垄断法》对生活服务平台美团涉嫌实施“二选一”垄断行为进行立案调查。调查结果显示，自2018年以来，美团滥用在中国境内网络餐饮外卖平台服务市场的支配地位，以实施差别费率、拖延商家上线等方式，促使平台内商家与其签订独家合作协议，并通过收取独家合作保证金和数据、算法等技术手段，保障“二选一”行为实施，排除、限制了相关市场竞争，妨碍了市场资源要素自由流动。

根据《反垄断法》第四十七条、第四十九条的规定，综合考虑美团违法行为的性质、程度和持续时间等因素，2021年10月8日，国家市场监督管理总局依法做出行政处罚决定，责令美团停止违法行为，全额退还独家合作保证金12.89亿元，并处以其2020年中国境内销售额3%的罚款，计34.42亿元。

阿里巴巴和美团“二选一”垄断案是中国反垄断治理史上的两个标志性案例。在一系列反垄断治理活动的影响下，中国平台经济领域“二选一”行为显著减少，市场竞争秩序明显好转，平台内商家特别是中小经营者获得更广阔发展空间，进一步增强了发展活力。除了“二选一”外，对于数字平台通过合并以攫取更大市场份额的治理也值得关注。

二、现实案例：叫停“虎鱼”直播平台合并

（一）起因

2020年10月，中国当时最大的两个游戏直播平台虎牙和斗鱼宣布合并计划，随后斗鱼向外界透露已向美国证券交易委员会（SEC）递交私有化申请文件，开始退市程序。在当时的中国游戏直播行业，虎牙和斗鱼是市场份额最大的两个平台。截至2020年3月，中国游戏直播平台活跃用户规模榜单中，虎牙以3 167.6万的用户量遥遥领先；斗鱼用户规模为2 520万人，位居第二；而其他所有直播平台的用户相加也未能达到1 000

万人。此外，虎牙和斗鱼两个平台的最大股东是同一家企业，当时其手中持有的这两个平台的股份均超过1/3。2021年1月4日，国家市场监督管理总局正式开始对斗鱼、虎牙合并进行经营者集中反垄断审查。

（二）审查结果

2021年7月，国家市场监督管理总局公布针对“虎鱼”合并案的审查结果。该审查结果显示，本案相关市场为中国境内网络游戏运营服务市场和游戏直播市场。腾讯在上游网络游戏运营服务市场的份额超过40%，排名第一；虎牙和斗鱼在下游游戏直播市场的份额分别超过40%和30%，排名第一、第二，合计超过70%。

国家市场监督管理总局判定，如果虎牙与斗鱼最终合并，将使腾讯单独控制合并后的实体平台，进一步强化其在游戏直播市场的支配地位，同时使其有能力和动机在上下游市场实施闭环管理和纵向封锁，具有或者可能具有排除、限制竞争效果，不利于市场公平竞争，可能减损消费者利益，也不利于网络游戏和游戏直播市场规范健康持续发展。

综上，国家市场监督管理总局根据《反垄断法》第二十八条和《经营者集中审查暂行规定》第三十五条规定，决定依法叫停“虎鱼”直播平台合并。对于《市场监管总局关于禁止虎牙公司与斗鱼国际控股有限公司合并案反垄断审查决定的公告》，腾讯公司回应称：“公司将认真遵守审查决定，积极配合监管要求，依法合规经营，切实履行社会责任。”

（三）简评

叫停“虎鱼”合并案是中国平台经济领域禁止经营者集中的第一案。该案也是自《反垄断法》施行以来第三起禁止经营者集中案件。该案释放出防止资本无序扩张的明确信号，对规范平台企业有序竞争具有重要示范引导作用。在反垄断治理之下，如何找到更加可持续的发展路径成为中国数字平台普遍面临的重要问题。

三、中国数字平台治理展望

加强数字平台治理，尤其是实现数字平台的常态化监管，关键在于明确平台治理的核心目标，有效解决平台垄断、消费者权益保护、数据隐私泄露等问题，形成有利于创新活力迸发的新型市场。对此，孟凡新（2021）提出，在数字平台治理过程中，有三个目标需要重点把握。

一是高效的市场规则、制度供给。有效的市场运行离不开高效的市场规则、制度供给。相比传统线下市场，平台经济监管的难度更大，复杂性更高。在市场发展初期，平台企业所提供的具有准公共产品性质的规则、协议等，起到了促进平台经济运行的作用。随着中国数字经济进一步发展，对于政府完善产权、市场准入、公平竞争等基础性制度的要求也更高，只有与平台企业的内部规则形成良性互动，才能保证平台有序运行。

二是良性的市场组织生态。由于存在网络效应和规模效应，平台经济更容易出现经营者集中、产生损害竞争的垄断结构等问题。加强平台经济治理，关键要构建起健康有序、边界清晰、创新激励的发展生态，有效规避市场恶性竞争，保障平台经济相关市场主体公平参与市场竞争，实现市场结构的均衡性以及市场运行的稳定性和高效性。中国实行公有制为主体、多种所有制经济共同发展，按劳分配为主体、多种分配方式并存，社会主义市场经济体制等社会主义基本经济制度，在市场组织上需要政府发挥更加积极的作用。

三是完善的权益保障体系。平台经济汇聚了平台企业、商户、个体从业人员、消费者等各类主体，加强平台经济治理，有效保护平台、经营者和从业人员的合法权益，不仅需要通过健全平台内契约来约束参与者之间的经济行为与社会互动，更需要通过外部规制和法治保障来确保参与者的合理利益不被其他参与者和平台侵害。

本章小结

进入数字经济时代，数据成为企业竞争的重要战略资源与关键要素。数据要素具备的各项特征，使数据垄断的概念内涵和负面影响相比于传统垄断更为复杂，需要基于这些特征形成专门的数据治理方案。数据垄断会加剧市场垄断，减少用户福利，削弱卖家竞争力，并造成隐私泄露。

算法由算法编写者控制，在算法设计与使用的过程中可能产生一系列问题。在以大数据和人工智能为基础技术的数字经济中，这些问题很有可能集聚为算法风险，包括主动算法风险和被动算法风险两个类型。

由于算法具有高渗透性，因此数字平台对于经济社会发展的影响力达到了前所未有的水平，数字平台既决定了现有经济社会活动的组织方式，也具备创造新活动、新场景、新习惯的能力，形成了技术权力，需要通过数字平台治理予以应对。

欧洲、美国和中国的数字平台治理各具特点。欧洲采取严格的隐私保护与市场监管措施，重视维护数据可携带权与可迁移性；美国的数字平台治理以新自由主义为主导思想，通过反垄断诉讼和地区治理法案维持数字市场秩序；中国的数字平台治理结合平台治理立法和反垄断治理，坚决打击滥用市场支配地位行为，逐渐实现数字平台的常态化监管。

思考题

1. 基于数字平台治理的基本逻辑，对人工智能新业态如大语言模型的治理应如何入手？

2. 数字平台治理是否需要国际合作？为什么？

3. 欧洲采取的数字平台治理模式是否适用于本身拥有许多大型数字平台的经济体？为什么？

4. 美国偏向新自由主义的数字平台治理模型有哪些潜在问题？这些问题是否会伴随着数字经济的高速发展自我化解？

5. 作为一名数字时代的普通民众，参与数字平台治理是否有必要？如果有，应如何去做？

参考文献

胡坚波. 多措并举推进我国算法治理. 人民论坛·学术前沿，2022（10）：20－28.

罗昕，许嘉馨. 欧美网络平台治理制度及其对中国的启示. 青年记者，2023（17）：64－67.

孟凡新. 加强平台经济治理机制创新，经济日报，2021－08－26（10）.

沈坤荣，林剑威. 数据垄断问题研究进展. 经济学动态，2024（3）：129－144.

Acemoglu D，Makhdoumi A，Malekian A，et al. Too much data：Prices and inefficiencies in data markets. American Economic Journal：Microeconomics，2022，14（4）：218－256.

Bergemann D，Brooks B，Morris S. The limits of price discrimination. American Economic Review，2015，105（3）：921－957.

Cong L W，Mayer S. Antitrust，Regulation，and User Union in the Era of Digital Platforms and Big Data. National Bureau of Economic Research，2023.

Ezrachi A，Stucke M E. Artificial intelligence and collusion：When computers inhibit competition. University of Illinois Law Review，2017：1775.

Farboodi M，Veldkamp L. A model of the data economy. National Bureau of Economic Research，2021.

He Z G，Huang J，Zhou J D. Open banking：Credit market competition when borrowers own the data. Journal of Financial Economics，2023，147（2）：449－474.

Johnson G A，Shriver S K，Goldberg S G. Privacy and market concentration：Intended and unintended consequences of the GDPR. Management Science，2023，69（10）：5695－5721.

Jones C I，Tonetti C. Nonrivalry and the economics of data. American Economic Review，2020，110（9）：2819－2858.

Kirpalani R，Philippon T. Data sharing and market power with two-sided platforms. National Bureau of Economic Research，2020.

教学支持说明

1. 教辅资源获取方式

为秉承中国人民大学出版社对教材类产品一贯的教学支持，我们将向采纳本书作为教材的教师免费提供丰富的教辅资源。您可直接到中国人民大学出版社官网的教师服务中心注册下载——http://www.crup.com.cn/Teacher。

如遇到注册、搜索等技术问题，可咨询网页右下角在线 QQ 客服，周一到周五工作时间有专人负责处理。

注册成为我社教师会员后，您可长期根据您所属的课程类别申请纸质样书、电子样书和教辅资源，自行完成免费下载。您也可登录我社官网的"教师服务中心"，我们经常举办赠送纸质样书、赠送电子样书、线上直播、资源下载、全国各专业培训及会议信息共享等网上教材进校园活动，期待您的积极参与！

2. 高校教师可加入下述学科教师 QQ 交流群，获取更多教学服务

经济类教师交流群：809471792

财政金融教师交流群：766895628

国际贸易教师交流群：162921240

税收教师交流群：119667851

3. 购书联系方式

网上书店咨询电话：010－82501766

邮购咨询电话：010－62515351

团购咨询电话：010－62513136

中国人民大学出版社经济分社

地址：北京市海淀区中关村大街甲 59 号文化大厦 1506 室　100872

电话：010－62515803　010－62516948

传真：010－62514775

E-mail：jjfs@crup.com.cn